国家出版基金项目
NATIONAL PUBLICATION FOUNDATION

十二五国家重点出版物出版规划项目

走向世界丛书

主编　钟叔河　曾德明　杨云辉

FROM EAST TO WEST

吴宗濂随轺笔记

许尚　穆易　校点

岳麓書社·长沙

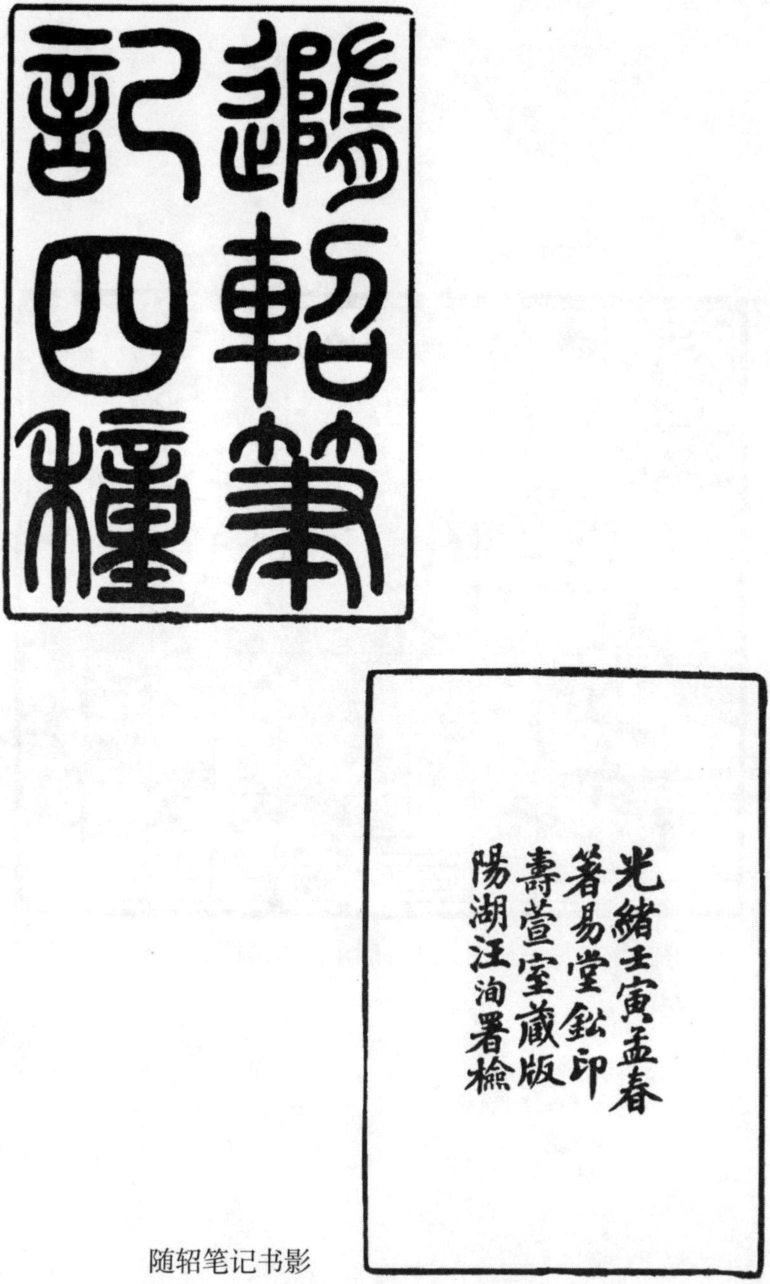

隨軺筆記四種

光緒壬寅孟春
箸易堂鉛印
壽萱室藏版
陽湖汪洵署檢

随轺笔记书影

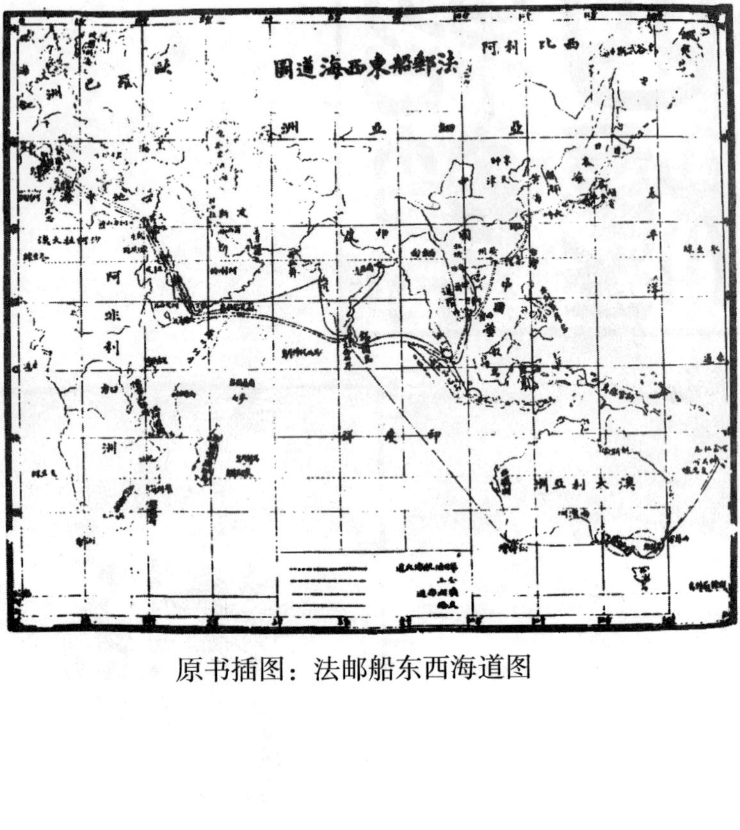

原书插图：法邮船东西海道图

馬克心自放鎗口機器陸軍礮圖

马克心自放枪口机器陆军炮图

馬克心小口輕機自放水師礮圖

马克心小口轻机自放水师炮图

羅登飛三管鎗口機器陸軍礮圖

罗登飞三管枪口机器陆军炮图

羅登飛五管鎗口機器水師礮圖

罗登飞五管枪口机器水师炮图

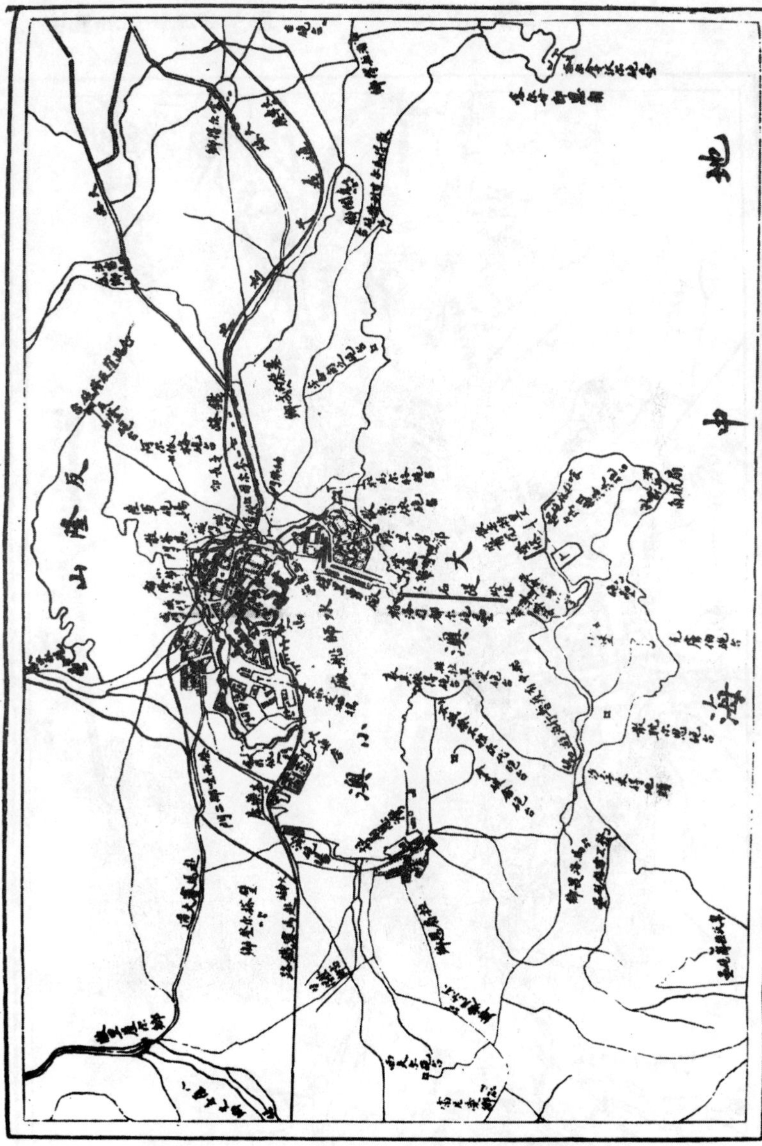

法国都隆船坞图　吴宗濂译注

吴宗濂译注法国都隆船坞图

法國扇侯蒲爾船塢圖

吴宗濂譯註

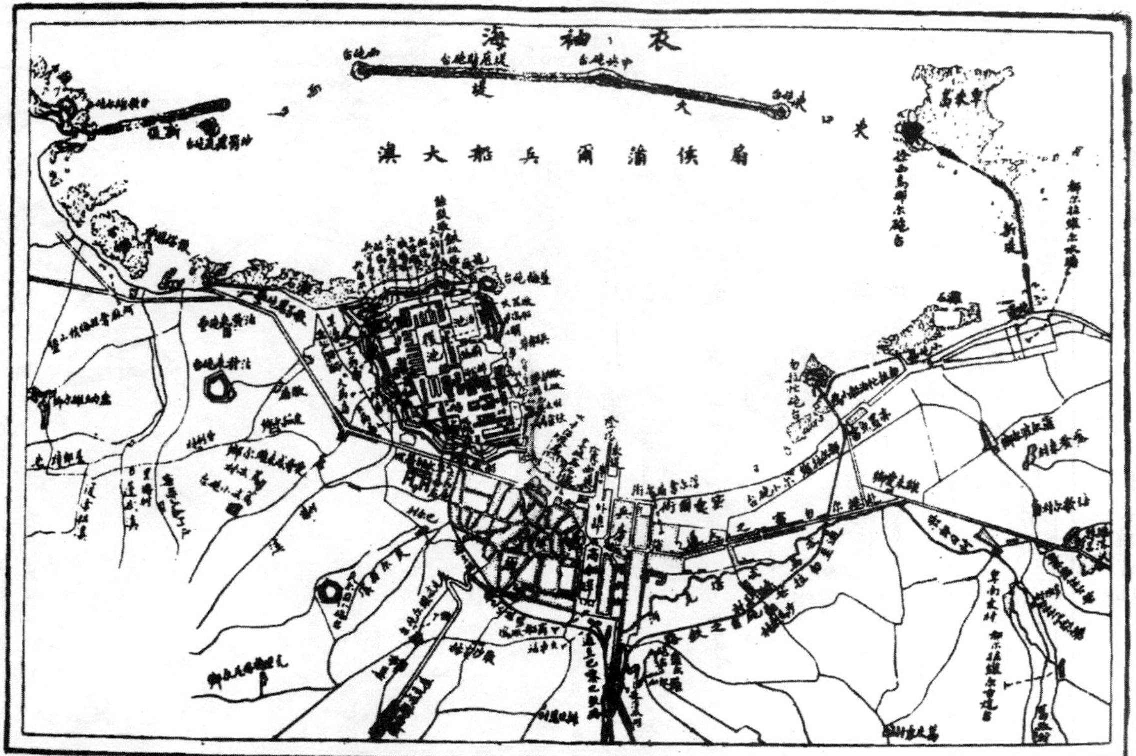

吴宗濂译注法国扇侯蒲尔（瑟堡）船坞图

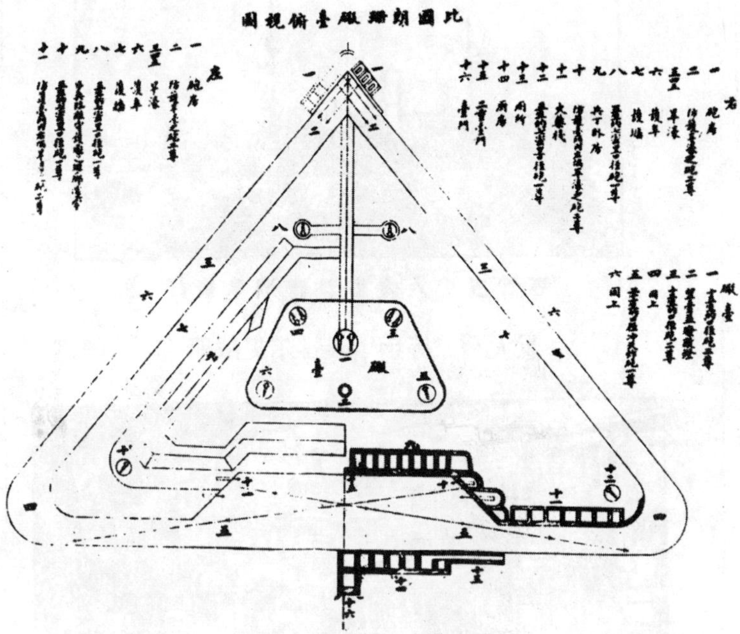

比利时朗珊炮台俯视图

義國二等鋼甲隆排爾提戰船

好廠承造機器馬力六千五百匹

意大利二等钢甲隆排尔提战船

義國頭等鋼甲昔昔爾戰船雙輪汽機圖
仝廠承造馬力一萬九千五百匹

意大利头等钢甲昔昔尔战船双轮汽机图

意大利水师提督界台哥尔小像

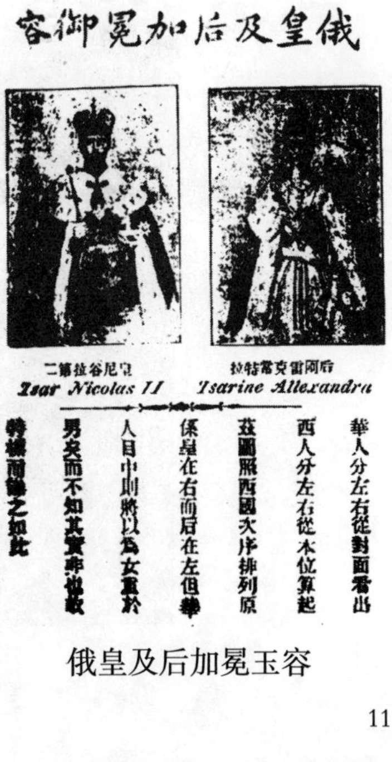

俄皇及后加冕玉容

許文肅公遺像

许景澄遗像

前出使日本國大臣楊星使樞

杨枢小像

刘瑞芬遗像

龚照瑗、曾广铨在克虏伯厂与外国友人合影

一八九六年凤凌（左二）与吴宗濂及外国友人合影

李鸿章参加沙皇尼古拉二世加冕典礼与俄国沙皇二世合影

本册总目□

□

吴宗濂随轺笔记

丛书新序□

钟叔河

二〇一三年十月

“走向世界丛书”一百种，只收晚清时期 from east to west（从东方到西方）的记述，这并不等于说，只有十九世纪末二十世纪初的中国人，才需要面对走向世界的问题。

纵观人类历史，走向世界决不是什么地区性和阶段性的活动，而是不断出现在全人类发展进步过程中并与之同步的历史现象。一百万年前，人类开始从非洲进入亚洲和欧洲，一万年前，又从亚洲进入北美洲和大洋洲，就是在不断地走向世界。

从有史以来的文献、文物看，三千多年前的《奥德赛》和《出埃及记》，说的是古希腊人和以色列人走向世界——走向地中海和巴勒斯坦。两千多年前的《史记》和《汉书》，写了张骞和后来汉朝“益发使”走向世界——曾走到罗马在西亚的边陲。一千三百年前的《大秦景教流行中国碑》、七百年前的《马可·波罗游记》和四百年前的《利玛窦中国札记》，记下了阿罗本、马可·波罗、利玛窦的 from west to east，这和 from east to west 一样，都是在走向世界。

人类曾因地理、种族、制度、意识形态等原因而互相分离，甚至隔绝。夜郎国的君长初见汉使时问：“汉孰与我大?”当是时，夜郎的世界僻处黔西，其“大”可知；连夜郎都未入版图，则汉之“大”亦远不如今之中国。但人为万物之灵，为了求生存谋发展，总不能老守着自己的一亩三分地，总会要想方设法走向世界——走向更广阔的外部世界。于是，汉要“通西南夷”，要前往原来“道险终不能有”的夜郎；夜郎要问“汉孰与我大”，要想改变原来“不知汉广大”的状况。由互相隔绝变而互相接近，互求了解，这就是走向世界。

走向世界，无论是自己走出去还是让别人走进来（总比让别人杀进来好），无论是主动的还是被动的，从总的历史进程看，用大的历史眼光看，都有利于发展，都是一种进步。对汉朝来说是如此，对夜郎来说亦是如此。两千年前是如此，两千年后亦是如此。上世纪七十年代末开始编辑出版“走向世界丛书”时是如此，如今来继续编辑出版这部丛书时亦是如此。

今天的中国已不再是七十年代的中国，虽然仍称发展中国家，经济总量却早已“超英”，正在“赶美”，但走向世界的路还“漫漫其修远”。时至现代，走向世界当然是要走向现代化的世界，也就是要高度现代化，全盘现代化。“四个现代化”的“四个”——工业、农业、科技和国防，已经“化”出了很大的成绩，而我们的管理现代化，我们的服务现代化，我们的制度现代化……要走的路的确还很长。

现代人走向世界，首先要使自己成为能接受全球文明，有世界知识，有世界眼光，有世界理想的人。“走向世界丛书”杰出的作者，如郭嵩焘、黄遵宪……又如邹代钧、金绍城……他们看到的新技术还是德律风（送话器和最早的手摇电话机）、火轮车（蒸汽机车）……我们如今却已经用上了智能手机、坐上了波音飞机……但在思想层面上，我（不敢称我们）反省自己的世界眼光和世界理想，甚至在世界知识的某些方面，比起一个多世纪以前的郭、黄他们来，差距实在还不小。在这方面，也就是人的现代化这方面，要走的路就更“漫漫其修远”了。

五年前北京奥运会的成功举世公认，它已经成为中国走向世界的一大标志。它的口号：

ONE WORLD, ONE DREAM

“同一个世界，同一个梦想”，这也应该是现代人走向世界的志向和目的，是我们继续编辑出版“走向世界丛书”的志向和目的。

丛书原序

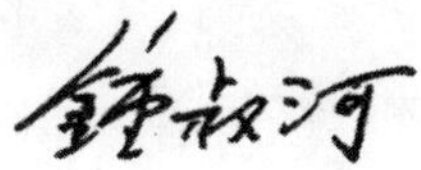

一九八〇年七月

人们常说，今日之世界，乃是一个“迅速缩小的世界”（rapidly shrinking world）。在电视卫星、激光通信和喷气式客机的时代，地球之上各地之间的距离，确实好像越来越短，人们相互间的接触和交流，也越来越方便和密切了。

可是，仅仅在几代人以前，异国还显得那样的离奇和遥远。古代欧洲人说，中国人用小米和青芦喂一种类似蜘蛛的昆虫，喂到第五年虫肚子胀裂开，就从里面取出丝来（Pausanias《希腊纪事》）。古代中国人则曾经相信，西方有种羊羔是从泥土里生长出来的，脐带还连着大地（《旧唐书·西戎传》、《渊鉴类函·边塞部九》）。这类海外奇谈，今天听起来简直不可思议，而在过去上千年中，却一直被当作可信的资料，记载在欧洲和中国的史书上。由此可见，人类文明的发展，经历了一条何等漫长曲折的道路。

为了探索和开辟外部世界，丰富自己的物质和精神生活，各国人民都作过许多贡献。人类文明史像叙说伟大的发明家和著作家一样，将永远铭记着张骞、玄奘、马可·波罗、哥伦布等不朽的名字。我们甚至可以这样说：一个民族从中世纪到现代的历史，也就是它打开眼界和走向世界的历史。

历史的发展从来是不平衡的。当黄河、长江已经哺育出精美辉煌的古代文化时，泰晤士、莱茵和密西西比河上的居民，还在阴暗的原始森林里徘徊。而自从地理大发现和产业革命以来，中国却相对地落后了。在西方实现资本主义的现代化以后，中国还是一个基本上同外界隔绝的古老国家。是鸦片战争打开了中国的大门，也打开了中国人的眼睛。人们称林则徐和魏源为清代最早“开眼看世界”的人，因为西方的坚船利炮打到中国来时，他们首当其冲，亲身感到这个世界在缩小，距离和壁垒再也不能将异国隔离开了。

过去时代的中国读书人，在“严夷夏之大防”的社会里度过了上千年。封闭的外壳被打破后怎么办？守旧派的办法是把脑袋钻进沙子里学鸵鸟，像慈禧太后的大学士徐桐，见到洋人就以扇遮面。就是这个徐桐，在庚子年间焚香叩请骊山老母下凡来“杀尽洋人”，结果骊山老母没有下凡，他自己的老命却白白送掉了。而林则徐和魏源则不同，提出要“师夷长技以制夷”，主张学习外国的长处，以对付外国的侵略。要学习，先得了解，于是林则徐编了《四洲志》，魏源编了《海国图志》。虽然他们未能亲身出国去考察，书的材料靠间接采辑而来，难免有许多谬误，但无论如何，地里长羊羔之类的神话毕竟不得不逐步让位给常识了。

林、魏之后，中国才开始有读书人走出国门，到欧美日本去学习、访问和工作。容闳、王韬、郭嵩焘、黄遵宪和严复等人，要算是最早的。接着出国的人渐渐多了起来，尽管其中不少是奉派而去的政府官员，但既然去了，就不会不接触近代—现代的科学文化和政治思想，也就不可能不在中国发生影响。

“走向世界丛书”专收一九一一年前国人亲历

欧美和日本的记述。自从一八四〇年鸦片战争失败那时起，先进的中国人，经过千辛万苦，向西方国家寻找真理。应该说康有为和在他之前的郭嵩焘、王韬、容闳等人，的确代表了近代中国向西方寻找真理的一派人物。当然，丛书所收的，也并不全属先进的人物的作品；但总而言之这些都是中国人从东方走向西方的实录，自有其文化的意义和历史的价值。

必须指出的是：从鸦片战争到五四运动这一历史时期中，西方国家虽在许多方面比中国先进，值得中国人学习，但国家利己主义的本质，却总是要压迫剥削比他们落后的民族的。中国人走向世界、接触西方，既有一个学习外国长处的问题，又有一个抵抗外国侵略的问题，盲目排外和盲目崇外都是错误的。对于某些作品中不免流露的这类观点，我们将在为各书撰写的叙论中，适当地作些分析，供读者参考。

“洋为中用”是我们今天的主张，也是十九世纪先进的中国人的主张。“师夷长技以制夷”，不就是“洋为中用”吗？当然，随着接触和认识的逐步深入，人们慢慢地看出：仅仅学一点“长技”，搞一点坚船利炮，还是不行的；要救国，只有维新，维新行不通，就只有革命。伟大的革命先行者孙中山，用他自己的话来说，也是在一八七八年出国以后，“始见轮舟之奇、沧海之阔，自是有慕西学之心，穷天地之想”，才树立了推翻清朝建立民国的大志和信心。历史无情亦有情，后人的思想和事业肯定要超越前人，但前人的足迹总可以留作后人借鉴，先行者总是值得纪念的。

今天的世界已不是十九世纪的世界，今天的中国更不是清朝末年的中国。今日之中国，已经逐渐以现代的面貌，出现在世界的东方。但是，世界的进步越来越快，中国的经济和文化等许多方面还需要不断地发展和提高；这就必需继续打开眼界、走向世界。打开眼界以后，还要学会分析，分清好的和坏的。一切好的东西，要拿来为我所用；一切有害的东西，要实行抵制和预防。在这方面，前人的经验和教训，有一些也仍然值得我们注意。

谨将这套丛书奉献给爱好历史和文化、关心中国和世界的读者，希望它能在中国现代化的过程中，起到一点微薄的作用，是为序。

丛书凡例□

一、“走向世界丛书”一九八六年前已刊三十五种，二〇一五年起仍按原定一百种的计划继续刊行，仍然专收现代以前用文言写作的国人考察西方（含开国后的日本）的记述，仍以亲身经历、直接闻见者为限。

二、丛书按作者出国年月排列次序，尽量单行，即以一种为一册；字数过少无法单行者，才以两种或数种合订成册。合订本尽可能以类相从，按第一种出国年月排序；其各种均在封面列出书名，书脊则只列出第一种书名，并在其下注明“等几种”。

三、每种（册）书前，均由编校者撰写导言（叙论），介绍作者有关背景和书中重要内容，酌加评论分析，以供读者参考。

四、丛书均经编校者校订，标点分段，并加边批。边批的内容主要包括三个方面，兹以《随使德国记》为例，举示如下：

1. 标题、提要和说明，如“星使由苏州来”、“普鲁士分一十二省”、“演八十日环游地球的故事”、“如夫人即赛金花”、“‘人工’今皆称工人”。

2. 书中较重要的译名（加括弧注出原文或今译），如“德璀琳（Detring）”、“毕驷马（俾斯麦）”、“布莱门（不来梅）”、“德利风（电话）”。

3. 原文的订正和存疑，如“‘公司船’原无船字”、“‘骁勇’原作‘骑勇’”、“‘薛福成’成字原作辰”、“奥京立斯本应是维也纳”。

五、每种书后，均附人名索引，人名依首字笔画和一丨丿丶乚排列，按年、月、日三节数字查检（正文单页码下均有年、月、日三节数字备查）。如德璀琳之“德”字为十五画，于索引

“十五画”内检得其名下首列“13，8，17”，查正文“13，8，17”在P.3下，即可在P.3上找到（光绪十三年八月）十七日“乘肩舆往拜税务司德璀琳”的记载。

六、每种书后，一般附有译名简释（今昔译名对照，必要时并加说明），亦依首字笔画和一丨丿丶乚排列。如“卜兰墩浦 Brandenburg，勃兰登堡”，又如“勺勾腊 chocolate，巧克力”。

七、人名索引和译名简释的条目，并不限于边批中所举者；边批中所举者，则必皆收入索引和简释。

八、人名索引按年、月、日三节数字查检，其原书不著年、月、日者，则按篇章序号或页码查检。

九、原文因排印（抄写）而出现的明显的文字错误径予改正，不在边批中注出。

十、原文中同一外国地名而作者译法多样，

如缪祐孙《俄游汇编》中“彼得堡”就有“比得堡”“彼德堡”等异文，“莫斯科”也是如此。此种情形，无碍阅读，故一仍其旧，不作统一。

十一、原文中之统计数字均一仍其旧。少量表格中之统计数字，为方便读者阅读，改为阿拉伯数字。个别已经失去时效、并无参考价值的资料，则在说明情况后予以删去。

（十二）丛书均以简体汉字印行；除总序、凡例外，编校者所作导言（叙论）、边批、索引中涉及的数字均按现行规定采用阿拉伯数字。

叙论：一部极具史料价值的随轺笔记□

穆 易

《随轺笔记》著易堂铅印本书名作《随轺笔记四种》，共有四卷。“于所过都会，访其风俗为《记程》一卷；于所办交涉，详具颠末，为《记事》一卷；复详考其政事艺术，足备我采取者，为《记闻》一卷；遍历其名都大邑，足广我识见者，为《记游》一卷。”宋文蔚所作序中的这一段话，言简意赅地概括了《随轺笔记》的主要内容。除了第四卷“记游”是作者吴宗濂代海军衙门游历章京所写的关于法、比、意等国军事的考察报告外，其他三卷都是与出使英法意比大臣龚照瑗有密切关系的记载。

龚照瑗（1835—1897），字仰蘧，号卫卿。安徽合肥人。曾在中法战争爆发后，随两江总督曾国荃一起与法国公使谈判；又奉命会同苏松太道邵友濂在上海筹办台湾后路军火饷械及续调营勇等事，并因出力有功而获赏花翎。

多次参与过与洋人的交涉事宜。此后历任浙江按察使、四川布政使等职。也可能是因为他有与洋人打交道的经验这个缘故吧，光绪二十年三月初九日（1894 年 4 月 14 日），年届花甲的龚照瑗作为清廷任命的出使英法意比四国使臣前往欧洲履任。他到欧洲后不久，甲午海战爆发，北洋水师全军覆灭。英法两国趁火打劫，提出不少无理要求，他竭力周旋，颇费心力。又因偶感风寒，渐成重病，拖延一年多后，于光绪二十三年（1897）返回上海，不久即病逝，终年六十二岁。

据吴宗濂的“记事例言”所说，在龚照瑗的三十多个随行人员中，“办理汉文函牍者有参赞宋芸子太史育仁、随员陈幼海比部春瀛，办理英文译件者有参赞曾敬诒副郎广铨、翻译邓琴斋太守廷铿，至办理支应而又总司中外文稿者，则有星宪之犹子仙舟明府心湛。凡此数君皆桀桀大才，足为我先星宪之臂助。宗濂初到洋时，原奉派在法国巴黎之中国使署为法文翻译。不料刚及一年，宋太史、陈比部以不服水土，遽行销差回华，星宪遂令宗濂赴英承乏其事。故记中所登各稿，皆出自宗濂手笔而为星宪所鉴定画行者也。”在如此人才济济的随员中，独让吴宗濂记录各种材料，可见吴宗濂在这方面颇具才干，也说明这部得到龚照瑗认可、以资料收集见长的《随轺笔记》，是非常真实可信的文献，极具珍贵的史料价值。（在这些随行人员中，参赞宋育仁写有《泰西各国采风记》，以政论为主；海军衙门派出的游历章京凤凌写有《游馀仅志》，以记录游历见闻取胜。）

《随轺笔记》为龚照瑗的这次出使留下了许多珍贵的原始资料，叙论仅就关于与孙中山伦敦被捕详细经历、英法两国的外交交涉等原始记载，略加引述，以见一斑。

孙中山伦敦被囚禁的前后经过

《随轺笔记》最为人所熟知和看重的是关于孙中山（即孙文）在伦敦被囚禁的经历，《记事》卷中有三篇资料详细记录了此事的前因经过，分别是《龚星使计擒孙文致总署总办公函》、《邓翻译与孙文问答节略》、《龚星使计擒粤犯孙文复行释放缘由》，是有关此事的重要史料。第一篇是一份公函，第二份是邓廷铿的报告，第三份则是吴宗濂于光绪二十五年追述之文。

光绪二十二年八月十九日（1896 年 9 月 25 日），卧病在床的龚照瑗接到驻美公使杨儒的来函，告知朝廷"通缉要犯"孙文已经于八月十七日（9 月 23 日）由纽约前往英国，将于利物浦上岸。龚照瑗当即派参赞马格里（即马清臣）与英国外交部联系，希望能援香港及缅甸例请英国代为缉拿，被英国外交部婉拒，只得雇请私人侦探侦缉孙文行踪。根据侦探的报告，龚照瑗致总署总办的公函说："该犯（指孙文）于八月二十四日（即西历9 月 30 日）登岸，即日乘火车至伦敦，剪发洋装，偕行有二西人与之稔熟。伦敦则有二西医，一名坎特立，一名门森，曾住香港，与该犯交最厚，前该犯由粤垣逃至香港，即潜匿坎特立之宅也。”

孙文在九月初四日到中国驻英使馆，向人询问使馆中有没有广东人，时任使馆翻译的邓廷铿正是广东三水人，便被叫出来相见。孙文自称陈载之，对邓说：“前来游历，但已游数日，各处均得其大概，惟行宫不能任人游玩，阁下可设法令我一观其盛否？”邓称可以设法。又问英国有没有广东人。邓称有，都在海口。这个时候，邓已从孙中山拿出的金表上得知这个陈载之就是朝廷通缉的孙文，便佯称可以带他到海口会见那些广东人，约他第二天再来一起前往。

邓廷铿将这个情况通过龚照瑗的侄子龚心湛（字仙舟）转告卧病在床的龚照瑗，龚照瑗当即强撑病躯，召集参赞马格里、王鹏九会商，确定准备诱捕孙文。

孙文不知道行踪已经暴露，第二天依约来到使署，被邓廷铿等人一步一步诱引上楼，到达马格里等人已经安排好的空房中后被囚禁。下面是诱捕过程的详细记载：

> 初五日，孙于早晨十一点钟到使署，并在署早饭，拟赴海口。邓云两点钟方可以去，即带见马参赞，告以曾在曾文正公幕府。
>
> 孙云：“前洪秀全得地之后，何以不能自守？”
>
> 马答曰：“凡反叛得地，不善布置政体，即不能守。”
>
> 孙云：“中日之役，华兵溃败如此，实为可惨，殆因不重洋务之故。现今中国重洋务者，惟李中堂一人而已，如中堂能以西法变华，谅可不致如此。”

邓云："尔曾晋谒中堂否?"

孙曰："去过一次，与罗稷臣相见。据云中堂不愿见我，盖因改装剪辫之故。此次中国之败，若在别国，必早变民主。"

邓云："天下事不必深谈，可到别处房间看看。"

即带其上第二层楼，顺路过随员李盛钟卧房，与李相见，数语后即问："贵省改行西法，可易办否？火车铁路，可易通行否?"

李答："甚难，有山石之阻。"

孙云："我在美国看见山可穿洞而行。"

答："如果定要开设，不过工本较大耳。"

孙转向邓曰："我俟游遍各国，意欲往中国各口岸，溯扬子江而上，看中国各地如何局面。但我现改西装，未晓内地行走有无关碍，请明指教。"

邓答："此事我无把握。"

适参赞马来问邓译件，邓告以在三层楼上。随带孙同往楼上。此时楼上房子已备齐全，引孙入房。马、邓二员一立在门内，一立在门外，比孙入房，即将房门闭上，外面加锁。

马参赞开口云："尔非姓陈，尔之金表内刊'孙文'二字，尔定是孙文。现奉钦差之谕，将你扣留，问你在广东所作何事。现正电告总署，必俟总署回电方能放出。你但安住在此房，不作犯人看待，只不许出门，如要看书，均可取来。"

此将孙文引上楼房扣留之详细情形也。

从《邓翻译与孙文问答节略》这一段记载我们可以看到，一、邓廷铿等人是有心按计划一步一步诱引孙中山上楼，孙中山毫无防备；二、孙中山非常关心政治，短短数句中已经看出他对重洋务、行西法、修铁路的想法；三、孙中山有溯江而上察看各地情形的想法，只是因为已经剪了辫子、穿着西装，不知可否通行，向邓求教，邓答无把握；四、孙中山对李鸿章领导的洋务运动是比较肯定的，但认为因为李鸿章等不能以“西法变华”才导致甲午之战失败。

令人疑惑的是，自从1895年广州起义失败后，孙中山亡命海外，成为清朝通缉的要犯，此时他怎么会前往驻英使馆，以致自投罗网？其实从他化名陈载之来看，他至少不是真的毫无防备的，只是他不知自己已经暴露；而且从他次日与邓廷铿的对话中可以看出，他并非不知道到驻英使署有一定危险，但他认为即便暴露，驻英使臣也没有将他治罪的权力，除非是用偷偷摸摸、私运回国的办法，因为英中之间没有罪犯引渡条规约束；驻英使馆也确实曾想引用香港缅甸条约请英政府协助，遭到拒绝。下面就是这段对话实录：

初六日早饭，翻译邓与之同食，以探其滋事情形。

邓云：“昨日将你扣留，此系公事公办，你以为何如?”

孙答：“你系奉公而行，我不怪你，但钦差留我，有何主意？我昨夜三思，此地乃系英国，钦差在此断难致我之罪，否则我亦不自来署。”

邓云：“钦差并不定你罪，窃恐你来署将署中公事在外误传，故扣留也。”

孙云：“虽可扣留，实不济事。钦差在英无办犯之权，中国与英国之无交犯之约，我早查明，然后敢来。昨夜细想，钦差惟有密租船只，将我困在囚笼，私解回粤而已，其馀则无别法。”

邓云：“决无此事，且你亦通英语，即困笼中，亦可求救。”

孙云：“倘或将我之口闭塞，无从求救。……”

孙中山的猜测是准确的，朝廷确实有密函命龚照瑗将孙秘密押解回国，只是那个时候孙已被释放了。不过孙中山的猜测之词到了后来似乎变成了真有其事，吴宗濂在《龚星使计擒粤犯孙文复行释放缘由》中写道：“是夜各报刻有孙文对答之辞，殊形荒谬。据谓邓刺史告以拟将其装入箱中运至船上，或先行毒死，解华戮尸；此盖该犯臆造，借以骇人听闻也。西国久无此等刑法，见此数语，益笑中国之教化毫无。”看来当时的西方报纸也有一篇孙中山和邓廷铿的对答之辞，应该是采访孙中山所得，只是吴宗濂认为这是孙中山的“臆造”，用来“骇人听闻”的。后来有人在英国国家档案馆看到当年的英国《每日镜报》以及几个当事人的口述实录，大概就是当时的英国新闻报道，与这里三篇记载的有不少不同甚至相反的地方（参见腾讯官网2011年“海外寻档”腾讯网与法制晚报、北京交通台共同报道的专题《清廷在伦敦诱捕孙中山》一文），具体的不同之处有如下几点：

一是孙中山自述当时是前往康德黎（即本书中的坎特立）家在路上遇到了邓廷铿，邓因为已经知道了孙中山的真实身份而诱引他到使馆而后被捕的；但本书的记载却不是如此。

二是孙中山对英国财政部（疑为外交部之误）的陈述是说邓廷铿告诉他，使馆将会用木箱将他潜运回国，或者就地正法，也就是吴宗濂所说的“臆造”；因为从本书的记载来看，这些只是孙中山对邓廷铿说的假想之辞。

三、这篇报道这样写道：邓廷铿此时出现，目的是骗取孙中山写下悔过书，让他写一封信，说明来公使馆是“自愿”的，目的是“请求公使为他昭雪，说明广州起义并非其所为”。孤立无援的孙中山眼见别无他法，在邓翻译的威逼利诱下，只能违心地写下一封满是谎言的信。但本书的三篇资料记述的孙中山第一次到驻英使馆的确是特意前往的。那么这三份材料都是当时特意伪造的吗？

这确实是一桩公案，究竟哪一方的记载才是真实的历史事实？邓廷铿在讯问笔录最后写道：“右口供系以话引话所得，看其情形，实在善为粉饰。一面之词无人坐证，据情照录，虚实难分。但观其放出之后，绝无求白之意，可见决非安分者流。”这就是说，邓廷铿也无法确定孙中山的陈述是否可信，那应该没有必要去捏造这样一份讯问笔录。

在《邓翻译与孙文问答节略》这一份讯问笔录中，还有不少可供研究的对话，其中所透露的信息应该是值得重视的。比如这段：

> 孙不答，以病告求医。
>
> 邓答代回钦差，即问：“你在广东谋反，因事不密，被

人先觉，以致不成，是否属实？”

孙答：“我虽有大志，而时尚未至。惟广东有一富人欲谋是事，被我阻之。”

邓云：“何不同谋，反阻何故？”

孙云：“他是为己，我是为民。”

邓云：“请将为己、为民四字明白告我。”

孙云：“他之为己，欲得天下自专其利；我之为民，不过设议院、变政治。但中国百姓不灵，时尚未至，故现在未便即行。盖该富人不知审时，我所以阻之也。我素重西学，深染洋习，欲将中国格外振兴，喜在广报上发议论，此我谋反之是非所由起也。”

“设议院、变政治……欲将中国格外振兴”，这应该是孙中山最初的政治主张。

李家焯此次害我，不独家散人亡，我所有田地，均已被封，不知尚能复见天日、得雪此恨否？况我曾上禀请设内河轮船公司，已蒙张香帅批准，不遇此事，我早往上海开办矣。李家焯之害我，其毒无穷。自我避往香港之后，去年又造谣言，说我私买军火，在外国招募洋匠五千进攻粤省。我不得已，潜往各国游历。及抵英国，我所往各处均系游玩之所，凡制造军火各厂，我概未去，此亦可见我非有谋反之事也。万望钦差代为申雪，俾得回国另谋事业，断不敢再行为乱。况中国近来颇讲洋务，我意中主意甚多，不难致富，又何必行险耶？你果念乡之谊，还当代我力求钦差。

这段话是孙中山在前面大段陈述所谓广州谋反纯系李家焯所害之后的最后结论以及请求，其中透露了很多信息。究竟是孙中山为了说明“请求公使为他昭雪，说明广州起义并非其所为”的目的糊弄邓廷铿等人而编造的，还是确实就是事实，值得玩味。总之这一份当时记录的史料，还是非常重要的。

在与邓廷铿等人周旋的同时，孙中山也一直在设法与外面的友人取得联系，后来终于通过一个勤杂工的手将消息送了出去，孙中山的友人当即联络各方，设法营救，英国媒体也掀起了轩然大波，最后得以释放。

> 初七日接总署回电，力嘱“慎密办理，不可为英所知致被反噬，应如何措手，悉听主裁”。
>
> 初八日星使嘱宗濂代拟电稿，言“惟有专雇一船，径解粤省，否则只可释放，派探密跟穷其所往，请示祗遵”。此电去后，总署无复。
>
> 十三日星使又发电云“释放宜早，免有痕迹”，仍无复电。时署外已有人日夜守伺。
>
> 十六日英国《格罗孛夜报》忽刊其事，不直使署所为。他报访事人接踵来访，邓刺史力辩其无，马参赞直认不讳。翌晨各报刊布，指为使署拐骗监禁，哗然而起，甚有以使署房屋绘为图画者，亦有以此事标题特印大字告白兜销报章者。使署门口，自朝至于日中昃，聚众至百数。

这篇《龚星使计擒粤犯孙文复行释放缘由》中详细描述了驻英使署计擒孙中山以及不得不释放的前因后果，而所引的这段记载，将当时驻英使署内外的紧张气氛、营救情形描述得颇为生动详尽，可见一斑。

这次随龚照瑗一起出使的随员、章京凤凌在其所著《游馀仅志》卷下也记载了此事：

> （九月）初五日 广东人孙文号逸仙，由美国潜至伦敦，日前赴使署访同乡，偶遇翻译邓廷铿，约翌午设餐相请。饭后，即托言登楼观望，因将孙禁匍，昼夜派人看守。孙自云陈姓载之，其号尚不讳言。且坦然入室，索纸笔作字于同党，令洋仆寄送，当赐英金十镑。仆知不妥，随呈马参赞。此即总署电饬各星使访拿之人，在外国作采办军火等事。西人因查无实据，以为公罪而保护之，不许中国递回治罪。

在其后的九月十八、十九、二十日、十月二日等几天的日记中记叙了该事件的后续动态及英国报纸的反应。可以相互参证。

与法英交涉的珍贵外交史料

有关孙中山伦敦被囚禁之事的史料极为珍贵，也为人所熟知，但实际上，《记事》卷内，记录中日甲午海战后中法之间、中英之间关于界务和商务的争议辩论及各种条约，清总理各国事务衙门与出使英法意比四国大使龚照瑗之间的来往电文，龚照瑗与英法两国的交涉言行都是极有价值的外交史料，值得关注和研究。

吴宗濂在其“记事例言”中开宗明义，指出：

> “记事”者何？记我先星宪龚公出使时所办交涉之事也。谨按：我中国自有使臣驻欧以来，除曾惠敏、李丹崖两星使外，要以我公所遇为最不顺手。其竭忠尽智、经营擘画之苦衷，实散见于所致译署及南北洋大臣各项函稿与西国一切文牍中。兹故分门别类，次其先后，汇而集之，以彰实迹。

甲午战争，中国战败，北洋水师全军覆没。清朝政府在日本的军事压力之下，被迫签订了丧权辱国的不平等条约——《马关条约》。而此时，英法等国列强，借口帮助过中国，趁机逼迫中国，吴宗濂在“记事例言”中也将当时龚照瑗在这种内外交困的外交窘境下所做的努力以及“记事”的内容交代得非常清楚：

> 其时日难初平，我中国国势骤弱，不免为他国所轻。法既责报维殷，割我猛乌、乌得以去；英又借词婪索，特以野山、西江相要。我星宪龚公虽欲以口舌争胜，势竟有所不能，观于《会议节略》而可知矣！然其绸缪未雨，烛见先幾，俾政府预为之备者，辄多应验，译署函电尝嘉奖之。《滇缅原约》、《中法新约》皆足发有心人之猛省，兹故依类附入，俾便参观。

从关于猛乌（勐乌）、乌得被割让因由的来往电文、信件以及与英法外交部官员的谈判记录中，我们可以隐约地看到，法国驻华领事的仗势逼人，法国勘界官员的蛮横无礼，中国外交衙门的懦弱无能，中国驻法使臣的委曲求全，英国政府的借辞生事、趁火打劫，即使当时吴宗濂也在摘录电文之后注释说道：“当道为难情状，见诸字里行间。外间以猛乌、乌得两地划归法国，意颇不满，盖实未尝易地以思耳。用特摘陈，以表当道苦心孤诣。”

当时法国勘界官员擅自将本不在划界内的猛乌、乌得强行划进法属越界，并强迫中方勘界官员钤印画押。中方官员争论不得，只得钤印，并注明“此系法员自定之图”，然而，最后的结果却是中方官员的注明被视而不见，却被法方以中方已盖印认定为由，强行将猛乌、乌得二地划为法属之地，写进条约之中。而更可气的是，英国人见法国新得割让之地，便以各种借口逼迫清廷，欲图强行获得野山、西江两地属权。在龚照瑗写给许景澄的信中，先是说到对英人的要求“将隐忍以受之，则吃亏愈甚，将与之决裂，则势有未能”，左右为难，然后又说到“法使只欲乘机售其欺诈之谋而不为我国稍留馀地”，无异火上添油，“可恶孰甚。一波未平一波又起，直不知如何结束”。

英国人强行索要野山、西江之事，吴宗濂在《记事》的“会议节略”之中详细地摘录了当时英国两个外交次长巴特雷（巴侍郎）、黎迟与公使龚照瑗及代表龚照瑗的马格里（清臣）之间争论辩驳的情形。英国人以中国承认了法国猛乌、乌得两地的土地要求，损害了英国利益为名，强行索取野山等地，并要求对英国开放西江及其支江的通商，其态度之强硬蛮横、言论之无耻诡诈，跃然纸上。下面摘取一段对话，可略窥一斑。

龚大臣曰：“本月二十日沙侯与余晤谈时，实未令余料到要向中国索地如此之多。”

巴侍郎闻言作色，不以为然，谓：“所索之地乃沙侯主意也。”

龚大臣曰：“据沙侯所言，只要将无关紧要之界线略为修改，仅索昔马及迤南另一角地以足形势而已。”

巴侍郎答以：“沙侯嘱咐之意，系要取回北边之昔马以保八募、南坎、南冈一路，并取北丹尼及科干以成三角之势。”

龚大臣以前与沙侯会晤后曾电报北京，告知中国政府英国所索地段并无若此之多；今若此，是令伊为难也，颇恐。

巴侍郎又向龚大臣破解曰："现中国在英国面上并无情让之处，乃沙侯情让中国，肯于中国违约之事大减其所索地方。"

龚大臣答以："不能如此看法。"

文中"沙侯"是指当时的英首相兼外相沙力斯卑利(今译作索尔兹伯里)。从这段文字中，英国人的蛮横无理，步步紧逼，龚照瑗的委曲求全，据理力争，历历可见。而在要求清政府开放西江五府四处通商口岸时，巴特雷说出的理由竟是"英国虽于西江通商之事可得利益，然各国皆得分沾，而得利最巨者，则惟中国。盖西江一经开埠，关税大旺可预决也。""西江开埠一事，并非独给英国，盖各国皆在其内也，惟中国则可独得其利。以故不可因西江开埠而想沙侯即不索地也"。以恭亲王为首的总署王大臣写给龚照瑗的密函中说到"至西江通商口岸，索至五府四处之多，兼扼广、澳两口之要，尤为无理要求"，"通商以来，彼人往往以洋税利益饵我，议者遂谓公共通商处所，遇事即可保全；究竟内厘外税、在上在下、孰损孰失，统计自当明晰"，要求龚照瑗据理力争，坚持到底。虽然知道是无理要求，知道是用表面上的利益相诱惑，但当时清廷在新败之后，处处受制于人，在国际上根本挺不直腰板。弱国无外交，一个出使英法意比的大臣，在疾病缠身的情形下，又遇到两个强国的无理要求，奔波争辩，无可如何。国势孱弱，朝廷无能，便会被欺辱逼凌，便只能丧权辱国。

在《记事》卷中，还记载了三件与英国相关的舰船之事，可以从中看出，风雨飘摇的清王朝是如何焦头烂额的。

一个是在英国购买的鱼雷猎艇“飞霆”，由英国技师护送至华，并留华负责维护。此后由于一些矛盾，英技师回国。不久，负责“飞霆”的清水师管带向北洋大臣递交了一份说帖，其中列举了“飞霆”全船出现的各种毛病十项，由北洋大臣转龚照瑗向英厂方申说索赔。但是英制造“飞霆”的阿摩士庄厂却逐条一一申辩，认为责任在中方，并说“清折内所以言之过甚者，殆因不明此等事宜（即其所谓“远行后机器接笋处之松宽疲乏情形”）之故，或因德人挑唆之故”。此事最后如何处理吴宗濂的记事并未说明，只是说因为龚照瑗病危，最后转交给了接任的罗稷臣。

第二件事则是所谓的“巴山”船案。英国“巴山”号商船因查出“有运往日本之弹枪等件”被扣在基隆，英船封舱拒查，几经周折后查实问题不大放行。英方以被扣后损失巨大向中方索赔五千英镑。最后在英外交部的干涉下赔款了事。

第三件事则是英国“高升”号运兵船运送中国官兵前往高丽途中被日军释放鱼雷击沉，船上一千一百多名中国官兵全部随船沉没，英船上的船员水手除船主、大副及德国水师教习外也是全部死亡。英国以英船主拟听从日军舰“随行”之令而中国官兵不允，以致遭日军炮击致沉没为由，向中国索赔鹰洋二十万零五千元。据吴宗濂附记，此案到其《记事》成稿时仍未了结。

龚照瑗在写给上海道刘康侯有关“巴山”船案与英国外交部交涉情形的信中最后说道：

> 再密启者：以弟愚见，日难初平，与各国交涉事层见叠出，总署诸多棘手。细事委之地方官办不能了，既经外部，若仍不能了，徒争无益，且有碍重务。想兄台高明，必能鉴及一切，默会总署之意也。

日难初平，交涉叠出，诸多棘手，徒争无益，字里行间所透露的无奈和痛苦可见。

在外事交涉方面虽然有点焦头烂额之势，但是作为合格的外交使臣，龚照瑗等人并没有颓废，他们还在为国家的重新振作尽心尽力。《记事》卷内关于水师重建所需要购置的战舰枪炮、雇用英国水师教习及派员学习西方军事制造技术的内容，就是一个见证。

甲午之战后，清朝所建立的北洋水师几乎全军覆灭，这对清朝统治者是一个沉重的打击。为了迅速扭转局面，清朝政府开始了水师重建工作。作为出使英法意比公使的龚照瑗一行承担了考察英国舰船市场，订造新式战舰的任务。他们考察英国的战舰枪炮，并详细记载各种数据，绘制图表，以供朝廷主事者参考，又认真地遴选、推荐监造战船的得力人员以供朝廷选择。又应北洋大臣之邀，考察了几个拟聘任的英国水师教习，并与他们签订合同。《记事》所载，便是龚照瑗与北洋大臣王文韶之间的来往信函以及与英国两个教习所签合同原文。这些原始材料，无不显示龚照瑗等人工作的认真细致和良苦用心。

龚照瑗对于派员学习西方的军事特别是海军船舰枪炮的制造技术非常看重，多次致函清总署衙门，阐述派员学习造炮造船技术的重要。《记事》卷中《龚星宪留派学生学习造炮致总署咨文》中就是一例：

> 窃以学业由研求而进，人材由历练而来，本大臣奉使驻英，每于此兢兢致意。查现在外洋竞尚快炮，英伦马克心罗登飞厂所造者，猛厉无比，瞬息千弹，各国争相购用，推为水陆兼资，灵捷快便，卓越等伦。中国幅员辽阔，营伍繁多，此项快炮鲜有备者，亦鲜有知者。因思欲为自强计，自须先为储材计，当于本大臣咨调出洋之武弁学生中，选得武弁把总谢邦清、五品军功宋芝田，于光绪二十二年正月派往该厂学习造炮事宜，其一切费用即于本大臣俸薪项下提给，作为津贴。

于历练人才兢兢致意，于西洋军备留心观察，选派学员，津贴费用，可谓用心良苦。

《记闻》卷内容丰富的资料荟萃

《记闻》的内容庞大丰富，是吴宗濂用心收集的重要见闻史料。该卷的主要内容有三项：一是“苟有所闻，足为我国国计民生之助者，毋论其或见诸中国巨公条奏，或系西邦现行章程，辄据以备录”；一是“西国水陆军政、制造艺术……凡试验有效见诸报章者……据一反三，亦足觇其国势……辄译成汉文”；三是甲午之战后，可以看出西方列强“貌作仗义执言”实则“为我谋正为己谋”的几次议院辩论、报刊述评以及一些“公道之士……大声疾呼，特为历抉中国弊病，以作刍荛之献”的报刊言论。

中国巨公条奏，西邦现行章程，只要是有助于中国国计民生的，便据以备录。是为《记闻》的第一项主要内容。如《龚星宪接总署议复御史陈其璋条奏重订使章折稿》、《龚星宪接总署移咨御史陈璧条奏仿行印花税法折稿》及附录的刘瑞芬十四个奏章、《中国借款章程》、《比国衔奇大会详细章程》等等。

从《龚星宪接总署议复御史陈其璋条奏重订使章折稿》以及其下附录的各种奏章章程等，可以看到当时清廷在派出出使西方各国的使臣以及随行或单独派出游历人员时的谨慎态度和矛盾心理，如御史陈其璋提议“使臣可给京堂衔，不必定予实职”，但总理各国事务衙门则认为“出使大臣远役异方，夷险莫测”，若只给虚衔，无法激励使臣任事之心，可见清政府对派遣的出使大臣还是比较重视的。而关于游历考察人员，则非常慎重。据该奏章之后附录的总理衙门《出洋游历章程》来看，清廷早在光绪十三年（1887）的时候就已经委派人员游历西方，向西方学习各种技艺技术的出洋游历人员的选定、游历年限、游历费用、游历必须达到的要求目的以及游历归来后的任事安排，都做了比较详细的规定。然而甲午海战的失败，洋务运动也遭到了极大的打击，虽然此前随着洋务运动的推进，各地出现了不少民族企业，也从西方学到了很多方面的技艺技术，但是随着北洋水师的覆灭，这种势头也有戛然而止的迹象。就是此前出国游历考察的人员，回国后也并没有如“章程”所说，择优任用。吴宗濂在该“章程”之后附录的一段话，很能说明这一事实：

> 此次所派游历人员计共一十二名，差竣旋华后，惟刘启彤、傅云龙二人得旨以道员用，交北洋差遣，然亦未克大展经纶：刘观察遽归道山，傅观察办理制造局事，即遭吏议。馀如李主事秉瑞仅得四品顶戴，至今闲散无事；缪主事佑孙另考总署章京，虽蒙录用，然不久即赍志以殁；此外更无所闻矣。至第二次以志伯愚侍郎锐条奏，曾有海军衙门章京随使游历之举，则皆系旗人，此中惟会东部郎春顺得旨以道员记名，旋授江西盐法道，刻已陈臬，似能独出冠时。

由此也可以看出，清廷对于派出游历人员并没有很重视，很多学习到的东西也都只停留在纸面上或者技术层面上，这也是导致甲午战争失败的重要原因之一。

《马关条约》签订后，中国要向日本支付巨额赔款，清政府只得拆东墙补西墙，以海关进款做抵押，向西方各国借债。《中国洋债考》等文记录了中国向西方各国借债的章程、具体数目等详情，也是非常重要的历史资料。《比国衔奇大会详细章程》则将比利时举办博览会的章程全文照译，为我国此后参与国际赛会提供了重要的参考资料。

“西国水陆军政、制造艺术……凡试验有效见诸报章者……据一反三，亦足觇其国势……辄译成汉文”，这是《记闻》卷的第二项重要内容。《各国水陆兵备杂译》、《英阿摩士庄厂为中国拟造各种兵舰英文节略》、《义国乌郎度商厂为马六嘉国承造之行江炮船法文节略》、《伦敦万国铁路会第五次聚议题》、《火车非常速率》、《铁路价值》、《法国商厂请在龙州建造铁道缘起》等文都是对于了解当时的西方国家各种军政、制造艺术有很重要的参考价值的资料。如《各国水陆兵备杂译》，详细介绍了欧洲各国的军事装备情况；《英阿摩士庄厂为中国拟造各种兵舰英文节略》，则介绍了我国定制的四艘战船的详细配置和性能。

甲午之战的惨败，清朝政府政治、经济、军事等各方面都遭到了沉重打击，割地赔款，日人步步紧逼，而西方各国也趁火打劫，貌似“仗义执言”，实则希图“利益均沾”。这是《记闻》卷的第三项内容。其中如《书〈中日约章〉商务各条后 一》、《书〈中日约章〉商务各条后 二》、《中日战务杂识》、《法外部大臣在上议院声明遣船至德及助华索地之故》、《详纪法国下议院卿以派船至德索地归华二事诘问外部大臣及外部大臣答复情形》等文，揭示了当时西方干涉中日条约的实质。《法外部大臣在上议院声明遣船至德及助华索地之故》等两文记载的就是法国上下议院关于法国与其他国家一起干预中日签订战后条约之事的争论。法国有议员认为法国政府“中日议和出场干预”是不应该的，法国外部大臣就此问题发表了一番宏论，可见当时英法等欧洲列强的心思：

我国在极东方地所以有此作为者，并非为他人之利益起见，乃为我国自有之利益起见也。我国在极东方地有若大产业，固望其毫无侵扰，毫无被累，而尤望东方各大国克自树立，既稳且安。中国则尤为要紧，彼国如有动摇，则我国属地、我国权力一齐危殆。是以我国正如中国之贴邻，深愿其战后事宜一无损碍中国之处，此即我国之意见也。有数国因在东方亦有利益，故意见与法国相同。法俄二国，此事一如他事，其利益本相互结，于是德意志、西班牙因之亦来会合。彼日本一经婉劝，即肯允行，深堪嘉尚。我等干预中国之事本此，盖料理天下大事，我国固义不容辞也。

而法国《晚报》在其《书〈中日约章〉商务各条后》的政论中更是说得更加直截了当：

《马关约章》关涉商务各条，非可仅为纪录而不置一词，盖有此数条而中国之大市宏开，裨益无涯，得未曾有也。在日人固必力践约文以收大利，然亦岂能独享？各国正得援“利益均沾”一语与之并驾齐驱。况日人欲沾他国所沾之利，在《新约》第六款中亦以此语为证乎？

瓜分中国，利益均沾，这就是西方列强的真面目。但当时的清廷大员却有一些非常感激西方干涉之举的，这也是吴宗濂特意摘录这些文章以揭示西方列强真实面目的本意。他说：

甲午之役，俄、法、德三国曾貌作仗义执言，逼还辽东各地，日人慑于势，居然忍气以让，我国巨公因之甚德三国。庸讵知此三国者，为我谋正为己谋，观于法外部大臣哈诺德

以此事布告议绅，其底里即已尽露。一国如此，他国可知。未几果历验不爽，谁秉国钧，尚其不忘前事。(《记闻例言》)

当然，也有一些虽怀着一定的目的但也的确真有见地、一针见血的看法，如《论中国善后事宜》一文综述法报的言论，一些见解就不无道理：

中国朝廷果肯暂节各项用度，日后并为之讲求商政，则庶有豸耳。尚其大弛地禁，以与各国贸易，并恩准商人建造铁路，俾各处富省彼此相通，得以内地之种种土产运销外埠，则财力充盛之后，创口可望结痂。然尤要紧者，须将官制全行更改，盖各官之千方百计勒索小民，固有不可思议者也。倘不变法，则于中国复何望哉！

节用度，讲商政，弛地禁，修铁路，变法改制，则中国可望财力充盛，创伤可愈。这大概就是吴宗濂所说“公道之士……大声疾呼，特为历抉中国弊病，以作刍荛之献”的报刊言论了。

关于吴宗濂其人

吴宗濂（1856—1933）字挹清，号景周，江苏嘉定人。是中国外交史上一个比较重要的人物。年轻时的吴宗濂先后在上海广方言馆、北京同文馆学习法语和俄语，毕业后在京汉铁路局担任法文翻译。后入外务部门。先后担任过多个驻外使馆学习翻译、翻译等职。

光绪十九年（1893），比利时设立考察罪犯原由会，邀请各国选派律师、医生前往共同辩议，陈述意见。参加者有数十国，集议历时七天。时任出使英法意比四国大臣薛福成以吴宗濂通法语，派其与会。当时比利时国王亲临集议会场，会长请吴宗濂宣讲中国治罪情形。吴宗濂的讲述赢得了与会者及比利时国王的高度赞扬，国王握手称谢。

光绪二十年（1894），刚刚从国外回来的吴宗濂又被推荐担任出使英法意比四国钦差大臣龚照瑗的随员，专司法文翻译工作，后兼任驻英使馆参赞。龚照瑗一行自光绪二十年三月初九日（1894 年 4 月 14 日）上海出洋起至四月二十六日（5 月 30 日）至法国呈递国书日止，历时一个半月时间，途中或瞭望或踏足的地方如越南、新加坡、苏门答腊、科伦坡、孟买、阿拉伯、亚丁城、埃塞俄比亚、苏伊士（苏彝士）、塞德、亚力山大（亚力山德）、红海、地中海、马赛等，是典型的海上出使路线。吴宗濂逐日记载了龚照瑗一行的路途经历，并对所经各地的历史沿革、地理地貌、人口变迁、市政建设、经济状况、农林作物、进出口状况等情形做了较为详细了解和记录，为后人研究当时沿途各国的人文经济提供了不少可资借鉴的历史资料，极为珍贵。

在担任翻译工作的近四年时间里，吴宗濂参与龚照瑗与英、法两国外交部门唇枪舌剑的交涉过程，并将其全程记录。他关注西方国家见诸报章的政治军事、科技制造特别是军械设备、铁路等于国计民生有参考价值的内容，并摘要翻译；他关注甲午之战后欧洲各方的不同反应，并多方收集能认清其实质的各种报刊议论、政要言行。他对中国向西方借债之事也比较重视，所收集的几篇相关内容的文章是非常重要的史料。他工作认真细致，在陪同海军衙门所派游历章京在法国、比利时、意大利三国“考察兵戎规制、台坞情形”时，对参观过的如水师制造局、火器厂、船坞、军队医院以及各种兵舰、炮台炮垒的规模、布局、武器式样尺寸等等，都尽可能做了详细了解和记录。由此编撰而成的《随轺笔记》也就成为研究中国外交史、中外文化交流史、中国近代史的重要著作。《随轺笔记》的每一卷之前，吴宗濂都写有一篇“例言”，交代每一卷的宗旨、内容以及他自己的独特见解，对后世准确把握《随轺笔记》有非常大的帮助。可惜还有一些当时属于绝密的材料，没有出现在《随轺笔记》之中。吴宗濂在“记事例言”中对此事做了交代：“书中所列虽关军国大计，然皆系已过之事，不妨布告天下；其馀机要概秘勿宣，阅者谅之。”

在担任翻译及驻英使署参赞期间，吴宗濂还奉命于光绪二十一年（1895）六月二十四日起至七月初，陪同彦恺、凤凌两位海军衙门游历章京考察法国都隆等地的海军基地。在此之前，他已多次游览考察巴黎等地的军事设施。

光绪二十二年（1896）四月李鸿章前往俄国参加沙皇尼古拉二世的加冕典礼，吴宗濂奉命陪同龚照瑗次子龚心钊（怀西）自英国赶赴俄国，参与其事。

光绪二十二年十月十七日起，吴宗濂又陪同凤凌考察比利时国水师船坞、军械制造各厂，并拜会比利时国王、王储等军政要员。十一月初一日起参观意大利拿波里船坞及英国阿摩士庄炮厂意大利分厂等。

光绪二十三年（1897）三月，病情加剧的龚照瑗获准回国，由罗丰禄（稷臣）接任。吴宗濂等随同回国。回国前，经历了一场换船风波。原本龚照瑗委托马格里（清臣）购买英国轮船公司的回程船票，英国公司担心龚照瑗在路上出事，只肯出售货轮船票。吴宗濂得知名为“广东”的货轮又小又慢，五月一日启程，要到六月二十八日才能到达中国，认为龚照瑗病躯之体，乘坐如此货轮，难以忍受，因此跟龚心钊商议，改订德国邮轮。英国船务公司恼羞成怒，要求赔偿。临行时，龚照瑗病情加重，不能启程。于是吴宗濂等人乘坐德国邮轮先行。其后，英国公司也愿意只索赔一英镑作为认错之资，并提供名为“印度”的邮轮请龚照瑗乘坐。由此，龚照瑗终于得以乘坐“又大又快”的邮轮，四十天后返回中国。吴宗濂感慨万千，写道：

> 以极小极迟之货艇一变而为极大极快之邮船，俾我星宪安坐回华，航海四十日，即睹故乡风景，则宗濂区区愚忱，夫亦可告无罪也夫！（《随轺笔记》卷一之《龚星宪任满离英记》）

吴宗濂回国后就职于汉皋铁路局稽查部。由《龚星宪计擒粤犯孙文复行释放缘由》吴宗濂自记“时光绪二十五年八月，嘉定吴宗濂追识于汉皋铁路局之牟隐庐”可知，《随轺笔记》当成书于他任职于汉皋铁路局期间。

光绪二十七年（1901）在上海广方言馆任法语教习。此后历任驻法使馆秘书，驻西班牙使馆代办，英、法、比、意、德五国留学生监督，驻奥地利代办等职。宣统元年（1909）任出使意大利大臣。在吴宗濂的多方推动之下，中国参加了1911年在意大利都灵举办的博览会，并获得了多项大奖。民国改元后，驻外使节改称外交代表，吴宗濂任驻意大利外交代表。1914年任满回国，任北京大总统府外交谘议。1916年12月，任外交部特派吉林交涉员。1918年当选为安福国会参议员。1924年任浦口商埠督办。1925年任上海法租界市政会议委员。1930年起，任国民政府条约委员会委员。1933年9月15日，病逝于上海。

《随轺笔记》据光绪壬寅（1902）著易堂铅印寿萱室藏版校点。该书资料弘富，涉及面广，是研究晚清中外关系史的重要参考著作。由于笔者识见有限，只能略作引述，以期抛砖引玉，冀有方家做更深入之研究。

随轺笔记校点凡例

一、本书以光绪壬寅孟春著易堂铅印寿萱室藏版为底本校点。

二、凡书中涉及国属变迁、疆界变迁，如属英属法属印度等提法，除少数地方略加注释外，其他一律一仍其旧，不作改动。

三、书中有关历史事实及年代的出入、地理位置的错误，除个别明显而重要的以外，一律不注不改。原书中涉及历史、地理的沿革，人名、地名等非常多，由于校点者学识所限，只能对个别重要者略加注释，并在书后附录部分译名简释。

四、原书四卷，每卷都有目录，本次整理出版时目录仍按原书，个别篇目与正文标题小有区别者，不作改正。

五、书中条约的简称如“新约”“旧约”均用书名号标示出来以别于泛指。

六、原书中用小字双行夹注者，一律改用圆括号；其用中号字夹注的人名字号则直接与正文连排，如“宋芸子太史育仁”“陈幼海比部春瀛”等。

七、原书中除属明显误植之字词予以径改外，存疑字词均用〔　〕注出，以便读者辨识。

八、中西历对照均据原文并据《辞海》校对，不符者加注，原则是：凡有史实可查者，据实改正；无史实可查者，凡涉及中国者按中历改正西历，凡不涉及中国者，按西历改正中历，个别加注说明。

九、本书所举法尺、法里、海里及吨、以及英镑、方（即法郎）的折合数，均根据原书《例言》或文中所列比例复核，有差错者在其后附列改正数。复核时均以法尺等外国数字为正而改正折合数；少数数字则根据上下文及具体情况改以折合数为准而改正法尺等的数字。凡个别位数错误，用〔　〕改正，整个数字误差较大者，则用〔应合……〕标识。海里一般按每海里合为华里 3.33 折算；个别数字与 3.33 或 3.333 等比率相符者，则不予改动。

十、度量衡换算标准，按原书中说明，均系当时华制，与现时不同，其标准如下：

1 法尺（即米）=2.8 尺（上海市尺，书中亦称“华海尺”，比当时营造尺多 1 寸）

1 法里=1.75 华里

1 海里=3 又 1/3 华里（一般按 3.33 折算）

1 英尺=华海尺 8 寸半

每启罗=华24两，合1斤半

1吨=1000启罗=1500斤

1顷=100万法尺

1该笃梅忒利格（公担）=100启罗

吴宗濂随轺笔记□

光绪二十年（1894）	三月初九日随龚照瑗一起自上海启程
光绪二十年（1894）	四月十六日龚照瑗一行抵达巴黎
光绪二十一年（1895）	六月二十四日起陪凤凌等考察法国都隆军事
光绪二十二年（1896）	四月陪龚心钊前往俄国参观俄皇加冕礼
光绪二十二年（1896）	十月十七日陪凤凌考察比利时军事
光绪二十二年（1896）	十一月初一日起考察意大利军事
光绪二十三年（1897）	三月自欧洲启程回国

□ 据光绪壬寅（1902）著易堂铅印寿萱室藏版

□ 许尚　穆易校点

吴宗濂随轺笔记目录

原序一

春秋列国，通问最重使才。其时晋、楚、齐、秦诸大国，各以兵力争雄，识微之士，熟审强弱胜负之形，不得不藉玉帛以弭兵祸，于是盟会之书，聘问之使，接轨于诸侯之境。若郑侨以情物擅誉，吴札以观乐知政，非尤其彪炳者乎？其地尚在禹域内也。自秦逮汉，混一区宇，武帝雄才，思勤远略，乃使情望乘槎以通西域，定远继之都护三十六国。迹其西抵安息、条支，按之舆图，虽已由亚渐欧，然亦仅达地中海而止，仍未知所谓大西洋也。而蜀士司马相如，以大雅宏达之才，怀铅握椠，随辅轩使者采别国方言，名其书曰《辅轩绝代语》，今所传《方言》特其一种耳，惜全书佚不复见。然读《史记·大宛传》、《汉书·西域传》所纪道里山川、谣俗被服，其文至为雅赡，非尝亲履其地者，能若是之详尽乎？意当时载笔偕行文士如司马相如类者必多，归而上其书于史氏，故纂辑自易也。 通问最重使才

吴君挹清曾涉重洋

都为四卷

自汉迄今又绵历千有馀年，扶舆滂薄，郁积之气愈发泄而不可以已。环球七万二千里，凡殖民之处，靡不交通。而泰西各国，竭其聪明才力，自十九世以来，政事文物，粲然可观，相率以效灵于中夏，又非若前史所纪献赆贡琛但征媚悦已也。于是，圣天子命职方按图籍分遣行人，于修好睦邻之中，寓采风问俗之意。其时，合肥龚公照瑗以三品京堂加侍郎衔，奉命出使英、法、义、比四国，思得才如司马相如者，以赞使节而光敦槃，稔吴君挹清曾涉重洋，周知四国之为，乃约与偕往。公事之暇，从事铅椠，于所过都会，访其风俗为《记程》一卷；于所办交涉，详具颠末，为《记事》一卷；复详考其政事艺术，足备我采取者，为《记闻》一卷；遍历其名都大邑，足广我识见者，为《记游》一卷——都为四卷，颜曰《随轺笔记》。编辑既竣，属不佞序其端。

窃揆栖迟衡泌，禹域九州尚未履其一，遑问海国。读君是编何异语井蛙以海而发醯鸡之覆也。夫重洋浩渺，乘孤舟洄乎大漩之中，风雨晦冥，骇浪间作，使他人当之，鲜不震撼失措，君独能从容流览，纂言纪事，闲暇如平常，其胸次镇定为何如？方今朝廷顾念邦交，慎简使臣，君既以积勋荐擢观察，他日者奉简书咏皇华，乘博望之槎，继定远之勋，更纪所得，上之史馆，彼《大宛传》、《西域传》之简略，又不足言矣。请以此书为先路之导可乎？

溧阳宋文蔚序

原序二

有传世之书，有问世之书。研精覃思，成一家言，传世之书也；裒厥见闻，质诸同志，问世之书也。且夫一人之私，天下之公也。一乡友一乡之士，一国友一国之士，其非一乡一国者，浩乎旷乎，安见无同志其人在？则将膏唇刷舌，日趋五都之市，聚韵而鼓之哉！不能信其有，而不敢必其无，斯问世者之苦心已。

传世之书
问世之书

吾邑吴挹清观察，迭游泰西。岁乙未，事竣回国，为《随轺笔记》四卷，索予弁言。予闻立温斯敦游非洲纂《黑蛮风土记》，欧人刺取其意，卒分非洲。英、俄之涎帕米尔也，游踪罙阻，各三四辈。而近三十年来，欧人之游我中土者，符传相望于道。以故地学公会译其图，详审精核，为世善本。大矣哉，游之义也！飙轮所届，水陆失其险，一介绝域，毅然无难色。其间名都奥区，尝身履其地者，合目冥索，瞭如聚米，非复道、咸以前，据臆谈瀛，辄疑共事凿空也。挹清弥不自满，出以质同志，其亦问世之旨也夫！

光绪廿有四年九月，抚浙使者嘉定廖寿丰叙。

原序三

戊戌之秋，钟颖由荆南榷任调摄汉纂，会卢汉铁轨经始孔亟，廷尉盛公综持轨务，招延娄江吴公挹清佐理而经画之。颖与挹清判襼将十年矣，相见欢然，共谈曩时软红尘里，同趋译署，凡遇机要电达各行省，辄藉挹清抽毫飞翰，旁行斜上，伸纸疾书，虽烛跋夜阑，不少倦却。回首前尘，尚历历在目。

挹清学识闳粹，足迹万里，曾三游欧洲，闻见弥博。不弃鄙陋，出所著《随轺游记》四卷、《笔记》一卷、《例言》数种见示，并属弁言以付剞劂。颖愳闻管测，何足以窥宏略第？寻诵数四，《笔记》则援古证今，足资行远之助；《游记》则钩元提要，尤为当务之亟。至其纪述大旨，悉见《例言》，载笔深心，昭然若揭。抑颖更有说者，当今海禁大开，舌人四出，苟非洞悉情伪，有以达其诚而通其隐，奚自折冲樽俎，导扬皇仁，戢彼气矜之隆，

三游欧洲闻见弥博

以弭无形之患邪？挹清智沉识邃，迥非寻常纵谈汗漫者比。他日出膺重寄，必能设施远大，振弱亨屯，实效彰彰，遐迩詟服。然则是编也，抑犹见骥一毛，窥麟一角，未足尽挹清之宏旨焉。用赘数言，以志钦向。

光绪二十五年，岁在己亥，仲春月。花朝日，乡愚弟俞钟颖书于汉皋榷廨。

随轺笔记卷一　记程

记程例言

一、是编所记，自龚仰蘧星宪上海起程日起，至到法接印后呈递国书日为止。缘当时宗濂蒙派驻法后，星宪至英、义、比三国行斯礼节时，皆未躬豫其盛也。

一、地球经线分三百六十度，而起线各国各定，如中国起于北京，英、法起于伦敦、巴黎者是。但使臣赴欧，每坐法国邮船，故是编所记经线，悉以法国起线为准，俾后之作博望者有所比较。

一、西法以六十海里当赤道一度，每一海里合中国三里又三分之一。中国系以一千八百营造尺①或三百六十弓

①本书所及中国度量衡，均指当时通行者，今已废，与现制不同。

（每弓合五营造尺）为一里。书中所纪里数，算合华里，而仍注原数海里于其下者，备参考也。

一、法国陆里以启罗迈当计，依中国每里一千八百营造尺推之，则每一启罗迈当合中国一里又一千四百三十四尺二寸一分二厘。畸零太多，易于蒙混，故以法国之一里作华里一里又百分之七十五。至启罗迈当则统称法里，以归直捷。

一、法尺曰迈当，今即称法尺，每一法尺合上海市尺（比营造尺多一寸）二尺八寸，书中即准此核算，以华尺为正文，法尺为注语。又百分迈当之一为生的迈当，千分迈当之一为密里迈当，注语但称生的或密里者，省文也。

一、西人以通商、传教为拓地开疆之计，用心甚远，用力甚专。故每经大埠，除考其沿革外，于通商之利益、传教之根源，尤兢兢致意。至其所出土产、所作工程，亦一并及之，彼当道中留心时事者为之对镜参观，或亦不无小补乎！

一、宗濂在使署时，职司重译，事务倥偬，笔墨抛荒，历年已久。兹乃重以宪命，勉作是编。其选体之不精，遣词之不雅，自在意中。尚希海内君子有以谅诸！

记程目录

二十年三月初九日龚星宪自上海登舟出洋

初十日过福建洋面

十一日过厦门洋面

十二日抵香港，龚星宪得旨补光禄寺卿

十三日午后轮舟启碇

十四日过琼州而入越南洋面

十五日在越南滨海诸山之外

十六日抵西贡

十七日出西贡河口

十八日舟中重遇法国“德利用芳”兵船统带

十九日抵新加坡

二十日过巫来由峡

二十一日过苏门答腊岛西北角，出巫来由峡，遇风

二十二日风仍猛烈

二十三日侵晓大风雨，船几遇险

二十四日风势稍平，船行稍稳

二十五日抵锡兰岛之克仑伯埠，游释伽牟尼寺，傍晚出口

二十六日过马尔提佛群岛之北

二十七日在孟买之南

二十八日在哥拉荠城之南

二十九日记舟中搭客之界限

四月初一日过阿喇伯东南角，晚间船中张灯结彩，唱曲跳舞

初二日舟过苏克答拉岛，记善会开彩事

初三日抵亚丁

初四日恭祝龚星宪六秩庆辰，入红海

初五日过阿洲阿皮西尼之北

初六日过阿洲狃皮境外

初七日抵苏彝士埠

初八日抵巴尔赛德埠（一作波赛）

初九日抵埃及亚力山德埠

初十日过刚提岛之南

十一日在义大利东南境外

十二日在地中海中枢

十三日出哥尔斯岛及沙尔覃业岛之扒尼反西屋峡，下午抵法国马赛埠

十四日游马赛埠

十五日傍晚搭极快火车启行

十六日晨八点半钟抵巴黎

十七日薛叔耘星宪宴龚星宪等于法国大饭店

十八日薛星宪移送钦差出使大臣铜质关防

十九日龚星宪接受使事，望阙谢恩

二十日薛星宪来署辞行，龚星宪寄请圣安

二十一日薛星宪离法

二十六日龚星宪谒法国外部大臣

五月初二日龚星宪谒法国总统呈递国书

龚星宪任满离英记

法邮船东西海道图

光绪十九年秋，原任四川藩司合肥龚公照瑗，奉天子特诏，赏加侍郎衔，以候补三品京堂出使英、法、义、比四国。逾年二月下浣，星轺莅上海天后宫行辕。宗濂适于第二次出洋差竣言旋，承已故皖抚沈仲复夫子之荐，幸邀知遇，俯挈偕行，派司译务；且不以宗濂为不文，命自启程日起，到国日止，将沿途闻见，编辑以呈。顾念我朝自与各邦通使以来，皇华载咏，相属于途，巨制鸿文，已成习见。矧我星宪龚公，学问经济，超轶等伦，不才如宗濂其何能黼佐于万一。惟既承谆嘱，不敢不勉效愚者之一得，笔诸简端，以拱采择云尔。

龚照瑗奉旨出使作者随行

三月初九日（西历一千八百九十四年四月十四日）巳刻，仰蘧星宪用全副仪仗，排导出辕，迤逦至小东门外招商局金利源码头，登“钧和”兵船。其时，沪营枪队自洋泾桥达浦岸，鹄立两旁，举枪致敬；既而驰赴码头，放排枪数十起，声若连珠，响闻数十里，而旌旗飘展，尤壮声威。宪眷及亲戚故旧，咸至船中与星宪话别。地方官如聂仲芳观察、黄爱棠大令等及过境之苏抚奎乐峰中丞，粮道吴广庵夫子，均先后到舟送行，至候补官来船恭送者，尤不计其数。迨各官辞去，业已钟鸣一下，突有穷民贫妇四十馀名，手持红禀，硬欲登舟求见星宪，当被巡兵拦阻。盖若辈素仰星宪之乐善好施，故不远数里而来，冀得普沾鸿惠也。“钧和”旋即启碇。统带某，轶其姓氏，

上海出洋送行隆重

特设盛筵以款星宪，与斯宴者，为沈子梅、徐子静两观察，龚仙舟明府、联文泉寺丞及另有达官数人。船经法公司码头，其渡船名“黄浦”者已生火伺候，而中西搭客则尚未到齐也。“钧和”破浪冲风，行似甚迅，出虹口，过引翔港而抵吴淞，彼处炮台站兵升炮；则见法公司之“奥克绥司”船已在前面，“黄浦”一船始如飞而至。但“黄浦”吃水浅，“钧和”吃水深，且“钧和”与“奥克绥司”相距处中泓伏有沙带，“钧和”遂不敢前进，即行抛锚，另用小火舟一艘以渡宪驾，并备驳船二艘以运行李。若“黄浦”则紧靠“奥克绥司”，一切完竣皆在“钧和”之先。迨宗濂由驳船而上，但见送行者、同行者俱已拥挤满船，纷纷扰扰，应接不遑。未几，舟子摇铃矣，汽筒放响矣，送行诸人始各陆续言归，时已五点钟。船遂鼓轮出口，渐向东南，出大江，入东海。遥望马鞍群岛、崇明一县，约略可辨。

初十日（西历四月十五日）晨，天甚晴朗，水波不兴。午初，船主牌示：自昨晚迄今，计行八百四十里（海里二百二〔五〕十四），船在赤道北二十八度十五分，巴黎东一百十九度三十分，盖已在福建境外矣。午后时有薄雾，行驶稍迟。

船过福建

按：是船名“奥克绥司”，奥克绥司本西域之大江，长三百十五里（法里一百八十），流入里海；今以之名船，殆欲人入耳会心，不忘地志欤！船长五〔三〕十五丈（法尺一百二十五），广三丈三尺六寸（法尺十二），容积三千五百六十二吨（一吨合法国一千启罗格拉模，一启罗格拉模即中国一斤半，则每吨即中国一千五百斤矣）。机器马力二千四百匹（能于一秒时起重七十五启罗格拉模，高至一法尺为一马力），入水一丈九尺六寸（法尺七），每点钟能行四十六里（海里十四）。头等舱位八十一榻，二等五十八榻，三等三十一榻。 启罗格拉模（公斤）

十一日（西历四月十六日）子初，雾益甚，咫尺莫辨，船主饬令停轮以候。侵晓始知船在闽江口外之南。八点钟启碇复行。午初牌示：自昨午迄今计行八百五〔八〕十八〔四〕里（海里二百六十八），船在赤道北二十四度四十七分，巴黎东一百十七度，盖已过厦门，而船左之台湾杳渺不复能见矣。

此次在申登舟随节出洋者，计有二等参赞宋芸子太史育仁，随员钱念劬太守恂，陈幼海比部春瀛，王杉绿比部树善，陈锄圃广文国经，金涧薠茂才维懋，法文翻译联文泉寺丞涌及宗濂，英文翻译刘葆生直牧玉麟，龚仙舟明府心湛，医官杨恭甫贰尹葆寅，供事李学庵直牧春官、章荫堂州牧茂林、严笙龢贰尹葆镛、海军衙门游历章京琴堂副郎彦恺、瑞臣驾部凤凌，法文学生同文馆食俸翻译官刘君紫升式训及刘君士熙镜人，英文学生约翰书院高才生徐君文言善庆、广方言馆高才生朱君听涛贵申，又武弁车焕章、张达三、谢锦章等。至三等参赞曾敬贻副郎广铨，随员黄小琴太守邦俊、潘景周明府承烈、伍芝荪中翰元芝、李西平司马企晟、李琴伯明府盛钟、查抡先明府济元、袁 随使人员孟昂司马世选、汪季友巡政鸣梧、周伯龙明经陇、英文学生罗新甫贰尹肇烇、自备资斧学生沈登士茂才善经，因此次舱位不敷，另搭下班德国邮船出洋。

抵香港

十二日（西历四月十七日）晨，晴。潮州、汕头界外已于子初经过，而海中岛屿时或遇之。午后一点钟，抵香港。自昨午至此，又行一千零九十五里（海里三百三十二）。是日泊舟后，星宪接奉北洋大臣李中堂电报，内开："奉上谕：'光禄寺卿著龚照瑗补授，钦此。'"时同人俱已登岸，在船者只有宋芸子太史、龚仙舟明府、联文泉寺丞、刘君式训等四人及宗濂而已，当即恭具衣冠，会同道贺。

候补参赞周东生观察荣曜、随员沈鼎之笔政铭自广州来，又广甲兵船某管驾奉奥督李制军命，驻港文报局委员某，均先后到舟晋谒星宪。沈笔政即将行李搬来，与宗濂同舱。周观察因有事羁身，拟随后出洋；旋用绿呢大轿迎请星宪登岸，至其住宅稍驻行旌。星宪率宋太史、刘直牧、联寺丞命驾往谒英国署理总督柯制军。柯因患肝病出外养息，致不获见，而未曾鸣炮相迎，亦殊失礼。星宪即在周观察处晚宴，并住宿焉。

兑换鹰洋

宗濂偕龚明府至汇丰银行，以金镑兑换鹰洋。缘伊在申时，忘留馀地，已将鹰洋悉换金镑。但香港、西贡、新加坡只用鹰洋，故不得已再以金镑换之也。至电报局交发北洋、上海各电，又赴籐椅作、磁器店、眼镜店、印字铺购办各物，晚由明府招入饭馆饱餐。事毕回舟，时已十点钟。

按：香港为粤省东南关键，距广州约二百四十一里（法里一百三十八），在赤道北二十二度十六分三十秒，巴黎东一百十一度五十四分三十五秒。东西长二十六里（法里十五），南北广二十一里（法里十二），总计面积得一百四十五方里（法里八十三）。层峦叠嶂，形势嵯峨，最高处距海面一百五十四丈（法尺五百五十），现有机车铁路一条，可以搭坐游人上升颠际，英人设客栈酒店一所，供人憩息沽饮焉。 香港情形

初，香港本系荒岛，为渔户、农夫聚居之所，共只二千馀口。道光二十二年（西历一千八百四十二年），政府以此岛割畀英人。岂知英人自据此岛以来，开辟招徕，渐成重镇，层楼杰阁，攒聚山腰，大道宽衢，宏开市面。华人地界有上环、中环、下环之称。英人地段曰宽音斯罗特——“宽音”后主也，“斯”虚字，“罗特”路也，犹言后主之路①——约长十里有半（法里六）。英人名香港热闹处曰维多利亚，盖用英后之名以名地，在彼固寓尊上之意也。其间有学堂、有监狱、有巡捕、有戍兵、有理案署、有博物院、有植物园、有总督署、有天主堂，宏敞整齐，一切悉如英制。居民总数约二十万有零，内西人仅二三千，然利权则尽在英人之手。以所收各捐供街道工程费 开辟招徕渐成重镇

①即皇后道。

外，每年尚以五十兆方（“方”，即佛郎[1]，法国钱名。中国驻法使署报销册沿用此字，盖即急读佛郎之变音也，如照英音则称佛郎克。光绪二十六年六月十八日市价，每三方五十四生丁为规银一两；五十兆方，三五四，合规银一千四百十二万四千二百九十三两七钱八分五厘）充英廷军饷之用。其西南角地，英名阿培侯提恩，有造船厂、制糖厂焉。香港与九龙对峙，中隔海峡一道，西边峡口宽约七百丈（法尺二千五百）；峡为泊船善坞，凡往来南洋各岛、欧洲、上海之船，皆须假道于此。光绪二年（西一千八百七十二年）[2] 入口船数，计有二万八千一百十一只，合三兆九十万零八百九十一吨。九龙与广东陆路相通，今亦以其间若干地租给西人（按：己亥年起奉有明文，又准英人推广租界），故西人住宅颇属繁多，而土著村庄亦觉鳞次栉比，惟其间界限约宽一里又百分里之七十五（法里一），判然划分，不相淆混（按：庚子年情形大异矣）。

所收税费充英军饷

十三日（西历四月十八日）晨，暴雨如注，移时始晴。按：香港素有烟瘴，乃自为英人所据以来，水土即佳，推为养生善地。岂地运之忽转欤，抑人力所强致也？惜华历六七月间，天气甚热，法国百度寒暑表升至三十四度五十分，晚间仅少五度五十分；冬令最寒时亦在十八度

养生善地

①佛郎：法郎。

②光绪二年应为一八七六年，一八七二年则系同治十一年。

光景。且飓风亦时所常有，同治十三年（西一千八百七十四年）计毁房屋千幢，沉大船三十三只、划船百馀号，伤人数千口。光绪四年（西一千八百七十八年）华历冬至之后二夜，飓风助火，毁屋三百六十八幢，计有一百十二丈见方地之广（法国四百尺见方）。

午正，星宪坐小火轮舟回，周东生观察、广甲统带、文报委员俱陪送到船。各同人闻星宪升擢喜信，俱肃衣冠，补行叩贺。十二点半我舟启行，广甲船升炮十七门以送宪节。舟出港峡，向西南行。孤舟小屿，矗立海中，有连续不断之致。澳门一埠在西北隅，亦隐约可辨。维时天气晴和，舟行极稳。 自港启程

十四日（西历四月十九日），天晴浪静。午刻，船主牌示：舟在赤道北十七度五十分，巴黎东一百零八度五十五分，自昨午迄今计行一千零三十九里半（海里三百十五），盖已过琼州东界而入越南境矣。西望七洲洋山远在数百里外，东边之非利宾群岛，更杳渺不可得见，而行船之不迷方向者，皆船主力也。船主姓提崩，大副姓万爽低，帮带三员姓喀萨拿罚、姓喀浮以烟、姓浮徐阿，医生姓扇提爱，管机四员姓居来、姓维尔罗、姓兰徐纳西、姓徐来，司账姓梅尔黎，邮政委员姓皮禄；又船主及司账各有学生一名，姓带栖、姓博尔带尔。此外有水手四十二名，管炉十二名，客舱侍者十六名，厨役十名，华工二十一名，炉舱伙夫五十名（俱系阿喇伯地之黑人）。 船员介绍

十五日（西历四月二十日）晨，舟右诸山蜿蜒，绵

亘长千馀里，盖即越南滨海之山也。是山为印涂西恩中五山之一——“印涂”即印度，“西恩”即中国，以其在印度、中国之间，故西人图籍即据以为名。其地西北界西藏，东界中国海面，南界巫来由峡，西界孟加拉湾及印度，内有缅甸、暹罗、越南、柬蒲寨、巫来由等地；自赤道北一度起，至二十八度止，南北共长五千二百五十里

五山介绍

(法里三千)。所谓五山者，其势皆自北向南，最东之山名欲玛，穿缅甸阿拉冈省蒲甘西境，以达男格兰角，最高处约一百十二丈至一百六十八丈（法尺四百至六百)。其二穿缅甸蒲甘而介于伊拉瓦谛及萨鲁温两江之间，是山南境约高六百七十二丈（法尺二千四百)。其三自云南入老挝及暹罗之耽拿斯来省，是处高四百二十丈（法尺一千五百)，遂将萨鲁温江、湄南河分而为二，迤逦向南入巫来由，以达六麻尼阿角。是山最高处名低低邦萨，适在巫来由中枢，高五百六十丈（法尺二千)。又附近巫来由一岭名屋飞尔，高三百七十六〔五〕丈（法尺一千三百四十)。其四沿湄南、澜沧二江穿老挝、暹罗以达柬蒲寨。其五在澜沧东首，而起脉北圻，复巘重峦，既高且广，其中树木亦甚滋蕃，惟迤东濒海，岩岫似属不毛，则舟中尚可望见，即《薛记》① 所谓“其崖皆童，其土或赭”者也。北有海口三：曰海防，为北圻十六道之一，在富良江口，即赤道北二十度八十六分；曰杜兰湾，在赤道北十六

①《薛记》：薛福成著《出使四国日记》，收入本丛书。

度十分，属广南省；曰季拿恩，在赤道北十三度九十分，属平定省。此三口中常川来往者，即法公司西贡分行之五船：一曰“阿来多司”，马力一千四百匹，容积一千二百四十六吨；二曰“西贡”，马力八百匹，容积一千二百七十五吨；三曰“海防”，马力一千四百匹，容积一千五百四十八吨；四曰“低白尔”，马力一千六百匹，容积一千八百零一吨；五曰“伏尔茄”，马力一千二百匹，容积一千五百九十吨。每旬有四日西贡、海防各开一舟，彼此轮流，周而复始。凡自马赛来之搭客、货物，皆在西贡换舟。西贡至季拿恩计程一千零九十二里（海里三百〔似应作三百三十〕）；季拿恩至杜兰湾六百零三里又十分里之九（海里一百八十三）；杜兰湾至海防一千零十三里又十分里之一（海里三百零七）。按：杜兰湾在越都顺化东南，相距一百里又百分里之七十五（法里一百），盖极美船坞也。 法属五船

十六日（西历四月二十一日），黎明五点钟舟抵西贡河之外口散石格角（《邹记》[①]称森占美斯，系照英语；但地属于法，似宜以法字为正）。角巅有塔灯一座，高于海面四十一丈七尺二寸（法尺一百四十九），对山有洋楼数幢，树木萧森，别饶雅趣，据闻为法国富商别墅。此处口门颇宽，西边为澜沧江九口中极北之一，中泓更有无数支河之流，潆洄汇聚，澎湃奔腾，西贡河其一也。时正落 抵西贡

①《邹记》：邹代钧著《西征纪程》，收入本丛书。

潮，舟不得进，停轮以待。维时引港人某坐一叶轮舟，破浪而至。船主即将进口事宜，交托管理。钟鸣九下，舟始启行。是处河面之宽，虽有二百二十四丈（法尺八百），然西岸皆浅沙，可通舟道者逼近东岸，广七八里耳。稍进，见海湾山麓有炮台一座，我船盘绕以进，甚形濡缓。迨过干吉阿地，河面顿狭，两岸相距不过四五里。干吉阿亦有炮台，迤逦再进，河面更小，两岸极低，间有居民结茅为屋。午后二点，舟始抵埠。自昨午至此计行九百二十里又十分里之七（海里二百七十九）。

兵船总统杜毕依

法国巡护东方海面之兵船总统杜毕依遣弁至舟，订时接晤星宪，约以三点钟。一面遣宗濂赴西贡总督署约时拜会，适遇旧识法人白尔唐于鹢首。白本巴黎城外葛亦军器厂之东方代办，因其熟习越言，兼通华语，督署每委以照料中国官商焉。因带白见星宪，寒暄数语，遂偕伊驱车而往，向代理总督捺佛尔陈明来意，当订四点钟接见；且云“辱承贵钦宪惠顾，理合排队相迎，但为时局促，调兵不及，只好从权以马车二辆相迎，尚请代达歉忱”等语。

会见法国水师统领

宗濂回舟禀复，即随星宪登小火轮拖带之划船，至水师总统杜毕依之“排依耶”船，同去者有宋芸子太史、联文泉寺丞。至则杜毕依已在船面鹄候，握手相迎，倍形谦逊，各兵擎枪奏乐，亦觉穆穆雍雍。杜毕依在旁引导，由旋梯而下，入其客厅。厅虽不大，亦甚华丽明净。有已经交卸之“德利用芳”船主扒来尔夺孛勒低然尔，由杜毕依带领行见面礼，盖将与星宪同舟返国也。杜与星宪畅论要公，甚相投契，且云："前当醇贤亲王至旅顺阅兵时，曾得躬逢其盛。"星宪谓："彼时本大臣固亦在李相随员之列。"杜闻而益喜，不啻有旧雨重逢之景象焉。继又云"闻今岁北洋有大操之举，届时如请各国兵船总统会同阅看，余亦愿附骥尾"等语。星宪允为电告李相，杜致谢再三，并以香槟、甜饼相款。星宪等遂与碰杯致祝，各饮一杯，即行言别。杜等送至划船，各兵行礼如前状，并由前弁陪送至岸，则见兵船上高扯龙旗，升而降、降而升者数次，又开炮十七门，隆隆然山鸣谷应。

登岸拜会西贡总督

抵岸，白尔唐押带马车二辆，已候时许矣。乃与船弁握别，登车直趋督署。捺佛尔在客厅立候，既坐，该督面致逊词，星宪亦以温言相答，并言："华人之旅居越境者，闻蒙贵督优加保护，本大臣感激良深。"捺云："前有贵国游员王锦堂军门、余元眉太守奉粤督张制军之命，遍游南洋各岛，采访华民情形，曾言各处地方官相待之优，以敝属境内为最云。"星宪云："东京（即北圻）①有华商二十七家为盗诬陷，无端被累，情殊可悯。本大臣过香港时已收控呈数纸，务希贵督饬属昭雪为荷。"捺云："此案已经拟结，止有四五人因查出通盗实据，照例严惩，其无干者已省释矣。"星宪云："今日抵埠，据华民禀称：近日贵督颁示新例，与华商甚形不便，碍难遵行，务希裁撤，以顺舆情。"捺云："此例与中外商人俱

交涉事宜

①东京、北圻：均指越南北部地区。

有裨益，而华商之不愿遵行，以误会意旨故也。现在业经解释明白，当可允洽，然尚望贵大臣剀切劝导。”

星宪乃兴辞而出，捺云：“贵大臣如欲往观此地风景，本署马车自当奉请乘坐，毋庸客气。”星宪颔之。白尔唐问：“现将何往？”星宪谓：“可至李祐宗处。”至则白尔唐即行告别，而李祐宗及其子仲卓，不及衣冠相迓，甚形踧踖。幸星宪略分优容，详询此间商务，李亦有以对答。

未几，张沃生观察遣丁来接，遂乘原车以往。沃生蓝顶花翎趋前接迓，同事刘葆生直牧亦在。稍坐更衣，沃生、祐宗、仲卓引观植物园。园地颇宽，树木亦盛，内养各种飞禽走兽，足扩眼界。

广潮会馆五帮董事请罢新例

出园赴堤岸之广潮会馆。馆极宏敞，头门内有大殿，供关帝像。二进为大厅，五帮董事议事处——五帮者：广帮、潮帮、琼帮、嘉应帮、闽帮是也。是日，五帮董事约十馀人，咸集于斯，谆谆以罢斥法国新例为请。星宪允为办理，拟到法后请外部向藩部转圜，命各董事就节略递禀存案。各董当即赶办，一面以茶点相款，事毕而出，折回沃生寓处，即将督署两车开发，由沃生各赏洋二元。沃生备盛席以款。

某国某君求见星宪，某君本宗濂旧识，相晤之下倍形款洽。其来也，盖因法政府新例苛刻，特为华商请命也，袖出华商公致法督请罢新例之禀，托宗濂密呈星宪，宗濂即接而藏诸怀。当时，星宪优礼接见，畅谈良久，并约以当夜答拜。时有会馆绅董以官燕、肉桂等物馈者，星宪坚辞不受。即乘车至某君住宅，虽僻处乡间，屋甚低矮，然罗罗清疏，别有画意；且其中陈设古董，秩然井然，尤得高人深致。某君遂将寓越华商之苦况，剖晰详陈，并云“如得钦宪大人向外部据理力争，不难将新例撤去”云云。 寓越华商禀陈窘况

按：法国新例，大致以华人开设店铺备本几何、用人多少，皆须预先报明。若遇倒账，应将出入细账和盘托出，听官稽核。倘实系生意不佳，难于周转，则情有可谅，按律薄惩。若查出诓骗、卷逃情事，则有监追之罪。而华商以为，将本求利，乃贸易之常经，澈底查根，实行家所大忌，因之不肯遵行。其所致总督之禀，汉文颇不能解，幸有法文底稿，特为重译，附录于下。其词曰： 法国新例

“寄居越南南圻①华商联名具禀于法国驻越总督台前：窃商等托迹南圻，夙遵条诰，驯良依顺，显有可征，谅在宪台洞鉴之中。但照目下政府之整顿商务，商等实觉心与力违，难于照办，敢乞制军体恤下情，俯赐查察。盖商等贸易南圻，所有本银货物，无非由广东、香港、福建汀州等处揭借赊运而来，种种为难。职是之故，新章内谕办各条，在有本之商，尽可照行无碍，特惜商等并非皆系店东，不过代为经手，以他人之资本，聊作贸迁；故在华之往来店家， 华商陈情

①南圻：越南南部地区。

一闻新例，即将银钱货物停止寄发。是以商等无可措手，惟有清厘账货，闭店他往，另觅生机。假使商等股东尽在西贡，则既承颁示新例，遵办何难，惟其不尽在此，故致扞格难行也。况商等开设店铺，注官册、领执照、捐招牌、听稽查，商等底里，早为地方有司周知灼见。故凡捐输等事，应向何店抽取，应与何人是问，政府甚属了然也。商等原知此次颁行之新例，特为同乡某某而设，盖由于大行数家相激而成。要知生意场中，第一要着须认明与何人交易，良善之商，岂肯任他人之咎，此则须请宪台详察者也。无辜被累，怅何如之！查我华商中，原有数家径与洋商挹注通融，不比商等之全仗中国来源，故此次新章与彼等毫无关碍。若商等则不然，凡输本发货之人即系商等之主人，一切皆须听命，致于新例窒碍难行。贵政府盍顾及此，俾新例之愿遵与否，悉听众商之便。凡愿遵者，自然能获种种益处；其不愿遵者，致难取信于西国银行、商铺，或与人涉讼难望速理，则皆系彼等所自取，亦属何所怨尤。如此一转移间，庶几生意照常，不致减色”云云。

临别各饮香槟，尽欢而散，及抵舟，已交半夜后之二点钟矣。沃生因翌晨开船甚早，故即陪送到舟，并向星宪叩辞而去。

换舱风波

时有新到之法籍搭客二名，欲入琴堂副郎之卧舱，但舱中已有瑞臣主政、荫堂州牧，故四榻仅馀其一，而该法人等硬欲令琴堂副郎移至同舟之粤客舱中，啁唧噜哧，言之许久。琴堂目睹情状，会其意而未之允也。适文泉及宗濂回舟中，侍者为言其故。文泉颇觉为难，不肯下断，委不佞调停。宗濂乃与侍者曰："我等舱位早已购定，该法人如委曲相商，我友原可移让，惟不讲情理，一味用强，则断不应允。况我等行李各物布置停妥已经数日，该法人刻甫下船，尽可向别处空榻过夜，何必执定是舱？恃蛮逐客，如此强横，恐到处不能得直也。"侍者无言，往告账房管事，管事亲来相问，宗濂复以前言答之。管事云："该法人欲与其友为伴，以免岑寂，故有是商。今既不能通融，自当另行设法。"言毕遂去，始各安帖。

十七日（西历四月二十二日）侵晓，我舟启行，仍经西贡河口。午正，船主牌示：船在赤道北九度五十分，巴黎东一百零四度三十八分，计行二百四十七里半（海里七十五），盖距西贡河口已远矣。西贡河发源于南圻界 西贡河
北五十二里半之山上（法里三十），山名穆亦司，流向西南，折而东南，多废麻县在其右，耽宁、西贡在其左。他水之来会者，上游曰低丁，下游曰陀河、曰德拉，直至西贡城为止。西贡河面宽一百十二丈（法尺四百），深二丈八尺（法尺十）。潮涨之力，较水流平面高十一丈二尺（法尺四十）。此处河流又与同纳河会，迨至里哥石奴依及来拿两炮垒之间，始向冈来湾入海。口内左边有沙带一，厥名珊瑚，长三百三十六丈（法尺一千二百），而凸入船道处，竟占地六十三丈（法尺二百二十五）；船行不

甚便易者，此带累之也。带身过高，即当大潮之际，亦难斜抄而过。或谓于此中开一船道，则大船即可驶行直达西贡。

西贡情形

西贡城本越南之嘉定省，法人于咸丰九年（西历一千八百五十九年）据而有之，作为南圻六道之都会，在赤道北十度四十六分四十七秒，巴黎东一百零四度二十二分。初，是处虽为热闹之区，但街窄屋低，不脱东方本色。自法人为之开衢植树，大为更张，房屋亦作洋式，于是始有富丽之象。大街五、宽巷三十九、码头三，共扩地六十四里有零（法里三十六又法尺六百三十），其面积计得四百零五爱克带尔又六十弓（每一爱克带尔合一万方法尺）。中有制造军械局一、天文台一、船坞一、炮台一、大教堂一、牢狱一、博物院一、藏书库一、水陆兵房各一、医院二、学塾十馀所，又督署、臬署、陆军提督署亦皆具备。游玩之地，除植物园外，另有与民同乐之园二；且自来水管遍地皆通，深阔阴沟，阖城俱备，故各处林总之俦，咸乐趋附。除官兵三十员、陆兵三千八百八十人（光绪十八年，即西历一千八百九十一年〔应合光绪十七年〕之数）不计外，计有欧人一千八百零一人，内法人得一千七百十一名；此外有华人八千八百五十二，越人二万一千四百三十一（巫来由及印度人在内）。惟女子甚少，统计止有八千八百六十三口，童稚之数约得一万零五百五十一口（以上系光绪十四年即一千八百八十八年之民数，今当过之）。天气最热时，法国百度表得二十九

爱克带尔（公顷）

度，最冷时得二十五度。每年得雨三尺六寸四（法尺一法寸三十）。船只入口向无船钞，故咸丰十年（西历一千八百六十）即有欧船一百十一只、华船一百四十只，共合八万一千吨。至光绪八年（西历一千八百八十二）船来益众，计有轮船四百六十只，合四十五万三千二百八十五吨，华船、越船一千七百六十三只，合四万四千四百三十吨。光绪十二年（西历一千八百八十六年）轮船之入口者，竟至四百九十七只，货值鹰洋十五兆五十五万三千一百四十元。乃逾年而增设新例，科以重税，入口之船，遂形减少，货值亦跌，仅有十二兆十万一千六百四十三元而已。进口货以化学材料、葡萄佳酿、银洋、药材、广货、煤油、纸张、书籍、鸦片、茶叶、衣服、绸料、棉布、槟榔、磁器为大宗（末二项皆由华船运进）。至出口货值，光绪十二年计有十五兆四十三万七千零八十五元者，逾年而止有十三兆十万二千五百四十元，可见暴敛之有损无益矣。出口货物米谷居十分之八，此外系五金、皮张、米粉、香料、鱼干、腌鱼、生丝、细盐等物（末一项专由华船运出）。铁道自西贡至米笃，共长一百二十四里又百分里之二十五（法里七十一）。

增设新例科以重税

附录光绪十五年民数：计南圻全境合地五万九千五百方法里。有男九十四万四千一百四十六口、女十三万二千五百四十三口。又光绪十六年（西历一千八百九十年），进口货值计法金三十九兆三十万方（三五四，合规银一千一百一十万零一千六百九十四两九钱一分五厘），出口货值四十九兆八十三万六千零七十方（三五四，合规银一千四百零七万七千九百八十五两八钱七分五厘二毫半），内米值计有四十二兆十八万七千零七十方（三五四，合规银一千一百九十一万七千二百五十一两四钱一分二厘），鱼干二兆六十四万二千九百九十方（三五四，合规银七十四万六千六百零七两三钱四分五厘），皮张五十九万八千二百九十二方（三五四，合规银十六万九千零九两零三分九厘）。

十八日（西历四月二十三日）午正，舟在赤道北四度三十五分，巴黎东一百零三度零六分，自昨午迄今，计行一千零八十二里又十分里之四（海里三百二十八）。舟向南行，而略偏于西，西为暹罗湾，岛屿极众，左为般鸟岛，地形颇广，除澳大利亚外，此为地球各岛之冠，其间地土半属荷兰，设官征税；半属土番部落数十。河道既多，矿产亦富。舟中有搭客名扒来尔，姓夺孛勒低然尔者，曾游其地。

按：夺孛勒低然尔为法国水师参将，前在西贡曾经相晤，此次差竣言旋，故离其所统之“德利用芳”船，而坐邮船以行也。犹忆中法失和时，“德利用芳”及“排依耶”两船均曾在华开仗。“德利用芳”系木身铁甲，长二十一丈九尺一寸（法尺七十八又法寸二十五），宽四丈一尺六分零八厘（法尺十四又法寸八十六），深二丈零零五分（法尺七又法寸四十九〔应合二丈零九寸七分〕），入水一丈九尺三分一（法尺六又法寸八十九），压水力四千一百

两船均曾在华开仗

七十六吨。水线带以上，甲厚四寸四〔二〕分（法寸十五）。大炮台二，甲厚五寸六分（法寸二十），各藏一炮，口径六寸七分二（法寸二十四）。小炮台四，甲厚三寸三分六（法寸十二），藏炮各一，口径同上。中层舱面甲厚一寸四分（法寸五）。此外有口径五寸三分（法寸十九）之炮一尊，三寸九分二（法寸十四）之炮六尊，三寸三分六（法寸十二）之炮一尊，梅花炮八尊。而尾后螺轮只有一具，每分时可转八十三次又百分之三十七，马力二千四百匹，速率每钟能行四十二里半有零（海里十二又百分里之八十九）。弁兵三百九十五人。 德利用芳各项装备

至“排依耶”一船，亦系木身铁甲，现为水师提督杜必依之坐船，长三十二丈七尺三分六（法尺八十一又法寸六十〔应合二十二丈八尺四寸八分〕），宽四丈八尺七〔九〕（法尺十七又法寸四十五），深二丈二尺二分六（法尺七又法寸九十五），入水二丈一尺二分五〔八〕（法尺七又法寸六十），压水力五千八百九十吨。水线带以上，中腰甲厚五寸六分（法寸二十五〔应合七寸〕），船首五寸零四厘（法寸十八），船尾四寸五分（法寸十六）。炮台四，甲厚五寸六分（法寸二十），藏炮各一，口径七〔六〕寸七分（法寸二十四）。船面甲厚一寸四分。此外有口径三寸九分（法寸十四）之炮六尊，五寸三分（法寸十九）之炮二尊，一寸三分（法分四十七）之炮四尊，一寸八分（法分六十五）之炮二尊，梅花炮十二尊。尾后螺轮二，每分时可转八十四次又百分之二十，马力四千 排依耶船各项装备

五百五十六匹，速率四十五里有零（海里十三又百分里之六十二）。除水师总统随带人员外，弁兵常额计有四百六十四人。

十九日（西历四月二十四日），我船过巫来由东南之罗马尼亚角向西行，入新加坡峡。晨八点钟抵埠泊焉。自昨午至此，计行七百七十里又百分里之二十二（海里二百三十四〔应合七百七十二里又十分里之二〕）。总领事黄公度观察遵宪，英文翻译官那华祝太守三，槟榔屿副领事张弼士太守建勋，又随员、供事及在叻绅士等，均衣冠到舟叩谒。星宪一一延见，叙谈数时。旋乘车登岸至领事府，并偕黄领事及那、联二翻译谒英巡抚某。逾刻，巡抚至领事府行答拜礼。黄观察备盛席三筵，以宴星宪及参、随各员。四点半钟复陪送回船，船遂出口。同人中派驻新加坡总领事署者为刘葆生直牧玉麟、王杉绿比部树善、沈鼎之笔政铭、陈锄圃司铎国经、金涧蘋茂才维懋。

抵新加坡 黄遵宪来

是日午初，薛星宪夫人及其次女因病回籍，自马赛坐"梅尔蒲尔恩"船适亦抵埠，宗濂及钱念劬太守往见焉。旧同事沈逋梅翊清、赵静涵元益两明府及法文翻译世益三主政增均在船。盖沈、世二君赍送中英新订之缅甸和约；赵君明于中西医理，故先随宪眷而行也。

薛福成之夫人女儿

按：新加坡三字系照洋音拼成，但查印度古文原意，译即"狮子城"。今则岛也、埠也、峡也，统名新加坡。岛在巫来由之南，中隔一港，名屋尔特司忒来。"屋尔特"译言"老"，"司忒来"译言"峡"，为古时船只自

狮子城

印东来之孔道，其最狭处仅广一百二十八丈零八尺（法尺四百六十）。其南又有一峡，即名新加坡峡，亦称纽乎司忒来，即新峡之意，为近今欧船入华之总汇。岛形如梭，东西长七十里（法里四十），南北长四十里又百分里之二十五。地平面积连沿岛小洲合计，为方里者一千零二十一又百分里之二十九，自其四极测量，盖自赤道北一度十五分十二秒起，至一度二十八分三十四秒止，巴黎东一百零一度十七分起，至一百零一度四十分止也。其间冈峦丛叠，势极嵯峨，高于海面三十三丈二尺〔应合二十五丈二尺〕或四十七丈不等（法尺九十至一百七十），而自西边之喀朗杠崩起，以迄东边之当徐角止，横亘一岭，不啻以全岛分而为二。故北境之水，发源北坡，南境之水，发源南坡，沿流溯源，有条不紊，约共二十馀河，长皆不满五十三〔二〕里有零（法里三十），惟该朗一河，其源来自北坡，而于岭间穿一穴向南流行，此为独异。此外山冈蜿蜒蔓衍，其势皆自西北赴东南，而东北角诸山，则又反其道以行之，盖自东北赴西南也。参互错综，遂多浅谷，高于海面约一丈四尺（法尺五）至一丈九尺六寸（法尺七），此中丰草长林，弥望皆是。但统全岛而考其地质，半皆杂石，内含红沙，实非膏腴之壤。而椰树、棕树、槟榔树之所以茂盛者，则实由于逼近赤道，湿热薰蒸故也。可耕之地约一万八千爱克带尔（每一爱克带尔合一万平方法尺），适得全岛三分之一。所产以椰子、槟榔、胡椒、苏木为大宗，近亦有试种加非者，颇著成效。矿务只

新加坡地理地形

有白锡、白铅、肥石三种，然不甚富。野畜有虎、鹿、鳄、蛇之类，鸟类甚繁，鱼族亦众。全岛居民共有十八万四千五百五十四口，而华人得十二万二千，欧人得五千二百五十四（光绪十七年即西历一千八百九十一年之数），馀系巫来由及印度、暹罗、爪哇等人。

历史沿革

先是，英人因维也纳立约，所有占据之爪哇诸岛，须还荷兰。英绅拉弗尔遂于嘉庆十四年（西历一千八百十九年〔应合嘉庆二十四年〕）在新加坡借得寸地，设立公司，规模既狭，户口亦稀，其时民数不过二百。乃三阅月而即有三千，又未几而遂至一万，而要以华人为最多。道光四年（西历一千八百二十四年），以鹰洋六万元向柔佛王购得全岛，外加每年津贴二千四百元。同治六年（西历一千八百六十七年）始归英廷管业。其阛阓云连、船艘骈集处，为新加坡埠，恰在岛之东南境，本海中涨滩所凝结，内有荒山一道，名反培尔，高二十八丈（法百尺），河一，通海。河滨华厦数幢，为英官衙署，稍东有天主教大礼拜堂一座，此外如邮局、谳堂、书院、医院，皆极美奂美轮。另有学堂十所，分教男女，学术大兴。又植物园、博物院、藏书库，亦各备具，以供考校。而巫来由全境土产，更荟萃一室，任人观瞻，永远不撤。更有行走公车之铁轨（每车可容四十人，如上海野鸡马车，惟此则公司承办，无叫嚣争揽之弊，其开行也，按时按刻，有条不紊），约长三十五里（法里二十），及东洋车三千二百辆，凡所以便行旅也。

至前领事胡植花园，异草奇葩，长亭曲榭，供人游玩，颇著于时，《郭记》、《曾记》①、《薛记》、《邹记》，皆历志之。乃植死十馀年，家道中落，园已易主，改建住房，沧海桑田，诚可慨也。又已故暹罗领事闽商陈金钟所创之萃英书院，闻至今尚存，然不知果能实事求是为华民之寓此者兴起人文否？ 胡植花园 萃英书院

此地驻有英国巡抚，兼理巫来由、槟榔屿事务。抚署在东北隅，外有花园一区，甚形秀丽。

正北高阜有炮台一，名培恩宁，附近多雅墅及跑马场一圈。南滨有炮堡二，分列新旧二坞上。新坞如河，宽二十八丈（法百尺）至一百十二丈（法尺四百）有差，长七里（法里四）。东边进口处宽五十六丈（法尺二百），多暗礁，过此以进，水深得二丈五尺二（法九尺）至三丈六尺四（法尺十三），可容大船。沿岸设码头，长四百四十八丈（法尺一千六百），可泊船二三十艘，装卸货物极称便易。其间煤栈储煤三千万吨以外，专供各船购用。旧坞一名新加坡坞，本海湾也，在埠之东，周围近十四里（法里八），为避风佳地。底无礁石，尽系土泥，小船可紧靠岸边，大船则距岸二里半有奇（法里一里半）。其处水深自三丈一〔三〕尺六（法尺十二）至五丈零四寸（法尺十八）。船只入口向无船钞，只须完纳塔灯之费，

①《郭记》：郭嵩焘著《使西日记》。《曾记》：曾纪泽著《出使英法日记》。（以上各书，均收入本丛书。）

每船一吨约捐鹰洋五分。光绪十三年（西历一千八百八十七年），进口船三千四百六十七只，容积二百六十四万二千二百吨。出口船三千三百九十三只，容积二百五十六万四千六百吨；又小帆船六千只，容积十七万吨。十四年进口货值鹰洋一百零八兆十一万二千二百七十一元，出口货值八十七兆十四万三千三百零五元。进口货以棉布、白米、白锡、鸦片、槟榔、胡椒、硬煤、腌鱼、橡胶、椰子、生皮、烟叶、香料、咖啡、蔗糖、生丝、粗藤等物为大宗；出口货虽仍不外乎此，然略有区别，如熟皮之类是也。

新加坡峡东北通中国海，西北通巫来由峡，宽二十六里（法里十五）至七十里（法里四十），长一百七十五里（法里百），而其水甚深，西船赴东，每喜经此而舍老峡（见上文）。大塔灯三：一在西口之哥纳岛，一在东口之卑特拉帛郎格磐石，一在新加坡埠，三灯射照，以便夜行。然船只仍不敢于黑夜中冒险入口，必俟天明而后徐徐绕进，《薛记》谓停轮候潮者，盖仅纪其一耳。峡内小洲甚多，或属新加坡埠，或属荷兰之里何群岛①。

二十日（西四月二十五日）晨七点钟，大雨如注，逾时即晴。舟向西北行，盖已在巫来由峡矣。峡长一千四百里（法里八百），宽七十（法里四十）至五百二十五里（法里三百）。右岸为巫来由地，地形如舌，斜入海中。

巫来由峡（马来亚峡）

①里何群岛：印度尼西亚之廖内群岛。

全地长二千零八十二里半（法里一千一百九十），宽三百三十二里半（法里一百九十），在赤道北一度十五分至十度十五分之间；北有地颈德那斯来，为通接大地处，南至罗马尼亚角止。居民三十七万五千，种类甚杂。地多高山，天气晴燠而有瘴疠，丰于草木，瘠于种植。产芦苇（其胶充药品，消积泻秽，味甚苦，洋名阿洛爱）、檀香、铁木之类，而鳄、蛇、猛兽尤充牣其间，宝石、钻石、金、锡、铁矿，所在多有。初属暹罗国，嘉庆时（西历一千八百年末）南境民叛，不受暹罗节制。今则地分为三：一曰自主之巫来由部落五，曰卑拉克、曰沙朗哥尔、曰柔佛、曰彭亨、曰罗恩扒，皆在南境；二曰暹罗巫来由部落六，曰里哥尔、曰蓬夺隆、曰班带尼、曰喀郎当、曰忒来茄奴、曰甘大，皆在北境；三曰英属巫来由，在西南角，省与城俱同名，城中居民三万，华人、巫来由人、欧人是也。界分三截：曰炮台界、曰城心界、曰华人界。宋宝祐元年（西历一千二百五十二年〔应合宋淳祐十二年〕）巫来由人建城于此，明正德四、五年间（西历一千五百十年、十一年〔应合明正德五、六年间〕），有葡萄牙人至其地，旋强占之。明崇祯十四年（西历一千六百四十一年）为荷兰人所夺，乾隆六十年（西历一千七百九十五年）又为英人所据，嘉庆十九年（西历一千八百十四年）英人还之荷兰，道光五年（西历一千八百二十五年）英人以苏门答腊岛沿海之地复与荷人换得是城。是城商务颇盛，所产有象牙、樟脑、金屑、木料等物。惟自槟榔屿开

地多高山丰于草木

地分为三

界分三截

埠以后，商务未免见侵耳。至其全省，系东接彭亨、柔佛，北邻沙朗哥尔。民数约三十一万。所产以胡椒为盛。

是日午正，舟在赤道北三度二十一分，巴黎东九十七度五十七分，自昨晚开舟后，计行八百二十五里（海里二百五十）。

二十一日（西历四月二十六日）舟仍向西北行，右有槟榔屿，相隔尚远；左为苏门答腊之西北境，近在咫尺。

槟榔屿

按：槟榔屿又名依尔狄泼来思夺茄尔，首二字即岛也，“狄”虚字，“泼来思夺茄尔”即英国大太子之称，犹言大太子之岛耳。会城曰卑囊，殆即华名槟榔之译音，而英人则名其城曰查尔治。居民六万，巫来由人、华人、孟加拉人、欧人是也。其地向属巫来由人，附在甘大国辖下。乾隆三十年（西历一千一〔七〕百六十六年〔应合乾隆三十一年〕），英守备拉爱忒娶巫来由王之女，王以是岛为奁赠守备，旋售于英之印度公司，为经商中国之船站焉。

大太子岛

其对面即苏门答腊岛，处赤道北五度、南五度之间，巴黎东九十二度至一百零三度止。长二千六百二十五里（法里一千五百），宽三百五十里（法里二百）至七百里（法里四百），共为方里十七万四千二百五十二里半（方法里四十四万二千四百三十〔应合七十七万四千二百五十二里半〕）。居民六百万，大率皆巫来由人；但内地部落颇多，其语言种类知者尚鲜。自北至南稍偏于西，横亘大山一

苏门答腊地形风貌

道，名蒲基排利桑，高四百二十四丈（法尺一千八百〔应合五百零四丈〕）至五百六十丈（法尺二千）。内有高岭曰彭哥，高一千三百八十六丈（法尺四千九百五十）；曰巴司玛，亦称屋非尔，高一千一百九十五丈六尺（法尺四千二百五十二〔应合一千一百九十丈五尺六尺〕）。至火山之最高者，曰梅拉比，高八百十三丈（法尺三千六百七十五〔应合一千零二十九丈〕）；曰唐巴，高六百二十四丈（法尺三千〔应合八百四十丈〕）；曰拉以耶，高五百四十八丈四尺（法尺二千六百八十〔应合七百五十丈四尺〕）。馀地半系森林，人迹罕到，中枢及南境有猩、象、犀三兽。平山〔川〕亦形瘠旷，生密箐，长丰草，为虎所居；而荒沙野漠，又复触目有之。耕种既劣，出产亦微，故土产只有胡椒、加非、肉桂、稻米、槟榔、蒙果、樟脑、橡杉楠榆、藤竹棕椰等物。山中出良马及金、铁、锡、磺、铁〔“铁”疑衍〕煤各矿。同治十三年（西历一千八百七十四年）荷兰人灭阿生国后，遂有全岛，特内地生番尚未驯服——法人称其人曰排丹，其地曰笃排——喜食人肉，其父母年老成废者，每被子女杀食。至沿海各大城，西南曰旁古郎，居民万人，善造刀匕、绸缎、布匹。东南曰巴郎旁，居民二万五千；曰巴唐，民数同上，为商务大埠，每年贸易约值法银二十四兆方（现合市价每方约四角有零）光景。进口货以洋棉布为主，出口货有加非、橡胶、胡椒、稻米、白藤之类。北有阿生，居民三万，内多华人。西北有阿那拉蒲，为胡椒大市。东边有西阿克城，距海口约四百

耕种既劣出产亦微

喜食人肉

八十二里（法里二百六十〔应合四百五十五里〕），古时生意颇旺，今颓败矣。另有小岛二：曰排当、曰拜登，俱在苏门答腊之东，荷兰人设市于此，居民万馀。东南小岛二。一曰旁格，会城名门笃克，居民三千，有河一，名同岛；锡矿之盛，甲于天下，皆由华人开挖。岛系坚沙结石而成，崎岖特甚，树木颇繁，出胶树、橡树。二曰皮依东，即在旁格东首，长一百七十五里（法里百），宽一百四十里（法里八十），有锡、铁各矿。以上四岛，亦荷属也。

锡矿之盛甲于天下

午正，舟在赤道北五度零三十四分，巴黎东九十三度三十一分，自昨午迄今，计行一千零五十五里又百分里之六十一（海里三百十七）。傍晚，过苏门答腊西北角，出巫来由峡，舟向西行，风伯扬威，涛翻舟荡。

船遇大风

二十二日（西历四月二十七日），风仍猛烈，舟中搭客，大半晕卧。清晨，过英属大尼谷排群岛之南。岛在孟加拉湾内，即华人称为三宝陇者是，长七十里（法里四十四〔应合七十七里〕），宽二十九里又百分里之七十五（法里十七）；合以小尼谷排及附近四岛，居民共得万馀。土产有蔗糖、铁、木等物，毒兽亦众。地多瘴疠，而泊船颇便。自乾隆二十一年至五十年（西一千七百五十六至八十五年）丹马人设行栈于此，道光二十七〔八〕年（西一千八百四十八年）即让于英，至今仍之。

丹马（丹麦）

午正，舟在赤道北六度零三分，巴黎东八十九度正，自昨午迄今，只行八百九十一里（海里二百七十），盖逆风而行，遂致濡滞也。

按：风即天空之气流，行鼓荡气，动愈速，斯风势愈狂。气之动也，如行路然，每点钟能行七八里（法里四五）则为微风；能行六十一里零（法里三十五），则为大风；能行一百二十二里半（法里七十），则为疾风；能行一百七十五里（法百里），则为烈风；能行二百二十七里半（法里百三十）至三百十五里（法里百八十），则为飓风。而究其所以成风之故，一因各处地气寒燠不同，实相混接，而空中浑灏流转，仍有使气均匀之势；再因水气上蒸，而天空之气为其所扰，遂致积不相容，避而他往，凡此皆风之来源也。然而海滨之地，陆风、海风却又相生相济：昼则风来自海，夜则风生于陆。盖昼间日光烘照，地气蒸升，而海气较寒，遂来参互；入夜地气变寒，海气反暖，而陆地之风遂得向海以去。回环往复，气适调匀，故沿海一带，虽与内地同一纬度，而冬之寒、夏之热，俱逊内地一筹，且天气亦较平正高爽，惟雨水甚多，稍嫌潮湿耳。附近赤道之大洋中，有恒风，自东而西，永不改易，西名“望阿里然”，俗称贸易风，航海者每利赖之，赤道之间有飓风，非常猛厉。盎低亦群岛（在南北美洲之中，俗称西印度）间常有拔去梁木飞至二十八丈外（法百尺）、振起大炮抛于炮架之旁者，林树田禾，受伤尤甚。阿非利加之撒哈拉大漠，亦有此风。风起时，苍冥晦暗，成黄蓝紫三色，飞沙滚滚，直至一丈六尺四〔八〕寸高（法尺六），阿人称为“西模恩”；迨过地中海入义大利

风之种类

盎低亦（安的利斯）

境，风力渐微，义人名曰“西拉哥”。又有所谓旋风者，西名“忒隆孛”，则各处皆有，由于异向二气搏触而成，其来速，其力大，旁礴盘旋，中含雷电，发于陆者，曰干旋风，能拔大树、钻地穴、塌房屋，甚至挟屋角危墙掷诸远地；发于海上者，曰湿旋风，能吸水壁立，上插云霄，高可八十四丈（法尺三百），亦有自上向下往海直钻者，船只遇之，易遭倾覆，以炮急轰，俾风解散，或可幸免。而我船所遇则非飓风，亦非旋风，乃恒风之不类而类者也，西人名为“模松”，每西历正月至六月初皆向西行，过此即向东，只有于印度、阿洲洋面及麻六甲（在爪哇岛东北）群岛为止。古时西国帆船往中国海面或遄回西国，必须借此风力。爪哇岛中，每至东风欲尽，即知时症将兴，其流寓欧人之富者，必挈装西归或避至他处。是此风可逆料而知也，非恒风而何？特此次风忽改向，变作西风，实较往年提前一月。或谓此风来自阿洲之拉排地，飞越山岭，以渡重洋，故觉分外猛烈，若风来自东，其初起断无如此之甚者。然姑不计此言是否真确，总之，目下风向乍改，其力迥异寻常，来势自然浩大，漫天盖野，作浪掀波，而我船适当其冲，迎之而进，遂致全船客人，坐立不住，呕吐交作，大受厥苦。惟星宪福星呵护，体质坚强，起坐饮食，一如平时，洋人见之，无不羡慕。

湿旋风

二十三日（西历四月二十八日）侵晓，浓云如幕，大雨倾盆，怒浪扑舟，狂风卷海。船主在舵楼之内，恐立足不牢为风摄去也，竟将其身捆缚于柱，静镇〔镇静〕

恐风摄去身缚于柱

从容，指挥调度，随时拨正舵向，仍令开足机轮，迎风疾进，破浪直前。而船头忽起忽落，船腰忽侧忽平，船面之水，汩汩抛来，船位之窗，深深紧闭，船之颠也，于斯为甚。如是者历一时之久，此盖恒风中杂以飓风矣。既而雨师收旆，海若效灵，浪既稍平，船亦出险。船主乃以行船事宜，交托大副、二副管理，而已始返房稍资憩息。然而风之大如故也，舟之荡未已也。

午正牌示：自昨午迄今，计行七百五十九里（海里二百三十），刚在赤道北五度四十六分，巴黎东八十五度五十六分，盖尚未至印度洋之中心也。按：印度洋正北右通孟加拉湾，左通屋芒海，南至南极，东北抵苏门答腊诸岛，东南至澳大利亚洲，西北至波斯湾、亚丁湾，西至阿非利加洲，西南至马达喀斯嘎岛及阿洲之好望角。统计洋面平积得方里一百十三兆又百分里之七十五（法方里六十五兆〔应合一百十三兆七十五万〕）；通扯水深在一千零三十六丈外（法尺三千七百），最深处有至一千四百五十六丈者（法尺五千二百）。 印度洋

二十四日（西历四月二十九日），风势稍平，船行稍稳，各客皆能起坐或至船面散步，以解沉闷而舒郁积。

午正牌示：船在赤道北五度三十八分，巴黎东八十度五十三分，自昨午迄今，计行八百零八里（海里二百四十五），而距锡兰之克仑伯岛止有八百五十一里又十分里之四（海里二百五十八）矣。按：锡兰本土番部落，原名狮子国。周时有印度亲王名维柴者率兵而来，娶土酋之 锡兰（斯里兰卡）

女，开业成家，安居于此，继继承承，日形繁衍。明宏治十八年（西一千五百零七年〔应合正德二年〕）其地为葡萄牙将陆朗茶觅得，越十有一年，葡人始来设埠。顺治十二〔三〕年（西一千六百五十六年）土人叛而逐之，而埠归荷兰。乾隆六十年（西一千七百九十五年）英人乘荷兰之败于法也，掩袭锡兰，窃其埠属。迨嘉庆七年（西一千八百零二年）在法国阿米盎立约后，荷人始以锡兰寸地拱手让英，嘉庆二十年（西一千八百十五年）英收全岛。岛形如梨，其尖向北，在赤道北九度四十八分，与印度东南之喀利梅尔角恰相对峙。中有一峡，名巴尔克，宽一百二十二里半（法里七十）。峡南介赤道北九度至九度十分之间，有礁浅一道，系由两渚结成，渚东西对列，东曰玛纳阿，西曰拉米失郎，中泓为沙带，水深数尺，长七十里，俗名阿誊桥，其实即礁浅也。稍深处有三，其一于近年开挖，可行小舟。自此向南，海面渐宽，名玛纳阿湾，中出珍珠，昔甚著名，今陵替矣。自北纬八度之哥马兰角量至对湾陆岸，约宽三百五十里（法里二百），此以言锡兰相距印度之远近也。若锡兰尽头处，系在赤道北五度五十六分，核以经线，则自巴黎东十七度三十四分起，至七十九度四十分止。全岛之地，东西最宽处得三百三十二里半（法里一百九十），南北六百零三里（法里三百六十〔应合六百三十里〕），周一千八百五十五里（法里一千零六十），合方里十一万一〔二〕千（方法里六万四千）；居民二百四十万五千三百口（同治十〔九〕年，即西一

岛形如梨其尖向北

千八百七十年官册)。岛之北半截,地甚低洼,皆平原也,丰草长林,弥望皆是;南半截皆山峦,其中最高之岭名卑特罗带拉茄拉,高于海面七百零六丈七尺二寸(法尺二千五百二十四)。距此七十里(法里四十),有峰名阿誊者,高六百五〔三〕十三丈三尺六寸(法尺二千二百六十二),僧家名以佛迹峰,相传佛曾留脚印于其上也。此外有季利茄尔巴拉岭,高六百六十六丈四尺(法尺二千三百八十);笃带巴拉岭,高六百五十八丈八尺四寸(法尺二千三百五十三),绝壑深林,青葱可爱,宛然图画,景致绝佳,故洋人目为印度之瑞士(瑞士国在德、法之中,地多山水)。河道亦众,发源高山,最大者名玛阿浮利江,流向北,通海,长三百七十八里(法里二百十六);喀拉尼江,流向西,在克仑伯相近入海;马尔复带河,流向西北,近玛纳阿入海。惜以上江河不能行驶大船,只足供平底小舟之客与,然亦无可深入。惟玛阿浮利江尚堪溯流而上,直至附近冈堤为止。古之酋长,因无湖水,曾开蓄水池多处,以资灌田。但北境地势太低,赤日薰蒸,水易干涸,故河流亦因之稀少。惟当恒风转向之时,甘霖大沛,沟浍皆盈,然不能持久,限于地势,无如何也。所产有稻米、加非、肉桂、椰子、茶叶、金鸡那树、红黄紫三色宝石及金、银、铁、煤、铅、磁等物。至所制之首饰、漆器、布匹、绸料,只供本地之用。故出口货仅有棕油、烟叶、白盐、宝石、五金,而要以加非为盛。进口货以棉布、麦酒、葡萄酒、钢器、书籍等物为大

北为平原南皆山峦

河道亦众

物产

宗，俱销于流寓欧人。同治九年（西一千八百七十年）进口货值金一百十六兆方（庚子六月十八日价三五四，合规银三千二百七十六万八千三百六十一两五钱八分二厘），出口货九十五兆方（三五四，合规银二千六百八十三万六千一百五十八两零〔一钱〕九分二厘）。自英占取以来，开衢筑路，迭起大工，用款浩大，故虽振作有为，历年数十，而进款止有二十六兆七十万方（三五四，合规银七百五十四万二千三百七十二两八钱八分一厘半），除出款二十五兆六十六万一千方（三五四，合规银七百二十四万八千八百七十两零五分六厘五毫）外，仅馀一兆零三万九千方（三五四，合规银二十九万三千五百零二两八钱二分五厘），况所欠民债尚有十七兆五十五方（三五四，合规银四百九十四万三千五百零二两八钱二分五厘）；是英得是岛，未见有利，但地据冲要，关系全印，故仍甘据而勿舍也。岛分六省：一曰北省，分四府，首府名石弗郎，馀名玛那阿、模来低芜、奴罚拉喀拉维亚；二曰西北省，分二府，首府名鼓路男茄拉，又一名巴带郎；三曰东省，分二府，首府名排低谷来阿，又一名忒来谷马来；四曰南省，分三府，首府名茄尔，馀名麦忒居拉、盎旁笃耽；五曰中省，分四府，首府名冈堤，馀名麦忒拉、奴浮拉爱利耶、白陀拉；六曰西省，分三府，曰萨佛拉赣、曰该茄利、而克仑伯为其首府，亦为商埠。

进出口款项情形

地据冲要关系全印

克仑伯（科伦坡）

二十五日（西四月三十日）午正，舟抵克仑伯埠，此为锡兰三埠之一。东埠名忒来谷马来，宽大而深，为避风善坞，兵商各船，皆能容泊；南埠曰茄尔，航海者以其地处极南，每喜趋就，但坞小而口有活礁，进出殊多不便。克仑伯即西埠，极大之船不能容纳，故我船未便深入，只在中泓抛锚，用驳船添煤运货。

星宪率联文泉寺丞、章荫堂州牧、龚仙舟明府及车弁往游佛寺。又宋芸子太史、陈幼海比部、彦琴堂副郎、凤瑞臣主政、李学庵直牧及刘君士熙，亦联袂而往。宗濂偕钱念劬太守、杨恭甫贰尹夫妇、刘君紫升及谢、张二弁，亦驾一叶扁舟，诞登彼岸。码头上露天通事、野鸡车夫争相兜揽，而所索价值，往往欺生。幸沿途有土人充当之巡捕，弹压招呼，不致生事，倘有争执，可就巡捕以评之，则车夫、通事立即贴服，不敢妄索分文。于此见英政府之保护行旅，至周且挚，而土捕之奉公守法，尤属可嘉。夫岂如上海工部局所雇之华捕，专以倚仗洋势鱼肉愚民为事哉！

往游佛寺

车夫揽客往往欺生

宗濂等雇车二辆，先游公家花园，列树成阴，奇花吐秀，广可十馀亩。继至博物院，鸟兽虫鱼，分行排列，虽非活物，实寓生机，盖皆印度之产，公家储备以任民间考校者也。末至佛庙，内供卧佛一尊，云系如来，或谓即释伽牟尼佛，前供有鲜花。旁廊亦有小佛无数及坐佛二尊，通事曰："此即佛之父母兄弟也。"庙僧以贝叶经求售，索价甚昂。而土人之追随以进者，若老若小，若男若妇，又悉以贝叶残经及所摘鲜花争来献卖，宗濂等皆略购数叶，旋即出庙，庙甚低矮，有颓败状，佛教之衰，于此可

佛寺见闻

见。然名刹尚有三处，其最大者，名“开来南”（已详《薛记》），即今星宪所往游者，相距有十馀里，宗濂等因时光已晚，不及兼顾，急即返舟。

傍晚七点钟，鼓轮出口。口门颇宽，风浪甚巨，英人筑石堤以障之。堤东接岛岸，北伸入海，其端有灯塔焉。

克仑伯之风物人情

初，克仑伯一埠，于明正德十二年（西一千五百十七年）为葡萄牙人所据，而明万历二〔三〕十一年（西一千六百零三年）荷兰人夺之，迨乾隆六十年（西一千七百九十六年〔应合嘉庆元年〕）又被英人硬占。越三十八年，即道光十三年，英荷订约，英始设官置戍，派驻巡抚一员及防营、教士等，并自克仑伯至冈堤，筑马车路、火车路各一，又全岛周围亦置铁路一圈，长三千二百二十里（法里一千二〔八〕百四十）。于是，僻陋秽污之地，一变而为繁华热闹之区。气候虽热，尚不十分炎熇，缘有海风徐来故也。所产有肉桂、槟榔、胡椒、象牙、珍珠等物。居民十万馀人，种类颇杂，而土人尚崇佛教。考之西籍，佛原名西达尔带，本印度之贤人，为释伽王裔排阿之子，生于周襄王二十三年（耶苏前六百二十二年〔应合周襄王三十年〕），人皆目为天神第四次之化身，年二十九，隐居岩壑，谢绝人寰，故又名释伽牟尼——“牟尼”即印度隐士之称。继而洞明至理，悟彻元微，遂至印度之喀塞米尔传道，闻者信从，徒众极盛。一日，高栖于树，不言不食，趺〔趺〕坐冥思，如是者阅时二月有半，即行圆寂，时周灵王五十六年也（耶苏前五百四十二年〔应合周景王三年〕）。

二十六日（西五月初一日），风小浪平。午正牌示：舟在赤道北七度二十六分，巴黎东七十四度零四分，自昨晚迄今，计行六百八十三里又十分里之一（海里二百零七）。

马尔提佛（马尔代夫）

午后，过马尔提佛群岛之北，岛自北纬四十二分起，至七度零六分止，巴黎东七十度三十分起，至七十二度二十分止。其中小岛甚繁，浑圆椭圆，形不一致，实计其数，共有一万二千，但内住户口者，不过四五十岛耳。诸岛合成一国，酋奉回教，为英附庸。最大之岛名玛尔，周围十四里（法里八），都会同名，居民二千，合以他岛，共得十五万人。各岛地土，本属膏腴，气候虽热，而水土甚佳。岛民贸易于各岛之间，颇为繁盛，其钱则用蛎壳。地产有轻木一种，质如玻瓶软塞。

舟右有拉葛提佛群岛，岛在赤道北十度十四分三十秒，并自巴黎东六十九度五十分起，至七十二度止；大岛十九，小岛无数，内多稻田、椰树，并产槟榔、珊瑚。距印度之玛拉排地约二百六十二里半（法里一百五十），本为玛拉排中冈那拿尔女酋之业，居民万馀，皆奉回教，今亦属英。其首先觅得是岛者，葡萄牙舟子佛斯哥夺茄玛是也，时在明宏〔弘〕治十二年（西一千四百九十九年）云。

二十七日（中〔西〕五月初二日）午正牌示：舟在赤道北八度二十一分，巴黎东六十八度五十三分，自昨午至今，计行一千零五十六里（海里三百二十），盖正在孟买之南也，然相隔甚遥，其城埠杳渺不可得见。孟买为英属三省之一，馀二省即孟加拉、马特拉也。孟加拉省在孟加拉湾底，会城名喀尔居达，辖五府，居民八十万，跨乌格里江，距海六百六十二里半（法里一百五十）。马特拉在印度东南境，亦临孟加拉湾，辖六府，会城同名，居民三十九万七千，商务极盛，而海口不佳；有炮台一座，名散查尔时，藉资控卫。此外，设制造厂、大书院、观星台、官学塾各一。同治十三年（西一千八百七十四年）曾被法人占据，旋还诸英。孟买在印度西南境，辖六府，

孟买

会城同名，在海岛上，距陆颇近，而瘴气甚重。城有炮台拱卫，甚巩固。居民六十四万五千。有大书院、制造局、造船厂各一。海口甚佳，为英人商务总汇，盖由此分达印度内地及波斯、阿喇伯、香港、巫来由等处者也。出口货以棉花、鸦片、洋绒、喀塞米尔之披肩（喀塞米尔在印度北境，所出披肩绵暖而轻，欧洲妇女甚宝贵之）、麻子、白糖、加非、胡椒、烟叶、象牙、谷种、树胶、颜料为大宗；进口货系洋布、华绸、铜铁、煤、丝、酒、机器、宝石等类。每年货值约一千五百兆方（庚子六月十八日价三五四，合规银四百二十三兆七十二万八千八百一十三两五钱五分九厘），船艘出入一万二千只。故设铁路直抵喀尔居达、马特拉以资转运货物，装搭人客；设海线径至伦敦以通消息；设运船遍达各埠，以开海利，其经营商务，不遗馀力盖如此。尝考全印货值总数，每年在二千

五百兆方之谱（三五四，合规银七百零六兆二十一万四千六百八十九两二钱六分五厘），内一千兆（三五四，合规银二百八十二兆四十八万五千八百七十五两七钱零八厘）系进口货值，又一千兆半（三五四，合规银四百二十三兆七十二万八千八百十三两五钱五分九厘）系出口货值，而鸦片之销于中国者，已占三百兆方（三五四，合规银八十四兆七十四万五千七百六十二两七钱一分二厘）。利源宏溢，宜其富甲地球而英即倚之为外府也。

二十八日（西五月初三日）舟行稍向西北。午正牌示：舟在赤道北九度二十七分，巴黎东六十三度四十七分，自昨午迄今，计行一千零十六里又十分里之四（海里三百零八），盖在印度哥拉茾城之南也。哥拉茾跨生持江，临屋芒海，居民二万。城有土墙，上建瞭楼，佛庙、回庙，错杂繁众，商务既多，地亦富足。道光二十八年始属诸英（西一千八百三十九年〔应合道光十九年〕）。有海线一条通苏彝士。至所谓屋芒海者，盖亦印度洋之一隅。屋芒，本阿喇伯东南濒海之城，临波斯湾，而外围之海洋，人即以屋芒名之。此海自赤道北二十二度起，至二十七度止，并界乎巴黎东五十四、六十九度之间，故印度、波斯、阿喇伯、俾路芝〔今已非国家。伊朗（波斯）、巴基斯坦均有俾路支省〕四国境地，皆跨有此海也。

经哥拉茾（卡拉奇）

日来浪静风平，舟行极稳，而船主安不忘危，想及覆舟毙命之苦，孤孀度日之艰，商请星宪为救生集资之领袖，拟撰告白，遍请船客各出零星物件，随意输将，汇作

拟办慈善之会

票彩，而以售票之资，拨充善举，等因。星宪嘉其善意，慨然乐从，并助珍尤，以为提倡。

二十九日（西五月初四日）午正牌示：舟在赤道北十度二十八分，巴黎东五十八度三十二分，自昨午迄今，计行一千零五里半（海里三百十五〔应合一千零三十九里半〕）。

船舱客人等级森然

自过克仑伯以后，每日火伞张天，炎威甚炽。各客日长无事，船面徘徊，或观书、或对弈、或掷数、或弹琴谱曲、或团坐谈心、或凭栏远眺，各尽其乐，各适其情，甚自得也。但头、二、三等之位置，界限颇严，即如烟房之内及头等饭厅，二等客即不能僭坐，误犯者每致船家啧有烦言，下逐客令。倘头等客入二等饭厅与相识者以茶酒相叙，则侍者即趋承恐后，诚以头等客皆体面人也，惠然枉顾，不啻蓬荜生辉。在头等舱客自问，亦觉身分极高，以视二等舱客，颇觉渺乎其小，间或降格往还，亦有"若将浼焉，望望去之"之状。此头、二等舱客之别也，至三等舱客之情形，则更属不堪闻问，船面游息，止许自船头以迄厨房外为限，逾限者面责不贷。彼处煎炒之气，牲畜之臭，烟囱之热，皆可备尝，殊难消受。倘仆役之居三等舱者，欲往头等舱伺候主人，须与船主及管事言明，再由船主管事关照船役，方可游行无阻，不然必受船家之斥辱、上客之揶揄。然则华人之坐二、三等舱者，正宜安分循规，知情识趣；但初次出洋，何能尽悉此中奥窾，故特标而出之，俾后人之知所取法焉。

四月初一日（西五月初五日）午正牌示：舟在赤道北十一度二十八分，巴黎东五十二度五十八分，自昨午迄今，计行一千一百零六里又三分里之二（海里三百三十二）。西北隐隐有青气，盖已见阿喇伯之东南角矣。

阿喇伯地理

按：阿喇伯（徐中丞《志略》谓即古之条支国）为亚洲西境之大地，北界茜利及阿尔然徐尔（皆土耳基国之地），东界波斯湾，西界红海，南界屋芒海；南北四千三百七十五里（法里二千五百），东西一千七百五十里（法里一千）。俗分阿喇伯为三：西北者曰卑忒来阿喇伯，中枢及东境者曰沙漠阿喇伯，西南者曰富厚阿喇伯。但据土著所知，其地共分五截：一即热地，名耽阿玛，背山面海，自苏彝士起至波斯湾止，大城曰然达、曰洛爱耶、曰屋覃达、曰麻街、曰亚丁；二为回教人成群膜拜之地，厥名暗石；三为高原，厥名男然特；四为右境，称曰也门，在西南境，地大物博，民俗富饶；五曰拉萨，濒波斯湾。但以辖治而论，其地只能作三省：一即梅克及也门是也，归顺土耳基王；二即佛阿皮忒国，盖在男然特地中；三即屋芒省，会城名麦斯喀忒。居民五兆，内一百五十万皆以游牧为生。全境地势，向波斯湾者系平山〔川〕，而红海一边，乃高岭也，颇极绵亘，中有茜男、屋兰两山。大江有二：曰梅堂、曰沙帛，灌润也门一隅。平原之内，因有炎风吹荡，除大雨时外，河皆干涸。沿海一带，土极膏腴，种香树、辛料、加非、棉花、椰子、石榴、御米、香胶等物，收获颇丰。而马、驼、牛、羊，尤称良美，但沙漠中多猛兽毒虫耳。土人短小癯瘦，面貌黎黑，且残忍性成，致探地者不能深入。咸丰十一年（西一千八百六十一年）英人巴尔格拉罚始得入其内地。

阿喇伯历史

夫阿喇伯人本阿帛郎（生于夏寒促二十三年即耶苏前一千九百九十六年，年一百七十五岁始卒，有子八人）之后裔，立国最先，向不受人笼络。忒拉常朝（罗马王名，西九十八至一百十七年，即汉元封五年至元朔五年）罗马人曾据其地，即今名卑忒拉阿喇伯者是。隋时（西六百年间），有梅克人摩哈默创立回教，大得民心，遂乘势立国（唐高祖五年，即西六百二十二年），未几抚有全境（唐高祖七年至太宗六年，即西六百二十四至三十二年）。旋并茜黎（唐太宗六年至十二年，即西六百三十二至三十八年）、埃及（唐太宗十二年至十四年，即西六百三十八至四十年）、波斯（唐太宗十年至高宗三年，西六百三十六年至五十二年）、北阿非利加（唐睿宗元年至十七年，即西六百九十二至七百零八年〔应合武则天如意元年至唐中宗景龙二年〕）及西班牙（唐睿宗十九年至二十三年，即西七百十至十四年〔应合唐少帝唐隆元年至唐玄宗开元三年〕），势如破竹，所向披靡，即法国亦被几其侵占。但至唐天宝九载后（西七百五十年），阿喇伯疆宇分崩，部落离叛，如是者盖数百年。宋末（西一千二百年间〔应合南宋宁宗时〕）西班牙及阿非利加之穆尔人、东方之土尔基人、蒙古人，尽夺阿喇伯侵地，而其土著又复内讧，自此遂不成为国。既而蒙古人、鞑鞑人、土尔基人，又欲分据阿喇伯地而未能如志。乾嘉时（西一千七、八百年间）佛阿皮忒国兴于男然特，各部落多归附之；嘉庆十三年（西一千八百十八年〔应合嘉庆二十三年〕）此国又见灭于埃及。今日惟暗石、梅克二部落为土耳基之附庸，馀皆不受他邦辖属，自为部落。或谓古时阿喇伯人精于诗学、理学、算学、格致学，曾出大儒五人，中古时精于考古之学，即欧人学术，亦赖阿喇伯人导其先路；故今虽斯文阒绝，后起无人，而其语言尚通行亚、阿两洲之上也。

是日午后，船主以各客所输物件已成巨观，遂于船面搭台陈设，供人尝鉴：纸张、书籍、食物、磁器、绸巾、首饰、绣货、画谱，色色俱备，件件精良，约四百馀种。内有山水烧料烟壶四枚、中国佳茗四瓶，系星宪所助。彩票共有一千四百号，各客争购，顷刻即空，亦可见乐善好施之不分畛域矣。争购彩票

晚间八点钟，张灯结彩，集善于音律之男妇十馀人，弹琴谱曲，而请星宪坐中间正座。各客除唱词曲外，有吟诗以写风涛之恶者，令人闻之凄然；有说白以寄谐谑之情者，则又足资笑剧。继而和以男女合舞，琴声尤觉雍容揄扬，深得其妙。船中备有酒点，以供众客之解渴点饥，夜半始各尽欢而散。

初二日（西五月初六日）午正牌示：舟在赤道北十二度二十六分，巴黎东四十七度二十八分，自昨午迄今，计行一千零九十三里又三〔十〕分里之二（海里三百二十八）。

苏克答拉（索科特拉）

是日清晨，舟左见苏克答拉岛，岛长二百零一里又百分里之二十五（法里一百十五），宽七十里（法里四十），界乎巴黎东经线五十度四十五分及五十二度十分之间，并自赤道北十一度五十分起，至十二度三十分止。会城名带玛利达，在东北海滨。居民六千，地产苦胶树（利泻药品）、香胶树（焚之甚香）、龙血树（树汁红如血，古充药品）、西瓜、珊瑚等物。盖阿喇伯境之玛斯甘得回教长所辖也，然岛民亦有奉天主教者。初，是岛久为各国所忘，嘉庆十四年（西一千八百零九年），葡萄牙人始入其境；道光十五年（西一千八百三十五年），英人向岛酋购充船站，凡往来苏彝士、孟买之船皆湾泊焉。

彩票开彩争拍彩物

午后二点钟，船家将各客所助之物当众开彩。法以票号杂置一筐，于搭客中选得不满十龄之二女子，俾在筐中轮流检号，检得某号，即为某号得彩，当由某搭客高声喊报，一面又有某客将桌上彩物挨次递过。各同人俱得彩有差，星宪购票最多，得彩最旺。惟星宪烟壶四枚，二为日本使署之新简随员所得，一归章荫堂州牧，一由星宪自得。星宪因托船家拍卖，易资以充善举。当有众客争相献价，而以某英人所献法银六十四方（三五四，合规银十八两零八分）为最巨，遂为彼得。末以昨晚曲会所挂之乐单一纸再行拍卖。单上除载曲名外，周围并绘花卉，设色甚精，颇形鲜艳，外套玻璃楠匣，如长方镜式，诚可悬之壁间，以作画镜。各客又争相献价。星宪加至八十四方（三五四，合规银二十三两七钱三分）方能得之。阅数时，会中人核算款项，计如此一转移间，实得法银一千七百方（三五四，合规银四百八十两零二钱二分六厘），开单布告，半归救生局柜，半为佽助孤孀之用云。

初三日（西五月初七日）晨九点钟舟抵亚丁。自昨午至此，计行九百五十里（海里二百八十五）。炎威甚炽，星宪及各同人均未登岸。船家添载煤斤，装卸货物，历时约数点钟之久。土人面貌黎黑，争以驼鸟毛、驼鸟蛋及黑羊角等上船求售，索价不直，易致受欺，然各客仍有购其物者。午后三点半钟，舟即开行。 船抵亚丁

按：亚丁本阿喇伯南滨之埠，在赤道北十二度四十六分十五秒，巴黎东四十二度四十四分四十二秒。地皆荒山，东西对峙，西山名徐培尔阿三，东山名徐培尔爽霜。欧人名曰亚丁角，与大地连接处即地颈也，宽三里半（法里二）。其势自南向北，皆沙碛低洼。山脚有城，亦名亚丁。山上多危峰，形如塔，兀然耸立，险要天成，高于海面约一百四十八丈六尺八寸（法尺五百三十一）。地颈之西有池曰多凡，为内口；地颈之东为外口，通海，亚丁城即靠此一边。对面有一小岛，名沙拉，英人在此建一小垒，且在水中叠石成堤，接至海岸焉。但亚丁城渐向西边开拓，直至内口，彼处自道光二十年（西一千八百四十年）又成新城。英人在山凹内筑垒建台，环抱联络，通以铁桥。居民约三万，内欧人及防兵统计不过二千，馀皆土人及印度等人。因其地势险要，管领红海之口，且近孟买一埠，遂为兵务、商务之第一善埠。城中无鲜果、泉 亚丁城

所饮惟恃雨水

源，所饮惟恃雨水，每逢雨降，其水俱流入各山之蓄水柜中，无涓滴漏弃。此项石柜，皆古时依山开挖者也。惟雨极稀少，数年难得一次，故英人用汽机取海水，提去盐质以成淡水，而供吸饮。虽有如此之种种不便，而地势天然利于船只，故在阿喇伯境推为要区，初为飞尼茜人之埠（古印度中一类人，善驾船只），嗣被埃及、罗马、葡萄牙人先后占据。迨阿洲好望角盛，而此地遂衰，为也门之酋取作属地。乾隆五年（西一千七百四十年）民叛，举土人为酋，以拉阿特为都城。道光十四年（西一千八百三十四年），英船主庵恩在阿喇伯南测量水道时，亚丁仅一小镇，居民六百馀家耳，但庵恩已知此地紧要，归报本国。道光十九年（西一千八百三十九年）正月，英人借口于搁浅商船之被劫，忽以兵船一艘直进亚丁，强令土酋让地，而岁给以津贴若干，自此遂为英有。自苏彝士开成河道，此埠遂获利无穷。

船中庆贺使臣生日

初四日（西五月初八日）为星宪六秩庆辰，各同人敬肃衣冠，会齐叩贺。星宪谦抑逾恒，饬丁挡驾，旋复光顾各舱，躬亲答拜，各同人亦敬谢如仪。晚席，星宪在头等舱以香槟酒遍请中西各客，船主举杯起立，朗诵祝辞，辞毕，诸客拍掌称贺。至二、三等各同人及所有仆从，亦由星宪遍赐香槟。伏念宗濂等随节西征，重洋稳渡，躬逢盛会，叨饮名醪，诚千载一时之遇也，敬濡笔记之。

是日，舟向西北行，出亚丁湾，入红海。按：亚丁湾在印度洋之西北隅，北为阿喇伯之南岸，南自阿洲之茄尔达夫依角以迄排培芒罩孛峡止，阔仅数十里，长仅数百里。红海一名阿喇伯湾，以其在阿喇伯境也。西界埃及、阿皮西尼，东界阿喇伯，东北界阿格排湾，西北界苏彝士河，南界排培芒罩孛峡，长约四千五百五十里（法里二千六百），宽则通扯得四百二十里（法里二百四十）。岛屿无多，旁无江水。其间大埠，有阿喇伯之然达、麻街及阿洲之苏彝士、谷珊，共为四埠。此海之所以曰红者，因水中有草如珊瑚，颜色鲜艳，蔚为红光故也。周显王时，此海为经商大道，迨阿洲之好望角出，而此海商务始行陵替。近来以有苏彝士河通行船只，并得彼处铁道转运一切，而红海遂有起色矣。 红海

午正，船主牌示：舟在赤道北十五度十九分，巴黎东三十九度三十七分，自昨晚开轮后，计行九百十七里又十分里之四（海里二百七十八）。

初五日（西五月初九日），舟仍向西北行。午正，船主牌示：舟在赤道北二十度零四分，巴黎东三十六度三十二分，自昨午迄今，计行一千一百零五里又六分里之三（海里三百三十二），已至阿洲阿皮西尼之北。

按：阿皮西尼为东阿洲之旷地，自北纬八度起，至十六度止，北界狃皮，东界红海，西界桑那，南界大山。内有数江，皆尼罗江之分支，最大者曰排来阿石来克，即绿江；曰麦来帛；曰搭喀然。搭喀然横亘东西，北岸有低格来城曰阿扒佛，南岸有阿玛拉城曰共达，有沙阿城曰屋谷培。全境面积约得方里一百三十七万九千里（法里七十 阿皮西尼（埃塞俄比亚）

八万八千)。古本大国，统于一王，王称大男居；但近二百年，土地分裂，各自为邦，即低格来、沙阿、阿玛拉是也，而共达一区，推为都会。茄拉人（即其北狃皮之民）常来骚扰，并占其地数分之几。居民数百万，奉天主教，但仍有一人而娶数妻之俗；至奉犹太教者，亦复不少。所操语言计有三种：曰依盎阿尔那，曰低格来，曰阿歌，要皆发源于阿喇伯文字。土产有高大树林，昂藏兽族。商务以出口之象牙、金屑为大宗，而尤尚贩奴生意。初，冈皮司（波斯王）、泼笃来梅（埃及王）及罗马人屡欲收复其地，未能如志。晋咸和五年（西三百三十年）教士三拂吕芒斯以天主教传入，越二百年民又改从于低扇教（希腊教士之名，其旨稍异天主教）。隋初（西六百年间），回教人占其东境立然拉一埠（在亚丁湾之小岛上，即赤道北十一度十九分，巴黎东四十一度十四分）。明宏〔弘〕治三年（西一千四百九十年），葡萄牙人进阿皮西尼，并遣使驻札焉，其时，天主教士又复设法传道，一时颇见信从；但明崇祯五年（西一千六百三十二年），奉教之阿皮西尼王被废，教士被逐，并有见杀者，自是厥后，外人遂不易问津矣。法王路易第十四遣员招抚，不克奏功。未几群雄分据，变作数邦，而其地运遂亦浸衰。同治七年（西一千八百六十八年），英将捺比爱率师攻之，阿王德屋度罗兵败自裁。近来西人多有往游其地者（按：近年阿国又骎骎强盛，击败义大利师，并与法国立约结好，其酋名梅乃里克，颇著于时）。

历史沿革

初六日（西五月初十日），舟仍向西北行。午正，船主牌示：舟在赤道北二十四度四十一分，巴黎东三十三度三十九分，自昨午迄今，计行一千零九十里（海里三百二十七），盖在阿洲之狃皮境外。狃皮自北纬十六度起，至二十五度止，南北二千四百五十里（法里一千四百）；巴黎东二十五度起，至三十七度止。东西约一千四百里（法里八百），北界埃及，东界红海，东南界阿皮西尼，南界茄拉及西罗克地，西南界达尔夫尔，西界撤哈拉大漠；居民约四百万。尼罗江自南而北，直穿其地，通排来阿石来克及搭克然两江。而自尼罗右岸以达红海之滨，地皆沙碛，间有草场。西境有桑那阿、哈尔飞、损提、大梅、同谷拉等地。自道光二年（西一千八百二十二年）为埃及王依孛来因收复以来，至今臣属无贰焉。天气酷热，然无瘴疠。土产有麦、豆、烟、蔗，生物有象、鳄、鸵鸟及吉拉夫（兽名。马首鹿身，牛尾长颈，前足高于后足三分之一，有二短角。《瀛寰志略》谓之长颈鹿，仅能食树叶，饮水必入其前足。性驯，然不畏猛兽。昂首则眼光四射，能见四方，猛兽来，辄踶以距之。按：《汉书》乌戈山离有桃拔狮子。孟康曰桃拔一名符拔，似鹿，长尾，一角者为天鹿，两角者为辟邪。《后汉书》章和元年遣使献狮子符拔，形似麟而无角。《明史》永乐十九年，中国周姓者往阿丹国市得麒麟、狮子以归。麒麟前足高九尺，后六尺，长丈六尺，有二短角，牛尾鹿身。又宏〔弘〕治三年，撤马儿罕贡狮子及哈拉虎。合诸书观之，

狃皮（努比亚）

吉拉夫考证

则两《汉书》之符拔、《明史》所谓麒麟、哈拉虎，即吉拉夫之转音。孟康言长尾，当作长颈。范书言无角，盖角甚短，藏于毛里，初视之似无角。《明史》言麒麟之状与吉拉夫尤合。惟《尔雅》、《说文》、《诗疏》所言之麟，实一角，似即孟康所称之天鹿，而吉拉夫之二角，则又近于辟邪也。以上见邹代钧《西征纪程》，录之以备参考)，而蝗亦盛，每出为害。商务以贩卖奴才为主，金屑、驼鸟毛、扇男木（如大黄，用充泻药）亦极有销场。古本为梅罗国地，疆域已无考，后罗马人屡入其境，直抵捺巴搭，但所据仅北境偏隅耳。近人有游其地者，归辄著书立说，详述情形。

初七日（西五月十一日），舟仍向西北行。午正，船主牌示：舟在赤道北二十九度零七分，巴黎东三十度二十八分，自昨午迄今，计行一千零七〔十三〕里又三分之

苏彝士湾

一（海里三百二十二），盖已至苏彝士湾矣。此湾在红海之西北，自茜纳之拉穆哈梅角起，以达苏彝士城止，其向系由东南赴西北，长五百二十八里半（长约三百零二法里）宽四十里又百分里之二十五（法里二十三）至九十八里（法里五十六）不等。右为茜纳（阿喇伯山名），左为埃及之大漠。两岸冈峦时断时续，地无寸草，状极萧条。泊船坞有二：其一曰笃尔，其一即苏彝士也。四点钟抵苏彝士，自午至北，计行一百六十一里又十分里之七（海里四十九）。其处有苏彝士河道公司，我船假道于此，计由彼处之法公司分行代纳船捐三万方（三五四，合规

银八千四百七十四两五钱七分六厘），外加搭客捐每人十方（三五四，合规银二钱八分二厘①），即在船价中提出，故不向客加收。

晚八点钟，舟复启碇。遥见苏彝士埠树木阴翳，街道坦宽，灯火星罗，危楼栉比，马车亦络绎不绝，盖已有西方景象矣。旋进苏彝士河，船首悬电气灯，光芒远射，毕见纤微。船主请星宪登楼远眺，颇极大观。河身长二百八十七里（法里一百六十四），面宽十六丈八尺（法尺六十）至二十八丈（法尺百）不等，底宽六丈一尺六寸（法尺二十二），深二丈二尺四寸（法尺八）。向本沙碛，为亚、阿两洲连界处，即《海国闻见录》所谓恨不用刀截断者也。纪元前已有数王开凿是河，而随作随辍，卒难通连两海。且常以为红海高于地中海，故自红海起仅开至尼罗江止，曾通小舟，运载粮食，往来于阿喇伯、埃及之间；后因年久失修，河即淤塞。嘉庆三年（西一千七百九十八年）法皇拿破仑第一抵埃及后，往苏彝士躬亲周历，当派艺师勒卑尔将苏彝士河工办法详细胪陈，估价法金三十兆方（三五四，合规银八百四十七万四千五百七十六两二钱七分一厘）。嗣拿破仑去位，开河之议遂寝。埃及王梅爱梅阿利久蓄此志，但各艺师所上条陈，俱欲沿旧河之道，从尼罗江开起，以达红海，是不啻以腹地供各

苏彝士运河开凿史

①数字有误，按“十方”计，应合规银二两八钱二分五厘；按原合规银数折算，搭客捐应为“一方”。

国之用，故皆不准行。咸丰四年（西一千八百五十四年），埃及王麦屋梅赛德登极，法人勒塞泼思与王有旧，特踵其国建议开河，王允之。遂在欧洲出卖股票，历时二十一日，集金二百兆方（三五四，合规银五十六兆四十九万七千一百七十五两一钱四分一厘）。咸丰八年（西一千八百五十八年）十二月十五日公司遂立，除英国外各国皆入股焉，而以法国为冠。逾年四月二十日开工，由埃及王划给地段，借助工人，输假赀费（无利息），建造灯塔，设立埠头，合计不下百兆方。然工及半而款已罄，故又续招股本二百七十兆方（三五四，合规银七十六兆二十七万一千一百八十六两四钱四分一厘），方敷周转。当时忌之者莫如英人，播散谣言，摇惑众志，股票原价五百方者（三五四，合规银一百四十一两二钱四分三厘），跌至五十方（三五四，合规银十四两一钱二分四厘三毫），盖此公司之濒于危者屡矣。幸法人力顾大局，埃王相助为理，至同治八年（西一千八百六十九年）十一月十七日而工即落成。然其间尚有因地制宜可省人工处，则莫如四大湖之出自天成。一曰阿美尔，共有大小二湖，小者长二十六里又百分里之七〔二〕十五（法里十五），宽七里（法里四）；大者长四十二里（法里二十四），宽二十二里又百分里之七十五（法里十三），深三丈三尺六寸（法尺十二）。一曰抵末萨（《邹记》作大木萨），长十五里又百分里之七十五（法里九），宽八里又百分里之七十五（法里五）。一曰排尔排拉（《邹记》作巴拉）即芒柴雷之尾

出卖股票集金开河

英人忌之播散谣言

间。一曰芒柴雷（《邹记》作弥萨勒），长一百四十法〔“法”字衍〕里（法里八十），宽五十二里半（法里三十）。通海口有三，其一即巴尔赛德也。自有此河，各船前赴东方或由东方返欧，可不复绕好望角，程期几节一半。故船经是河者，年盛一年：同治九年（西一千八百七十年）有船四百六十只，计重四十三万六千六百零九吨，船捐四百三十四万五千七百五十八方（三五四，合规银一百二十二万七千六百一十五两二钱五分四厘）；光绪十七年（西一千八百九十一年）有船四千二百零七只，计重八百六十九万八千七百七十七吨，船捐八千一百五十四万零八百三十六方（三五四，合规银二千三百零三万四千一百三十四两四钱六分二厘），则公司之获利可知矣。本年（光绪二十年），各股东已收利息九十七方零九生（三五四，合规银二十七两四钱二分六厘六毫），是以目下股票每张已涨至三千零二十五方（三五四，合规银八百五十四两五钱二分，光绪二十年十一月初七日价；二十六年五月二十日又涨至三千五百四十五方，三五四，合规银一千零一两四钱一分二厘五〔四〕毫）。又闻英人从前未购之股票四百万张，由勒塞泼恩请埃及王暂购，藉备将来以重价让英。嗣英人见河道已成，且关商务大局，果深艳羡，遂以重价向埃王悉数购去，故英人现亦居然为此河股东矣。

开通之后经船盛况

初八日（西五月十二日）晨十一点钟，舟抵巴尔赛德（英音作波脱赛德）——“巴尔”译言埠，“赛德”

巴尔赛德（塞得港）

即埃及王之名，因此埠为苏彝士河特设，而河之得庆成功，实由埃及王麦屋梅赛德赞成之故，以王名名埠，藉志不忘。自苏彝士南口至此，计行二百四〔八〕十七里又十分里之一（海里八十七）。埠在苏彝士之西北口，恰临地中海，处赤道北三十一度，巴黎东三十度；开挖于咸丰十一年（西一千八百六十年〔应合咸丰十年〕），盖专为屯煤之用，以供诸船购取者也。今其地已成阛市，店铺重叠，生意繁兴，杰阁危楼，弥望皆是。居民约二万五千人，街衢宽坦，便于车行，而驴亦甚多，可为游者代步，则又如长安市中、秣陵城下矣。星宪及各同人俱登岸游玩。当时此地本系瘠区，乃自经法人设埠以来，曾几何时，即成巨镇，抑何效速乃尔？无他，地居冲要，而经办者又不惜工本，持以久恒，且能涓滴归公，实事求是耳！

午后五点钟，我舟出口，遥见长堤一道伸入海中，藉杀浪势，以为此埠外蔽。口外泊甲船一、快船二，口内有雷船二，皆挂法旗，盖巡弋至此，偶而寄碇者。是时，舟向西行，入地中海，略有风浪，舟亦微荡。

亚历山德生意之盛甲于非洲

初九日（西五月十三日）晨五点钟，舟抵亚历山德。自巴尔赛德至此，计行五百二十八里（海里一百六十）。按：亚历山德为埃及商埠，生意之盛，甲于阿洲。居民二十二万，内欧人约得五万。城在地舌之上，伸入海中，东为旧埠，西为新埠。西北角建灯塔一座，在赤道北三十一度十二分五十三秒，巴黎东二十七度三十二分三十五秒，是为旧灯；东北角亦建灯塔一座，在赤道北三十一度十一分四十七秒，巴黎东二十七度三十一分十五秒，是为新灯。埠距西北之该尔都城约三百五十里（法里二百），中有运河可通舟楫；自咸丰五年（西一千八百五十五年）复造铁路一条，直至苏彝士南口。埠中地界划为二：一曰欧人之界，房屋巍焕，气象光昌；一曰土耳基界，街道秽污，仍沿旧俗——近新灯处即土耳基界。口之对面，有埃及王宫（麦阿梅阿利所建），颇极壮丽。此外更有古迹甚多，其最著者为千柱回庙一所及高大石表二根。至水师制造局、坚固炮台亦复具备。周显王三十一〔八〕年（西纪元前三百三十一年）马扇度爱恩（今属土耳基及蒲尔茄里国，地在希腊之北）国王亚力山德胜埃及，始建是城，故城名即曰亚力山德。嘉庆三年（西一千七百九十八年）七月初二日为法所据，嘉庆六年（西一千八百零一年）九月二十七日法始与英、土二国订立合同，退兵出境。光绪八年（西一千八百八十二年）英人以炮轰之，颇受夷伤。然其地为东西商务之孔道，各国皆驻领事焉。出口货有棉花、花籽、麻缕、麦、豆（运至东方）、枷棑、白糖、树胶、皮张、鸵鸟、蛤壳、籐辫等物。进口货以棉布、丝绸、巾带、铁器、木料、机器、煤、砖、生铁、油、酒、烟叶为大宗。英、法、俄、土、奥、义各公司，在此设立轮船，揽载货物、搭客，获利颇丰。惟口外有暗礁，甚为险恶，只进口处中泓一道，可任舟行，然须在白昼，兼有引港人带领，方免触碍。

欧人之界气象光昌土耳其界街道秽污

东西商务之孔道

午前九点钟，我舟向西北行。午正，船主牌示：舟在赤道北三十二度四十五分，巴黎东二十六度四十三分，自开舟后，计行一百五十八里（海里四十五〔应合一百四十八里半〕）。

初十日（西五月十四日）舟向西北。午正，船主牌示：舟在赤道北三十四度二十分，巴黎东二十一度三十六分，自昨午迄今，计行一千零二里又十分里之一（海里三百零七〔应合一千零二十三里又十分里之一〕），盖正经行刚提岛之南。是岛原名克来德，殷盘庚时（纪元前一千四百年间）称雄海上，统于数王，旋改民主，政治由上议院及值年长十员主持之，但无所建树，故希腊史中语焉不详。继而其地为海盗渊薮，罗马人剿之以兵，汉宣帝元〔八〕年（纪元前六十六年）遂属罗马。唐长庆三年（纪元后八百二十三年），阿喇伯人据其地立一城，取名刚提，而全岛遂亦号称刚提。宋太祖二年（西九百六十一年）东罗马王尼扇福尔覆隔复收是岛。宋嘉太四年（西一千二百零四年），天主教军据君士但丁（即今土耳基都城）后，刚提为复尼斯国（今为义大利国城埠）所得。嗣土尔基人用兵于复尼斯国，历时甚久，至康熙八年（西一千六百六十九年）始夺是岛。道光三年（西一千八百三十三年〔应合道光十三年〕），土尔基王以是岛让埃及，越八年仍还之土，然岛民屡次叛土，莫甚于同治六年（西一千八百六十七年）；今仍属土尔基辖治。地分三城：曰刚提、曰喀男、曰勒底麻。全岛皆山地，其势自西徂东，最高者泼徐罗梨低，亦名徐屋维乌，古名伊达，高于

刚提岛之历史沿革

地分三城

海面六百八十八丈二尺四寸（法尺二千四百五十八），上有蜂蜜，颇重于时；此外有白石、花石，纹质坚细。土产有黍稷、棉花、水果、油酒等物，故称腴壤。

十一日（西五月十五日），舟仍向西北行。午正，船主牌示：舟在赤道北三十六度五十五分，巴黎东十五度五十九分，自昨午迄今，计行一千零五十里（海里三百十五），盖已过希腊地界，而处义大利之东南境外矣。按：希腊正北与土尔基接界，其西北与义大利对峙，中有海峡，自东南向西北，厥名阿特利阿低格，其南口入地中海处，名伊屋尼爱恩海。

是晚子正，过义大利西南角，其地名来徐屋。我船向北穿峡而过，船左为昔昔尔岛之梅徐恩（《薛记》作梅新）埠。来徐屋属义大利之喀拉孛尔省，居民三万，大厦有谳堂、书院、教堂。土产出丝绸、花露。初本民主之国，继为昔昔尔岛西拉居时国之附庸。迨西拉居时天，复能自立，与罗马联交。周赧王二十八年（西纪元前二百八十年，〔应合周赧王三十五年〕），罗马人派兵戍其地，尽杀此邦男子，而据其妇女、财产。晋始泰〔泰始〕七年（西二百七十一年），遂属罗马辖治。罗马王该萨为之整顿，颇有起色。罗马衰，归希腊。唐贞元十六年（西八百年）后属拿尔芒（即北蛮）人。明宏〔弘〕治十三年（西一千五百年）初并入捺泼尔（一名拿波利，今为义大利埠）国。明嘉靖二十三年（西一千五百四十四年）及万历十六年（西一千五百八十八年）阿尔及耳（在阿非

梅徐恩（墨西拿）

利加洲，今属于法）大盗排尔孛罗斯及土耳基之谬斯带翻又先后蹂躏之。康熙二十一年（西一千七百八十三年）① 正有兴旺象，忽受地震之灾，继而重新建复，特固城垣。道光二十一年（西一千八百四十一年）又遭地震，特不如昔次之甚。

要镇巨市梅徐恩

梅徐恩在昔昔尔岛之东北角，要镇也，亦巨市也，各隘口有炮台护之。居民十一万二千，内有廨署、教堂、医院、学院、书库、制局，而一切行船、制器、学堂亦皆具备。街衢宽坦，树木萧森，瑶草琪花，尤极芬郁，地土膏沃，广有蚕桑，故丝业颇称盛旺。此外更出柠檬、麦子、油酒、珊瑚。是地初为居末（今为义大利南境之省）人所建，继为梅扇尼人（今为希腊南境之地，名曰马来）之逋逃薮。周敬王十七年（纪元前四百九十五年〔应合周敬王二十五年〕），为来徐屋之暴君阿那徐拉所取，又越二百年为马梅尔丹人所得，遂成盗窟。周赧王四十四年（纪元前二百六十四年〔应合周赧王五十一年〕），罗马人率兵攻剿，即据其地。元始祖祥兴②四年（纪元后一千二百八十二年）捺泼尔（今为义大利商埠）王沙尔唐锄久围不下。康熙十三年（西一千六百七十四年）已附于法，被围于日斯巴尼亚人，法将维逢恩提甘斯恩援救解围。乾隆八年（西一千七百四十三年）居民被疫，十死八九。

---

①康熙二十一年为1682年；1783年应合乾隆四十八年。

②“祥兴”系南宋赵昺年号；1282年系元世祖至元十九年。

乾隆四十八年（西一千七百八十三年）遭地震。道光二十八年（西一千八百四十八年）居民叛法，立时讨平。咸丰十年（西一千八百六十年八月二十八日）捺泼尔王爱芒狃爱尔（时尚未为义大利王）破其城而据之，惟梅徐恩炮台负嵎相抗，逾年西历之三月十三日始力尽而降。现归义大利。其地北枕地中海，东建灯塔，临梅徐恩峡。峡宽八百四十丈至一千九百六十丈（法尺三千至七千），潮汐日有四次，流甚汹急，航海者每有戒心，惟轮船力大，固无所惧耳。我船行经是峡时，但觉香风扑鼻，自船左来，《薛记》所谓“春夏之间，花放满山，香闻百里”者，信不诬也。

十二日（西五月十六日），我船自黎明前出梅徐恩峡，复向西北行。午正，船主牌示：自昨午迄今，计行一千零七十里（海里三百二十一），舟在赤道北三十九度四十二分，巴黎东十度三十六分，盖正在地中海之中枢也。地中海洋名梅提提耽倿拉男，盖谓其界乎地中，今华籍即命名曰地中海，乃译其意耳。除西边有徐孛拉尔带（《志略》作直布罗陀）峡、东边有苏彝士河外，可谓三面环地，形如三角：欧洲居北，亚洲居东，阿洲居南。海面自西徂东，长六千五百六十二里半（法里三千七百五十），南北宽窄不一：阿洲阿尔及耳外，约宽一千二百九十八里半（法里七百四十二）；义大利之然恩湾外，约一千四百里（法里八百）；东境内统扯约一千零五十里（法里六百）；界乎昔昔尔岛及阿洲之突尼思间，仅宽二百四十一 地中海

里半（法里一百三十八）。东西并列二海湾，俗名希腊、

东西并列二海湾

腊丁。腊丁湾在希腊湾之西，最称方正，北界日斯巴尼亚、法兰西、义大利、昔昔尔，南界阿洲，中有排来阿尔群岛及哥尔司、沙尔覃业两大岛。希腊湾多港汊，通内海，如阿特阿低格海、马尔马拉海、黑海、阿查海、依屋尼阿恩海等是也。其间岛屾尤繁，随处错峙，且大地之角，盘曲夭矫，伸入海中，如义大利、昔昔尔、排尔冈（即土耳基全地之旧名）、小亚细亚、西梨及阿洲海滨是也。海面水积共计五百二十五万方里（法里三百万见方），内地中海得四百零六万零四百十四里又百分里之七十五（法里二百三十七万一千六百七十七〔应合四百十五万零四百十四里又百分里之七十五〕），阿特利阿低格海得二十三万零七百四十五里又百分里之二十五（法里十三万一千八百七十五〔应合二十三万零七百八十一里又百分里之二十〕），黑海得七十四万一千八百九十三里又百分里之二十五（法里四十二万三千九百三十九），馀为阿查海及马尔马拉海之里数。岛屾面积共二十六万九千三百二十五方里（法方里十万五千三百九十），与水面比较，恰占百分之二十五。统扯水深计有三百七十四丈九尺二寸（法尺一

水深比较相悬殊甚

千三百十九〔法尺似应作一千三百三十九〕）但分而核之，相悬殊甚：极西深一千零四十四丈四尺（法尺三千七百三十），极东深一千一百十一丈零四寸（法尺三千九百六十八），而中间只深九十八丈（法尺三百五十），故谓之分水隘，假使水低三分之一，即可将地中海截而为二；若再

浅数十法尺，竟可与大西洋不能通接。大西洋之水，虽由徐孛拉尔带峡灌入地中海，但其状甚有分别，只观地中海水色之碧、空气之清，已足令人明悟。所受雨数不敌日光所吸水汽之数，故其水咸于大西洋；使以大西洋水与地中海水比而秤之，则虽同一体积而地中海水较重千分之一，是以大西洋水能由徐孛拉尔带峡与地中海水回环挹注也。惟地中海水质较重，只能从下入洋，而大西洋水则澎湃奔腾，即在上面涌入地中海内，以补日光所吸水汽之缺；如此交浃潆洄，却以分水隘为度，自八十四以下（法尺三百），水即溶然不动，澄澈无声。因地中海与他处大洋隔绝，故异于全地球之公共潮信。虽茄培湾底阿特利阿低格海北潮涨二尺八或五尺六（一二法尺），且有沙利孛特及司西拉之旋涡，日〔自〕昔虢〔号〕称险恶，其实只缘经由梅徐恩峡水势一东故耳。总之，地中海无甚涨潮，浪皆扑岸而碎；加以海址在温带之内，大地又三面环绕，因之水深而不冽，且无涨落之势也。沿海北岸多山，复嶂重峦，伸入海际，其旁遂成港湾。南岸弥望平阳，沙滩无际，惟阿尔及耳或马六克岛则有山岭，而西勒男克（希腊属地，在埃及西）亦形高耸，然皆顺岸平列，不能如北岸之屈伸有致，如出天工。海滨多江，如爱帛尔江、罗恩江、巴江、多脑江、特尼哀泼江、特尼哀忒江、同江、尼罗江，皆大江也，稍次之江更形繁众，源来山际而流入海中。海中时有飓风，但其状甚异，往往有天甚晴空、无云无雨而风忽扬威者，猝然而来，亦截然而止。发风时浪

地中海水碧清咸重

水深不冽海滨多江

虽无大西洋之高，然危险却不少减，浪峰坚削而猛，兼之风向无定，行船者颇觉苦之。然英、法、义三国之船，经行其间，仍复不绝如缕，核其船之重力，每年不下三百万吨，所装货值约法金十二万万方之谱云。

哥尔斯岛（科西嘉岛）
沙尔覃业岛（撒丁岛）

十三日（西五月十七日），舟仍向西北行。天未明，过哥尔斯岛及沙尔覃业岛中间之扒尼反西屋峡，最狭处相距仅二十一里（法里十二）。是峡以扒尼反西屋城得名，城在哥尔斯岛之南隅，临峡有湾，可泊舟。岸上护炮台，水中出珊瑚。唐宪宗元和十五年（西八百二十年）必士（今属义大利，在赤道北四十三度零，《万国舆图》作帔萨，隶拖士卡纳省。《薛记》谓即苏彝士河之西波赛，赴欧时舟经过者，大误）国王扒尼反西屋始建是城，城以王名名之，不忘本也。宋宁宗庆元元年（一千一百九十五年）被然恩人所夺，嗣归于法，为岛中大十二县之一——县之下有乡，乡凡三百六十三，县隶于府，府五：曰阿柴西屋、曰排司低耶、曰喀尔维、曰哥尔德、曰沙尔耽恩。全岛幅员长四百二十里（法里二百四十），宽一百五十七里（法里九十〔应合一百五十七里半〕），周一千三百十二里半（法里七百五十），外附小岛甚多，最著者曰徐拉格里亚、曰喀佛罗、曰拉佛齐、曰桑吉南尔。中有山带一条，横亘南北，其最高峰有二：曰罗东特，高于海面七百三十二丈五尺六寸（法尺二千七百六十三〔应合七百七十三丈六尺四寸〕），曰屋罗，高于海面七百三〔四〕十二丈五尺六寸（法尺二千六百五十二）。大江五：曰谷洛、曰带未虐拿、曰李阿莫恩、曰格拉复拿、曰凡来哥。其地水土尚称良美，但东南、西南风极为险恶。大荡数处，臭气上升，颇污清气，故现已设法使各荡干涸矣。虽号膏腴，而种植甚劣；有无数树林，茂密不能深入。土产有栗子、橄榄、橙子、柠檬及葡萄酒等；现又试种靛青、麻缕、烟叶、棉花、枷椑、甘蔗，颇著明效。水内多鱼族、珊瑚之类。居民二十六万，俗甚伉爽好客，但不忘旧怨，往往累代相寻。法皇拿破仑第一即生于此岛。

此岛于周匡王时（纪元前六百年）属福扇阿人，继之者为喀带时人，而秦灭东周后之六年（纪元前二百三十七年）① 为罗马人所夺，土人负嵎不服，汉文帝十年（纪元前一百六十三年〔应合汉文帝十七年〕）全岛起叛，由罗马大将带尔玛讨平之，遂为罗马流犯之所。旋由希腊、亡达尔哥疵琅排尔各国之君及法王沙立曼先后攻据，后又归教王辖治。宋哲宗元祐七年（西一千零九十四年〔应合绍圣元年〕）教王于尔班第二让与必士，而然恩人争之，遂被占去。明世宗嘉靖三十一〔二〕年（西一千五百五十三年）法人与然恩人战，据哥尔斯，立约后，仍还然恩。雍正十三年、乾隆六年及二十年（西一千七百三十五、四十一、五十五年）岛中三次大乱，然恩人力不能制，遂以法金四十兆方（三五四，合规银一千一百

哥尔斯岛历史沿革

然恩（热那亚）

①秦灭东周是纪元前 256 年，其后六年为纪元前 249 年；纪元前 237 年则为秦始皇十年，即秦灭东周后之十九年。

二十九万九千四百三十五两零二分六厘）卖与法国：乾隆三十二年（西一千七百六十七年）五月十五日彼此订约，是年八月十五日，法王路易第十五明降谕旨归并此岛，而实在收辖，则始于乾隆三十三年（西一千七百六十八年）耳。乾隆五十八年（西一千七百九十三年）居民听哥尔斯大将巴利之指使，叛法服英；嘉庆元年（西一千七百九十六年）法始逐去英人，自是世为法有。

沙尔覃业（撒丁岛）

沙尔覃业在哥尔斯岛之南，仅隔扒尼反西屋峡。岛之幅员南北四百七十二里半（法里二百七十），东西二百四十一里又百分里之二十五（法里一百十五〔应合二百零一里又百分里之二十五〕），会城名茄尔阿利。中有高山，居中者曰常那尚多，在北者曰伦扒柴；大江一，名低尔西，亦曰屋利司带拿。山〔岛〕中水土甚佳，而低洼潮湿处则有瘴疠。地质膏腴，宜于五谷，故昔称此岛为罗马粮台云。但今农牧一道，颇不精进，惟渔业甚丰，矿产亦盛，铁、铅、煤、铜、纹石、火石、紫石，所在多有，无如制造甚稀，贸易有限，此岛致成贫瘠。

沙尔覃业（撒丁岛）历史沿革

初，此岛为希腊属地，周敬王二〔八〕年（纪元前五百十二年），喀带时人得其地，抚循辖治，直至东汉之时（纪元后二百年间）。但当周赧王四十九〔五十六〕年时（纪元前二百五十九年）罗马人已溷迹其间，至蜀汉延熙元年（纪元后二百三十八年）罗马人遂据而有之。宋文帝元嘉十三年（纪元后四百三十三年〔应合元嘉十年〕），尚扇利克为岛主，嗣为希腊人夺回，希腊人又不能拒日斯巴尼亚所属之阿喇伯人，宋乾兴元年（西一千零二十二年）得必士、然恩之助，始逐去阿喇伯人；然南宋淳熙二年（西一千一百七十五年），即为必士、然恩人分割，然恩衰，而必士遂霸其地。元成宗大德元年（西一千二百九十七年），阿喇贡（在日斯巴尼亚之东北）王石克第二向必士夺得此岛，厥后为阿喇贡业，后又归之日斯巴尼亚。康熙五十三年（西一千七百十四年）岛归奥斯国；康熙五十九年，奥斯强令沙复沃公弃昔昔尔岛而收沙尔覃业，沙复沃公自此称沙尔覃业王。嘉庆三年（西一千七百九十八年）法并沙复沃，致三尔爱芒女阿尔、维克笃尔爱芒女阿尔二王无地可居，窜沙尔覃业岛（维克笃尔爱芒女阿尔即今义大利王之祖父，亦即开国之主也）。

午正，船主牌示：舟在赤道北四十二度二十八分，巴黎东四度三十一分，自昨午迄今，计行一千零八十九里（海里三百三十），盖已近都隆境外矣。都隆为法国五战埠之一，内有制局、船澳，环山通海，最得形胜。山凹伏炮台约数十座，重重钳制，悉居上游，饶有天堑雄关之险。此中之果同山，高一百九十六丈五尺六寸（法尺七百零二），反隆山高一百四十九丈五尺二寸（法尺五百三十四），因近温带，岭无积雪，远望之青翠中杂以白皙者，盖枯石沙泥也。

都隆为法战埠之一

下午五点钟，舟抵马赛，入新澳泊焉。自今午至此，计行二百九十七里（海里九十）。驻法二等参赞官庆蔼棠

抵马赛

部郎常，衣冠到船，恭迎宪驾——部郎于去冬奉旨赴俄，会同许竹筼星使办理帕米尔分地事宜，正将就绪，适奉今星宪电招回法，参佐新猷，故渠特赶搭轮车，星驰而至，照料一切也。登岸入罗佛尔大客店，该店高挂龙旗，以昭荣宠。入门进院，坐自升轿，达第一层楼，宪驾及同人等俱住此。各房金碧辉煌，电灯照耀，乍见之，几疑为天上琼楼。蔼棠部郎以冉乃佛客店素来承值使署中人，极为周到，此次不可令其向隅，故请星宪另派数员分住该店。当派杨恭甫贰尹及其夫人，又李学庵直牧、严笙黼贰尹，刘紫升、刘士熙、徐文言、朱听涛四君前去。

自升轿（电梯）

十四日（西五月十八日）清晨，仙舟明府约宗濂至电局发电后同往船坞查看行李，除已托法公司由轮舟转运伦敦及交慢车发往巴黎外，再于已定快车随带之物内，提出数箱，改发慢车。蔼棠部郎谓“提清后，毋论由快车慢车运递，行李可统交冉乃佛店主马依也承领办理，此系熟人，断无贻误，且伊亦早经嘱付”等语。午后五点钟事毕，宗濂即照其言，分别交讫。岂知法公司经手发递慢车之行李，五日后即到巴黎；而马依也同日发寄之件，历二十馀日而仍无消息。乃至巴黎车站查询，并向马依也吊取寄物收单，始知收单上仅写“出使大臣龚”，而忘却中国二字，并未写使署坐落号头，但言物件寄至巴黎火车站云云。是以巴黎火车站中人，一任各物储栈，而竟不函致使署饬役交送也。

行李波折

是日，星宪偕庆部郎、联寺丞坐车出游，夜七点钟回寓，特设盛筵，以款船主、船副、船医、司账等人，答其一路照料之意。宴毕各客畅谈数刻，尽欢而散。

出游马赛

星宪率仙舟明府、文泉寺丞并邀宗濂同出游观。行数武，见有枪室一座，盖备行客试放气枪者。靶系泥球，色作灰白，对径寸许，逐一排列，其中苟着枪弹，立时粉碎，距发枪处约二十步；虽属玩具，实寓深心。星宪故偶一试之，连放十枪，竟中其九，观者叹绝。旋复绕游一周，始行归寓。但见阛阓闬闳，轮蹄辐辏，店货既陆离光怪，电灯又照耀通明，即此亦足征马赛富庶之象也。

马赛历史

按：马赛于周定王时（纪元前六百年间）由福扇（古希腊城）人所建，城埠故为希腊属地，旋并附近诸城如阿格特盎低白尼司茜乌带等而益形兴旺，其在地中海上之生意可与喀带时（在阿洲，与突尼思相近，亦福扇人属地）并驾齐驱。后马赛居民与罗马人结好，汉文帝二十一年（纪元前一百五十三年〔应合汉景帝四年〕），又汉武帝建元九年（纪元前一百二十五年〔应合元朔四年〕）适与李居尔（古国名，即在今义大利国琅排尔省之东南）、喀佛尔（古国名，界于今地中海滨及罗恩江之间）启衅，遂向罗马乞援。罗马人率兵而至，击败以上二国后，遂据泼洛亡斯地而立为省，是马赛人不啻引冠入门，然尚得自主。迨助邦贝（地中海之岛国，近捺泼尔，后因浮因佛火山爆裂始被毁，今存遗迹）以拒罗马，罗马王该萨因于汉宣帝五凤二年（纪元前四十九年〔应合黄龙元年〕）围马赛而据之，惟一切政治仍听自由。是以商务日有起色，文学也见振兴，当时谓之“新雅典”（雅典本希腊都城，人文荟萃处也，故以为比），罗马后俊每来就学焉。晋惠帝永宁复位之元年（纪元后三百年〔应合晋惠帝永康元年〕），天主教始入马赛。唐德宗时（纪元后八百年间）见掠于阿喇伯人；五代时（纪元后九百年间）受阿尔勒（今为法国地，在罗恩江滨）王管辖，阿尔勒灭，马赛又得自立。南宋嘉定七年（西一千二百十四年）成民主国，既而服属泼洛亡斯侯沙尔唐锄。明宪宗成化十七年（西一千四百八十一年），马赛与泼洛亡斯同并于法，然马赛尚有逾格利权也，顺治十七年（西一千六百六十年）法王路易第十四始尽撤之。康熙五十九、六十年（西一千七百二十、二十一年），阖城被疫，天主教士培尔松司会同各绅设法救之，全活无算。乾隆五十八年（西一千七百九十三年）、同治十年（西一千八百七十一年）法国两次内乱，马赛亦遭殃及。然自得阿尔及耳以为属地，开苏彝士河以通东道后，马赛气象更新，蒸蒸日上，至今日则已为海滨最盛之埠。地属蒲司夺罗恩府，在巴黎之东南，以大道计，相距一千三百零二里（法里八百零二〔应合一千四百零三里半〕）；以铁道计，实有一千五百六十八里半（法里八百六十二〔应合一千五百零八里半〕），缘铁道略有湾绕故也。

新雅典

今为海滨最盛之埠

十五日（西五月十九日），住马赛。星宪仍乘车出游，以观名胜。马赛居民四十万零三千七百四十九人（一千八百九十一年即光绪十七年之实数），有第十五队陆军驻守，谳署、商署、艺塾、医塾、商塾、乐塾及天文台、博物院、植物园无不具备。船坞有二：曰旧坞、曰新坞。旧坞向西，长二百四十九丈二尺（法尺八百九十），宽八十九丈六尺（法尺三百二十），可容百五十吨重之船六百只。坞口护炮台二，在南者曰散尼谷拉，在北者曰散常。坞西南相距五里（法里三）馀之伊夫小岛、七里（法里四）之拉东拿小岛及十四里（法里八）之博美格小岛，俱有炮垒，而三岛间接以长堤，藉障骇浪，而作卫屏。咸丰八年（西一千八百五十八年）在旧坞西北查利爱得境又建一坞，坞外顺依岸势，建石堤一，长三百四十一丈六尺（法尺一千二百二十），坞中面积得平方尺六万二〔三〕千八百九十六丈（二十二爱克带尔八十二阿尔），水深三丈三尺六寸（法尺十二），统扯可容五百吨重之船一百五十只，法公司赴东各船皆泊于此。坞北有拉柴来、阿郎克二坞，系备各船卸货储栈者，面积得平方尺五万七〔八〕千二百九十六丈（二十爱克带尔八十二阿尔），统扯可容三百吨重之船一百三十只，水深四丈二尺（法尺十五）。再北有捺西屋那尔坞，益形宽广。另有修船坞二所：一广平方尺一万四千丈（五爱克带尔），一广平方尺八千四百丈（三爱克带尔）。坞既渐拓，堤亦加长，盖又添六百八十四丈三尺（法尺二千四百四十四）。坞之中间有横闸二，闸桥可启闭旋转，以让舟行，而南北两端亦有横堤，但中留空隙：在南者宽十九丈六尺（法尺七十），在北者宽五丈八尺八寸（法尺二十一），是为

马赛船坞

修船坞所有二

船只出入之孔道。再加以避疫之拂礼乌尔山边两坞，总计水面平积，共得平方尺五十三万五千二百丈（一百七十四爱克带尔五十六阿尔〔应合四十八万八千七百六十八丈〕）岸滨之地，用以上落货物者，计有四千六百七十三丈二尺（法尺一万六千六百九十），若以容积三百吨重之船千只齐泊各坞，尚觉绰有馀裕。光绪八年（西一千八百八十二年）进口船数计有轮船四千七百二十六只，帆船四千二百六十一只，容积共有三百八十四万八千七百十九吨，而出口船之容积计有三百九十二万三千四百三十七吨，两共水手二十五万三千三百二十三人。若近年，则其数更加数倍矣，诚以荟萃于此者，不特法船，即英、美、义、日、土、俄等国之船，亦莫不来此湾泊。盖缘马赛作厂繁多，货物充牣故也。计有肥皂厂八十五所，工匠五千，每年出货值金八十六兆方；油厂四十二所，工匠二千一百九十人，每日每厂出油三千至二万启罗不等；磨房百所，工匠八百人，每年出面粉四百万该笃梅忒利格（每一该笃梅忒利格即一百启罗）；糖厂二所，工匠二千四百五十人，每年出糖八十兆启罗（每启罗合华秤二十四两）；硝皮厂二十五所，工匠一千七百人，每年出货值金三百二十万方（三五四，合规银九百零三万九千五百四十八两零二分三厘〔应合九十万零三千九百五十四两八钱零二厘三〕；炼铁厂三所，工匠三百人，以五十兆启罗之生铁可炼纯铁三十兆启罗；铸铁厂八所，工匠二百五十人，每年出货值金二百五十万方（三五四，合规银七百零六万二千一百四

马赛工厂繁多

十六两八钱九分三厘〔应合七十万零六千二百十四两六钱八分九厘三〕）；化铅厂四所，计于十六兆启罗重之铅内可提银二万五千启罗；炼铜厂八所，镕铜厂六所，兵商船厂四所，铁件厂十所，面条厂八十所，蜡烛厂三所，煤油厂多所，提硝厂四所，砖瓦厂一百零二所，旨酒厂十四所，玻瓶厂三所，印字作十三所，又纸厂、烟厂更难悉数。以上各厂皆在马赛郊外，至马赛内城，则并无城墙，只分新旧二界，旧界尚觉寒酸，新界其形华丽——现居之客店，盖在新界内也，门前大街名该恩皮爱尔，为最热闹处。

是晚六点五十分，星宪率同人御衣冠，自客店乘双马四轮车启行，向火车站进发。火车名“拉必特”，译音极快也。中有厅车、睡车、椅车及头等车，车厢虽分数节，而厢备走廊，两端有户，故当车行之际，各搭客仍得来往自如，不难由此厢以达彼厢。且各厢俱有厕室，室中备水瓶、面盆、大镜，极称便适，盖较前年宗濂销差回华时之车，益形精致矣。星宪与仙舟明府、文泉寺丞及武弁一名坐厅车，宋太史、陈比部、严贰尹、杨夫人、宋如君及洋女仆俱坐椅车，馀皆头等车。（极快火车 车内设施）

八点三十分车抵带拉司公，停十分，是城属蒲司夺罗恩府，在罗恩江左岸，居民近万。城外有悬桥一，以铁造成，跨江而过。城中有书库、学塾、谳堂、商署；制厂出绒布、绸绫，土产种胭脂、杏树，故商务颇形隆盛。相传此地曾受龙厄，龙名“带拉司公”，盘踞不去，阖城受殃，幸有仙女散忒马德收龙以去，至今该处居民不忘仙（城名传说）

德，每年尚赛会以伸报飨云。

阿维浓城（阿维尼翁）

八点四十六分至阿维浓城，停五分。阿维浓建城最古，周灵王二十六年（纪元前五百三十九年〔应合周景王六年〕）马赛之福扇人所造也，嗣由列侯割据，易姓不一，亦曾为教王驻札之地。嘉庆二年（西一千七百九十七年）始并于法，今属复克吕斯府。城在罗恩江左岸，居民四万，谳堂、商署、书院、书库、博物院等皆备。其城墙埠岸俱极完美，城外有铁桥一条。生意以丝、酒、油为大宗，土产出胭脂一物。

罚郎司（瓦朗斯）

十点四十一分至罚郎司，停五分。罚郎司向为罗马人之属地，旋由列侯割据，继并于法，隶特罗末府。城在罗恩江左岸，居民二万，官署、学堂与他城相埒，而街道尤为华美。制造有印布厂、缫丝局，商务以葡萄酒、鲜果、灯油、羊绒、皮张为主。

里昂

十二点二十八分抵里昂，停十七分。里昂建于汉宣帝神爵四年（纪元前四十一年〔应合汉元帝永光三年〕），隶罗马人辖治，后为列侯割据。东晋怀帝六年（西一千三百十二年〔元仁宗皇庆元年〕）始并于法，今属罗恩府。城在罗恩、萨屋恩两江汇流处，居民四十一万六千零二十九人，驻有第十四队陆军。城北有二山：曰夫尔未爱尔，曰散扇排司低厄，气象崚嶒，有管领全城之概。城中街衢宏整，市肆繁华，周围有土墙，颇形巩固。外护炮台十七座，江上之桥亦得十七。各项作厂计有六百种，而绸缎、机坊为尤盛尤著云。

十六日（西五月二十日）黎明前一点五十七分抵马宫，停三分。马宫建于罗马王该萨朝，后来屡受北夷蹂躏，并被列侯割据，明宪宗成化十三年（西一千四百七十七年）法王路易第十一始得其地，今属萨屋恩爱路沃尔府。城在萨屋恩江右岸，江上亦有大桥。居民二万，学堂、书库悉备，制局出绒布、铁器、钟表，生意以葡萄酒为盛。

四点零四分抵提从，停七分。提从本罗马王该萨之屯营，东晋惠帝永康时（纪年后三百年）渐成市镇，宋顺帝昇明元年（西一千四百七十七年〔应合明宪宗成化十三年〕）始归于法，隶哥德度尔府，居民五万，遂成大城。城中肆市繁华，街衢整洁，兼有一切艺学大塾。土产有葡萄酒，而芥末尤著。

六点三十分抵拉洛斯，停八分。拉洛斯系若沃尼城之镇，临涌恩江，有船埠在蒲尔哥业河滨。

抵巴黎薛福成迎接

晨八点五十分抵巴黎之里昂（因此路通里昂故名）车站，薛星使之参赞、翻译、随员如三等宝星马清臣、王鹏九太守、陈钧侯主政、王省三、张让三、杨叔平三明府、郭秋坪贰尹俱来照料焉。迨抵使署，薛星使先设香案，行三跪九叩礼曰："臣薛福成跪请圣安。"龚星宪背立而答曰："圣躬安。"礼毕，彼此拜见，然后寒暄。稍停，同人及宗濂参赞〔见〕薛星使，各蒙慰问有差。午后，前福建出洋肄业局监督师恭萨克进见龚星宪。

十七日（西五月二十一日）晚间薛星使在勒度沃以

羊大饭馆特设西式盛筵，恭宴星宪及同人等洗尘也。马、师二君及旧任翻译、随员俱在座。

十八日（西五月二十二日）薛星使派庆蔼棠参使送缴钦差出使大臣铜质关防〔疑脱“一”字〕颗。

接印任事

十九日（西五月二十三日）清晨，星宪在厅事恭设香案，望阙叩头，接印任事，并移交木质关防一颗，托薛星使带回中国，缴呈总署。是晚，星宪亦在勒度沃以羊饭馆设筵，为星使饯行，兼以答席。前后任之参、随各员及师恭萨克俱得叨陪盛宴。

二十日（西五月二十四日）晨，薛星使来署向星宪辞行。星宪恭设香案，望北长跪曰：“臣龚照瑗寄请圣安。”薛星使背立而答曰：“回京代奏。”午后，星宪至薛星使处送行，并札留马清臣、庆蔼棠两参赞，又下札暂留供事王鹏九太守锡庚、随员王省三明府丰镐、翻译官瞿鹤汀州牧昂来，以收臂助。

二十一日（西五月二十五日）晚八点三十五分薛星使偕随员、武弁、仆隶在里昂车站搭车启行，由庆蔼棠参使陪送至马赛登舟。星宪率参、随各员至站恭送。

政府议院意见不合

是时，法政府以与下议院绅意见不合，相率辞职，故星宪直至是月二十六日（西五月三十日）始得谒新任外部大臣哈诺德及礼官蒲尔割纳伯爵、司员穆拉，随往者系庆参赞、联寺丞及宗濂也。越数日，外部复文，订期于中历五月初三日（西六月初五日）请星宪呈递国书。

届时，礼官蒲尔割纳伯爵领朝车二辆、马兵四十名到署相迎。星宪御朝服与礼官及庆参使坐第一车，龚明府、联寺丞及宗濂亦穿花衣补褂坐第二车。朝车发轫，马兵执矛拥护而行，十分整肃。迨入宫门，即有步兵、乐兵站立一旁，奏乐举枪，以致敬意。及阶，有侍卫二员戎服佩刀，迎面来接，旋即引入内厅。总统喀尔诺居中立候，背后有侍卫数员及外部大臣雁行肃立。星宪率宗濂等行三鞠躬礼，庆参使以国书递呈星宪，星宪即双手捧递总统，总统亦双手接之。星宪读颂词一首，总统亦宣诵答词。星宪当向总统鞠躬致谢，总统与之握手，并叙寒暄，既而将各侍卫带见，为之介绍，外部大臣亦来握手。庆参使遂将宗濂等带见，为总统及侍卫与外部大臣一一通名，总统等均与宗濂等握手。星宪率宗濂等又行三鞠躬礼，肃然告退，各坐原车而回。宫门步兵、乐兵仍举枪、奏乐，马兵复拥护而行，送至使署。星宪请礼官及马兵统领入署稍憩，饫以佳饼，饮以香槟，畅叙逾时，始各欢散。 呈递国书各种礼仪

龚星宪任满离英记

星宪到任之第二年冬，因受外感，初患胃纳不消，继成痰血瘫痪，变症迭出，险象环生，缠绵床褥，屡濒于危，而卒能支持一载馀久者，盖未始非西医调治之功也。 患病离任

岁丁酉三月，朝廷简罗稷臣京卿来接使事，星宪久病思乡，即拟就道。所有搭雇舱位事宜，悉以委之久食华禄、素有忠名之英人马清臣参议格里。惟英公司执事恐半 岁丁酉(1897)

途猝出大故，只肯以货船舱位供星宪搭坐，据闻船名“广东”，行驶甚缓。宗濂初不之信，乃具函致问该船之速率、吨数。当即回信，照译如下，内称：

接奉昨日手书，合即答复。查本行汽船名曰“广东”，于西历五月初一日自伦敦开行，大约六月二十八日可抵上海。其速率系每点钟行十一海里，船身长三百五十英尺（一英尺合华海尺八寸半，共合二十九丈零七尺半，馀类推），宽四十二英尺，吃水二十七英尺，压水力三千三百十七吨，马力二千五百匹。

西一千八百九十七年三月二十四日耿姆桃尔为总办代复。

云云。宗濂以在船须两月之久，窃恐星宪病体难支，因将其函转呈怀西侍读，遂命宗濂向德国公司商允搭坐邮船“普鲁士”。是船长一百三十九法尺（每尺合华海尺二尺八寸，共合三十八丈九尺二寸，馀类推），宽十三法尺七十一法寸，吃力九法尺四十五法寸，压水力一万五千九百零七吨二启罗，马力、速率亦俱在英船之上，遂决计辞英就德。清臣闻之大恚，谓英船舱位早定，该公司必不许退。翌日，星宪果接英公司要挟索偿之信。乃令清臣前往料理，而又接英公司来函，内称：

换船风波遭遇索赔

西历本月十四日奉布一函，请偿舱价英金五百五十镑，未蒙示复。今晨马格里世爵来请注销此款，本公司未能应允，用特奉告贵大臣，如明日十二点钟不将此款付讫，则本公司不能不将此事达于外部，请其将所索之款转咨贵大臣矣。曷胜怅怅。

西一千八百九十七年四月二十一日柴姆斯为总办签押。

维时，星宪及各同人行装已发，正拟于翌日随同星宪启行。清臣遂率西医将星宪诊视一周后即神色张皇曰：星宪病势倏危，断难起节。于是怀西侍读、仙舟司马、差官三人俱随侍不发，并以随身行李向德船取回，而令宗濂及各同人先行。既而英公司亦允以邮船名“印度”者，请星宪莅止，所索偿款，遂作罢论，然仍令中国使署出英金一镑，以作认错之据。惟行船定章，每一搭客除随身行李不计外，可各带一百五十启罗（每启罗合华一斤半），无需出费。今星宪等箱件早在德船，而又弗克同行，则无需费者反需费矣，其在英船原有无需出费之权而竟别无长物，通盘核算，颇觉所费不赀。然因此而英公司力顾生意欲与德公司斗，不复坚持前议，以极小极迟之货艇一变而为极大极快之邮船，俾我星宪安坐回华，航海四十日，即睹故乡风景，则宗濂区区愚忱，夫亦可告无罪也夫！

启程之日星宪病危

极迟货艇变为邮船

随轺笔记卷二　记事

记事例言

龚使所遇最不顺手

"记事"者何？记我先星宪龚公出使时所办交涉之事也。谨按：我中国自有使臣驻欧以来，除曾惠敏①、李丹崖②两星使外，要以我公所遇为最不顺手。其竭忠尽智、经营擘画之苦衷，实散见于所致译署及南北洋大臣各项函稿与西国一切文牍中。兹故分门别类，次其先后，汇而集之，以彰实迹。

其时日难初平，我中国国势骤弱，不免为他国所轻。

①曾惠敏：曾纪泽，光绪间任驻英、法大臣兼驻俄大臣。

②李丹崖：李凤苞，光绪间曾任驻法兼驻奥、意、荷公使及署法国公使。

法既责报维殷，割我猛乌、乌得以去；英又借词婪索，特以野山、西江相要。我星宪龚公虽欲以口舌争胜，势竟有所不能，观于《会议节略》而可知矣！然其绸缪未雨，烛见先幾，俾政府预为之备者，辄多应验，译署函电尝嘉奖之。《滇缅原约》、《中法新约》皆足发有心人之猛省，兹故依类附入，俾便参观。

国势骤弱
列国相轻

造船、购器及延雇客卿，皆为中国善后事宜中最要最急之务。我星宪龚公遇有此等事件，无论其出于译署或南北洋大臣所命，必为之规画周详，得当以报，盖由于爱国之情胜也。其与洋员所订合同及致中国执政之函，用亦照刊一二。

比请入会赛物、义请派员游厂及我皇上致谢比、义二国之君派使恭贺我皇太后六旬万寿，皆系一时盛举，所有文牍卷宗，亦一并列入。

广东谋反未成逋逃海外之逆犯孙文，徜徉于美洲者久矣。我星宪龚公独能恪遵译署密电，俟该逆一抵伦敦，即为设计圈禁。惜乎事机濡滞，卒被英廷援去。然其口供及计擒之详细情形，自不可以不记。

计禁孙文

星宪龚公自到任之第二年冬起，即患重病，缠绵床褥，濒于危者屡矣。然犹惓惓于君国大事，一切文稿皆须亲自过目，或更为之倚枕点窜，虽手颤气急，皆所勿顾，直至第四年春交卸为止，精神耗尽。职是之由，回华月馀，即归道山。则如武侯所谓“鞠躬尽瘁，死而后已”者，我星宪龚公又何多让焉！

病危回国
月馀去世

使署中办理汉文函牍者有参赞宋芸子太史育仁、随员陈幼海比部春瀛，办理英文译件者有参赞曾敬诒副郎广铨、翻译邓琴斋太守廷铿，至办理支应而又总司中外文稿者，则有星宪之犹子仙舟明府心湛。凡此数君皆槃槃大才，足为我先星宪之臂助。宗濂初到洋时，原奉派在法国巴黎之中国使署为法文翻译。不料刚及一年，宋太史、陈比部以不服水土，遽行销差回华，星宪遂令宗濂赴英承乏其事。故记中所登各稿，皆出自宗濂手笔而为星宪所鉴定画行者也。仙舟明府中外兼优，才思敏捷，匡我之不逮尤多。且遇有英文要件亦令宗濂翻译，或更以他人所已译者令之校勘而点定。所恨宗濂才具短浅，自幼只知致力于举子家言，及长而肄习法国语言文字，亦仅得其门径，尚未入室升堂，迨抵英国，则为自便计，始稍习英文及口头便语。乃过蒙信任，历委以种种要差，追忆及之，犹深惶愧。

书中所列虽关军国大计，然皆系已过之事，不妨布告天下；其馀机要概秘勿宣，阅者谅之。

凡为同事译拟之件，概标其名姓，盖不欲掠美也。

记事目录

中英重订滇缅界线图

会议节略

龚星宪奉到致贺登位国书案卷

龚星宪派吴道宗濂代递致谢国书案卷

龚星宪遵查英厂兵船式样价值并论英日水师及琅威理事致总署总办公函

龚星宪请派陈牧恩焘监造兵船致总署总办公函

龚星宪沥陈马克心罗登飞厂快炮之美并在华洋商把持渔利情形致总署总办公函

龚星宪率侄仙舟司马会同马克心及其经手勒维察视快炮图

马克心自放枪口机器陆军炮图并表 图见插页

马克心小口轻机自放水师炮图并表

罗登飞三管枪口机器陆军炮图并表

罗登飞五管枪口机器水师炮图并表

龚星宪拟调陈牧恩焘顺查义厂致总署总办公函

龚星宪据陈牧恩焘禀陈阿厂船工及凤主事凌、吴道宗濂禀复义厂情形致总署总办公函

龚星宪论阿厂船工致许星使函

龚星宪致北洋大臣王制军请留阿厂机师夏卜书

阿摩士庄厂主抄示厂员驳复李游击鼎新所陈“飞霆”疵弊

龚星宪遵延水师各教习致北洋大臣王制军书

龚星宪论铸造银元铜钱机器致南洋大臣刘函

“巴山”船案

英外部交到“高升”轮船索赔案由

龚星宪遵查比国商务致总署总办公函

比国衔奇会案卷

龚星宪计擒孙文致总署总办公函

龚星宪计擒粤犯孙文复行释放缘由

龚星宪论英国驻华新使致总署总办公函

龚星宪论新加坡领事张守振勋才具并述英拟接待李傅相情形致总署总办公函

龚星宪备文报满致总署总办公函

龚星宪留派学生学习造炮致总署咨文

瑞士国驻英公使宝喀照复中国拟入邮政会事

龚星宪奏保期满出使人员折稿

议定中法界务来往各电

署电①（光绪二十一年三月十四日到）

法使开来《续约》十条，内第四条欲将光绪十三年《商约》第九款及十三年《续约》第五款更改，凡土货、

①署电：署指“总理各国事务衙门”，简称总署、译署、总理衙门。1901 年后改组为外务部。

土药[1]经过越南运进中国各口者概不征税，第五条越南盐至云、广，第六条准法人在云、广开矿，与《旧约》及各国之约有违，万不能允。其第一条广东边界与越南芒街相对之东兴街添派领事，其第二条原拟在蛮耗驻法领事一员，今拟改驻河口，第三条在思茅开关设领事，运货水道由罂苏（即罗梭）河、湄江，陆路由猛烈或倚邦等处，第七条思茅电局与越南之下猛夔接线，均可商办，惟须先电滇、粤督查明情形，覆到方能定议。第八条此次专章只两国人民援以为例，意在独专其利，而各国必不谓然，未便载入约内。第九、十两条无关轻重。本署已与辨驳，告以滇界尚未了结，《续约》亦难即定，而法使迫促甚急，明乘我多事，有意要求，与哈外部体谅之言相背。希将前情详告外部，电知施使[2]，勿令中国为难，以昭睦谊。再，据法使言，开矿一节，庆常告哈可行，想系捏词，并查复。元。

更改条约万不能允

乘我多事有意要求

署电（三月十四日到）

滇界大致勘毕，惟猛乌及乌得两土司皆宁洱县属车里土司之地，此次法员巴威勘地自绘一图，竟将此二处画在中界线外；滇员争论，不听，强令会印。该员遂于图内书明“此系法员自定之图”字样，以待理论。本署已照会

猛乌乌得被割之始

[1]土药：指云南边境一带种植的鸦片，下文洋药指国外进口的鸦片。
[2]施使：法国驻华公使施阿兰。

法使，言此图不能为据。从前法外部曾与庆常言明，决不越中国车里土司之境，今法员忽自出主意，谅法未必尽知。□□□□□□□□□□□□□〔原书缺空十三字〕希详告外部转饬法使秉公核办。元。

复电（三月十五日发）

元元电敬悉。施使述哈外部云“滇开矿可行”，实无此语。前遵钧电在法与哈面议，嘱哈电施使将盐矿作罢论，因哈言含糊，总以施使未言所议何款为难为辞，并推系施使与粤督所议。瑗云：“运盐开矿，势不能行。如中日战事及滇粤界务、商务定后，中法益见睦谊，他日本国开滇矿，延法国熟手人帮忙，无不可。”庆常亦只传此语。□□□□□□□□□□□□□（原书缺空十三字）兹将钧署电寄庆常，令重申前言。瑗日内赴法递谢寿国书，与哈议一切，再电闻。瑗，咸。

哈言含糊

复电（三月十七日发）

庆常遵元电晤哈外部，申辨猛乌、乌得属车里，请归中以践前言。哈允设法通融，即电询越督再复。又将《续约》向哈逐款申论，其可商者请其俟滇粤查复再定；其难允者如土货复进中国概不征税及云广运盐、开矿等事，请其删去。哈允即询越督酌删再复，并云接施使电称：界务、商务近日总署颇有为难。庆常告以施使得步进步，似乘机要求，有违法廷相谅之意，并非总署与之为

界务商务暂缓催商

难，请其电饬施使勿再催迫，免伤情谊。哈云：“法顾大局，知中朝有日事，深愿体谅，即电施使暂缓催商。”至施捏称“开矿可行”一语，哈已电责，饬其至署认错。瑗，绛。

署电（四月二十一日到）

法使所拟《商约》第一款东兴设领事，照准，惟东兴对面中国亦设领事。第二款蒙自往保胜水路通商，不在蛮耗，改在河口，照准。第三款思茅设关通商，照准，惟思茅对面亦准华人前往贸易。此款内云运入思茅、普洱货物，拟照十三年《续约》第六条办理。查，《续约》法船从谅山、高平经过龙州，货物概免税；兹思茅通商水路由罗梭河、陆路由猛烈运入，即系径入中国口岸，自难援《续约》免税。第四款中国土货连土药若经越南复行运入中国陆路边界或通商口岸不征关税。查，向章土货出通商口纳一正税，复进口纳半税，入内地后逢关纳税，遇卡抽厘。今由中国出口经过越南，复进中国地方，照此口运彼口章程，已属通融，今欲一概免税，他国将援以为例，亏损国课太巨。况土药复进口后即照洋药税厘并征，另有专章，此款碍难照办。第五款越盐运入云南及两广，必至紊乱盐法，官民交困，受害甚大，核与咸丰八年《善后》第二款不准贩运相背，此款碍难照办。第六款云南、两广开矿一节，实碍中国自主之权，亦难照办。第七款思茅接电线，照准。第八款“一切利益只可准两国人民及所保 商约条款护之人援以为例”一节，恐各国援“一体均沾之利”争论，转费周折，此款拟删。以上八款准驳缘由，希电庆常告法外部。中国新受巨创，深感俄、法、德厚谊，法事稍可通融无不将就。惟现在国用支绌，加以兵费过巨，负累尤重。法国睦谊素敦，更当体谅，必不使中国失此巨款，大有所损。法使虽有议约国书，两国办事仍告外部，以免相左。外部云何，即电复。少。

署电（四月二十二日到）

法使按巴威勘界图所属猛乌、乌得两处划归越南，本处允以俟云南图说寄到即与商议。盖彼由海道，中国由驿递，迟速不同。而彼不肯稍待，殊乖睦谊。请饬庆常告外部电知施使勿过促迫，为要。马。

摘录缘由

右电数则，系总署与驻法大臣龚公互商中越《界约》之准驳缘由也。当道为难情状，见于字里行间。外人以猛乌、乌得两地划归法国，意颇不满，盖实未尝易地以思耳。用特摘陈，以表当道苦心孤诣。宗濂谨注。

中法续立界约

续立界约

中国与北圻间之末队界务（自红江至湄江），业经两国勘界委员办理妥贴，是以大清国大皇帝特派总理各国事务衙门王大臣和硕庆亲王，总理各国事务衙门行走、军机大臣、吏部左侍郎徐，大法国大伯里玺天德特派驻华公使、佩带荣光宝星施，各将所奉全权文凭互相较阅，均属妥协，订立条款，公同签押，俾光绪十七年之《北京约章》及前已核准之中法勘界大臣所立议单、地图，得以更改增订。

第一款　云南、越南之界线（第二段地图）自R字号起S字号止，拟改如下：　拟改界线

R字号界线向东北达孟茂，由孟茂自西而东至清水河之南，即以孟茂归越南；孟通塞锄、孟通章锄、孟通显锄归中国。

第二款　朗博寨及黑河中间之第五段界线，拟改如下：

自朗博寨起（第五段），所有云南、越南之公共界址，应上溯朗博河以至该河与红砚河之会流处，即图中所标之A字号。自A字起，顺北而行折向西北，沿分水岭直达平河之源，自此沿平河水流以进，再沿摩吉河流达该河与太保河会流处，沿太保河至该河与南宫河会流处，又沿南宫河至该河与南那河会流处，界线仍复上溯，沿百宝河直至该河与广治河会流处，又沿广治河顺分水岭直至南勒坪南勒河之会流处，又沿南勒河达该河与黑江会流处，再由黑江中段而达南莫河（一名南纳泊）。

第三款　介乎黑江、南莫河会流处以及湄江之间，所有华、越公共界线，拟改如下：

自黑江、南莫河会流处起，界线顺南莫河以达其源，

又向西南及正西以进，顺分水岭以达南刚、南乌两河之源，又自南乌河源起，顺南乌河南腊河中间之分水岭以进；岭西之旁拿、倚邦、义乌及茶山六座归中国，岭东之猛乌、乌得及阿邦哈当虾克土司归越南。此后界线自北而南及东南以至南诺河源，再绕分水岭折向西北及正西，顺南滹河及南腊河左之各支河直抵猛分西北之湄江南腊河会流处；所有猛芒、猛常各地悉归中国，至八盐井旁之土地则归越南。

猛乌乌得划归越南

第四款　两国奉派之员或地方官将来承办竖立界石事宜，应遵照定界大臣订立签押之地图并以上所划之界线办理。

第五款　中、法两国所有未经本约更改之界务悉仍其旧。本约亦如光绪十三年之界约（一千八百八十七年六月二十六日立）一律办法，即请中国大皇帝御笔批准，一俟法国大伯里玺天德批准后，即以批准之约在北京互换。

光绪二十一年五月二十八日，即西历一千八百九十五年六月二十日，以此约备缮四分，立于北京。

按：总署自与法使施阿兰订立此约后，未将汉洋原文移咨驻法大臣，右稿乃系宗濂译由英外部送到法外部颁发议院之法文印本，其地名照洋字拼成，恐与总署原订汉文未必相符，句法亦稍有异，阅者鉴之。

中法续立商约

法国之越南属地，毗连中国南数省，其间通商事宜今与中国会订新约，其大旨计开如下： 续立商约

第一款　中国准法国在东兴派驻领事一员。

第二款　中国准以谅山北之广西龙州、云南蒙自开作法越商市，并以河口为商埠，准法国设领事一员。

第三款　言明狼泼拉傍（越南地名）西北二百十英里介乎湄公、南耽间之思茅地方开作商市，准法民侨寓其间，办理转运货物事务，经由罗梭、湄公各河及陆地上之官路。

第四款　言减轻关税之事。

第五款　言广东、广西、云南三省矿务，并议定开挖各矿当先雇法国矿师，并准展拓越南铁路。

第六款　准法国以电线接至思茅及苗海县（疑即蛮耗），所有电报价目，应照烟台合同办理。

第七款、第八款　系核定通商物件。

第九款　言从前所立各约并不因新约之故致有更改，故一切仍当遵守。

末言此约当作为续添之约，由中国皇上、法国总统彼此批准，批准后即在北京互换。

右稿系从法报译出，恐与华文原约之地名多有不符，阅者谅之。

龚星宪论滇越缅界务各项公函

（附英外部往来文件）

致总署总办

清轩　闰生　瑶圃　季卿
春舫　君实　久山　仁兄大人阁下：

前上英字第三号函，谅邀荩览，敬维福履崇绥，至以为颂。

新约以猛乌、乌得让法，致被英人借口，迨一再申说，英始有转圜之机，请以野人山地酌让若干，均经先后电达在案。

法新得地英人借口

查法人欲得车里土司全境，早于光绪十九年间由其驻京公使李梅发端于请，幸经堂宪力却，始得相持至今。此次彼乘中国有事之秋，挟其随附俄国争回辽东之功，复肆要求，而堂宪义正词严，有以破其谋而折其焰，施使始不敢复申前议，只以猛乌、乌得二地为请。钧署顾全睦谊，且以地属宁洱，系中国自有之权与中英前约所载之江洪土司无干，则英人当亦无词出阻，姑即允准法人所请，此诚堂宪一片苦衷、两全至计也。然而英法两国在东方经营属土，有互相猜忌之意，存各不退让之心。英见法得此新地，即以为有碍《滇缅条约》。加以英人心计甚远，当其与薛叔使订约时，已虑及法人之得步进步，故在条约第五款中订明孟连、江洪之全地或片土，不得于未与英商妥之

薛福成字叔耘

前让与别国。所谓别国者，即暗指法国也。尊处凭叔使咨送之图为据，谓车里即江洪，至经线一百一度而止，内有红线二道，载明江洪字样，此为江洪界限之明证；猛乌、乌得远在一百一度以外，中间尚隔思茅各土司，确与江洪无涉。弟业已迭次遵照电示，与英外部尽力申辨，并将辨后情形由电奉闻矣。惟查界图上画红线二道处，乃江洪城，非江洪界。叔使寄《滇缅约》时只附缅甸图二纸，所绘《江洪全境分界度数图》留于使署存案，未曾另绘一图进呈，似近疏忽。但查光绪十九年十一月十三日叔使咨送钧署之英外部所开《车里节略》内称"车里即江洪，共有十二部，或云十三部，法人称猛虎、猛尤，英人称猛猑各部，似即今日所称之猛乌"；猛猑部下加注云"此部又〔疑漏"分"字〕为猑狃、猑太"，则猑太似即今日所称之乌得，只以各处口音不同，译文互异，遂有混淆之弊，即西图上地名亦往往如此。惟细核经纬部位，比较切译声音，猛乌即猛尤、猛虎、猛猑，乌得即猑太，大致似不甚差。

江洪界线

口音不同异文互异

奉电旨饬询英国勘员所绘请图究竟若何，钦遵晤英沙外部[①]后当即电复，请由贵衙门代奏矣。沙外部请以野人山地酌让若干，弟云："无论猛乌、乌得是否在江洪境内，贵国既已将该处全权让与我国，即可听我国自便，以

①沙外部：指英首相兼外相沙力斯卑利（今通译索尔兹伯里），下文沙侯亦指此人。

厚睦谊，我国必感高情。”沙侯坚称不补偿地无以对答议院。弟电告后仰蒙电复，有委与沙外部妥商之意，自应静候电示遵办。

野山情形　夫野人山本系中国俗称，考之姚道文栋《勘界筹边记》，知其地在大金沙江之东，腾越之西，英属八募①之正北与东北；其东麓曰蛮尤，通盏达、干崖、南甸以达腾越；西麓曰蛮陇（亦称蛮弄），有上、中、下三路：上路度野山一百五里，中路一百六十五里，下路一百八十里，现为商人往来滇缅之通衢。大盈河（即太平江）自腾越发源，迤逦向西南，穿越此山而过，在八募北与槟榔江合流而入大金沙江。此野人山之地段大略也。又，《滇缅约》第一条议定之边界，系“自北纬二十五度三十五分、东经九十八度十四分起，曲折而下直至大盈河相会处以达洗帕河”云云，以上各地，似即野人山也。约中未见野人山字样，而野人山即在《滇缅约》经纬度内。现沙侯以中国新得八募北之地请让若干，殆即指此。据姚道《勘界筹边记》云云，知此地极有关系，收为外蔽，有益边防。但英既以猛乌、乌得让法失滇缅第五条之约为辞，遂即注意于此地而尚未指明其中何处，盖因不欲与中国为难，故允通融办理，特以酌让熟商耳。

洪江全图　所有薛叔使存案之英文《江洪全图》、脱绘之华文草图及现在英国勘员清图各一分共计三纸，兹特寄上，伏希

①八募、八幕：八莫。

察收转呈堂宪为荷。

再，存案之英文原图及现在勘员清图由弟择其紧要地名饬员译注汉文，合并陈明，专此布泐，敬请筹安！

愚弟龚照瑗顿首

光绪二十一年六月杪

英字第四号

按：星宪自光绪二十年四月到任，所有一、二、三号各函皆陈幼海比部春瀛拟稿，稿佚不复得，故未附列。

又

前上英字第四号公函附寄江洪各图，并述猛乌、乌得地址及英人借词违约指索野山各情形，计期谅尘台览，伏承起居垒福，翊赞贤劳，逖听下风，良深钦仰。

英人索要野山情形

查英人指索野山一事，弟总懔遵电旨及钧署训言，以期结束。奈英所索各地系自萨伯坪起，偏东向南顺山脊到盏达，又向南至北纬二十四度十五分，向西南顺南碗河折向东南，至瑞丽江偱江南支至孟卯相近处折赴东北，至北纬二十四度十分、东经九十八度五十五分向南顺山脊至工隆，而八关及科干皆在其内。前月二十八日英沙外部往乡避暑，未回英都，特派巴特雷、黎迟二侍郎约弟在外部商榷。弟总以索地如此之多出乎情理之外与之反复辩论，历时四点馀钟，业将情形电陈在案。而其时巴特雷且云："中国与法国此番所订《商务新约》，英国亦须利益同沾。”弟答以“中法《商务新约》未知详细，至他国应否同沾利益，亦视各国商约中之有无此语为断”。盖英之所以要求多端者，无非以有失《缅约》、轻视该国为借口，弟力辨其无。目前英不能指出失约之据，若俟划交猛地以后，则我国失约有据，英更争论有辞矣！纵使法认猛地为其旧属与英相辨，恐仍不能解我国之纷。我国若因此而让野山，则恐关内之地所失更多，隐忧殊切，似应早为之计。兹将英外部现拟索划之《野人山界线图》寄呈荩鉴，所有《滇缅约》具载地名，概用红签标出，其馀边界大率亦加译注。即希察收转呈堂宪鉴核，不胜盼祷！

八月十六日

英字第五号

致许星使

竹翁仁兄大人阁下：

昨奉本月朔日手教，敬聆种切。前当法使争地之初弟电告署堂一节，不过如愚者之一得耳，乃蒙奖誉有加，曷胜愧恧。法使催逼成约，致当轴未能面面顾到，诚如尊谕，深属可惜。此事误在叔耘星使进呈图中只绘江洪一城，未绘全境，致有今日之失，被英藉口。

绘图有误致有今失

承寄摹图一方，兹特饬员仿照存图垫入猛乌一地，至乌得则图中无此字样，姑从阙如。查叔使咨呈译署之英外部《江洪节略》内开“湄江之东有猛狁一部”，加注云“此部又分为狁狃、狁太二部”，则按其所指地位，似猛狁即猛乌，狁太即乌得。又查此次英外部送来之《江洪清图》，猛乌有二：一与存图方位无异，一在大宣河之东滨，按此殆即猛乌城。至叔使存案之华文界图，虽照英文原图摹绘，但江洪土司只译城而未译全境，即其间猛乌一部，英图上明明有此部名，乃华图上亦竟未注，但将江洪全境用中国旧名“十三板纳土司”以包括之。展图乍阅，几疑“十三板纳土司”与江洪城各不相关矣。管见所及，未知是否？兹将来图一方及叔使存案之图二分、此次英勘员清图一分统行寄上，藉呈台览，并乞进而教之，幸甚。便中仍乞将三图掷还，是盼！

现英外部请以八募北之野人山地酌让若干，为对答议院地步，业已就商译署，回电有允商之意。知关荩注，谨以附闻。

辽事办法，俄、德尚未商定，弟亦甚为悬系，惟望其不久即有好音耳！肃复。

附录：拟请龚星宪致总署总办函稿

本月十六日上英字第五号公函，缕述英外部指索野山及弟反复辩论情形，并将英外部交来上缅甸原图一纸，内有议划野山之界线一条，谅邀台览。查此线作红色，自萨伯坪起迤逦向西南直趋三达。按：三达即盏达，处太平江上游之北岸，其址适与爱路坪并列，居东略北。其名本未见《滇缅条约》，致前寄图中漏未译汉，即祈尊处饬令译员将三达之名补入，以清眉目为荷。 英索野山反复辩论此线又从三达西隅曲绕而下，越太平江向南至铁壁〔壁〕关内折而西南，经孟定格江南碗河汇流处以迄南莫河。瑞丽江汇流处，循江南支转向东北而入孟卯，绕出遮放、科干之北，至北纬二十四度十分、东经九十八度五十五分间始折而南，越萨尔温江经麻栗坝乃抵工隆，此即英人现在议划野山界线之大概情形也。

统观以上界线，不但尽失《滇缅约》中第一、第二条所得之地，即第三条所得各地亦失其半，揆之地势，万不能允。惟英国前首相劳于日人之役袖手旁观，故为各国齿冷，其在亚洲地面已不免声势稍颓。故今首相沙亟思设法挽回，满望东方有事，藉可生波，以振军威而偿大欲，川中教案即发决书，其一证也。今因猛乌、乌得之事遂以违约相责，可见有小题大做之意。绸缪未雨，必须破其狡谋，不揣冒昧，敬设三策如下：

英人借事小题大作

一、乘中法未曾换约以前，苟能与法通融，换给他地，则英即无所借口，不复要求，是为上策。

二、法人欲得猛乌、乌得之地，曾许向英说项代为解纷，苟能以此数语列入约中或暗立专条，则法之助我较为着实，我可无恐，英必见机适可而止，不敢多求，是为中策。

三、日人现谋与英结立互相保护之密约，倘我在法人一边无可斡全而英人凌逼实甚，则我虽让地亦当有以要之，俾英于约中切实自认嗣后必与中国格外和好，遇有患难竭力维持，断不与中国同洲之国暗立盟约以树之敌，致碍中国利权云云，是为下策。

以上三策，何者可用，统希回明堂宪斟酌施行，弟在此总候钧署训言，敬谨办理，决不敢妄参己意，亦不敢稍有畏难。伏乞回明堂宪为荷。

按：此稿拟呈后，星宪以事属难行，未寄译署。宗濂附职〔识〕。

致总署总办

前于九月二十八日上英字第六号公函，备述本年英法两馆所需电费情形，谅邀荩览。伏承猷宣柔远，绩佐筹边，至以为颂。 致函总办

窃查本年六月英外部闻中法新订《界约》除以江洪之猛乌、乌得让法外，并定江洪、江场界线，指为轻视英国。电陈后旋奉钧署是月漾电，内开："英以我许法管理江洪、江场，系误传等因，当即告明外部。不谓月前法外部以所订新约刊印成书，颁发议院。英外部见该约第三条界线划至湄江南腊江之合流处，遂谓该处系江场境内之地，今与法国划界直抵该处，殊与钧署漾电不符，令侍郎巴特雷将法文原约函送前来，并请钧署将电意与约文歧异之处解明。"弟电请明示后，即于本月初四日接奉江电，内开"中法界图只有南腊河入湄江处划红线一道，此外即系越南界，并无江场字样，至湄江东西英法如何分界，中国从未预闻；希照此答复外部"等因。弟因抱病尚未全愈，遂于初五日饬马参赞前往外部，以电语译成洋文告

知巴侍郎。初十日复据巴侍郎函称“沙侯拟请中国政府再行答复，须比此电较为惬意，否则一千八百九十四年，即光绪二十年《滇缅条约》所定界务，即当全行重改”等语。弟查薛叔使进呈图及使署所存草图，江场地方系跨湄江东西两岸，前经英国于光绪十六年让与暹罗，暹罗于光绪十九年以湄江东岸各地全让法国，其约中虽未详注各地之名，而江场似亦包括在内，故法国所绘地图竟将湄江以东之地列归法属。惟英国前让湄江东岸江场与暹罗时，曾与暹罗约明不准让与他国。是以一闻暹罗以该地让法，即于光绪十九年向暹罗取回而派兵驻扎。钧署前与法国订约时，似未知此中曲折也。弟因就钧署来电推衍其说，于本月十二日照会英外部，逐层申解。昨马参赞至外部晤巴侍郎探其语气，据称目下拟将湄江东岸之江场事暂置不提，俟将来中法派员竖立界石时再行出阻等语。盖以弟申论各节皆有引证，用能稍缄其口也。

英以两事与法商办

现据传闻，英以两事与法商办：

一、《暹法条约》第四款约明暹罗于湄江西南某地不得驻兵筑台，今英请法撤去此款，准暹罗仍在该地享其自有之权利。法如允许，英当准暹罗以湄江东岸之江场让法。

二、英欲请法国以阿非利加洲之某地让英，法如允许，则暹罗所让法国湄江东岸之江场，英亦可置不问。

按：此二事虽尚无据，谅或有因，但望二者能成其一，则湄江东岸之江场界务可免饶舌矣。

兹将英外部二次来函译文及弟致外部照会一并抄呈，

伏乞回明堂宪为荷。

英字七号，十一月十八日

照译英外部侍郎巴特雷致马参赞信

外部侍郎（副外长）

（光绪二十一年十月二十四日，即西历一千八百九十五年十二月初十日）

前八月十四日（中历六月二十四日）阁下奉龚大臣命，来署面告山特牲侍郎云“龚大臣已接总署回电，藉悉所传《中法新约》将江场地址认属法人一节，实非的确，且界线亦不到江场之地”等语；旋龚大臣会晤沙侯，亦申前说。兹悉法国政府已将该约（约已见前）宣布议院，沙侯查得《界约》第三条专为中法辖地向西界务而言，用将原文录后以备呈览。原文云：

巴特雷信

> 此界自北而南及东南以至南诺河源，再绕分水岭折向西北及正西，顺南滹河及南腊河左之各支河，直抵猛分西北之湄江南腊河合流处。

据以上情形而论，此项界线颇与江场有涉，是欲改湄江东岸江场之东北界址矣。查该界址自英格林尼址（伦敦天文台名）东经一百一度二十分起至南腊河之西源，再从该河穿过，遵陆而行约若干里，即抵该河与湄江合流处之东岸；又合流处北岸小地一区亦在江场界内。沙侯因《界约》第三条所载与总署前电所言大相歧异，故特为中国钦差指明以上情形，请其转恳中国政府将所以歧异之故向英国政府破解明白为要。

照译英外部侍郎巴特雷续信

（中历十一月初十日，西历十二月二十五日）

本月初十日曾奉沙侯之命致函阁下，旋于本月二十日承示总署覆电，已将电意转告沙侯矣。兹沙侯嘱转请阁下禀知龚大臣，须请中国政府另覆本国国家，比此电较为惬意，否则一千八百九十四年《滇缅条约》所订之界务即当全行重改也。

阁下今日不到贵署办公，故特书此，免劳台驾惠临本署。此泐，敬请

即安！

以上二稿皆英外部所来英文信也，宗濂译其意如右。

照会原文　钦差出使英法义比国大臣、太常寺卿龚，为照会事：照得西历本月初十日本署参赞官马格里准贵部侍郎巴特雷来函，以本大臣知照贵部之总理衙门电意与本年西历六月二十日《中法新约》第三款不符，贵大臣请中国政府将不符之故解明等因。本大臣接阅之下，虽知电意与《中法条约》并非实在不符，然已按照来示转报我国政府。旋接总署复电，当于西历本月二十日，即中历十一月初五日告知巴侍郎转告贵大臣在案。兹再将该电译文附呈，谅贵大臣可见总署电内之意与《中法新约》第三款所言之界务，系属两事，并非不符。缘总署所辨之界系指湄江西

岸之江场地方而言，此地载在一千八百九十四年三月初一日《滇缅条约》所附之地图内。至《中法新约》所言之地，我国政府前知该处经贵国让与暹罗，旋该国又让与法国，故此次中国与法国划界，由黑江以达湄江，盖未知贵国另有相约而始以湄江东岸之江场让与暹罗也，更不知贵国尚在索回该地也。

观本月十八日总署来电云云，即见我国于湄江东西之英法属地事宜，雅不欲稍有牵涉，伏希贵爵大臣查照为荷。

为此照会，须至照会者。

右照会

英国首相兼外部大臣侯爵沙

右稿先由马格里拟成英文，宗濂又从英文译之如此。

致庆星使

（蔼棠参赞于是年八月十八日升驻法大臣）

蔼棠仁兄大人阁下： 致庆常信

昨奉初二日来翰，祇悉一切就稔，勋祉绥和，为颂。

日前英外部以中法新定《界约》内第三条所划界线至南腊河与湄江合流处，有占湄江东岸之江场界址，致函诘问，当于上月二十八日电署。顷接复电云“中法界图只有南腊河入湄江处画红线一道，此外即系越南界，并无江场字样；至湄江东西英法如何分界，中国从未预闻。希照此答复外部”等因。此事法外部自必洞悉，敢祈阁下询明情形迅即赐示，俾知底蕴。顷又面晤外部侍郎，据告清臣云《中法新约》已奉大皇帝批准等语，未知确否，亦祈向法外部探示为荷。

弟仍未能起立，执笔为难，不克亲自作札，愧急交萦，尚祈原宥。英外部来函（洋文及译文）并总署往来电报，一并抄呈台阅。纸短言长，馀嘱荫堂（系驻英使署供事，姓章名茂林，为蔼棠星使调去）代达。

十二月初四日

致译署张侍郎

樵翁仁兄大人阁下：

敬启者，十月二十日肃布寸笺，谅邀荩览。伏维讦谟劼毖，勋福崇隆，翘企钧辉，莫名忭颂。弟患病至今已逾三月，幸叨远庇，渐见就痊，刻下已能起坐，惟两腿力弱，尚觉步履维艰，大约再养旬馀，复元可望。

西江通商一事奉准后，英尚于野山一境肆其断断。弟秉承署意，日来先令马参赞力与外部磋磨，执定但开西江不改《缅约》之说，而外部不无奢愿，现更藉口于江场界址之被损，以助波澜。其实英与法日前已订约章，举湄江东岸之江场尽归法国矣，惟英贪心无厌，尚欲藉此为难，以遂其两得之计。西江开埠虽已如愿，而仍垂涎野山，不得其地恐不甘休。现允较原索地段酌减，瑗此时执意不能稍让。究竟如何商议，容再电闻，请酌示遵行也。

英人贪心已得西江复贪野山

专此奉布，敬请

勋安！

致许星使

竹翁仁兄大人阁下：

承询英报所称议改缅界将定一节，查《中法新约》法已刊布，故英报馆以为中英亦必已有成议，是乃拟度之词也。英于野山地所欲本奢，弟迭与沙外部商论，沙乃有请开粤之西江口岸而减索地之议。当于九月初八日将沙所论情形译电译署，而迄今尚未奉复，与英无从计议。窃以此案无论如何办结，必应于法约未换之前商定，否则英以失约有据，必更肆其要求。将隐忍以受之，则吃亏愈甚，将与之决裂，则势有未能，不知高明以为何如？兹将电稿密抄呈阅，务祈秘之。

与英决裂势有未能

中法新定《商约》、《界约》，法已刊布，呈诸议院。《界约》第三条所划界线直抵湄江东滨。英刻以此条与湄江东岸之江场东北界址有损，致函诘问。先是英闻江洪、江场之界中国与法划定，以为轻视英国太甚，弟当即电询译署有无是事，旋接覆电云“英言我许法管理江洪、江场，系误传”等语。按薛叔使与英外部盖印《界图》，江场系跨湄江东西。兹查《法约》，虽无江场字样而实与江场界址有涉，法使只欲乘机售其欺诈之谋而不为我国稍留馀地，可恶孰甚。一波未平一波又起，直不知如何结束矣！

法售诈谋不留馀地

专此密启，敬请

台安！

附录：英外部致驻华宝署使电

（西正月十四日，即乙未十一月三十日）

十二日电到。今日午后马格里代中国钦差来言：“中国钦差奉总署谕，与英国家商议许中国将猛乌、乌得让法，以开西江为商议之基。惟中国钦差现病，恐十五天内不能来部开议。”望告中国家：其钦差为病所阻，自十月十六日至今不能到外部接议《中法新约》所生之事，沙侯怅怅，恐因中国钦差之病再致此事耽延。望告总署：开西江之请，英不能收回。如衙门不即照会可开西江，则《缅约》所载应交中国之地，英不能交与中国；另有失约之事，英仍另索补偿。

英外部强势之词

右英外部英文电稿抄送到署，经龚仙舟司马心湛译之如此。

致总署电（十二月初一日发）

外部抄来昨寄宝使之电，内有“中国另有失约事，英仍另索补偿”之语，虽未言明另有何事失约，惟据巴侍郎云“江洪盐井亦经让法，江场界址又致被损”等语。查江场事前奉冬月江电，当告外部，据称不能作为解说。瑗查湄江东岸之江场，英于光绪十六年让暹罗，暹罗于十九年让法。瑗以中国知该地由英让暹、暹复让法，而不知

关于失约

英又向之索回等词，于冬月十二日备文驳复外部。侍郎云暂以此作为解说，将来交割当再阻挠。已函详，惟尚未接沙照复（按：十二月初四日曾有照复，详后《会议节略》内）。湄江东岸法既认属法而英为难，应请电庆使请法与英说妥。至盐井究竟如何，俟英说明再与辨。瑗。

致总署总办函

去腊奉上英字第八号寸函，谅邀荃览。敬维献岁以来升恒叶吉，鼎履延厘为颂。弟步履稍健，于本月初九日勉强亲往外部，与沙侯所谈界务、款务，幸有眉目，当将一切情形详叙于蒸电之内，想蒙察鉴。

与英所谈界务款务详细情形

查沙侯自以西江通商为请，即放松野山一境，故去岁九月齐电有“尽可少让”、“从省商办”及“各事皆易商量”之语也。乃所派商办此事之巴侍郎及印度部，贪狡实甚，煽惑多端，几致沙侯悔议。适十月间《中法新约》宣布于法国议院，沙侯见该约第三条界线划至湄江南腊河合流处，遂多一番诘责，颇有不可终日之势。经弟逐层申解，据理剖明，彼始钳口结舌；迨后闻知西江通商一事已由钧署具奏办理，则其气更为之一平。特宝署使、巴侍郎希承意旨，既得西江开埠，仍思多索野山，故致横生枝节。幸弟得遵堂宪电嘱，遂始终执定沙侯前言为据，告以西江通商实缘钧署不疑弟述云云，故肯顾全睦谊，即日奏办，今若欲再索野山，则沙侯前者“从省商办”、“各事皆易商量”之语谓何？钧署因此一事似责弟有伪告之辞，故英虽坚索野山而弟实不敢转请。沙侯闻弟此言，颇形踧踖，乃谓“英深望中国即底富强，重整海军以立其基，扩充进款以善其后，若夫借贷洋债，乃暂局而非久计。惟西江通商虽为转圜前事地步，其实此中大利全归中国。总署既拟饬令赫德议定妥章后即行奏报开埠日期，此事尚祈从速为幸。野山之昔马久为英兵驻守，请即以此地归缅管辖。又当日订立《滇缅条约》，有一处未经查明，误分一角与中国，彼此不便照顾，应请更正，仍令属缅。所请止此二处，馀均不动。所有前请划让野山之界线图即行作废；前争猛乌、乌得及江场界事概作罢论”等语。

英人态度

又借款一事，弟以钧署电意转告沙侯后，沙谓“中国现筹款项，英国无不体谅，但此款总署与汇丰、德华已议数月，似应即向英德两国银商筹借。闻汇丰现以市面稍活，折扣可期轻减。倘中国向他国商借实更便宜，并不使之暗受别项利益，则须将便宜之数明告英德原议经借之人，询其能否照办，方可令人心服”云云。是沙侯于界务、款务似肯和衷商办、协力图维，俟有端倪，再当续布。先祈回明堂宪，随时指授机宜，俾得遵循有自，不胜盼祷。

关于借款

弟病后两腿软弱，稍加静养，当渐复元，知关廑注，谨以附陈。

丙申正月十二日，英字第九号

又

前上英字第九、第十号函，谅邀察览。辰维福履崇绥，至以为颂。弟于正月十三日续往外部会议，系由巴、黎二侍郎接见。渠等所索甚奢，大略已在正月元电、养电内。所有会议彼此辨论情形，录呈台览。

会议彼此辨论情形

查英于野人山地现在北索昔马，南索科干，较原索减半，已送来另划界图，因照样摹绘一分，并饬译员注明地名、经纬及新旧界线之三项颜色，即行附呈，以备酌核。

此外，外部以法国所得《新约》之利益亦欲一体均沾。至西江通商则索肇庆、梧州、桂林、浔州、南宁五府为通商埠头，设立领事；又佛山、高要、封川、南新墟四处为商卡，如长江之江阴等口办法。弟按彼二人所索与沙侯前次所议不甚相符，当与辨论，且告以西江通商钧署已允饬赫税务司商酌应设关卡处所及各项章程，开单呈阅，再为核定。

夫开西江以通商，原因界务而起，自当先以界务议定然后再议商务。况查《滇约》第三条有“以科干归中国”句，第五条有“现因中国不再索问永昌、腾越边界外之隙地，英国大君主于北丹尼（即木邦）及科干照以上所划边界让与中国”云云，可见科干及北丹尼一角地系出于英之自愿相让。弟故拟俟不索科干方允转电钧署请酌。但彼欲以界务、商务并议，其意欲在内地多立口岸也。此二事究应如何准驳，敢希回明堂宪，电示机宜，俾资遵办为幸。

二月初十日，英字第十一号

中英重订滇缅界线图（略）

会议节略

预议者：

英外部侍郎巴特雷　印度部侍郎黎迟

中国驻英大臣龚　中国使署英文参赞官马格里

英国新派驻华公使窦纳乐

前因中国驻英使臣患病，是以停议许久，今日复议，摘记如下：

巴侍郎开议：请马参赞向龚大臣重复提明，谓英国政府自知一千八百九十五年六月二十日中法签押之《新约》条款有违一千八百九十四年之《滇缅约章》，沙侯于是年九月十三日（乙未七月二十五日）以地图一幅移交中国使馆，指明英国政府所索地段以作补偿在案。西九月十六日（乙未七月二十八日）会议一次，龚使请将原索地段大加删减，并请沙侯体谅中国，应允照办。沙侯故复接见中国使臣，告以中国如允西江通商并将他项违约之处一律办妥，则伊自愿将索地之事大加删减。迨英接《中法新约》后，查得中国不特以猛乌、乌得相让，且将江洪之盐井一并让法；然该地按照《滇缅约章》中国固不能于未向英国商允之先擅让别国者也。又湄江东岸之江场，其时本属英国，中国亦竟让与法国，如同越南土地一般。然

英人强索之理由

中国政府固明知此地非属法人，亦非华地也；既非华地，中国安有擅让之权，盖此地固明属于英也。中国政府曾以其所为者力辨，但一经沙侯于一千八百九十六年正月十八日（乙未十二月初四日）照复龚大臣文内逐一指驳后，觉中国所辨各条未能惬意。所有指驳之文，摘录如下：

沙侯指驳之文

查中英两国政府从前因该地事务早有文牍往还，故湄江东岸江场即系英属江场之地，尤为确凿可证。先是，英本拟请中国派员同勘江洪、江场之界，遂于一千八百九十四年九月（甲午八月）以英法派员缘由照会中国使臣，同时驻华英使亦以此事咨明总署。是年十月十三日（甲午九月）中国使臣移文外部，问设立瓯脱之地如不成议，英国是否仍拟划定江洪及湄江东岸英属江场之界。又是年九月初七日（甲午八月）英国因代勘员请发华文护照致函马参赞，备述该员等系往湄江上游踏勘中法属土间接壤之区。而中国使臣照复前英外部尚书金大臣文内声言‘此事已咨总署，倘英国不许中国派员同往，则拟不发护照’等语。嗣经议定中国派官一员，随带五十人前往边疆会勘江洪、江场之界，当由英国知照中国政府：各员在湄江东岸江场之猛新地方相会。旋据勘员于逾年正月三十日（乙未正月初五日）禀报英国政府，内称：中国有官一员随带百人屯驻界上，既而勘员与中国陶大人、李委员觌面。其时总署有一电报至云南府，该电即由陶大人在勘员施考德面前宣诵。且陶、李二君各言奉札前来为勘员等照料而匡赞也云云。即此数端以论，是实已明明白白使中国政府知江场为英国之地矣。

英之要求 巴侍郎曰："如中国政府肯允英国索偿之事，则所有违约各节，我英国亦不愿刺刺不休。假如西江通商、划补土地，又《中法条约》他项违背之条亦一律办妥，则沙侯即拟就此收场。"

中之态度 马参赞以中国使臣之语代为传述谓："如照巴侍郎云云，中国政府固应明白英国追问江场之故，但龚大臣想，中国政府实为一千八百九十四年（光绪二十年）《滇缅条约》之原文简略所误。该约第三款末段云：'行至江场边界后，约在北纬二十一度二十七分、格林尼址（伦敦天文台名）东经一百度十二分（北京西经十六度十八分）即循江场与江洪之界线而至湄江。'是以中国万不能料到英国在湄江之东尚有属土毗连华土也。如以第三款文词而论，则似英在湄江之东已无属土；且江洪、江场全界尽在第三款之末段，实可令人意会以为湄江之东，并无公共界限致英与华管辖之权有所干涉矣！"

争论情形 印度部黎侍郎曰："倘使该约即以第三款作结，则龚大臣所驳之辞颇为有理，惜尚有第五款在。此款以孟连、江洪两处让与中国，则中国甚可明白江洪者不但指湄江西岸之地而言，且包括东岸之许多省分也。况一千八百九十四年九月英法勘员往湄江东岸踏勘江洪、江场界址时，中国曾欲派员同往，则中国之熟悉其地尤觉有案可据。"

马参赞代中国使臣答曰："即使中国政府应当熟悉其地，但《滇缅条约》实为误事之原，盖使中国政府信为湄江东岸并无中英之公共地界故也。但现亦不必追究此节耳。"

巴侍郎曰："英国所怪中国者，非一千八百九十三、四年之事，乃一千八百九十五年之事。是年六月二十日（乙未五月二十八日）《中法新约》签押，其时中国政府深知英国不允此事，乃竟置诸不理，即行签押，前次会议业已详论之矣。现中国政府于江洪之猛乌、乌得让法一事既经认错，而我等又于他处寻出错来：按《中法新约》所定界线观之，于猛乌、乌得外，更将江洪境内另一隅地让法，且以湄江东岸素属英国之江场，一并划作越南土地。"

马参赞驳以"该地不似属英，因本年正月十五日（乙未十二月初一日）英法所立条约①内言明英国允准法国索取是地，其中并无只字可表英之以此让法也"。

巴侍郎答以"英国所以以此让法者，专为暹罗起见，欲与法国和衷共济故也"。 争论情形

马参赞断断相争谓："沙侯致驻法英使达勿林文内有'允准法国索取江场'一语，在中国不过先有是意，以为

①即指四十六页所说的《英法新约》，亦即下文五十页所指《暹罗条约》。条约内容详见本书第三卷《英法新订约章及往来照会》一文。

英国必定允准耳。”

中国使臣将沙侯前次与伊所谈者重为声叙，谓：“沙侯曾言‘以现在而论，中国办错之事止在猛乌、乌得，江场事不必再提’云云。”龚使复加一语曰：“查核《中法条约》，实无中国割让江场之字眼也。”

中英争辨细节

巴侍郎乃将《英法新约》（见《记闻》部）内一款诵读曰：“自南霍河口起向北而行直抵中国边界，以湄江中流为准，作为英法属地之界线。”诵毕，巴侍郎又谓：“猛新（即湄江东岸江场之会城）本系英国之地，现因按照《新约》故将驻守该处之兵退出，而以其地让法。”

马参赞曰：“按沙侯致驻法英使达勿林之文，曾言英国允准法国索取江场之猛新，而中国政府于英之允准法国所索一节，信之太早容或有之。但现在英国既准法人索取是地，则无论如何中国究无大过也。”

巴侍郎答以“英国所以弃置猛新者，系为保全暹罗湄南江滨之地起见。盖猛新若归英国管辖，即于法属事宜诸多窒碍。是以法索江场之猛新，英遂允之，而英国所得法之酬答，系将暹罗保全大局是也”。

马参赞尚欲再辨，巴侍郎谓“辨亦无益”，乃止。

论西江通商

关于西江通商

巴侍郎论到西江一事谓：“英国请开西江及其支江，以便洋商在彼贸易，轮舶帆船驶进无阻。”

马参赞曰：“贵侍郎谓‘及其支江’一语，始于此次闻之。”

巴侍郎曰：“贵参赞此言出于贵参赞本人之意，抑出中国使臣之意？”

马参赞旋商之龚大臣，乃云“确有此意”。

巴侍郎曰：“两广江数颇多，究由何江汇成大江，殊难抉择，请马参赞明示西江形势。”

马参赞曰：“该处大江，人所共知。”即在地图上指出江流，并按中国使臣之意加一语曰：“若论支江，亦非难事。”

英人索要通商口岸

巴侍郎接口曰：“肇庆府、梧州府、桂林府、浔州府、南宁府，此五处当作通商口岸，并设领事；其馀各处此后当察看情形再行议开埠头。又广州府至梧州府中间之佛山、高要、封川及梧州府至南宁府中间之南新墟，当作为商卡，与扬子江商卡一样（如江阴等口）；将来应否再添商卡，亦当察看商务情形而定。所有扬子江现行之通商行船章程，将来可施之于西江及其支江。西江口门有二：一在广州，一近澳门，此二处当任船只出入，畅行无禁。又：《天津和约》第二十八款所订‘内地子口半税’之条，应请中国政府严饬地方官竭力奉行。盖中国南省久视此条如废纸，想龚大臣大约知之。至一切详细章程应在北京商酌，而要以今日所议为根本，将来条约无论如何议订，当自签押日起算，限三个月内颁行。”

巴侍郎曰：“前礼拜五（丙申正月初九日）曾告贵大臣，英国虽于西江通商之事可得利益，然各国皆得分沾，而得利最巨者，则惟中国。盖西江一经开埠，关税大旺可预决也。固知此举颇有阻挠之人，前者《中日草约》内曾有西江通商之义，嗣为法国所胁，日本始罢此议。夫法国阻挠极易明解，因其欲将中国商务引至北圻也。商务引至北圻，岂中国之利哉！想贵大臣必深明法人把持商务之意，惟我英国不肯把持。贵大臣如在北京秉政，本侍郎知西江从速开埠有断然者；现惟望贵大臣敦请总署俯允办理耳！”

中国使臣答以“西江开埠有益中国之处，早已明告总署矣”。

论《中法新约》

巴侍郎议中法新约

巴侍郎将《中法新约》内所载通商并设领事之利详加考核，查得法国以该约咨行议院时，冠以《解义》一篇，内有句云“如此办法可免为最优待之条款牵制。该约第七条系照《滇缅约章》第十八条办理，俾商务利益独归连界之国”等语。但英亦系连界之国，是以既作法为连界之国给予一切利益，则英亦应作为连界之国，必以利益一体畀之。

兹将英法新订《暹罗条约》第四条照录如下：

英法两国政府约明：所有中国滇蜀两省之商务利益及他项利益，按照一千八百九十四年之《滇缅条约》、一千八百九十五年之《中法条约》给予英法者，又将来该二省另有利益或给英或给法者，自当普及两国民庶以及辖属之人，使之一体均沾。为此两国互约，各向中国政府勉力经营，以图续得利益。

由此以观，可见法国一边，业已毫无阻碍，凡中国以法为连界之国所给一切利益，自当推及英国，亦作英为连界之国。《天津和约》内固有“按照最优待之国相待”数字，惟现以英为连界之国，各国自不得援此数字以期分利，而英国利权与法一样则于此更形结实矣！

《中法新约》第一款约定领事设于东兴，第二款指明通商陆路，第三款以云南之思茅厅开作商埠，以通法越商务并设领事于其地——以上各项权利英国务必同沾，英人亦如法人之住居其地，并开他处通商陆路。

英人要求利益同沾

第四款标明通商城邑之名，核定几宗税则——倘将来更有利益给予法人比英国现请者更大，则英必自以为亦系连界之国，索请相等利益。

第五款专为矿务、铁路而言，照录如下，“约明中国如在云南、广东、广西三省开办矿务，应先照顾法国制厂、法国矿师”——现英国政府不允以利益专让法国矿师，将英国矿师摈而勿用。如中国偏喜雇用法人，则不相强。

第五款又云，“约明越南已有之铁路或拟造之铁路，将来公订章程彼此允洽后，展拓至中国地方”——现英国政府亦要照此办理，俾缅甸铁路展至中国。

第六款专为建设电线而立——现英国派本侍郎等在《续约》中拟立款目，以便英国亦得此项利权。盖我英国政府凡事皆不肯过分，只欲得同样利权一体享受已耳。

又，查法总统及外部、藩部具名签押所致议院之《条约解义》云："设本约中所载通商各节，其利益系属笼统，则凡有最优待之国如一千八百五十八年六月二十四日《中英和约》第十四条云云者，即可凭此一条以分我商务之利。但本约第七款系照一千八百九十四年三月初一日《滇缅约章》第十八条办理，将通商利益定一限制，实属周匝；其中所载各利皆有限定之地、指定之路，故除订约两国外，他国皆不能共沾，则本年六月二十日之《中法条约》自可不为最优待之国牵制矣。"

按英国政府本意，原不欲在《滇缅约》中独沾利益，所以下此语者，实顺中国之请。如谓《天津和约》所载优待英国之条疑其不能施于此处，则英国政府此处所索者，只欲与法国并驾齐驱耳。

龚大臣以为碍难将此细情电陈总署，只可函达，因请其酌择最紧要者发电。

论新划界线

巴侍郎将地图展开，示明新划界线，并向龚大臣声明一句谓："沙侯已力践其大减索地之言矣！"

巴侍郎曰："英国政府前索三达、拉戴、遮放、孟高、孟嘉五处土司，现概作为罢论，只在北边索取昔马一地。又，前照《滇缅条约》让与中国之科干及北丹尼一角之地，亦应一并索回，俾向南一带地成三角形势。

滇缅条约

“前照《滇缅约章》界线以丹尼土酋之地误分一角于中国，至今无以补报，拟将此一角地仍交该土酋管治。科干向未属于中国，其地政事向归土酋按照丹尼律法治理。细考《滇缅条约》界线，查得内有土人地段，城邑村乡均被分裂，一半属英，一半属华，殊形不便。现沙侯拟将属华之处索回，统归英属。 关于新划界线争论

“从南坎至南冈一路，现英国政府拟请准其兵丁随便来往，无须请命于腾越官长，倘不听华官管束之土人有抢劫该路情事，则由英国惩治。”

马参赞曰：“科干本非中国索取，乃英国自愿相让者也。”

印度部黎侍郎曰：“按照《滇缅约章》，由太平江至南碗河之界线，业已将其全段考核十之九矣，须得大加修改；该段界线曾在去年九月（乙未七月）移送贵署之图内全行划明，现拟不作此请。惟新线之详细情形，今日本侍郎等因未查好，不能细说。该图前划界线处本应归我英国，但今当不复如此划法，拟将该线略改，期于中国有裨。至南碗河迤南之地，如中国允准英国立契永租，则英国自当缴纳租金，认为中国之地；所有治理管束之权，应由英国掌执，且在其地无论如何中国无审问狱讼之责。”

巴侍郎曰：“《滇缅约章》第十三条载明中国大皇帝可派领事官一员驻扎缅甸仰光；英国大君主可派领事官一员驻扎蛮允。惟查得蛮允只有户口百家，设立领事衙门殊不合式；现拟改设于腾越，缘该处为首要之区，且有华官

驻扎故也。”

未料索地如此之多

龚大臣曰：“本月二十日沙侯与余晤谈时，实未令余料到要向中国索地如此之多。”

巴侍郎闻言作色，不以为然，谓：“所索之地乃沙侯主意也。”

龚大臣曰：“据沙侯所言，只要将无关紧要之界线略为修改，仅索昔马及迤南另一角地以足形势而已。”

龚照瑗与巴争论之情形

巴侍郎答以：“沙侯嘱咐之意，系要取回北边之昔马以保八募、南坎、南冈一路，并取北丹尼及科干以成三角之势。”

龚大臣以前与沙侯会晤后曾电报北京，告知中国政府英国所索地段并无若此之多；今若此，是令伊为难也，颇恐。

巴侍郎又向龚大臣破解曰：“现中国在英国面上并无情让之处，乃沙侯情让中国，肯于中国违约之事大减其所索地方。”

龚大臣答以：“不能如此看法。”

巴侍郎又将《滇缅约章》为《中法新约》违背之故申说一番，曰：“英国政府须索赔补，早经告知中国政府；且英国政府不许将《中法新约》签押批准，亦早经告知中国政府。现在该约虽未交换，而中国大皇帝则实已批准该约矣。查沙侯曾以英国应索赔补之地指明处所，既又告知中国政府谓倘开西江口岸，则伊亦愿大减索地之请。今沙侯已经照办，不啻不要中国让地矣。盖英国现在所索者，向非为中国所有，且内有数地从未入贡中国，科干其一也。”

龚大臣曰：“中国政府见英国政府现索如许之地，必将骇异，以为既开西江则所索之地必定无几。现在所索实在太多，深恐难以商妥；况曾电报北京，言明英国止索昔马及另一角地。”

龚照瑗：所索太多恐难商妥

巴侍郎答以：“西江开埠一事，并非独给英国，盖各国皆在其内也，惟中国则可独得其利。以故不可因西江开埠而想沙侯即不索地也。沙侯曾言索地之议当为大减，兹已践言。如中国政府不允照现议办理，则英国将按沙侯原议而行矣。”

巴特雷：惟中国则独得其利

印度部黎侍郎将去年九月间（乙未七月）会议时所谈者向龚大臣覆述一遍，谓：“英国现索之地内并无中国一官一兵，且无丝毫中国制度。如以其地让英，则中国既无须退兵撤官，且不致有碍土人之目，觉得难以为情，盖有许多地方本在英国掌握中也。”

马参赞曰：“此地系中国前任使臣得之于英者，今乃欲令龚大臣仍还之英，则龚大臣所处境地，实觉为难。”

印度部黎侍郎曰：“早经说过，局面不同，现在所商各节，专为中国赔补之事也。”

马参赞曰：“前当商订《滇缅约章》时，江洪之猛乌、乌得外部深知所值无几。今因该二处让与法国，致有赔补之议，则自应按值索偿也。”

巴侍郎答曰：“中国不能说英所索让之地大于猛乌、

乌得，因中国不听英之阻止、诘责以及种种警词而大背《滇缅约章》故也。是以此次英国请让之地不能与中国让法者较量尺寸。倘中国不肯照现减之数让英土地，则英惟有将现在所据各地全行守住。”

印度部黎侍郎曰：“该地如让英国，毋须调动华官，缘其处本无华官，统为英国驻印总督辖治故也。”

巴侍郎现拟先办《续约》之稿，备录商办各节，遂将《续约》中应列款目略为一叙，并称畴昔之《滇缅约章》共有数条均须更改，议至此遂毕。

事关机要向甚秘之

右稿系蒙在驻英使署时从英文译出，曾由仰使函呈总署查照在案。事关柄国机要，向甚秘之。今《中英滇缅续约》画押互换后，约文业已宣布于外，兹故检诸行箧以付剞劂，藉表已故使英大臣龚公力疾从公，于此事争之甚力，而其中缘起亦可共白于世云。

嘉定吴宗濂附识

附录：总署王大臣致龚星使函

仰蘧奉常阁下：

密启者，三月十八、四月十七等日接尊处英字九号、十一号函并问答、界图，祗悉一切。野山界事，经执事磋磨日久，彼乃自露转圜；讵我徇其西江之请，而彼又将减地之议缩回。查台端正月蒸电尚只有昔马及误分之一角，嗣接元、效等电，科干又不肯让。尊议谓如此则野山之地我得无多，是彼陇蜀之求，高明早已见及。检阅滇缅寄图，宛顶连汉董，近逼腾越，几经争执而后划归，既吐复茹，令人愤悒。又阅来图，自北至南除昔马索回外，沿边均有黄色一痕，彼盖欲于金沙、八幕之交不令我越雷池半步。尊处执《滇约》第二条、第五条与之剖辨，诚为扼要，得尺得寸，惟赖荩筹。 陇蜀之求令人愤悒

至西江通商口岸，索至五府四处之多，兼扼广、澳两口之要，尤为无理要求。查内府舆图，惟磨刀门为西江下游出口之路，即澳门上溯之口也。至由虎门经黄浦〔埔〕至佛山，浅狭无定，不便商轮。且由三水以上，惟肇庆至德庆抵梧州注明西江，若自梧上溯，北则曰桂江，西则曰龚江、藤江，并无西江名目。此皆中国旧图及两广志乘所详载而确有可凭者也。中国图志所无又经奏定，本处断难迁就，希即据此力争。 西江通商无理要求

通商以来，彼人往往以洋税利益饵我，议者遂谓公共通商处所，遇事即可保全；究竟内厘外税、在上在下、孰损孰失，统计自当明晰。且用兵以来仍守局外，何所得其保全？此事若万不得已，两害相权，则野山尚在边檄，或可盈缩分毫；至西江埠头，名目有定，惟有坚持到底。事由法界生波，与彼此开衅后议界设埠者大有径庭，若执事据理与之熟商，当能开悟，不致久持不决也。 彼以洋税利益饵我

专此布复，顺颂

勋祺！（二十二年五月初五日，利字第六号）

恭亲王　庆亲王　荣　禄　敬　信
翁同龢　李鸿藻　张荫桓　吴廷芬　同启

光绪二十二年六月十二日接总署电

法使在京哓哓不已

奉旨：猛乌、乌得地方，向属中国，本不在缅图分界之内，前次薛使进图可据。现在英国勘员所绘清图究竟若何？沙外部复法国办法有无争执？即着龚照瑗切实询明具奏。近日法使在京哓哓不已，兹事不可再有延搁，致生枝节，钦此。

七月十六日接总署电

酌让数里毋再求益

奉旨：《缅约》所定野人山界，中国所得无多，岂容再让。惟英与我邦交已久厚，八募左近及红奔河以西尚可酌让数里。著龚照瑗明告外部，此系情让，毋再求益，钦此。

附录：丙申八月初十日
总署致龚星使电

总署致电龚照瑗

窦使来言：奉有外部训条，议定《滇缅新约》。交到约稿二十条，地图一张。其第一、第二、第三款系改经纬度数，自萨伯坪起至工隆、孟连、孟仑止，大致与尊处寄来之蓝黄小图同，所画地名多薛图所未载。第五款言不能将孟连及湄江右岸之江洪片土让与别国；第十二款言展拓缅甸铁路，接入中国境内；第十三款言设领事于腾越、顺宁、思茅，常赴大理、云南考察商务；第二十款言乙未《中法条约》利益。馀款与《旧约》相似。

又，另交专条一款，言在新疆设领事通商，听英人随便游历，英人居新疆按《律约》第五十四条、辛巳《俄约》第十二条而行，通商无限制、暂时不完税。

本处驳以：沙侯原议，若西江通商则索野山地必大减。今索回之地既如此其大，而所索他项利益又原议所无。至《乙未约》系专条，岂能援照；《辛巳约》系陆路通商专约，岂能因改《缅约》而牵涉，沙侯决不如此无理。窦使允听本处酌商，给与节略。 总署驳议

据尊处去秋、今春函电，事之端委已具，不料其要索如此之多。三月敬电有“随时密告，俾有限制”之语，深佩荩筹。希赴外部探明订约援据。马参赞于界务最熟，当能得力。如有挽回，希速电知。

动履欠和，弥念；替人尚难，仍烦擘画。

光绪二十三年正月接京电

《缅约》及西江通商已画押，法廷甚不谓然。鸿，支。

附录：滇缅原约

三等参赞官张斯栒译

大清国大皇帝，大英国大君主、五印度大后帝，现因两国如此和好，极愿固结邻交，益加亲睦，订立条约，俾光绪十二年六月二十三日北京所立《缅约》第三款之事得以办妥，大清国大皇帝特派钦差驻扎英京大臣、二品顶戴、都察院左副都御史薛，大英国大君主、五印度大后帝 滇缅原约

特派钦差管理外部事务大臣、勋赐极尊韡带宝星、世袭伯爵劳，各将钦奉全权文凭互相校阅，均属妥协，议定条款如左：

滇缅原约 第一条：一、今议定两国边界自北纬二十五度三十五分起，由格林尼址东经九十八度十四分——即北京西经十八度十六分之尖高山起，随山脊而行，向西南过高仑坪及瓦仑山尖，由此过华昌村与高仑村之中间——以华昌村归缅甸，高仑村归中国——至萨伯坪。

自萨伯坪起，其线向西而行，稍向南，过式脱仑坪到纳门格坪，由此仍向西南随山脊而行，至大萨尔河；自此河源至此河与南太白江相会处，分尤克村在东，列捧村在西。

自大萨尔河与南太白江相会处起，界线溯南太白江而行，至此江与雷格拉江相会处，循雷格拉江上至其源——在尼格兰相近；自雷格拉江发源处分尼格兰古庚升格拉在西，昔马及美利在东；其线自来色江之西源起，至此江与美利江相会处，复溯美利江上至其源——在赫畚辣希冈相近；再向西南顺列塞江而行，自列塞江源至该江流入穆雷江处——在克同相近——分克同村在西、列塞村在东，界线即循穆雷江向东南而行，至与既阳江相会处；然后溯既阳江上至其源——在爱路坪相近；然后由南奔江（即□□□）西支源起，顺南奔江而行，至流入太平江处（即大盈江，一名□□□）。以上系首段之边界线。

第二条：一、第二段之边界由库弄河（一译作葛龙江）与太平江相会处起，循库弄河经过其西边一条之支江至其源，自此向南而行，与洗帕河相会（即下南太白江），适在汉董之西南，以麻汤归英国，叠弄格东铁壁关、汉董归中国；至此溯洗帕河之支江而上——此江有源，最近孟定格江之源——即循山脊而行，向东南方至南碗河边靠南之克沱，以克沱归中国，配仑归英国；循南碗河向西南方而行，下至该河转向东南处，约在北纬二十三度五十五分，其线由此往南，稍向西至南莫江以南，尽归英国；循南莫江而行至南莫江分开处，约在北纬二十三度四十七分，溯南边一条之支江而行，至蛮秀南边高岭之脊，约在北纬二十三度四十五分，即循此岭脊而行，此岭脊系向东行，稍向北至瑞丽江而上至此江分流处，再溯南边一条之支江而上——以江中大洲归中国——至此江与孟卯相对东边合流相近之处，如第三条所开。 滇缅原约

中国答允：由八募至南坎各路中之最捷一条大路，往南碗河之南中国一小段地内，除中国商民与土人仍旧任意行走外，亦可听英国办事官员及商民、游历之人行走，并不阻止。英国如欲修理此路或设法改筑可臻平稳，告知中国官后便可动工办理。又有须保护商贾或防偷漏等事，英国亦可筹备办理。又议定：英国之兵可以随便经过此路，但如兵数过二百名者，若未经中国官答允，即不准过此路；所有带军器之兵，如在二十名以上，即须预先行文知照中国。

第三条：一、第三段之边界自瑞丽江与孟卯相对东边

合流相近之处起，照天然界限及本地情形，东南向麻栗坝而行，约到格林尼址东经九十八度零七分——北京西经十八度二十三分——北纬二十三度五十二分地方，有一大山岭，自此循岭脊而行，过来邦及来本陇至萨尔温江——即潞江，约在北纬二十三度四十一分。此段由瑞丽江至萨尔温江之边界，应照第六条所开，由勘界官划定；所有归与中国之地极少，须与孟卯至麻栗坝作一直线为边界所包括之地相等，倘查得合式可为边界之处，尚须加添少许之地归中国，则中国应将别处边界之地给还少许与英国，此事俟日后酌办可也。

自北纬二十三度四十一分起，边界线循萨尔温江至工隆北首之边界，即循此工隆边界向东留出工隆全地及工隆渡归英国，科干归中国。由此循英国所属之琐麦与中国所属猛定分界处之江而行，仍随此两地土人所熟识之界线至界离此江登山处，以萨尔温及湄江（即澜沧江）之支江水分流处为界线，约自格林尼址东经九十九度——北京西经十七度三十分——北纬二十三度二十分，约至格林尼址东经九十九度四十分——北京西经十六度五十分——北纬二十三度，将耿马、猛角、猛董归中国。在格林尼址东经九十九度四十分——北京西经十六度五十分——北纬二十三度处，边界线即上一高山岭，此山名公明山，循山岭向南而行，约至格林尼址东经九十九度三十分——北京西经十七度——北纬二十二度三十分，以镇边厅地方归中国；然后其线由山之西斜坡而下至南卡江，即顺南卡江而行，约过纬度十分之路，以孟连归中国，孟仑归英国。然后循孟连与康东之界线——此界线亦皆土人所熟悉——至北纬二十二度稍北处，即离开南卡江向东略南循山脊而行至南垒江，约在北纬二十一度四十五分、格林尼址东经一百度——北京西经十六度三十分，由此循康东及江洪之界线——此界线大半系顺南垒江而行，惟除属江洪一小带之地系在南垒江之西，北纬二十一度四十五分稍南。界线行至江场边界后，约在北纬二十一度二十七分、格林尼址东经一百度十二分——北京西经十六度十八分——即循江场与江洪之界线而至湄江。

第四条：一、今议定北纬二十五度三十五分之一段边界，俟将来查明该处情形稍详，两国再定界线。

第五条：一、现因中国不再索问永昌、腾越边界外之隙地，英国大君主于北丹尼（即木邦）地及科干照以上所划边界让与中国之外，又允将从前属中国兼属缅甸之孟连、江洪所有缅甸上邦之权，均归中国大皇帝永远管理，英国大君后于该地所有权利一切退让。惟订明一事：若未经大皇帝与大君后预先议定，中国必不将孟连与江洪之全地或片土让与别国。

第六条：一、约内所开边界各线及所附之地图，绘明详细，应由两国所派勘界官比较划定，以免地方官民争论。如查得无论何处有未甚妥洽应行更正者，两国勘界官应于交换批准条约之后十二个月内，在两国届时所定之地相会。勘界官自首次相会之日起，应限定不出三年之外将两国界线一律勘定。倘两国勘界官查出所定界线必须改易，其互易之地不应仅视其地之大小，须论其地土之肥瘠及紧要与否。倘勘界官不能商妥，应速将未妥情形各报明本国国家核办。

勘界官又须设法查勘中国旧边界名为汉龙关者，倘查得在英国界内，当审量可否归还中国（如查系在孟卯东南，即系在孟卯至麻栗坝直线之北边，则已归中国矣）。

第七条：一、划界之事经两国勘界官勘定后，两国如有越界之兵寨等，应于八个月内一概退出。彼国兵退，此国立即派兵接驻，两国应将退兵、驻兵日期预相知照；自驻兵之日起，应各担保界内所居之各种野人①安静无事。除保护边界各地安静必应有之兵寨外，两国答允各不在边界十英里之内建修新旧炮台营寨（英里量法系从最近之边界作一直线量之）。

第八条：一、英国极欲振兴中缅陆路商务，答允自条约批准之日起，以六年为期，中国所出之货及制造之物由旱道运入缅甸，除盐外概不收税；英国制造之物及缅甸土产运出缅甸由旱道赴中国，除米外概不收税。其馀悉照第十条、第十一条办理。以上盐、米之税，不得多于出入海口所收之税。

第九条：一、凡货由缅甸入中国或由中国赴缅甸，过边界之处，准其由蛮允、盏西两路行走，俟将来贸易兴

---

①野人：当时统治者对当地（滇缅境内）少数民族之蔑称。

旺，可以设立别处边关时，再当酌量添设。

中国欲令中缅商务兴旺，答允自批准条约后以六年为期，凡货由缅甸经以上所开之路运入中国者，完税照海关税则减十分之三；若货由中国过此路运往缅甸者，完税照海关税则减十分之三四。凡有陆路出入货物，应给发三联单——即子口税单，照通商口岸章程一律办理。运货经过中国地段，如在此约所准之路外及有偷漏等弊，倘中国愿行查办，即可将该货充公。

第十条：一、凡以下所开军器，非经国家准购，不得由缅甸运入中国，亦不得由中国运往缅甸。此等货物仅准售与奉有明谕购办之人，不得售与他人。如各种枪炮及实心弹、开花弹、大小弹子，各种军械、军火、硝磺火药、炸药、棉花火药及别种轰发之药。

第十一条：一、食盐不准由缅甸运入中国，中国铜钱、米豆五谷不准运往缅甸；鸦片及酒不准由两国边界贩运出入。惟行路之人准其酌带若干以备自用，每人准带之数，应照关章定夺（若犯此条及前一条，即将所有之货充公）。

第十二条：一、英国欲令两国边界商务兴旺，并欲使云南及约内中国新得各地之矿务一律兴旺，答允中国运货及运矿产之船只，由中国来或往中国去，任意在厄勒瓦谛江（即大金沙江）行走；英国待中国之船，如税钞及一切事例，均与待英国船一律。

第十三条：一、中国大皇帝可派领事官一员驻扎缅甸仰光，英国大君主可派领事官一员驻扎蛮允。中国领事官在缅甸、英国领事官在中国，彼此各享权利应与相待最优之国领事官所享权利相同。如将来中缅商务兴旺，两国尚须添设领事官，应由两国互相商准派设，其领事官驻扎滇缅之地，须视贸易为定。中英两国领事官在所驻之地与其地方大员往来，俱系平行。

第十四条：一、英国商民等欲由缅甸赴中国，应向合宜之英员请中国派驻仰光之领事官或边界上之中国官给发护照，方能前往。其护照式样一边英文、一边华文，与通商口岸所给护照无异。

华民欲由中国赴缅甸，如愿领护照者，可向华官请英国驻扎蛮允之领事官给发护照；倘过〔遇〕中国别地有一英国领事，亦可就近请给护照。

第十五条：一、英国之民有犯罪逃至中国地界者，或中国之民有犯罪逃至英国地界者，一经行文请交逃犯，两国即应设法搜拿，查有可信其为罪犯之具，交与索犯之官——“行文请交逃犯”之意，系言无论何官，只要有官，即便可行文请交；此种请交逃犯之文书，亦可行于罪犯逃往之地最近之边界官。

第十六条：一、今欲令两国交涉与贸易日臻蕃盛，并欲中国派驻仰光之领事与中国大宪往来通电，两国答允俟可设法通电之时，应将两国电线接连。此线创办之始，专寄滇缅官商等往来电报。

第十七条：一、两国人民无论英民在中国地界或华民

在英国地界，凡有一切应享权利，现在所有或日后所添，均与相待最优之国一律，不得有异。 滇缅原约

第十八条：一、约内所开通商各节，俱非寻常款例，此由两国察看地方情形及中缅陆路通商应办之事互相允让而立，所有互给权利于两国之民除有同样情形外，不得在别处接壤之地照样索问；即使有同样情形，亦必有同样之允让方可。

第十九条：一、以上通商章程系暂行试办，俟两国察看得详细情形，如何去碍获益，可于交换批准条约六年后，或中国愿行修改，或英国愿行修改，均可商议；倘两国俱愿略早修改亦可。

第二十条：一、此约由大清国大皇帝，大英国大君主、五印度大后帝批准，自画押之日起，准六个月在伦敦互换，或能略早亦可。此条约应于交换后立即开办，现在大清
大英国各大臣先行盖用关防，以昭信守。

此约共四分，华文两分，英文两分。

光绪二十年五月　日
西一千八百九十四年二月　日 在伦敦立

劳偲伯力
薛福成 押

龚星宪奉到致贺登位国书案卷

致贺登位
国书案卷

致法国外部大臣博得禄文

（乙未十二月初二日）

为照会事：本大臣钦奉本国大皇帝致贺贵国大总统登位国书一道，理合躬亲呈递。适因抱恙未痊尚须稍迟数旬方克到法，以尽呈递礼节。合将国书译成法文，先行咨送贵大臣，请烦查照。

法国外部大臣博来文

为照复事：本国总统福尔曾以膺举登位之事奉书贵国大皇帝，兹承大皇帝赐书相答，由贵大臣先将译文咨送前来，本大臣业已进呈御览矣。

为此照复。

西一千八百九十六年正月初三日

法国外部大臣博来文

为照会事：窃照贵国大皇帝以本国大总统举登御极，贻书致贺，特委贵大臣赍呈，当承贵大臣将国书之抄稿译文先行咨送本大臣在案。

查各国君主因本国总统登位所致国书，皆为本大臣亲代进呈。倘蒙贵大臣将贵国大皇帝之国书原件移交前来，本大臣敬当循案办理。虽贵大臣敬礼有加，前者来文曾言拟欲躬亲到法，但若照本大臣所述办法，则贵大臣即可免此一番跋涉也。

为此照会。

西一千八百九十六年正月二十三日

致法国外部大臣博

为照复事：照得贵大臣于正月初三及二十三日（中十一月十九日及十二月初九日）两次来文，本大臣均已接到。所有本国大皇帝奉贺贵国大总统之国书一道，本大臣本系奉命躬亲敬递，只缘为病所阻以致至今未克成礼。乃蒙贵大臣厚意有加，于正月二十三日文称愿代呈递等因。本大臣奉示之下，感谢良深。兹将国书一道即行寄上。

至本大臣交卸驻法使事，循例应有辞行国书，刻下尚未奉到。倘蒙贵大臣于进呈贺书时代申下悃，则本大臣实切心铭焉。

为此照复。

西一千八百九十六年二月十二日

附录：总署咨文

为咨行事：光绪二十一年六月二十日本衙门具奏法国新主摄位呈递国书请旨答复一折，即日钦奉朱批："依议，钦此。"兹准军机处将答复法国国书一道发交本衙门前来，相应抄录原奏，恭录朱批并国书一道，备文咨送贵大臣祗领赍递可也。

须至咨者。

附抄件

谨奏：为法国使臣呈递国书，援案请旨答复，恭折仰祈圣鉴事。窃本年五月十五日臣等带领法使臣施阿兰觐见，呈递该国国书讫。臣等查历来西洋各国呈递国书，均经奉旨颁给答书，以见往来交际之谊。光绪十二年法国使臣戈可当、二十年法国使臣施阿兰先后呈递国书，均经臣衙门援案奏办。此次法使臣施阿兰呈递国书后，龚照瑗来电询及答书寄洋之期，臣等谨援成案拟办，另缮清单恭呈御览。如蒙俞允，即由臣衙门送交军机处敬谨缮写，请用御宝，交臣衙门转寄出使大臣龚照瑗赍送，以重邦交。

所有请旨颁给法国答书缘由，理合缮折具陈，伏乞皇上圣鉴。谨奏。

光绪二十一年六月二十日具奏

奉朱批："依议，钦此。"

光绪二十三年二月初五日接京电

奉旨：聘问往来，邦交所重，嗣后各大国如有称庆之事，该出使大臣驻扎彼都，一有见闻，著先期速即电达，毋得临时再行奏请，钦此。

龚星宪派吴道宗濂代递致谢国书案卷

致谢国书案卷

致比义国外部大臣福子爵佛佛罗纳司德文

为照会事，前以我国皇太后六旬万寿，承贵国大君主寓书致贺，我国大皇帝用备致谢国书一件，特派本大臣亲递贵国大君主。本大臣钦奉之下，久欲躬亲敬递，乃以抱恙已及一年有馀，缠绵未愈，遽难远行，不得已将委代理二等参赞官吴宗濂赍交贵大臣请为转呈大君主。至本大臣不克亲递之歉忱，尤望贵大臣婉为上达焉。

为此照会。

比国外部大臣复文

为照复事：照得本大臣日前接准贵大臣来文并递到贵国大皇帝复谢本国大君主申贺贵国皇太后六旬万寿国书，因贵大臣不得亲自驾临，委派贵署二等参赞官吴宗濂代递前来等因，本大臣当即代为进呈御览。至贵大臣政体违和，本大臣闻之实深怅惘，惟望早日复原，以符私颂。

为此照复。

一千八百九十六年十一月二十六日

光绪二十二年十月二十二日

义国外部大臣复文

为照复事：前以贵国皇太后六旬万寿，我国大君主奉书致贺，遂承大皇帝答谢有加，特颁国书一道，由贵大臣委二等参赞官吴宗濂赍送前来。本大臣祗领之馀，当即进呈大君主御览。贵大臣以抱恙之故，致久欲亲递而未克如愿，本大臣良觉怅然；所冀喜占勿药，从速就痊，是则本大臣所虔祝者耳。

为此照复。

一千八百九十六年十二月二十日
光绪二十二年十一月十六日

龚星宪遵查英厂兵船式样价值并论英日水师及琅威理事致总署总办公函

清轩　君实　闰生　季卿
春舫　瑶圃　久山　仁兄大人阁下：

前上英字第九号芜函，谅邀荃览，敬维勋祉崇绥，至以为颂。

现需整理海军

敬启者：去岁九月二十八日接奉贵署电开“据竹筼七月支电，祗查伏耳铿厂船式至今未见续电。现需整理海军，所询各船厂新式铁甲大船、头等快船及鱼雷舴艇每船炮位大小数目、吨里速率、切实价值、有无现成，如须定制，每船约几时可成，详电复，转电庆使”等因。除将原电转致庆蔼堂星使将法厂情形径陈贵署外，所有英国各厂由弟查悉并无现成之船，即有亦不合式，似须定制。

新式兵船

据阿摹士庄厂送到近来新式各兵船图七张，附有节略七分，当饬译员在图中注明号数、名目，并将节略译出，分订两本，一系摘要，附列价单；一照原文详译汉文（见《记闻》部）。兹将华文两分、英文一分、又图七张共一束，由局分别寄上，统希查收，转呈堂宪暨海军衙门察阅是幸。此外尚有五六厂，虽亦以专造兵船为事，但因与使署素无交易，且闻为寓华之洋商包揽预订合同，故至今未肯开送清单，不知究系何如？

却敌自强必资利器

夫却敌首在自强，而自强必资利器。方今重洋洞辟，八达四通，彼皆恃其炮巨船坚，动相挟制。我国现立水师，事同创始，堂宪未雨绸缪，整理海军自是探骊要着。

查水师章程以英为最，水师声势亦以英为大。弟故托外部转恳海部为中国海军代筹一切，举凡船只须若干之数，炮位以何式为宜，船坞应若何布置，兵丁用何法操练，皆当详细叙明，开成条目，以便译呈而资采择。惟此时英亦在增拓海军之际，公务倥匆，日不暇给，故尚未将所恳者备稿移送也。

日前英海部尚书在议院宣告增拓海军情形，议准本年水师经费英金二十一兆八十二万三千镑，较之去岁盖增三兆十二万二千镑。按：英除旧船不计外，自光绪十五年起至本年止，新造者已有战船一百零五只，鱼雷猎船六十二只。今尚欲添造钢甲船五只，头等穹甲快船四只，二等穹甲快船三只，三等穹甲快船六只，鱼雷猎船二十八只，限四年告竣。则其安不忘危、争强好胜之意，可见一斑。

日本定造钢甲战船

又查日本于去年和局之前，即在英国阿摹士庄、达门士两厂定造钢甲战船二只。其阿摹士庄厂所造者，船身已于前月十七日下水，极为庞大，压水力计有一万二千三百吨，拟定所置炮位计有四十九吨之大炮二尊、快炮三十尊、放鱼雷筒五个。其在达门士厂所造者，船身定于本月十八日下水，长四百尺（照英尺计，馀同），宽七十三尺，压水力一万二千四百五十吨，机器马力一万三千五百匹；拟定所置炮位计有十二寸径之大炮四尊，六寸径炮十尊，哈乞开司快炮二十四尊，放鱼雷筒五个。闻本年尚须定造二船，明年三船；顷其海部又经定议再添七船，惟向何厂定造，刻下尚未揭晓耳。去腊洋报曾载日本扩充海军，拟除现有兵船外，添造各项船只须共得压水力二十万吨之谱，分十一年办齐云云，实非虚语。兹更证以近日所闻，则该国认真举办，不以一得自封也。

我国现当重整海军之际，立基必期精当，想堂宪自有卓见，惟远敌近敌之情形，弟自不敢默尔。伏希代为回明，实所盼祷。

肃此奉布，敬请

台安！

水师提督琅威理

敬再启者：英水师提督琅威理本弟旧识，因闻弟病，上月曾来看视。晤谈之际，弟询其中国前者招请回华，何以不往？答称时值抱病，且未奉本国家之命，故不克成行，时深抱歉。今中国正拟重整海军，而沙侯及海部尚书俱欲伊回华相助，已嘱宝署使转达总署。现伊虽在本国统带兵船四十馀只，亦肯弃而东行，以供差遣，中国家昔日厚待之恩至今未忘，时常恋恋，等语。言至此潸然泪下而别。

察琅威理年虽渐老，精力尚强。如中国假以事权，使之整顿一切，必于新设海军大有裨益。故弟前在沙侯处亦曾言及去岁中国本有复用琅威理之意，因贵国家许可与否未得确音，事遂罢论。沙侯云：深望琅威理到中国练支得力水师，以助中国强盛，已商之海部云云。用敢奉告，即乞一并回明堂宪酌夺是荷。 琅虽年老精力尚强假以事权必有裨益

肃此再布，敬请

台安！

英字第十号

英国阿摹士庄厂拟造各种兵船价单

计开：

头等钢甲战船一号：压水力一万五千吨，船身及汽机英金八十五万镑，军械英金三十二万三千镑，共计英金一百十七万三千镑。 兵船造价

二等钢甲战船一号：压水力一万零五百吨，船身及汽机英金六十五万镑，军械英金十八万七千镑，共计英金八十三万七千镑。

头等穹甲快船一号：压水力六千吨，船身及汽机英金

二十七万五千镑，军械英金十五万镑，共计英金四十二万五千镑。

各种兵船造价

二等穹甲快船一号：压水力三千二百吨，船身及汽机英金十五万五千镑，军械英金八万五千镑，共计英金二十四万镑。

鱼雷炮船一号：压水力一千二百吨，船身及汽机英金八万四千镑，军械英金二万五千镑，共计英金十万九千镑。

鱼雷炮船一号：压水力九百吨，船身及汽机英金六万九千镑，军械英金一万七千七百镑，共计英金八万六千七百镑。

鱼雷猎船一号：压水力二百五十吨，船身及汽机英金四万二千镑，军械英金九千五百镑，共计英金五万一千五百镑。

附录：光绪二十二年九月初七日
龚星使接总署知照定购快船电

订购快船

本署向阿摹士庄厂订购四千三百吨、速率二十四海里快船二艘，共计连炮实价六十五万六千四百八十五镑，合同、造法清册由该厂寄交经理人补海师岱送署，现与订明画押，希告本厂。虞。

龚星宪请派陈牧恩泰监造兵船致总票总办公函

久山　瑶圃　虞裳　鼎臣
春舫　季卿　梦陶　仁兄大人阁下：

敬启者：九月初七日接奉电示，藉悉钧署现与阿摹士庄厂订购快船二艘，连同炮位共六十五万六千四百八十五镑，已与该厂驻华经理人补海师岱立券画押。奉读之下，欣佩无既，弟遵即知照该厂矣。

查各国在各厂定造船艘，向派熟悉船务之员常川监视；中国前在该厂定造兵船，亦曾仿办。此次订造快船二艘似宜派员监视，以重要工，而敝馆现无水师员弁堪膺斯职。查去岁北洋派往德国接收“飞鹰”猎船之陈牧恩焘道出伦敦，曾在敝馆住宿数日，知其于水师之学实有心得；前者肄业英国水师练船，考列上等，天姿聪颖，能发前人未发之奥，西人皆为之倾倒。若以该牧派充监工，洵能胜任愉快。且督同考校，足以增长新学，与中国船务更属有裨。想该牧现必仍在北洋供差，敢请回明堂宪，就近咨调，派令来洋监造，曷胜盼祷之至。 派员监视定造兵船

专此奉布，敬请

台安！

龚星宪沥陈马克心罗登飞厂快炮之美并在华洋商把持渔利情形致总署总办公函

日前寄奉英字第十八号函，谅邀台览。敬维荩祉崇绥，百凡如意为颂。

外洋各国崇尚快炮

敬启者：查现在外洋各国崇尚快炮，而英伦马克心罗登飞厂所造者最为灵捷便利，即阿摹士庄、克虏伯等名厂，亦购用其法，水陆军营皆足制胜，各国定制者日见其众。上年南、北洋亦曾购置多尊，有由寓华洋商经手者，亦有托敝馆向该厂订购者。因敝馆无用费，议允悉照厂价九成给付，所扣一成，全属公家之利。其有托该厂代为运华之炮件，除水脚及保海险费外，亦不给该厂他项用费。至由洋商经手，非惟所扣之一成入其私橐，且包运之费尤多不实，殊难究诘。

此次钧署在阿厂订购之快船二艘，船中小快炮谅有用马厂法者。查阿厂与马厂订明，凡用其法所造之炮，售出后以三分之二之利与之；是阿厂势不能不稍增其价以留馀地，较之径向马厂订购，其工料之间亦不无区别矣。

再查在华各洋行如信义、瑞生、泰来、礼和等，俱与克虏伯、伏耳铿、阿摹士庄诸厂预订合同，凡有中国采买船械等项应由彼等经手；纵使不由彼等经手，各该厂仍须照数提给该商等坐费数厘，视为成例。彼等亦曾向马厂商订合同，马厂未曾应允，故无上项情弊。马厂所与立合同者只有元丰顺一行，然曾声明倘中国自向马厂购炮，元丰顺不能按索坐费；盖以西洋各国向各厂购件甚多，从无此等陋习也。因思中国现值整顿武备之时，购办船械尚须踵起，能设法破其积习，俾在华洋商不得垄断把持，坐享利益，则省暗耗之金钱，储自强之利器，实大有裨益也。弟为公家度支起见，用敢不避嫌怨，谨将寓华洋商盘结包揽情形，缕晰奉告，伏希回明堂宪是荷！ 寓华洋商盘结包揽

英字第十九号，丙申九月十七日

马克心自放枪口机器陆军炮图

图见插页

中英合璧表①

龚心湛译

炮身重六十磅

炮架重六十磅

每分钟放六百响

全炮长四十二英寸

炮弹击远二千五百尺②

---

①此表及以下各表均附有英文表，从略。

②尺：据原书所附英文表，“尺”系“码”字之误，该炮射程应为二千五百码。

附价表

每尊炮连同机件、炮标及放三分零三炮弹等件价二百二十五镑

另配机件价二十镑

每副配件及器具价九镑

装一百颗[①]弹子用弹箱、弹带价六镑四先令

炮架连升降等机价三十五镑

以上共价英金二百九十五镑四先令

三分零三口径无烟火药炮弹每千颗价英金七镑十先令

图见插页

马克心小口轻机自放水师炮图

中英合璧表

龚心湛译

炮身重六十磅

水师炮架重一百二十五磅

每分钟放六百响

全炮长四十二英寸

炮弹击远二千五百码

①一百颗：据所附英文表，“一百颗”系一千颗之误。

附价表

每尊炮连同机件、炮标价二百二十五镑

另配机件价二十镑

每副配件及器具价九镑

装一千颗弹用弹箱、弹带价六镑四先令

水师炮架连同升降、护肩等机件价四十镑

以上共价英金三百镑四先令

马克心三分零三口径无烟火药炮弹每千颗价英金七镑十先令

罗登飞三管枪口机器陆军炮图

图见插页

中英合璧表

龚心湛译

炮身重九十六磅

车轮三足炮架重二百十五磅

每分钟放四百响

全炮长四十英寸

炮弹击远一千八百码

附价表

每尊炮连同机件、炮标及放三分零三炮弹等件价一百六十五镑

每副配件及器具、弹槽、送弹等件价十九镑

车轮三足炮架连同车轴、车杠价七十九镑

以上共价英金二百六十三镑

三分零三口径无烟火药炮弹每千颗价英金七镑十先令

图见插页

罗登飞五管枪口机器水师炮图

中英合璧表

龚心湛译

炮身重一百五十九磅

水师炮座重一百八十五磅

每分钟放五百响

全炮长四十八英寸

炮弹击远一千八百码

附价表

每尊炮连同机件、炮标及放三分零三炮弹等件价二百四十镑

每副配件及器具、弹箱、送弹等机价四十镑

水师炮座价四十镑

以上共价英金三百二十镑

马克心三分零三口径无烟火药炮弹每千颗价七镑十先令

龚星宪拟调陈牧恩泰顺查义厂致总署总办公函

顷奉堂宪七月二十八日利字第八号函谕，以义国巴使兜揽生意，委弟派员前往该国各厂详细阅看，并将宽副将烧煤油渣法一并考求等因；仰见堂宪于顾全睦谊之中仍寓慎重购械之意，不胜钦佩。

烧煤油渣法

伏查义大利本欧洲名国，其水师船只及制造各厂，宏巨虽逊英德，然亦尽有可采之处。矧我国现值整顿伊始，自宜多方考求，以获众益。惟弟适卧病未痊，难以亲往，而本署参赞各员亦无熟悉洋法军务者，势难迁就委派。查弟英字第十八号函请饬派来英监督船工之陈恩焘，本系闽厂学生出身，且在英水师船历练有年，实于此项差使最属相宜。现在于阿厂所定两船开工尚需时日，拟请即派该员于来欧时顺道先赴义大利各厂详加考察，兼查烧煤油渣之法是否与义使所开三款相符，事竣然后来英督视船工，实觉两有裨益，敢请回明堂宪为荷。倘蒙俯允调派该员，并望赐电示知，实所盼祷！

英字第二十一号，丙申九月十一日

龚星宪据陈牧恩焘禀陈阿厂船工及凤主事凌、吴道宗濂禀复义厂情形致总署总办公函

去腊奉寄英字第二十四号芜函，计邀荃察。献岁以来，敬维禔福蕃膺，勋猷茂著，讦谟景系，忭颂弥虔。

敬启者：弟前因钧署向阿摹士庄厂订造之船，据报业已开工而尚无监造之员，故商之许竹筼星使允暂调监视德厂快船委员陈牧恩焘来英监视，经于上年十二月初五日电达冰案。嗣该员于正月初五日行抵伦敦前赴该厂考察全船布置以及炮械利钝。旋据禀称：

关于阿厂船工的考察情形

> 详读合同，细考图式，每艘上层舱面安设八寸口径快炮两尊，四寸七分口径快炮十尊，四十七密里哈乞开司快炮八尊，前后望台设四十七密里哈乞开司快炮四尊，前后桅盘设三十七密里哈乞开司快炮六尊，中层舱设四十七密里哈乞开司快炮四尊，船首设十八寸径鱼雷炮一尊，船头左右两旁各设鱼雷炮六尊，船尾左右两旁各设鱼雷炮一尊，炮械之多，为中国各船所未有。惟中舱仅有四十七密里哈炮四尊，稍见力薄，拟请改用十二磅子阿摹士庄新式快炮四尊，似较得力，各国新造之船无不配用。桅盘及望台设炮，原为击毁敌船舱面炮勇及攻雷艇之用，不求炮之大小，只求炮之快利。查马克心新式三十七密里快炮每分钟可放二百五十出，枪子快炮每分钟可放六百出，洵为

当今利器，各国水师、陆军争购用之，较诸四十七密里、三十七密里之哈炮每分钟只放三十出者，利钝悬殊。拟请将前后望台原设之四十七密里哈炮四尊改用马克心新式三十七密里快炮四尊；前后桅盘原设之三十七密里哈炮六尊，改用马克心新式枪子快炮六尊。估计价值每船仅增五百馀镑英金，而炮位数目仍与原定之数相符，似此略为变通，更见得力适用。业与阿厂总办商过，意见亦同。

洵为利器各国争购

又读合同内载：阿厂仅配十八寸径鱼雷筒每船五尊，至用何式鱼雷，每船配若干尾，由中国另行择购，不在合同之内等语。卑职查中国从前舰艇雷营向用德国刷士考甫鱼雷，即现有之鱼雷营厂、猎船、练船所储鱼雷，亦系刷厂所造。诚以设厂鱼雷各国购用甚多，此次总署在德厂订造各船亦用刷厂鱼雷，故阿厂两船拟亦请配用刷雷，以归一律。每艘快船有雷筒五具，每筒应配十八寸径鱼雷三尾，合之两船共应配三十尾，恳请电商总署，即赐核示，以便回覆阿厂，俾可按式铸造雷筒，不至延搁要工。

关于鱼雷情形

又查第一船于去年十一月二十七日上龙骨，第二船于本年正月十七日上龙骨。察看工程尚早，按照合同期限，须至明年三四月间方能竣工。拟请添调熟悉制造者一二人常川驻厂监视工程钢料，如验有工料不佳、钢板有疵等弊，立即剔换。此载在合同，中国可派一员或数员来厂监造，而各国在此订造船只亦如是

订造船只情形

办法也。中国现在德国订造快船亦然，除卑职不计外，尚有制造官两员随同监验工料。盖监造分为体、用两途：制造官以监造工料坚实不背合同，是体也；水师官监视全船布置、炮械部位及一切航海器具，以合时宜，是用也。二者原难兼顾，缘监视工料者必须常川驻厂，盖钢料随到随验，佳者凿印为记，然后配用，不佳者剔换；工程须逐日入厂巡察，庶免含混。

再细考船图，子药舱太小，因近时均尚快炮，施放子弹极其神速，有事时易于溃竭，已与阿厂商妥，将附近之存储杂械舱一并改为子药舱，俾可多储子药各等语。

该员所禀情形，尚称详切。其拟请改用快炮一节，查船坚尤资炮利，故欧洲暨美洲各国兵船，近皆竟用马克心新式快炮，盖以其快利更甚于哈乞开司也。即如哈乞开司三十七密里快炮，每分钟只放五出至三十出；马克心三十七密里快炮则每分钟放二百五十出，有阿厂所刻炮表可征。且该厂近年亦与马克心厂订立合同，仿造马厂新式各炮，马厂炮之见重于人，即此可见。至陈恩焘以中层舱仅设四十七密里炮四尊，稍形力薄，拟请改用阿厂新式十二磅子快炮以期得力，不为无见，自应统候钧署所派专员到时再行斟酌。

船坚尤资炮利

顷奉钧署俭电内开“阿厂两船按照合同均用阿厂炮，并无哈乞开司炮”等因。查阿厂抄送洋文合同后附之炮械清单内，载明四十七密里及三十七密里快炮均用哈乞开司。盖该厂小炮皆系购仿哈乞开司式样以制，若换用马克心，亦系该厂仿造也。兹将该洋文炮械清单一本、阿厂所刻炮表一纸并马克心各炮图说一册，寄请转呈堂宪察阅。

详议陈恩焘所陈

又，配何式鱼雷一节，当经电奉钧署复以应用刷次考甫鱼雷，业经饬陈牧转告阿厂。至应配鱼雷若干尾，应由钧署酌定饬遵，预向刷厂订购，以便随船装带回华。

又，拟请添调熟悉制造之员一节，查制造与水师之学，外洋分为两途，各国在阿厂订造船只，均派有该两项人员常川驻厂。该员请添调制造委员，自系为慎重要工起见。比接许竹使来函，亦以宜有精于制造之员驻视，并称船政学生陈长龄昔年在法学习制造，工夫尚好，得有堪充总监工凭据。弟因电商钧署，如未派专监工料委员，该生似堪胜任。旋奉电复“本署委员现已起程，无庸另派”等因，惟查陈生在洋肄业，既经考得凭据，其造诣当有可观。兹将竹使交来该生履历折略抄呈冰案，将来或有策遣之处，俾其得以及时自效。

又，扩充子药舱一节，查施放快炮，瞬息千弹，储子药之所自宜宽裕。惟船工方始装船，各事当在数月之后，亦应俟专员到时再行妥酌。所有现在情形，统希回明堂宪为荷。

丁酉正月二十九日，英字第二十五号

敬再启者：上年九月奉堂宪利字第八号钧函，嘱弟派员赴义察看各厂及烧煤油渣之法，当以此间无熟悉洋法军务之员，拟俟商调监视船工委员陈牧恩焘到英时饬令先赴义国考求一切，于英字第二十一号函中详陈冰案。嗣值游历官风主政凌赴义游历、翻译官吴道宗濂赴义赍送国书之便，因饬该员等按照钧署所开节略，详加考查。兹据禀复前来，细核之下，尚称详切，原禀（见《记游》部）录呈，祈代回明堂宪为荷。

至陈牧虽经竹使允暂调来英，而德厂船工正在吃紧，该牧尚有应办之事，拟即日返德，是以目前未便派令赴义也，用特附陈。

（丁酉正月二十九日英字第二十五号附启。

右两稿系星宪犹子、随员龚心湛拟）

龚星宪论阿厂船工致许星使函

昨奉灯节前一夕惠书，聆悉一切。献岁发祥，即维起居多福为颂。弟语言尚滞，两腿仍复软弱，且自去春咳血之后，痰中不时带红，回忆阁下曾有恐难断根之言，深服先见。据医云：伦敦天气，阴霾太甚，于贱恙不宜，若换居水土温和之地，当有起色。幸罗稷臣星使三月间即可到英，玉门在望，胸臆稍纾。阁下注念殷拳，想亦代为色喜也。

龚照瑗之病情

蒙允饬令陈幼庸兼顾阿厂，深感公谊。渠于初五日到英，十三日赴厂。据报第一号船工龙骨已上，胁骨方安十馀条，工程尚早；第二艘甫经开工。两艘工程全竣当在明年三四月间。又据称：船上所订小炮，全系哈乞开司，不敌马克心快炮之快利，似宜与阿厂商换。弟已据情电请署示，顷接复电，云“俟专员到时再酌，先将两炮速率电闻”等因。阿厂合同前由署与瑞生洋行在京订定电知敝处；嗣在汇丰闻知已付船价二十万镑，并据阿厂称船已开工。弟以监视工程最为要紧，而译署并无派员来洋之信，故向尊处商调陈幼庸兼顾，自当俟专员到时再行商酌办理。

商调陈幼庸事

船政学生陈长龄既经阁下推许，想于制造之学必有可观。陈幼庸亦谓监视工料与监视全船布置及新式炮位器械分为两途。弟拟俟查明哈、马两厂速率电复译署时商请调派该生专监工料，并将清折抄呈译署，俾知其造诣，为将来策遣之地。

船政学生陈长龄

刘镜人法文甚优，自调伦敦以来，兼习英文，亦颇通达，且秉性诚笃，办事谨慎，洵为可造之材。弟本拟荐与新任留用，俾资历练，兹承调赴东省，照料俄监工勘路事宜，自应饬其迅速就道。其俸薪已在此间领至正月底，归装亦已照发。至路费遵照来函饬其由尊处具领。

刘镜人为可造之材

又，承询敝处岁费一节，查上年俸薪一项计四万五千馀两，电费、房租、游历以及各项公用，计六万馀两，其中电费将及其半。又兼使馆窳败太甚，去夏加以修理，所费亦不赀也。

专此奉复，馀嘱刘翻译代为面陈。敬请

台安！

诸维爱照不一。

丁酉正月二十日

龚星宪致北洋大臣王制军请留阿厂机师夏卜书

夔帅制军大人阁下：

敬肃者，二月初旬接奉去腊初八日手书，敬谉起居劳福，畀倚崇隆，引企钧晖，莫名欢忭。

承委订请练船教习英员一节，当即敦请外部转向海部商之，该部谓自以择有稍悉情形者为相宜等语。容佚遴选得人，再行奉告。

飞霆船 至前岁阿摹士庄厂承造之“飞霆”一船，原系新式机器，与寻常有别，苟非由熟悉此中奥妙之员经营管理，

机师夏卜 易致偾事，此该厂所以特派航海机器师夏卜包送到华也。前闻该船行至苏彝士河，其机器为引水人损坏，夏卜立时察觉，幸未失事，故商请将此匠留用。兹闻该洋员已由钧处辞退职司，想必权衡至当，业有接替之人矣。现据该厂来函，谆谆以留用夏卜为请，请俟华员尽得心传足以胜任愉快再行辞去。且称以此奉告系为中国利益计，非为夏卜计等语。核其词意，似尚近理，用特饬译汉文奉呈，并将原函英文钞录附寄，伏希察照是荷。

专此肃布，敬请

崇安！

附录：阿摹士庄厂署理总办瓦瓦士来函

阿厂来函

敬启者：接罗布君自华来信，据称“闻得包送‘飞霆’到华之管机头目夏卜已由中国辞其职司”等语。查该船及机器式样迥异寻常，早经声明。缘该船本为英国政府造作鱼雷猎船之用，当时中日战衅将开，本厂深幸有此，得以略加改制，竣厥工程，能于此等船类中超轶等伦，独臻精利。然其所以独臻精利者，实由机器锅炉皆极奥妙也。倘由素未熟悉之人代为掌理，则器即易坏。夏卜者，因极有阅历、最为娴熟之航海机器师也。窃思中国似宜留用该匠，藉资启迪，俟中国机器师尽得心传足以经管此项精巧之机为度，不然恐不久即有受损之事耳。用抒所见，祈详察焉。倘中国大宪决计再用夏卜，实属不可稽时，本厂自当设法令之即速回船。本厂以此奉告，实为中国政府利益计，却非为夏卜计也。

专此肃布，敬请

台安！

西历一千八百九十六年六月二十五日，即光绪二十二年五月十五日

瓦瓦士押

附录：北洋大臣王致出使大臣龚信

王文韶信

仰蘧仁兄大人阁下：

敬复者，六月下浣，接奉朵云，祗聆种切。敬维宏猷

远布，渥宠频承，缅企英丰，曷胜藻颂。

近奉电示，欣悉练船教习业经代选得人，订立合同，此时计可就道。琐费清神，纫泐无似。所垫川资等项，一俟大咨到日，即当拨款归还。

关于“飞霆”

承示阿厂以“飞霆”猎船新机奥妙，华人恐多未谙，请仍留用洋员夏卜，以资指导一节。在该厂雅意关切，甚为可感。惟查“飞霆”猎船机器固胜于十馀年前旧式，然较之“飞鹰”机锅，却已瞠乎在后。去岁过冻，曾令水师营务处转饬该船管带督率各管轮官将大小机件逐一拆验有无疵病，随拆随修，全机均经谙悉。彼时洋员夏卜在船亲见，亦未能标新出奇，指授诀窍。且船中机锅油腻积，险象环生，当询夏卜，沿途试用，何以致此？据夏卜云：船已成久，置散多时，不无油积；且该员自称“到船距开船来华不过数日，亦未及细验诸机，故未深悉”等语。是夏卜本非深熟该船机锅，而该船机器用法又已周知，管轮各员既经拆验于先，修合于后，无须藉手西员，致多糜费，当时故未留用。现在阿厂请将夏卜重为延订之处，自可毋庸置议。

至“飞霆”轮所损机器，业已寄来镶妥，复试轮机，考究各弊，该管带曾呈说帖华、洋文各一分，兹特附呈冰鉴。其与合同不符之处，据包送船主韩得森云“此船已经伦敦使署验收，换挂龙旗，我所包送，已属中国之船，合同符合与否，此时不得再论”云云，亦无辞与之辨驳，只得将所呈详单逐件点收，据报尚无短缺。至落水着潮之枪子二千颗、空壳五千颗，据洋员滕禄百允即换寄，迄今尚未到华，乞再饬催，以完全案。至该船寄送馀款，应听卓夺，酌量算付可耳。

专此奉复，即请

勋安！

诸维亮照不宣。

愚弟王文韶顿首

七月十五日

敬再启者："飞霆"着潮子弹，去年秋仲经水师营务处致阿厂经手人滕禄百驳诘，据复允即函寄英厂更换。嗣又饬"飞霆"管带李鼎新与之面订，将着潮子弹送还，请其迅寄，亦经确允，并谓子既受湿，已属废物，无须送还，该员当即电致本国等语。现在滕禄百查已回国，特将该洋员初次来信洋、汉文各一分附寄，务乞迅饬阿厂按照滕禄百所允如数寄还，并附水师营务处潘道致滕禄百一函，敬求饬寄阿厂转交，谅该厂亦无可推辞也。 着潮子弹问题

再颂

勋祉！

弟又启

附录：滕禄百致水师营务处函

（西一千八百九十五年十一月十七日）

昨接来函，承示药弹损坏一节，现已函询洋管驾矣。

禄百到“飞霆”船时，未曾验勘药弹，然当时所见已有数颗疵病，馀可类推。又查三磅炮子弹并洋枪子未有大损，业经船上留用。惟洋枪子空壳及手枪子实已损坏，不合行用。鄙意所有不合用之子弹，自当设法更换，并无为难之处。如船上尚有他项试验等事，准禄百随船观看可也。

此请

勋安！

“飞霆”管带李鼎新呈北洋大臣说帖

谨将“飞霆”全船各种疵弊开具清折，恭呈钧鉴。

计开：

管带陈述飞霆疵弊

一、复试速率，用吹风全力驶极快速时约十分钟时推算，每点钟只得十八海里，寻常行驶只得十五六海里，与合同不符。

一、拆验各气鼓内积腻结块，环塞鼓内推机馀路为其所碍，竟有磨擦成行，未能润滑，且套环多有齑粉熔化；其馀各机零星弊病不可枚举。

一、炉身太短，烟管太长，遇更换烟管时，竟有不敷转动之患。

一、舵机转动不能自如，盖因转接多而阻力大，致开闭气门不能匀称；据洋管驾韩得森亦云不便为用。

一、左边凝水柜出水筒已经腐烂，馀亦损蚀。

一、大电灯所配均属旧式，光力不足，未能测远。

一、汽鼓盖、汽饼杆、汽罨杆并转轮臂向有备用，按照原样之半，今均未配。

一、厨房在下舱，太近药弹舱。

一、药舱舱底位置独低，致浊水不能流出，即用所配手抽亦不能抽出。

一、各种炮位炮身俱锈，且三磅子、洋枪子、手枪子均已湿水，而手枪子二千颗、枪子空壳五千颗全不合用。 枪子湿水

再，以上所列各节弊病，其第二节气鼓并各机，第五节内凝水柜出水筒，第八节内厨房等件，均经于点收后陆续拆卸勘验，修理移配完妥；末节内炮身生锈之处亦经修擦明净。惟着水各项枪炮子弹勘验实不合用者，计手枪子二千颗、洋枪子空壳五千颗，经洋员滕禄百函致阿厂许换，现尚未到，合并声明。

光绪二十二年七月 日

暂革游击李鼎新谨呈

阿摩士庄厂主抄示厂员驳复李游击鼎新所陈“飞霆”疵弊

（西一千八百九十六年十一月二十日）

吴宗濂译

上月二十六日承抄示中国驻英使署马参赞格里来函一件，并附三十六万六千四百五十九号清折一扣，其中所述各情，已与原送“飞霆”之大机器师夏卜公同讨论矣。 厂商反驳疵弊指责

查此船于一千八百九十五年九月到津，即在该处停泊

过冬。时夏卜及帮办各员当将船中机器全行拆验，凡应修整者一律修整，盖此等船只长行后必须如此办理也。中国水师官员拟于该机器师等离船之先试验机力，于是夏卜于事前饬将各项气机重置妥当。但本厂以此船早经交纳，试验之事已与本厂无关，故曾嘱夏卜只代本厂监视机器，不得于试验时擅作主张担其干系。乃现悉夏卜等当该船试验时不但监视机器，且于一应不担干系之事皆竭力帮忙。试验既毕，水师官员自言十分惬意，出具切结一纸面交夏卜，本厂现将此结一并抄呈，结内指交腊德手收，盖渠系二机器师也。夏卜又称，出此结之管驾官李鼎新即会同中国大机器师陈兆艺具名签字于在津所递之禀内者也，盖伊等曾当夏卜之面察看机器。夏卜谓该禀与李、陈二员原意不符者，殆以夏卜行后即信旁人之任意指谪耳。

试验既毕出具切结

夏卜于试船后当晚离船，据谓试船时所以未得极快速率者，一因火夫不肯关闭火舱，二因料理试船之中国机器师俱与此等机器甚属生疏，是以行驶不能快速等语。总之，此船可行十九海里半以上，不辨可知。本厂极愿再派机器师一队前往中国鼓机试验，倘该船速率能过十九海里半，则一切用费应由中国国家认偿；倘速率不到十九海里有半，其费即由本厂任之。

愿再派机师试验

查此船本为我英国国家承造，其中汽机已由英海部机器师核准。所以未将此船交纳者，只以船身式样稍不合宜，本厂用特出价购回，稍加添改，遂成合用之船。虽本厂现在原不再照此式以造新船，但该船身之工作及其机器，实属美备毕臻，毫无遗憾。况本厂因欲赶备中国国家之用，故将该船加紧从事，迅速竣工，藉资出海，不幸为我国国家阻止，遂致不克于战时驶用。迨战局已了，本厂曾愿照出原价，将该船向中国国家购回。

合观以上各节，可知中国清折内所指疵弊，大半系远行后机器接笋处之松宽疲乏情形。乃清折内所以言之过甚者，殆因不明此等事宜之故，或因德人挑唆之故。至德人之从中挑唆，当夏卜未行时已经显露矣。

照来信所述而论，似乎各种疵病均因试船而出，但上文业已言明，在津时各件已于事前安置妥贴。兹将清折内所作疵弊之处，逐条申辩如下：

一、速率不足，其故已详上文，此处不赘。　逐条申辩

二、套环磨损，凡船长行之后每致如此，且夏卜已在船中多备之套环内提出更换。窃谓此等套环如在他船中试行一月之后亦必更换，是以此节无足介意。又称汽鼓内积腻结块，查得亦属无关紧要，盖当其在洋长行时，油腻积聚，固自然而然也。夏卜谓此事不足为奇，断无因此而有折断抽机之患。但无论如何，此等情节究无损乎机器之制造成式也。况推机馀路并不艰涩，且极滑润。惟内有气鼓一具，曾受微伤，当夏卜拆验时，因见所伤极微，是以未之修理。至前在中途出事，梃杆断裂，伤及鼓门，其附近鼓门处确亦受有裂痕，但已由夏卜修理完善，在津之水师官员均甚惬意。夏卜谓，该件修竣后，实与新者无异，本厂想华官亦必以为然，不然按照本厂所订保险章程，华官

尽可索换新汽鼓一具，而其费则可索诸保险行也。

又谓船右有居中介绍之辘轳一具，旋转慢而且致发热，此亦指为疵病。按：此节亦非紧要，理甚显然，业为本厂机器师安置妥贴。据夏卜谓，该辘轳当时从无热象。查该机器造式，系从运水总管以盐水贯注螺轴之孔，藉达蓄水之管，盖原所以阻止发热也。其馀各器杜热之法，布置亦复相同，从无阻塞穴孔之象如清折内所言者。况查凡有水师机器，其键辅推枕等件，均用盐水杜热，实无他项新法奇法以出其右。虽此法于螺轴中间不免稍有蚀损，然蚀损甚为微细，迨螺轴不堪再用，必船壳早经朽败矣。

三、如须更换烟管而不将锅炉移动，可在炉墙凿开一孔，立能换妥烟管，盖厚铜板盖，原系此等兵船常用之法也，当时曾由夏卜指点明白，谓须如此办理。

四、汽力转舵机实系十分灵便，惟此船系照怀得新法造成，转力甚大，只须在极小之舵经内将舵略拨，舵即随之转向。当其自英赴华时，无须用此疾转之力，故嘱管驾韩得森只用手机一具，藉省蒸汽。窃谓该船有此非常转力，当能在华官前大有光荣。

五、凝水柜之出水筒并未腐烂，当夏卜在船时，察得一无疵弊，清折内"馀俱损蚀"一语，颇为不解，即夏卜亦未能领悟。盖长行到津时，各水筒之完好实属疑义毫无。

六、电灯内有一盏系与英水师船所用及本厂现配他船者丝毫无二，即以手灯论，各船用此同样者甚众，俱有明效可征，兹何以瞠乎独后，颇觉不明其故。况该船未离英时曾将该灯试验，察得极能如意。若论电光力量，则系全视电气入灯之数而定，倘电气有一百盎卑尔之来力，每盎卑尔复有八十复尔德之出力全力奔注于射光灯中，而所发电光竟无二万支烛光之力，则固无是理也。

七、此船本在鱼雷猎船项下，所有汽机配件，悉按英国海军章程办理，此项猎船本厂现适为英国国家装配齐全者，计有二只，一名“士和非书”，一名“斯必华”，亦无如清折内所指之件。然而中国官员倘欲添办，开单定制，则无论多寡，本厂甚乐为之。

八、火药舱建造得宜，与本厂所置厨房地位并无关碍，但现悉该厨房已置上舱面矣。

九、火药舱位置独低，盖所以为保护火药舱计，俾之周且密也。以本厂所知，只有两法可以使水入舱：一、救火浇灌，二、由舱门入。惟该门口有二英尺高之围板，则水何由而入？如其能入，必有意使之然也。然即使有意置水，倘以寻常手抽抽之，亦尽足以从舱底抽尽各水，缘该舱仅深六英尺故耳。

十、各种炮位本厂交收时实系洁净纯良，是以华官曾给本厂切实收据，内称“除手枪子及麦梯尼枪空弹受湿不合用外，所有‘飞霆’各项炮位及一切物件，交收时均系完好”等语。

夏卜不蒙留用，本厂甚为怅惜，既然有此一节，则今日批评机器之疵弊，闻之自亦不足异矣。本厂现在乘此机会另有一节更当揭而出之。据韩得森、夏卜两人声称：该船上溯北河约至三十七海里时遇浅受搁，历时良久，损及轮叶，其船底作何形状，本厂殊难担保。缘此项船只，其底向来甚薄故也。

此稿虽由宗濂译竣，但以仰宪病危，未曾寓目，不敢擅发，阁置颇久，后来殆移交罗稷巨星使也。

龚星宪遵延水师各教习致北洋大臣王制军书

夔帅制军大人阁下：

前贡寸笺，奉贺年禧，亮尘钧鉴。辰维勖〔勋〕猷远播，餐卫延和，翘企裔辉，良殷忭颂。

延雇水师教习

敬肃者：承委延雇水师教习一事，敝处与外部商办情形，迭经电陈大概，十月间始经海部侍郎向马参赞格里面订。现选定守备丹达士，学问优长，性情和蔼，派在亚非利加属地布置水师，极得窍要，素与驻京窦使稔熟，于教习中国水师最为相宜。惟该员因银价贱落，每年须八百五十镑始克敷用。当访之琅威理，据云："昔年罗觉斯俸银每月三百五十两，合英金将及百镑，今则不过六十镑而已，是非千镑以外难聘真正晓畅水师之员"；曾于十月初八日电达冰案。旋奉初十日复电"水师教习可允每月关平银四百三十两，帆缆教习每月关平一百六十两"等因，即经告知海部，据称："中国银制不甚谙悉，不如仍以英

关于薪酬

镑计算较为省事。”查目下市价，每镑合关平银六两四五钱，八百五十镑约合关平五千四百馀两；接来电月给关平四百三十两，则一年即合银五千一百六十两，与所合金镑之数相悬不过二百馀两，且帆缆教习尚可有赢，以之牵扯，无甚出入，姑即允照英镑计算。昨该水师教习丹达士由非洲来英谒晤，据云：“薪水应自立合同日起，照章应给行装费三百镑，三年期满给酬劳三百镑，缘非赋闲之员，不能情让。”查行装一款，载在英国出差章程；至酬劳一层，因该员系现任人员，在英按资岁有恩赏一百镑，今若到华，即须裁去。昔年琅威理到华，系外部自欲令其前往，是以恩赏未裁，而户部尚甚不以为然；盖英例既为他邦办事，即不能仍在本国叙资也。外部甚以难援琅案为歉，并以该员于华最为相宜。现值英添置兵船之际，需员甚众，且西亚非利加土酋戕害英官，刻拟进剿，另选他员，颇为不易，瑗不得不即照允。该员以英国水师机要日新月异，拟在英国练船参考兼旬，再行启程，亦经于是月十一日电请台示。遵行。至帆缆教习即令该员自行拣选，以期合手。所有该员等合同，俟详细议定后再行咨呈。 行装费

瑗患病日久，步履甚艰，所幸新使将到，藉此可释重荷，差堪自慰。

肃此奉布，敬请

崇安！

聘用合同

聘雇英海军守备丹达士合同

（马格里拟英文　吴宗濂译汉文）

钦差出使英国大臣龚，代钦差北洋大臣、直隶总督、部堂王，与英国海军守备丹达士订立合同如左：

第一条　英国海部大臣允中朝聘雇英国官员为中国海军教习水师官弁事宜，特荐水师官守备丹达士充当斯任，该守备亦自愿承乏。彼此订明一经中国驻英大臣饬令前赴天津，该守备即当克日就道，遵照北洋大臣或水师营务处示谕，经理教练中国海军官弁兵勇事宜，所有各样水雷、各种机器炮及洋枪等件造法、放法、用法，该守备应允尽心教授该官弁兵勇，与在英国水师教法一样。

教习内容

第二条　订明该守备承雇以三年为期，自到天津呈报北洋大臣之日为始——倘值北洋大臣公出，即呈报天津水师营务处。三年期满后，如彼此合意，亦可蝉联。三年期内如遇中国与英国和好之国有战事，或该守备因公患病甚重，或因公受伤成废，则此所立合同即行作废，而仍由中国付给回英船票及第五条内所载之津贴。倘未满三年自行告退离差，则船票、津贴两项，中国均不发给。

三年为期

第三条　订明该守备或住天津或调赴他处，或居岸上或居船上，俱遵照北洋大臣示谕办理。总之，该守备无论在何处供差，只归北洋大臣或水师营务处节制。

薪水

第四条　订明该守备薪水按照西历计算，每年英金八百五十镑，自呈报到天津之日起支，按月由水师支应局拨付天津汇丰银行收入该守备账内。

第五条　订明该守备自伦敦赴天津，中国付给头等舱位船票。期满后自供差之海口或陆地起程回伦敦，亦照给头等舱位船票。其自伦敦赴中国或自中国回伦敦，当约计在船天数，照给薪水，以资津贴。 来回船票

第六条　订明合同签押时即付该守备英金三百镑为行装费。又，三年期满，给酬劳费英金三百镑，盖因该守备受中国聘雇，其本国恩赏即已裁去，故给此偿之。倘该守备于三年之内或有如上条所言因战事以及患病等事，不得不即行离差，则所有酬劳英金三百镑，应按其在差日期摊算付给。 行装费

第七条　该守备如奉派在船供差，应另派一舱房，所有家具均由中国出资备办。如在岸上供差，则应按其官职给予合式房屋一所。至所有雇用仆役工食暨家具、食具、庖具以及铺盖等件，皆由该守备出资自备。倘该守备有患病情事，则由北洋大臣遴派西医为之医治，应须医药等费，由中国开支。 食宿医疗

光绪二十二年十二月二十日，即西一千八百九十七年正月二十二日在英国伦敦订立合同。

龚照瑗　押

丹达士　押

北洋延雇帆缆教习合同

（马格里拟英文　吴宗濂译汉文）

北洋延雇帆缆教习

钦差出使英国大臣龚，代钦差北洋大臣王在英国延雇帆缆教习白斯德，订立合同如左：

教习内容

第一条　订定该教习一经中国驻英大臣饬令起程，即当前赴天津，经理训练中国水师弁兵，教习帆缆、枪炮、鱼雷各事，与在英国水师教法一样。该教习切实应允，竭尽心力以此项水师学问全行教导该兵弁等，并允遵守中国现有及续添之海军章程暨奉行上司之号令。

三年为期

第二条　订定该教习承雇以三年为期，自在天津水师营务处或北洋大臣另派管理水师官员处报到之日为始。然三年期满，如彼此合式，仍可蝉联。倘三年期内有第八条内所载各节之事，亦可中止。

第三条　订定该教习于受雇期内，当以所有时候专心教习中国弁兵，不得另谋他事。

第四条　订明该教习不得将其所教之弁兵等朴〔扑〕责或惩罚，但该弁兵等如有不遵约束、不听调度、不循规矩以及懒怠等情，该教习当禀明其洋上司，由该洋上司立时申详水师营务处或他项该管水师官员。

薪水

第五条　订定该教习薪水每月英金二十镑，按照外国月份计算，自呈报到天津之日起支。其自英国到天津，由中国给二等舱位船票。将来期满自中国海口或自陆地交卸，起程搭船回英，亦由中国付给二等舱位船票。又合同佥押时给该教习两个月薪水，作为由英到津在船津贴之资。将来回英，除合同第八条二、四节内所载情节外，亦照此办理。

第六条　订明该教习如在船上当差，中国应另派一舱房，器具齐备。如在岸上当差，由中国给合式住房一所。但无论在岸在船，所有饭食、仆役、厨具、铺盖、食具，应由该教习自备。该教习如挈同眷属到华，中国不为预备房屋及家具，且该眷属等并不得随同该教习住居船上。 食宿

第七条　订明该教习如有患病，应需医药之事，即由船上医生或官请之医生诊治，所有医费由中国付给。如该教习自己另延医生，中国概不承认，并不给费。 医疗

第八条　下开各节，即合同第二条内所言三年未满可以中止之事： 可中止合同条款

一节倘遇有意料所不及之事，中国可废此合同；

二节中国设与英国和好之国有战事，英国国家可调该教习回国；

三节该教习或因公受伤致成残废；

四节该教习如被察出才不胜任，或不遵号令，或不循规矩，或懈怠不力，或有违定章。

如有第一节之事，中国另付该教习四个月薪水，并给第五条内所言之津贴及舱位船票。

如有二、四两节之事，中国只给该教习二等舱位船票回英，此外一无所给。

如有第三节之事，该教习除得舱位、津贴之外，并领

二个月薪水；如受伤过重，中国国家察得该教习已成残废以致永不能作工，即由中国另给四个月薪水；倘该教习因公受伤登时殒命，或因受伤后身故，则其应领之四个月薪水及二等舱位船价，应由水师支应局交英国驻津领事官代给其家属，或给该教习遗嘱所托之人。

第九条　订明该教习薪水逐月支放，由水师支应局交付天津汇丰银行收入该教习账内。

光绪二十三年二月初九日，即西历一千八百九十七年三月十一日在伦敦订立。

龚照瑗　押

白斯德　押

龚星使论铸造银元铜钱机器致南洋大臣刘函

岘帅制军公祖大人阁下：

敬肃者，前闻台从自直隶营次奉召入都，倾耳新纶，为天下苍生庆幸久之。旋谛拜回任两江之命，正拟肃函布贺，适接二月啸电，委探造钱机器实价连至沪运、保各费等因。弟当即电叩任喜，并将接晤喜敦厂主情形摘要驰复。嗣奉马电详示日造钱数，遂即函告该厂，本约即日开送实价，不料忽接上海瑞生洋行补海师岱来电，言已代尊处照定两副，业将合同画押等语，是以该厂不肯即行开价，弟亦已据实电闻矣。

造钱机器

本月初一日奉二月三十日电，藉悉此项机器确已订定，价且较粤为廉。闻信之馀，良深钦佩。旋据喜敦厂主复来请见，声称“补海师岱于五年前曾相约愿在中国代揽生意，此次所定机器，乃渠第一次经手之事也。惟渠在申如何订价，本厂刻尚未悉，碍难开呈，迟日接到详信，再行奉告”云云。弟思此项机器价值，钧处必已斟酌尽善方为定议，惟运、保各费经手洋商往往不实不尽。去岁瑞生、地亚士两行承办南洋军火，保战险费三十七万五千镑，虽有合同订明和局定后，此项保费可免，且该项军火出口时已在和局大定之后，而该两行至今坚索此费，与沪道久议，迄未了结，此一证也。尊处现定之造钱机器，莫如以运费、保费不归瑞生办理为妥。前补海师岱晤弟时，曾自言渠于经手各项机价内，明暗仅得一分利；若并包运、保各费，则可再得二分半利，谅非虚语，特以奉闻。钧处惟有派内行家径与船行议运，与保险行议保，统以各费收单为凭，则自可少一弊窦。以上情形亦已由弟电告，想钧处如何办理自有权衡也。今接喜敦厂开送瑞生行承办之价单，当饬译员译就汉文（稿佚）另钞附上。又从前广东所办铸钱机器清单（见《记闻》部）兹亦照抄一分，一并附上，以便比较，伏希察照。 保战险

“巴山”船案

署理上海道刘康侯观察上龚星使禀

敬禀者：窃查台湾前因严查济日商船，在向犬山洋面遇英船“巴山”，查有运往日本之弹枪等件，同到基隆，船主不肯启查，将弹枪三箱由台扣留。因该船装有运沪货物，由关派插手押送至沪，即乘其起货之便，经关委查无别项军火，禀准放行。嗣经英总领事节次照会，以该船在台被扣留受损，致遭亏折，应以索赔。与担文详加讨论，此事总以有无越权为衡，“巴山”既有可疑之迹，岂能横加索赔之理，一再驳复。旋又先后接准总署总办公函，并抄录与英公使往来照会，嘱即由沪与领事妥为商办等因。

英船巴山被扣索赔

伏查“巴山”既被台地查出军火，乃又潜封舱口不准查验，揆诸公法，实属错在该船。中国将船、货释放，实属格外敦睦，乃转以被扣受亏，藉词索偿，公使又一再催结。本当遵照商议，惟领事向以得步进步为能，是以历来交涉，有与领事商办未妥而公使为之调停者，从未有公使未允而领事转肯从宽了结之事。凡此情形，为公深知。今英使既以外部需索赔偿五千镑为言，较领事来文转行加增，此时与领事辨论，断难就范。商诸担文，谓解铃系铃，是在外部，非由钧处与之熟商，难期平允。谨录呈备案，务求俯如所请，俾得早图结束，并先求电示，以便电请译署转电钧处商办，不仅私衷感激已也。

专肃，敬请

勋安！

职道麒祥敬禀

（五月初十到）

敬禀者：前以“巴山”船一事，摘录原案恳请钧处转商外部，计已早达典签。惟英总领事来文云“前索三万两既未允行，应作罢论。此次所索五千镑，如立时照付，即将船东一面之事了结，船中货物受损不在此内，俟查明另行商办”，其得步进步，情见乎词。后与担文逐层考究，谓按诸公法，其错实在“巴山”，即因扣留受损，该船主亦只能自认作亏，断无索赔之理。现又详援公法，切实照复。第此事非仰仗鼎力，难期就范。除函复总署总办转回堂宪外特将往来照会两件再行录呈（此处未录），伏祈大人察核，俯赐派员即与外部商办，俾得早日妥结，实为公便。 得步进步情见乎词

专肃，敬请

崇安！

伏惟垂鉴。

职道麒详谨禀

龚星宪复上海道刘函

康侯仁兄大人阁下：

径启者：五月初十日接奉手书，并抄“巴山”船案

巴山船案交涉情形

各折件，读悉一切。弟本拟即遵来示与英外部大臣面晤，再告详细情形，适英易外部，其中尚有耽搁。复于闰五月十三日带马参赞格里往晤外部侍郎，将总署及尊处与欧使、英领事往返驳复之文一一告知。巴侍郎云："此案经'巴山'船行主控到本部，并准欧公使据驻沪领事禀转详前来，本部已经行文欧使，应照'巴山'船行所控索赔船费，向总理衙门索赔五千镑。"当将"巴山"船行控告呈词及赔船各费一单检出交阅。弟云："据上海道台详查各节，扣船查验实有军火，于公法并无违背。"巴云："在洋面扣查商船货物，战国本有此权，中国未设战例法院，姑不具论。总之，'巴山'船主前曾告知基隆非泊船查货之所，风狂浪涌，关系太大，始请押送上海，继请押送闽关，听凭细查，何以皆不照允，以致耽误多日，船遭损坏。"弟云："船内究竟非无军火。"巴云"该船行虽称于宣战之前由纽约开行，装有手枪并弹三箱，本部不能谓该行无错，中国在洋面扣查，亦无错；而未押送搜查之地，中国错在自误，不得不按律司断案，向中国索赔。此等小事，亦愿早为了结，无须外部尚书再行公文"等语。弟回署以尊电有"请德总领事公断"一语，本拟电请仍在沪结，窃思此案既经英使据船行控词照会外部，外部以五千镑令欧使索赔，定非德总领事所能公断、所敢公断也。拖延愈久，赔款必愈加多，此洋商惯伎。弟又令格里往告巴侍郎以所索太多，特来商减。巴云："可传该船行明日来部，请亦到部面议。"次日，格里与该行主将所开索赔细单一一指驳，言辨许久，回称该行主允减四千五百镑之数，限十日内付款，请示。弟查单内所开“失装茶期”此项赔款最多，当晚格里密访他行，知该船由沪到日本实装二千吨有零。次日又约该行主至外部，将此项指出证据，伊虽狡赖，而口已较松。凭巴侍郎允减，照四千镑以四十八点钟付款结案。弟即电请尊处酌复去后，当接总署电允，可照四千五百镑船货统结等因。又电询尊处有无货商索赔货银情事，蒙复电云：“只税务司报称估损坏货价约一千五六百两。”弟思总署已允赔四千五百镑，现又争减照四千镑，即赔此款尚不吃亏。适又接尊处电，“税司耳闻茂生洋行有货到，误期折本二万万两”之语。以理而论，货与船无涉，即与关无涉，与中国官更无涉，即有货客索赔，应决绝不理。况事隔一年，货客以折本索赔，更出情理之外，如果照此认赔，定成不了之局。货系美商之货，英外部照例不理。船行只索船价，不管货事亦系照例。遂询英有名律师哈华托究竟如何。该律师云：此等案只得于付款时令该行主立洋文收清字据。弟于六月初六日分电总署及尊处，静候电示遵办，弟实不敢自专。至虑客货索赔折本一层，无论船案了否，请与税司无庸议及，恐传于外起货客希冀之心，似应预防也。此案头绪纷繁，未叙周备，并将往来各电另抄呈览。

密访实据

肃此，即请

勋安！不一。

再密启者：以弟愚见，日难初平，与各国交涉事层见

日难初平交涉叠出

叠出，总署诸多棘手。细事委之地方官办不能了，既经外部，若仍不能了，徒争无益，且有碍重务。想兄台高明，必能鉴及一切，默会总署之意也。

二十一年六月十一日

英外部交到“高升”轮船索赔案由

（光绪二十二年即一千八百九十六年六月二十五日英外部侍郎面交马清臣）

吴宗濂译

查“高升”轮船系在英国注册，为怡和公司之产，曾经中国国家立券租用，运兵赴高丽。西前年七月二十三日出大沽口，二十五日途遇日本兵舰“兰尼瓦”饬其停轮，随有日员登舟查诘，当以实告。日舰乃令随行，“高升”船各西员均拟遵从，而华兵统带不允，以此致复去后，“兰尼瓦”即向“高升”放一鱼雷，并以炮火轰其一边，“高升”立时沉下。西员中遇救得生者，计有船主盖尔斯俄第、大副田布林，又前充中国武备教习之德弁韩纳根；而中国各员及兵勇一千一百名之谱，皆随船沉没。英国国家当时将“高升”被毁缘由细加察考，查得中日战局经日廷于八月初一日通行布告，而揆其实在，则西历七月二十五日两国海军即已交绥。当“高升”被“兰尼瓦”饬停听查之前数点钟，中国兵船与日本兵船一二只已经开仗一次，曾有中国兵船一员，带有炮火伤痕冒挂日本旗

高升轮船遭日击沉

被击情形

号，在“高升”面前驶过；即“兰尼瓦”锅炉舱内，亦中炮子一枚。是为开战之始，如此办法原属可行，与公法大旨并不相背，缘公法内本有“不必明发战书而战端可开、战局可成”一条故也。虽“高升”所当差使，其初本属相安，亦为合例。但既经开战，则日本即操战国之权，可以施诸“高升”，“高升”如欲保其局外权利，则应遵守局外本分。“高升”系载运华兵及军火至高丽，日本本有阻止之权，请其不必前进。“高升”船主欲守局外本分，已拟顺从“兰尼瓦”船主之令，乃在船之中国兵官，硬夺“高升”船主之权，欲与日本水师对敌，竟有相战之意，自此而局外之英国船主，即不复能管理“高升”矣。就事观之，“高升”已变成对敌之船矣；“兰尼瓦”船主悉此情状，自可以敌船待“高升”矣。故“高升”船东如欲向日本国家索赔，万国公法内却无可以依据之条。

又查立券租用“高升”时，系在西历七月十七日，其时已虑及中日开战一层，券内故特载明谓“中日设竟开战，该船应即折回上海”，又谓“租用毕事则听中国之便，可将该船购去”等因。

历据上文所叙情形而论，是“高升”受雇原为运兵，当其开赴战地时，则已在开战以后；“高升”船主被逼而无由自主，所有管船之权已入中国兵官之手。英国国家当以此案质诸各大律师，佥称此案英民产业受损之处，应由中国国家酌给赔补云。英国国家用将“高升”船东所呈索赔之账，转咨中国国家。该账附后，计分两宗，即希察核，按照原券所载办理。

索赔款项

“高升”不能仍回故主，中国国家应偿给鹰洋二十万零五千元，除此数外，应代在船之欧亚各人索请赔补，又按总数请给七厘之息。英国国家请中国国家派员将该船东索赔各节，与外部详细评断。须至案由者。

“高升”轮船索赔清账

欧人恤款

（系照苏格兰保婺公司章程核算，而止给以三分之二，若遇救得生者，则给以三分之二之半）

船主一名，年三十岁，未死，应给英金五千七百八十一镑减半，计英金二千八百九十镑。

英国船员恤款数额

大副一名，年三十九岁，未死，应给英金二千零六十九镑减半，计英金一千零三十四镑。

二副一名，年三十一岁，已死，应给英金二千一百九十二镑，全给，计英金二千一百九十二镑。

三副一名，年五十五岁，已死，应给英金一千零一十八镑，全给，计英金一千零一十八镑。

大机器师一名，年四十一岁，已死，应给英金四千六百五十三镑，全给，计英金四千六百五十三镑。

二机器师一名，年二十六岁，已死，应给英金三千九百三十七镑，全给，计英金三千九百三十七镑。

三机器师一名，年二十二岁，已死，应给英金三千零七十八镑，全给，计英金三千零七十八镑。

以上共计英金一万八千八百零二镑。

亚人恤款

（系照各人工资计算，已死者拟给二年工资，未死者拟给一年工资）

未死诸人：

水手头目三名，每名每月鹰洋二十四元，计十二个月，共鹰洋八百六十四元。 未死诸人赔恤款额

水手五名，每名每月鹰洋十二元，计十二个月，共鹰洋七百二十元。

正、副火夫头目两名，正头目每月鹰洋二十元，副头目每月鹰洋十八元，计十二个月，共鹰洋四百五十六元。

火夫三名，每名每月工资鹰洋十四元，计十二个月，共鹰洋五百零四元。

管煤人
厨子 各一名，每月工资鹰洋 十二元
二十五元，计十二个月，共鹰洋四百四十四元。

已死诸人：

水手头目一名，每月工资鹰洋二十四元，计二十四个月，共鹰洋五百七十六元。 已死诸人赔恤款额

管理帆索水手一名，每月工资鹰洋十八元，计二十四个月，共鹰洋四百三十二元。

水手二名，每名每月工资鹰洋十二元，计二十四个

月，共鹰洋五百七十六元。

散水手五名，每名每月工资鹰洋九元，计二十四个月，共鹰洋一千零八十元。

小工一名，每月工资鹰洋八元，计二十四个月，共鹰洋一百九十二元。

木匠一名，每月工资鹰洋十八元，计二十四个月，共鹰洋四百三十二元。

火夫第三头目一名，每月工资鹰洋十六元，计二十四个月，共鹰洋三百八十四元。

火夫三名，每名每月工资鹰洋十四元，计二十四个月，共鹰洋一千零八元。

管煤人五名，每名每月工资鹰洋十二元，计二十四个月，共鹰洋一千四百四十元。

服役头目一名，每月工资鹰洋二十二元，计二十四个月，共鹰洋五百二十八元。

厨子一名，每月工资鹰洋二十五元，计二十四个月，共鹰洋六百元。

客厅服役二名，每名每月工资鹰洋十元，计二十四个月，共鹰洋四百八十元。

饭厅服役一名，每月工资鹰洋十元，计二十四个月，共鹰洋二百四十元。

洗涤碗碟人一名，每月工资鹰洋八元，计二十四个月，共鹰洋一百九十二元。

副买办一名，每月薪俸鹰洋一百元，计二十四个月，共鹰洋二千四百元。

大副所用之服役一名，每月工资鹰洋八元，计二十四个月，共鹰洋一百九十二元。

以上共计鹰洋一万三千七百四十元。

另买办所用之人三十一名，共计鹰洋六千元。

两共鹰洋一万九千七百四十元，每元作英金二先令二本士，共合英金二千一百三十五镑十八先令。

总结：

按照租券赔补“高升”实价计鹰洋十九万元。

船中煤斤及各项物件计鹰洋六千元。

租金一个月计鹰洋九千元。

共鹰洋二十万零五千元，每元作英金二先令二本士，计合英金二万二千二百零八镑六先令八本士。

亚人恤款英金二千一百三十五镑十八先令。

欧人恤款英金一万八千八百零二镑。

又七厘息一年，截至一千八百九十五年七月二十五日为止，共合英金三千零二十镑四先令四本士。

总结英金四万六千一百六十六镑九先令。

怡和轮船公司

参赞溪　纳押

一千八百九十五年九月初六日具

按：此案开送到署后，适李傅相轺车至英，闻委德璀璘与怡和议结。但近见日报，知为未了。

戊戌秋季宗濂附识

龚星宪遵查比国商务致总署总办公函

敬启者：昨寄英字第二十一号函，谅邀台览。七月初十日接奉堂宪五月十八日利字第七号函谕并节略一纸，以比国请在安法尔斯口岸添设中国领事，嘱为查明旅比华人约有若干，商务是否繁盛，添设领事如由中国派员与借用比国人员损益何若，详筹裁复等因。瑗因时方卧病，当派法文翻译吴守宗濂往谒驻英比使，面询详细情形。据该守述称“比使与其外部之意大略相同，至寓比华人之数及该口商务情形，容即查明致复”等语。

旅比华人情形

兹接比使来函，复加考核，具悉久居该地之华人，颇难稽其成数，而充当水手随船来埠者，实繁有徒，即以本年九个月而论，已有七百五十九名。该口商务素盛，其与中国交易之货，岁以百兆方计，内二十五兆方系径由该埠进出之货值，馀皆换船转运他处，大率赴英为多。其政府拟荐下议院绅尚特万德充当中国领事。兹将比使原函配译汉文，一并附呈荩鉴。

外洋领事专管商务

伏查外洋领事之设，专管商务以拓利权，藉资保护旅民，极称重要。今比国安法尔斯一埠，本系水陆兼通、商务辐凑之区，比使所开中比通商在该埠进出转运货值数目，皆属实在情形。惟该国无常川来往之船，各货皆装他国船只，中国海关凭旗帜以定货之来路，故致比国商务湮没不彰。该国既请我国设立领事，且愿举员以充斯职，亦属美意。矧我国现方振兴诸事，于商务更当加意讲求，苟乘此先派比员就近考察商情，按时详报，俾华商知所趋向，藉启利源，洵属有裨大局。至到埠之货船华工得资保护，犹其次焉者也。

考各国领事每有派用他国人者，比国在英即派英商为领事，日本在安法尔斯埠亦派比商为领事，而统归使臣节制。该领事等不取薪俸，盖皆身家殷实，藉为光宠。遇有应行资遣所辖人民回国，则由节制之使臣酌量照给，亦无流弊。前李傅相道过比都，其外部尚殷殷以添驻参赞为请。但目下经费支绌，不如派比员为领事以作先路之导，一切规制即可援照公例办理。抑或副一通晓法文之员，随同考究，俟中国商务逐渐推广，再行计议，似觉有益无损。统希回明堂宪，赐示祗遵。 派他国人为领事

（按：此尚有遵照译署函嘱代向该国某君说项之事，未便宣刊，故为节去。）

再：来英肄业之学生陈贻范拟习律学，志趣殊佳，敬当遵谕派赴律学馆肄业。其馀三生亦必查看姿质于何途相近，妥为安置，以副堂宪培植人才之意。

英字二十二号，丙申十月初七日

比国驻英公使致吴翻译宗濂信

（光绪二十二年八月二十七日，即西一千八百九十六年十月初三日）

敬启者：委访之事本大臣顷已查明梗概，谨以奉闻。

查贵国与东〔西〕半球各国交易之货，除俄国外，近乎四分之一在本国安法尔斯埠办理，所值岁有法金百兆方，其中二十五兆系径由该埠进出口之货值，馀皆换船转运，亦岁以数十兆计，大率多赴英伦，惟指定确数固自不易耳。而且贵国海关清册记各货来路，系按货船之旗帜而定；比国运华之货，贵国关册中阙而不记，因比无常川往来挂用比旗之船，故致各货为贵国海关并在他国货物之内也。

若华人住居该埠者，其数未能指出，惟该埠为华人踪迹屡到之地，系由行走东方之船带来。据该处船埠司查得，本年九个月中共到华人七百五十九名。倘在该埠贵国设有领事为之保护，则彼等在船充当水手、水工，定可免许多烦恼。

若设领事可免烦恼

况安法尔斯埠为西欧洲、中欧洲之总汇，如设领事以维持中国出口之商务，固莫善于驻扎该埠。现在本国国家查有下议院绅尚特万德堪备贵国家之信任，委充斯职甚属相宜。

再启者：以地而论，安法尔斯埠尤为形势最善之地，所有欧洲及海外各邦之商务，该埠实握枢纽，且重载而吃水深之船易于进口，尤为地球各埠之冠。在该埠操纵经营商务，甚为宽阔，至由此通入内地之路，其数尤众，与中欧洲固联络一气者也。

附录：总署来信

仰蘧奉常阁下：

密启者：本年四月二十四日比国署理使臣米师丽来言“接外部文称，光绪七年间驻京公使曾与衙门商在安法尔斯口岸添设中国领事，以期有益两国商务。嗣于光绪九年间，办理开平煤矿之唐道台曾到本国面见外部言及此事，彼时因商务尚简，是以未办。现今两国商务逐渐繁盛，中国当设领事照料，大有利益。如中国现无人可派，本国可荐一人代充，甚为妥便。且龚大臣上年曾向驻英比使提及此事，请问现在愿否添设”等语。本处告以应函询尊处查看情形，再为定夺。节略一纸，录寄台端，即希查明旅比华人约有若干，商务是否繁盛，添设领事是否难缓，如必应设立，中国派员与借用比国人员损益何若，统望详筹裁复为盼。

商务渐繁当设领事

（按：此下尚有该国某君面求总署代向其国政府说项之事，兹节去。）

再，本署同文馆奏派学生出洋肄业一事，业经咨达在案。兹据赴英肄业之学生陈贻范呈称“窃生蒙派出洋肄业，查泰西新学门类繁多，其中足资办理交涉案件者，惟律学为然，生拟于抵英后呈请出使大臣派学律学”等语。查该生陈贻范人甚安详，颇能潜心学问，在馆数年，于洋文洋语均能明白晓畅，洵为可造之才。此次出洋请学律例，专期辅翼交涉，其志可嘉。且据总教习称，该生之造诣亦以学律为宜。即祈执事代觅律学馆肄业，俾其潜心研究，以期成就。此外三生亦祈查看姿质相近，妥为安置可也。

请学律例其志可嘉

此布，顺颂

勋祺！

恭亲王　荣禄　翁同龢　张荫桓
庆亲王　敬信　李鸿藻　吴廷芬　同启

五月十八日发，利字第七号

附录：米署使面递函稿

比国署使来函

兹接本国外部来文，内开："查西历一千八百八十一年——即光绪七年——本国驻华大臣曾到中国总理衙门商办中国简派大臣及领事在本国驻扎。嗣于光绪九年，曾在开平煤矿公司之唐道台，到本国面见外部大臣。外部向唐道台商派领事在比驻扎，唐道台因言现时中比两国商务尚简，而派中国领事在比驻扎毫无利益。本外部察得近年来中比两国商务渐渐茂盛，且中国现今励精图治，谅中国不能不以派领事驻比为义举。

"查安法尔斯系泰西各国头等口岸，如中国在安法尔斯派驻领事或总领事必定大有利益。本外部今想亦可荐举本国才学出众者派充此职，尤属简而易办。

"再，驻比中国大臣龚，曾在英国面会本国驻英大臣，言及中国派领事驻比一节：'如中国总署询及，本大臣必曰定要派领事在比驻扎，因有利益良多也。'

"兹请米大臣前赴总署言明此事，即为复函"云云。

比国衔奇会案卷

衔奇会（即博览会）

龚星使咨呈总署文

为咨呈事：照得光绪二十一年十二月二十八日准比国外部大臣白以该国一千八百九十七年之赛会章程两分咨送前来，本大臣除以一分存案备查外，合将法文章程、译汉章程各一分及来往照会二件，另单黏呈，咨请贵衙门查照办理。为此咨呈，须至咨呈者。

计：法文章程一分，又抄单一纸。

光绪二十二年二月初八日

比国衔奇会简明章程

伯鲁色尔（布鲁塞尔）办衔奇会章程

是会定于一千八百九十七年间在伯鲁色尔京都举行，各国珍奇皆可与赛。会主为本国大君主及君主家属人等，并蒙政府及伯鲁色尔城帛拉庞省（即伯腊瓣省）集款相助，藉资开办。

承办会务公所衔曰“伯鲁色尔衔奇会局”。所有出入款项即由该局经管，以专责成。

督理会务之员及承办会务之董，已奉上谕简派，刊于一千八百九十五年十二月二十日官报。

设立是会之本旨，系欲汇聚工艺、物产，比赛而奖其优者。凡人力所兴之大宗物件，必将加意考求，即由精于其事之员出题博访，或以所要之件请人创制。所有各门布置之法，开列如下：

第一门　绘画雕塑之物

第二门　日用工作之器

第三门　养生清洁之器及医术药料

第四门　救生之具

第五门　装潢彩饰之具，绘画、拍照、印书等器，算学、化学等器

第六门　生光、发暖、通风各器以及安置之法

第七门　生发电气之器及用电气激动之机

第八门　武备物件

第九门　制造之材料、矩矱及所成物件

第十门　鞍辔车辆等物

第十一门　练身器、消闲具

第十二门　应时举办之农牧花草会

第十三门　女塾、女学、女工所用、所出之物

第十四门　经商学术、属地土产

各国会赛物件之屋内，另有特设之会多所，每所备置同类物件。即在以上各所之中分类出题，令会赛诸人按照题旨制造器具，各以其类汇聚比赛，任人观瞻。凡能造成一器合用而又精善者，当奖以银。

除以上各所按题会赛之物外，另设外国会场一所，无论何国之物，皆得随意陈衒。

政府以珊冈得纳尔花园及其中博物院多所、馀地多处借给会中应用。大君主特将得尔佛仑王宫一所准会中借

用，以昭爱重是会之至意。宫内即置大君主地采贡果国（此国在阿非利加洲，系比王私产）之土产及第十一门各项玩具，至一切娱情悦目之事亦在其间举办。 贡果（比属刚果）

自珊冈得纳尔花园起，建造电气公车之铁路，通至得尔佛仑王宫，该铁路在新筑大道上布置，而大道之宽阔幽雅，尤为都城各街之冠。

承办会务之员不久当聚议一切，以定详细章程（列《记闻》部），此项章程当与招请会客之信函、关涉会事之告白，一并发寄，以作此次简明章程之续。

附录：比国兵部尚书兼署外部大臣白来文

（一千八百九十六年二月十一日，光绪二十一年十二月二十八日）

为照会事：照得本国伯鲁色尔京都定于一千八百九十七年举行万国衔奇大会，业由本国出使大臣咨请各国政府赴会在案。兹据督办会务委员将该会简明章程申送前来，本大臣理合将该章程两分咨送贵大臣，请烦查照为荷。

为此照会，须至照会者。

附录：龚星使复比国外部文

（光绪二十二年正月初七日，即西一千八百九十六年二月十九日）

为照复事：准贵大臣本月十一来文，送到一千八百九十七年贵国京都赛会章程两分，本大臣自当转咨本国政府，一俟奉到回文，再行知照，相应照复，即希贵大臣查照可也。须至照会者。

总理各国事务衙门咨龚星使文

为咨行事：光绪二十二年正月二十九日准比国使照称“本国来文内开‘明年本国京都开办衔奇公会，此会原系本国国家以及伯腊瓣省并京都公办。此会所有赴会各国由此即晓何国工作最精，而且商务因之日有起色。兹特请各外国入会，更请中国派员入会。并将上谕一道封送，系派会首及管理该会大员；外附该会章程，一并递送’等因。本大臣即将上谕、章程照送贵署查收，并望派员入会。俟该会续有章程到日，再行封送查照”等因前来，相应照录原文，一并咨行贵大臣届期派员前往查照办理可也。须至咨者。

邀请中国派员入会

（光绪二十二年二月初九日发，三月二十九日到）

龚星使致总署总办函

本月二十日奉寄英字第十三号芜函，谅邀荃览。伏承勋祺夏大，升祉秋高，引企钧晖，莫名忭颂。

敬启者：比国京都于明年举行衔奇大会，先据该国外部将简明章程咨送到署，当饬译员译就汉文，附以来往照会二件，于二月初八日咨呈钧署在案。三月二十九日接准二月初九日大咨，委弟届期派员前往等因。续准比国衔奇会督办来函，亦言贵署已允派员入会等因。

伏查设会本旨原为兴工惠商、敛财益众起见，各国入会，藉可炫示新奇，流销货物，盖一举而数善备焉。故创会者不厌琐繁，入会者倍形踊跃。中国于法美之会，曾派赫德经理，荷兰之会，则由丹崖星使主持。迨光绪十五年法国重举大会，虽经其驻华公使敦请入会，而钧署未之允许；但华商在法自请入会者，则有五人，四人获利颇丰，一人独亏巨本。盖盈亏之故，固视乎其人也。 设会本旨兴工惠商

明年比国衙奇大会，非寻常小会可比，尊处嘱弟派员，想见顾念邦交，重视商务之至意，钦佩无量。今该国业已送到详细章程，容俟译竣再行咨寄。该会定于明年西历四月二十四日开门——即华历三月分。各商如欲入会比赛新制或售卖土宜，至迟须于本年西历十月初一日即华历八月二十五日向会员呈报，屈指日期，甚形局促。各商所需地段，则须于开会之前择优挑定，照给租金。陆使所请派员入会，盖欲使该员经理华商入会事宜；华商是否前来，皆当筹及，似非一经派员即可塞责也。贵署既允陆使所请，想华商多财善贾者，必能仰体朝廷重商之意，挟赀备货，远渡重洋，与西人角利市廛，为我国畅销土产。而贵署必亦先饬通商各该地方官出示，俾众周知，藉启利源而襄盛会矣。

兹将来往照会四件先行寄呈，伏希察览，并代回明堂宪，不胜盼祷！

英字第十四号，六月二十一日

附录：比国衔奇会督办 乌得尔蒙 管理各国会务总办卑扇 来函

（西六月初四日）

敬启者：顷承政府交示本国驻华使臣来函一件，内开“明年比京兴办衔奇会一事，准总理衙门三月二十二日文称：该会甚有裨益，已请龚大臣届时酌派一员赴会，以充中国政府代办”等因，奉悉之下，曷胜为会务欣幸，将来卓著成效，分外辉煌，莫非贵国匡助之力为多。盖贵国土宜之盛、工艺之饶，定足令游会者欣赏无既。是以贵国政府之入会，本督办等实深感篆也。贵大臣如需一切详细情形，俾资施措，敬当尽情以告。兹将会中已刊卷宗，如奉旨批准之简明章程等件，随信寄呈。所有贵国办理会务各员应如何配合之处，本督办等当相助为理。俟贵大臣于在欧之贵国人内派定各该员后，凡贵大臣所欲知之事，本督办等定必缕晰上闻。如贵大臣仰体总署盛情，肯充贵国会首，以表贵国之办理会务系属奉公，则本督办等尤所雀跃者耳。贵大臣如何定夺，敢希速赐还云为荷。

中国土宜之盛工艺之饶

附录：龚星使复比国衔奇会督办函

（中五月初十日，西六月二十日）

敬复者：奉读六月初四日来函，承示明年举行衔奇大会，据贵国驻华公使文称，总署已允知照敝处届时派员入会等因，并承雅意，拟推本大臣为中国会首，实深感荷。惟此时本大臣于此节尚难预定，姑候开会有期，再当商办一切，敬请公等推诚相助也。

照录比国外部大臣福佛罗来文

（一千八百九十六年七月初七日，光绪二十二年五月二十七日）

为照会事：本国京都伯鲁色尔之万国衔奇会，定于明年四月二十四日开会，现据会董刊就详细章程，指明规画布置之法，本大臣合将该章程寄上数本，即希查照为荷。

该会办法与前数次之赛会大略相同，有专储一国货物之室，则所有该国货物全集于此；有汇储各国货物之室，则为比赛货物而设，所占其中地位，自应酌量给予，不取地租。贵大臣细阅章程后，即可了然。至不取地租之程式、比赛货物之条规，随后当再宣布，一俟印有成书，本大臣亦必寄奉。

该会克臻美备，刻下已可无疑。本国制造巨商，业已大半定计以大股入会。外国亦有踊跃之情，由各政府知照入会者，已有多国，本大臣可得而缕述焉：曰西班牙，曰法兰西，曰英吉利，曰吕克尚蒲尔，曰美利坚，曰爱古阿兜，曰巴拉该，曰阿尚丁，曰中国，曰波斯，曰贡果，曰里培黎。又据近信而论，知尚有数大国欲行入会，则即今已可作为入会之国矣。倘蒙贵大臣赞成会事，本大臣衔感尤深。须至照会者。 参会各国

外部总办　尚帛罗代押

附录：龚星使复比国外部文

（中六月初六日，西七月十六日）

为照复事：准贵大臣七月初七日来文，送到衔奇会详细章程三分，本大臣收领之馀，良深感谢，谨当以一分译寄本国政府查照。

远隔重洋恐难如期

查贵国是会定于明年西历四月二十四日开门，凡各商愿入会者，至迟应于本年西历十月初一日递呈请准，而华商远隔重洋，消息濡滞，入会呈词恐难如期送到。本大臣署内虽奉有总理衙门派员之命，然华商究竟来否赴会，本大臣此时实无把握也。

为此照复，须至照会者。

龚星使致总署总办函

六月二十一日因比国衔奇会事宜，曾奉英字第十四号芜函布陈一切，并附来往照会一扣，谅已上达典签。际兹万宝告成，遥企三能迪吉，时钦荩画，曷罄芬私。

上月初旬，复据比国会场总办来函，言法英德美等国业已开办会务，请弟早日派员，俾办中国会务工程等语。惟弟因钧署来文只言派员而未及中国会务工程一节，且中国是否有人入会，至今尚无把握，设径派员前往，又恐一无事事，因复以姑俟异日。

查入会衔物，各国政府皆极重视，即如英之入比国会场也，不特派员以维持英商会务，且由议院议准提拨英金五千镑为商家津贴。盖入会并非专为销货起见，乃欲以新奇有用之器，俾众周知，其大利固在日后而不在目前。故查照会章，有陈衙之物不能私售，必奉有会董特准笔据方可售出者。至零售各杂货则另列一处，善贾者能揣悉洋人合用之物，颇能获倍蓰之利。今中国若亦派员，则此事即属奉官，倘陈衙及零售之物能兼而有之，似觉更为得体。未知卓裁如何定夺。 入会目的

其详细会章已饬译员译就，都为一卷（见《记闻》部）另录呈览。至洋文暨会场图以及往来函稿二件，一并附上。伏乞回明堂宪，赐示遵行是幸。

弟近因出外酬应，感冒风寒，于上月十九日起复患痰哮旧疾，至今未能步履，久病反覆，殊深焦灼。中西医佥云英伦天气与此疾最不相宜，若不另换水土，难期痊愈。现计瓜期已近，曾将病情电陈各堂宪，恳请早日奏派替人；计往来程途，尚须数月，如能于年内派定，则来洋之期适在明春，庶病躯得以早释重负，不胜昕夕盼切。知关锦注，谨以缕陈。

八月初二日，英字第十五号

附录：比国衙奇会督办乌得尔蒙来信

（西历八月初五日，中六月二十六日）

敬启者：自西历六月初四日奉寄芜函后，比国蒙直隶总督李韶节亲临，并徇各县制厂之请，往观所制物件，均赏识有加。盖中堂不特嘉许比国之制技日精，且知比国国

家于一应人力所兴之物，无不加以保护也。是以本会办法尤邀使相垂青。本会既蒙使相如此鼓励，则贵国之公家会务经总署俯允于前者，如能即见开办于后，本督办等欣幸实深。

用敢为贵大臣告：现在各外国之会务，如法、如英、如德、如美、如波斯等国，业经开办，大致已有条理。贵大臣如需一切详细情形俾资施措，本督办等自当推诚相助。

贵大臣于贵国人员内如果遴选得人，派充会总，俾得督办中国会务工程，则该会总之名姓尤希不日示知也。

附录：龚星使复比国衔奇会督办书

（中七月二十四日，西九月初一日）

敬复者：接奉六月二十六日（西八月初五日）手书，敬悉贵国会务将兴，各国之人会者开办已有条理等因。中国得邀贵国爱重，日前李使相道出贵地，既承各厂优接，兹以中国入会事宜，复蒙贵督办代筹，允为相助，奉读之下，铭感良深。惟中国会务工程，总署来文未之提及，而华商是否有人入会衔物，亦未据呈报到署，故派员之举不能不姑俟异日也，尚希原谅为幸。一俟接到华商入会衔物呈词，本大臣自当派员督理，并以该员名姓照会台端。

专此布复。

总署来文

为咨行事：光绪二十二年七月二十八日准比国米署使

照称“前于本年正月二十九日因本国明年开办衔奇公会，特请贵国入会。嗣于二月初九日接准贵署照称：中国即可入会，俟给龚大臣照知赴会在案；本署大臣当经行知本国，本国聆之甚属欣慰，且谢贵署入会之隆情也。现接本国来文内开‘衔奇公会于西历明年四月二十四日为开会之期，该会首事人印就章程、图样递到，阅此章程，即晓本会预备各国分列物件之所。此外单有陈列万国物件之所，原为万国赌赛优劣，而万国赌赛之物该会不索地费，亦随有章程，俟印就时再寄。今各国均已入会，实属茂盛之至。该会首事人深愿入会各国作速差派官员至会中商办各事’等因。本署大臣接据之馀即望贵署早派官员赴会，并可晓谕商民知悉，希即示复，以便行知本国。兹将该会印就章程十二卷封固照送查照”等因前来，相应咨行贵大臣转饬各海关监督出示，晓谕各商民，如有愿赴是会者，所有确系入会物件，应于出口时查明准免纳税，勿得冒滥可也。须至咨者。

入会物件准免纳税

光绪二十二年八月初八日

比国外部大臣致龚星使文

为照会事：本国衔奇会局刻已印就比赛各物之题目章程，凡能就题想出新法者，将来当奖以银，兹奉寄数本。无论何国之人，苟能比赛见优，一概加以奖赏。贵大臣在该章程内可一览而知也。

至前日会章第二十二条所订西历十月初一日为呈请入

会限期一节，兹未能如期截止，用特展限，据会务督办申请前来，理合一并附闻，即希查照为荷。

为此照会。

一千八百九十六年十月十七日，即光绪二十二年九月十一日

外部总办罗能代押

附录：总署论比国衜奇会事致龚星使函

仰蘧宗丞阁下：

径复者：顷接英字第十五号函称：比国衜奇会场总办来函言法、英、德、美等国业已开办会务，请早日派员，俾办中国会务工程等语，乞赐示遵行等因，并抄录来往函稿暨洋文会场图等件前来。查此事前准该国米署使照送图件与尊处所寄略同，业于本年八月间咨行在案。此等赛会各国多有，惟中国风气未开，华商能否运物前往，既无把握又不能官为津贴徒为陈衜之举。向来各国商请赴会，但先就近派员赴会，以全邦交，不能尽如各国斗赛办法。比国衜奇会情事略同，所请早日派员一节，即由贵馆酌派参赞一员前往，藉资观览。将来如有华商赴会物件，并须妥为照料，是在执事届时酌量行之。

就近派员以全邦交

至瓜代一节，前电已详，兹不赘叙。替人未定，惟有偏劳，尚望珍调静待可耳。

专此布复，顺颂

勋祺！

恭亲王　李鸿章　敬信　李鸿藻　吴廷芬
庆亲王　荣禄　翁同龢　张荫桓　同启

九月二十四日，利字第九号

龚星使复函

中国参与衔奇会之态度及比国失望情形

奉堂宪利字九号钧函，以比国会场总办所请派员一节，嘱瑗酌派参赞一员前往，藉资观览，将来如有华商赴会物件，并须妥为照料，亦嘱瑗届时酌量行之等因。查比国会场定于一千八百九十七年四月二十四日开赛，今已在西历正月，屈指日期，颇形逼促。而中国风气未开，华商能否运物前往，既无把握，又不能官为津贴徒为陈衔之举，诚如来谕。乃此次本署代理二等参赞官吴道宗濂赴比恭送国书时，曾晤会场总办卑扇，据该总办言："前承贵国总理衙门应允知照龚大臣派员赴会，想龚大臣定能仰体此意，派员办理贵国公家会务及华商入会事宜。现在各国入会者俱已兴办工程，而贵国尚无动作，殊深怅望。"该道答以"细玩总署来函，止系派员观览，并无办理公家会务之意，惟如有华商入会衔物，则该员谊不容辞，自当照料。现龚大臣奉到总署行知，业已通饬关道出示，晓谕商人于入会货物出口时概准免税在案。倘华商果有入会赛物者，则龚大臣自必克日派员也"。该总办曰："中国地大物博，工巧料精，素为各邦引重。前所以敦请派员入会者，以为贵国必将独树一帜，即派该员兴办公家赛衔之举，兼理华商入会事宜，固非仅资观览已也。现在公家既不办会，苟有华商惠然肯来，亦足以稍慰云霓之望，则贵署派员照料自属在所必需，以便观画布置。虽会场地段刻下已属无馀，但贵国如有商人入会，本会定可通融酌让。”该道答以“盛情当禀由龚大臣转告政府，惟道远时促，华商是否前来，殊难预必。至派员之事，则极为容易”。该总办曰：“派员原所以办贵国商人入会衔物之事，如能连类而及最妙。”察其语气，重在中国派员赴会办理会务，若止为观览计，则刻下会场未开，尚无可观可览处。然既承钧嘱派员观览，瑗当秉承此意函询外部，事若可行，当再酌派一员，并以该员名姓照会去也。俟罗星使到任时再行更调。

（按：此稿拟而未发，盖其时已得罗星使来洋消息矣，故遂搁置。）

龚星使计擒孙文致总署总办公函

计擒孙文至总署函

敬密启者：七月间，接杨子通星使函称，粤东要犯孙文谋乱发觉，潜逃赴美，钧署电令确查该犯欲往何处，密电敝处援香港、缅甸交犯约代拿等因，并附录节略前来。嗣于八月十九日接通使电称“孙文于西九月二十三日由纽约搭轮船至英国梨花埔海口登岸”等语，当即婉询英外部，拟援香港及缅甸交犯约，请为代拿。据该部答称“二约只能行于香港及缅甸，而不能施之他处，设竟代拿，必为刑司驳诘”云云。英既不能代拿，敝处遂雇包探前赴梨花埔密尾行踪。

该犯于八月二十四日登岸，即日乘火车至伦敦，剪发洋装，偕行有二西人与之稔熟。伦敦则有二西医，一名坎特立，一名门森，曾住香港，与该犯交最厚，前该犯由粤垣逃至香港，即潜匿坎特立之宅也。讵意该犯于九月初四日改名陈载之，来至使署询有无粤人。次日复自来使署探问中国情形。按公法，使署即中国之地，彼既肆无忌惮，势不能不暂行扣留，电请钧署核示，迨奉复后即赶紧购定轮船，拟设法潜送到船，径解粤省。乃该匪党以其久不归寓，疑其必在使署，日夜在外伺察，意图截劫，势难送出。旋据外部私向参赞马格里云："中英交犯约，经曾前大臣议而未成，刻下既无约可援，如解犯潜过友邦之地，殊与公例未符。"盖业经孙党贿通日报并报知外部也。当与商允，如该犯回香港，必饬港督严察，以戢乱谋，并请弟具文，以凭转饬照办。爰于十七日将该犯释放，仍派包探密跟。计扣留在署十有三日。

曾前大臣指曾纪泽

二十日复奉钧署巧电，内开："香港交犯约，指为谋反，辄不肯交，具文外部宜商律师。"具见堂宪审虑周详之意。当商据律师哈华托云："如以匪人多藉香港为谋乱之地，请外部饬香港地方官概加严察，而不专指孙文，非特无碍香港交犯约，且可补该约未备之辞。"外部侍郎山德生亦言，英不能准匪人藉其属地谋乱友邦。因即按哈律师言，于二十日照会外部，堪纾苊系。

又，查该犯来英，意在煽惑，英人固不为所动，即华人除使馆各员外，虽有在海口当水手者数十人，亦无被其诱惑之事，合并附陈。除一切情形节经电达，所有孙文与看管委员邓翻译廷铿①问答节略，另录呈览。统祈代为回明堂宪为荷。

英字第二十一号，丙申②九月二十九日

附录：邓翻译与孙文问答节略

邓与孙文问答节略

九月初四日孙文来署，询有无广东同乡，特来拜见。比时翻译邓廷铿出见，问其姓名，答以姓陈，号载之。问其到英何事？

答："前来游历，但已游数日，各处均得其大概，惟行宫不能任人游玩，阁下可设法令我一观其盛否？"

邓云："日后当可设法往游。"

孙问："英国有广东人否？"

答："有，均在海口。"

孙问："可带见否？"

---

①邓廷铿，字琴斋，广东三水县人。据冯自由说，孙中山在广州行医时与之相识，故在伦敦相遇受其诱骗。此人后任广州某报记者，自称"寰球三周客"。民元二月曾至南京临时大总统府求见孙中山。其副官知其曾陷害孙中山，拟治以应得之罪。中山先生不允，说桀犬吠尧，各为其主；已过之事，毋庸深究。彼来求官，但不予官足矣。遂命副官送其出府。——据吴德铎注，转引自《文史资料选辑》（上海）一九八〇年第三辑。

②丙申：光绪二十二年（1896）。

答以“可”，遂订翌日同赴海口。此约其次日来署情形也。

初五日，孙于早晨十一点钟到使署，并在署早饭，拟赴海口。邓云两点钟方可以去，即带见马参赞，告以曾在曾文正公幕府。

孙云：“前洪秀全得地之后，何以不能自守?”

马答曰：“凡反叛得地，不善布置政体，即不能守。”

孙云：“中日之役，华兵溃败如此，实为可惨，殆因不重洋务之故。现今中国重洋务者，惟李中堂一人而已，如中堂能以西法变华，谅可不致如此。” 中日之役孙文之见

邓云：“尔曾晋谒中堂否?”

孙曰：“去过一次，与罗稷臣相见。据云中堂不愿见我，盖因改装剪辫之故。此次中国之败，若在别国，必早变民主。”

邓云：“天下事不必深谈，可到别处房间看看。”

即带其上第二层楼，顺路过随员李盛钟卧房，与李相见，数语后即问：“贵省改行西法，可易办否？火车铁路，可易通行否?”

李答：“甚难，有山石之阻。”

孙云：“我在美国看见山可穿洞而行。”

答：“如果定要开设，不过工本较大耳。”

孙转向邓曰：“我俟游遍各国，意欲往中国各口岸，溯扬子江而上，看中国各地如何局面。但我现改西装，未晓内地行走有无关碍，请明指教。”

邓答："此事我无把握。"

适参赞马来问邓译件，邓告以在三层楼上。随带孙同往楼上。此时楼上房子已备齐全，引孙入房。马、邓二员一立在门内，一立在门外，比孙入房，即将房门闭上，外面加锁。

诱捕情形

马参赞开口云："尔非姓陈，尔之金表内刊'孙文'二字，尔定是孙文。现奉钦差之谕，将你扣留，问你在广东所作何事。现正电告总署，必俟总署回电方能放出。你但安住在此房，不作犯人看待，只不许出门，如要看书，均可取来。"

此将孙文引上楼房扣留之详细情形也。

斯时马出来，邓进去，问："你是孙文，号逸仙，再号帝像，字载之否？"

孙低头不答，惟云："可准我回客栈然后再来或与人同去否？"

邓答："皆不能准。"

初六日早饭，翻译邓与之同食，以探其滋事情形。

邓云："昨日将你扣留，此系公事公办，你以为何如？"

孙答："你系奉公而行，我不怪你，但钦差留我，有何主意？我昨夜三思，此地乃系英国，钦差在此断难致我之罪，否则我亦不自来署。"

邓云："钦差并不定你罪，窃恐你来署将署中公事在外误传，故扣留也。"

孙云："虽可扣留，实不济事。钦差在英无办犯之权，中国与英国之无交犯之约，我早查明，然后敢来。昨夜细想，钦差惟有密租船只，将我困在囚笼，私解回粤而已，其馀则无别法。"

钦差在英无办犯权

邓云："决无此事，且你亦通英语，即困笼中，亦可求救。"

孙云："倘或将我之口闭塞，无从求救。不过我已入美籍，美国得知，亦是不了。"

邓云："你在美国生长耶？且华人不能入籍，我曾在金山多年，亦稍知美例。"

孙不答，以病告求医。

邓答代回钦差，即问："你在广东谋反，因事不密，被人先觉，以致不成，是否属实？"

孙答："我虽有大志，而时尚未至。惟广东有一富人欲谋是事，被我阻之。"

邓云："何不同谋，反阻何故？"

孙云："他是为己，我是为民。"

邓云："请将为己、为民四字明白告我。"

孙云："他之为己，欲得天下自专其利；我之为民，不过设议院、变政治。但中国百姓不灵，时尚未至，故现在未便即行。盖该富人不知审时，我所以阻之也。我素重西学，深染洋习，欲将中国格外振兴，喜在广报上发议论，此我谋反之是非所由起也。"

政治主张

初八日，邓又与孙谈，并以话引话，冀得实据。

邓云："我以公事扣你，若论私情，你我同乡，如有黑白不分被人欺你之处，何妨将此事细微曲折一一告我，倘有一线可原之路，我亦可念同乡之谊，代求钦差为你申雪，你亦可回籍再谋生业。况广东近事，我亦略知，且听你说，看与人言合否?"

孙云："事可明言，但不知钦差愿意排解否?"

邓云："钦差最喜替人申冤，只要将实情说出，我必竭力代求。"

孙即跪下叩头，流泪云："如事能直，恩同再造，感德不忘。"

邓云："请说，不可乱言。"

孙云："我是孙文，非陈姓也，号逸仙，再号帝像。

陈述情由

此号是母所名，因我母向日奉关帝像，生平信佛，取号'帝像'者，望我将来像关帝耳。载之二字，系由成语'文以载道'而来，并无别情。

"向在广东洗基设西医局，因治病有效，常与绅士来往。其时北京开'强学会'，我在省设'农学会'，总会在厢门底，分会在咸虾栏。凡入会者，将姓名、籍贯登簿，当发凭票一纸，交其人收执。曾托尚书罗椒生之侄罗古香向前抚台马说情，请其批准开办。因抚台病后迁延未批，而农学会早先开办，不过教民种植，意欲开垦清远县之荒田。此田系会中所置，以为如有成效，即可将广东官地一并开垦。入会者有绅士、船主、同文馆学生等人。不料前年九月初八九左右，李家焯忽然带勇前来，将总会、分会一概查封。在总会查出名册一本，分会查出铁锅二个，大斧多张，并拿去会友数名。其中有一姓陆者，本系蚕师，过堂苦打，强逼成招，已被正法，其馀尚在狱中。所可恨者，绅士如罗古香等则不敢拿。'镇涛'、'广丙'两船主托人取保出去，而事亦了。同文馆学生因是旗籍，亦置不问；独以我为首，专意拿我。且三天之后，又闻有西门丁泥[①]六桶，内系洋枪，由香港付至农学会，亦被李家焯拿住，以为我谋反之据。又在火船拿获散勇五十馀名，作为我之党羽，后讯知是台湾散勇，因〔内〕有二人因别案与陆姓同罪，其馀均由总督给资回籍，此非谋反之党羽，可立明也。查香港买洋枪，非由的保不卖，若往香港一查，便知虚实，此系李家焯私买废枪以坐我罪也。且我暂避藩署，一经事发，方将托人与陆设法，不料他一见刑具，即妄招认，无可挽回。倘有军火，何难电阻？三天后寄来，又谁收谁用耶？"

李买废枪以坐我罪

邓云："李家焯何故与你为仇？"

孙云："他之仇我，因机房之事也。缘他部下勇丁直入机房抢丝，被人捉住。李家焯得知，派勇夺回，随往抚辕控告，以'不服稽查、挟制官长'为辞。有人求我替机房定计与李互讼。李知事败，以故仇我，即借农学会以控我，指为暗藏'三合会'，有谋反之举。我之误处，误在专讲西学，即以西国之规，行于中国，所有中国忌禁，

与李之仇

①西门丁泥：水泥。

概不得知，故有今日之祸。”

邓云：“前日所说富人，何妨明说。”

关于谋反

孙云：“谋反之事，我实无之。前日说有人商之于我，意图谋反，此人系广东大绅，曾中进士，并且大富，姓某名某是也——按：此人近颇为当道倚重，或系孙之妄扳，故删其姓名——我行医时，素与绅士往来，惟他尤为亲密，平时互发议论，以为即是国计民生之道，只知洋务亟宜讲求。所说之话，他甚为然，以我之才干，可当重任，故于中日相接莫解之时，专函请我回广东相商要事。我在香港得信，即回见他，他曰‘我有密事告你，万勿宣扬’；乃述其梦云：‘我身穿龙袍，位登九五，我弟叩头贺喜。故请你商量，何以助我？’我即问曰：‘你有钱多少？’他答曰：‘我本人有数百万两，且我承充闱姓①，揭晓后始派彩红，现存我手。将近千万，如立行谋事，此款可以动用，迟则失此机会。’我又问：‘有人马多少？’他云：‘我有法可招四万之众。’我答云：‘凡谋事者必要先通在上位之人，方得有济，尔于政府能通声气否？’他不能应。况他之品行最低，无事不作，声名狼藉，我早尽知。他之所谋，只知自利，并无为民之意，故我却之，决其不能成事也。他寄我之函，的系亲笔，虽未将谋反之言

①闱姓：科举时代盛行于广东一带的一种赌博。科试前，赌者指姓下注，发榜后以考中者同姓多寡定胜负。此处指主持此类赌博、保管赌注的“庄家”。

说出，其暗指此事可以意会之词，亦可为证。是欲谋反者是他，而非我也。乃李家焯故意张大其词，以重我罪。藩署官场中人及绅士等均有意替我申雪，因事关重大，不敢干预，即递公呈代办，亦恐无济。其时制台派兵搜查，我由藩署坐轿而出，直至火船，径赴香港，幸无人知，此我真有莫白之冤也。

"李家焯此次害我，不独家散人亡，我所有田地，均已被封，不知尚能复见天日、得雪此恨否？况我曾上禀请设内河轮船公司，已蒙张香帅批准，不遇此事，我早往上海开办矣。李家焯之害我，其毒无穷。自我避往香港之后，去年又造谣言，说我私买军火，在外国招募洋匠五千进攻粤省。我不得已，潜往各国游历。及抵英国，我所往各处均系游玩之所，凡制造军火各厂，我概未去，此亦可见我非有谋反之事也。万望钦差代为申雪，俾得回国另谋事业，断不敢再行为乱。况中国近来颇讲洋务，我意中主意甚多，不难致富，又何必行险耶？你果念乡之谊，还当代我力求钦差。"

右口供系以话引话所得，看其情形，实在善为粉饰。一面之词无人坐证，据情照录，虚实难分。但观其放出之后，绝无求白之意，可见决非安分者流。 据情照录虚实难分

翻译邓廷铿谨呈

又：参赞马格里探据久住香港之西人云：孙文于光绪二十年秋冬间，在香港雇人五百名到广东，拟先计困广东总督于机器局，然后起事。孰意事机漏泄，败于垂成。广

督闭城搜拿，孙则匿在藩署，嗣由其党用箩筐将伊由城墙坠下，逃往香港等语，合并附陈。

龚星宪计擒粤犯孙文复行释放缘由

计擒释放详细情形

光绪二十二年七月准出使美、日、秘大臣杨子通星使函称“粤东要犯孙文谋乱发觉，潜逃赴美，奉总署电令确查该犯行踪，并饬电知龚星使援香港、缅甸交犯约，转恳英国代拿”等因，并附节略，叙其面貌、年岁、籍贯。八月十九日复准通使电称“孙文于西九月二十三日即华八月十七日由纽约搭船至英国梨花埔海口登岸”等语。时星使卧病已久，神志甚清，当遣参赞马格里婉询英外部，拟援香港及缅甸交犯约请拿该犯。外部答以二约只能行于香港、缅甸，不能施之他处，设竟代拿，必为刑司驳阻。星使之犹子仙舟司马心湛乃雇包探赴梨花埔守候。旋据该探密报：孙文剪发作洋装，于八月二十四日登岸，即日乘火车至伦敦，下榻客店，有二西人随行。

雇探守候孙文到来

九月初四日，孙文行经使署之门，遇学生宋芝田，询其有无粤人在署，宋曰有之，孙即请见，乃进署门入厅事。英文四等翻译官邓琴斋刺史廷铿，粤产也，遂与接谈。该犯以异地遇同乡，分外惬意，自言姓陈，号载之。继出金表以觇时刻，刺史索观，则镌有英文拼切之孙字，刺史恍然，然不动声色。孙约翌日再来，同赴海口探望粤商，刺史欣诺。孙既去，急密告仙舟转禀星使。星使与马

约定再来

格里、王鹏九两参赞密商办法，皆曰可拿。

初五日午前，孙果贸贸然来。饭后，邓刺史请孙登楼。先至首层，观星宪之会客厅、签押房，继至二层，入李琴伯明府盛钟卧房，坐谈良久。适马参赞到，刺史遂告孙曰："君能更上一层楼往顾弟房乎?"孙曰"甚好"，遂随刺史拾级而升。马参赞在前引导，先入预备之空房内，作开门待客状，邓指曰："此即弟房，请君先进。"孙刚涉足，错愕间马参赞即将房门关闭，告曰："奉有总署及驻美杨子通星使密电，捉拿要犯孙文，尔即是也。既经到此，请暂留一日一夜，静候总署回电。"孙见已识破，无可如何，唯唯应命。星使遂饬邓刺史、武弁车焕章、谢邦清、造炮学生宋芝田及洋仆二名，日夜轮守。 诱擒过程

初七日接总署回电，力嘱"慎密办理，不可为英所知致被反噬，应如何措手，悉听主裁"。

初八日星使嘱宗濂代拟电稿，言"惟有专雇一船，径解粤省，否则只可释放，派探密跟穷其所往，请示祇遵"。此电去后，总署无复。十三日星使又发电云"释放宜早，免有痕迹"，仍无复电。时署外已有人日夜守伺。

十六日英国《格罗孛夜报》忽刊其事，不直使署所为。他报访事人接踵来访，邓刺史力辩其无，马参赞直认不讳。翌晨各报刊布，指为使署拐骗监禁，哗然而起，甚有以使署房屋绘为图画者，亦有以此事标题特印大字告白兜销报章者。使署门口，自朝至于日中昃，聚众至百数。 舆论哗然

英外部沙侯闻此消息，即柬请马参赞去，婉告曰：

"中英交犯约，经曾前大臣议而未成，刻既无约可援，如解犯潜过英地，殊与公例不符，宜将孙文即日开释。"马参赞诺诺连声而退，急即回禀星使。不移时而外部总办及巡捕头果皆戾止，索领孙文。马参赞遂将孙文放出，交该总办及巡捕头由后门坐车而去，盖避门前聚观之众也。

释放情形

是夜各报刻有孙文对答之辞，殊形荒谬。据谓邓刺史告以拟将其装入箱中运至船上，或先行毒死，解华戮尸；此盖该犯臆造，藉以骇人听闻也。西国久无此等刑法，见此数语，益笑中国之教化毫无。

十八日接总署复电，内称"雇船解粤甚是，需款六千馀镑，即令汇丰拨解"等因。惜其时孙文已为英廷索去，无可挽回。当即据实电复。

十九日，仙舟接短工洋仆查耳时来信，内言孙文起初几次着伊送信，优给金钱，伊皆一律缴呈马格里爵参赞，未得分毫奖赏。嗣孙复许酬英金五百镑送一密信，并嘱其事后离开使署，随孙度日，故伊"甘冒不法，以洋信密报孙友坎特立及门森两英医。两英医因即在外设法，派人伺守，并报外部及巡捕房。各报闻之，遂亦附和，作不平鸣，致贵署不能不将孙文释放，曷胜怅怅。马爵参赞当时曾经恫吓谓"如有走漏风声者，当送官严办；余是以照实供明，听候惩治"云云。仙舟司马以此信示马参赞，马参赞无计可施，徒形愤愤。各报议论纷如，痛斥马参赞及中国使署者又数日。而孙则致函日报，遍谢英廷、英报、英民，文过饰非，倾动众听。英国议绅之不明事理

事情暴露经过

者，且举以诘责政府，拟请勒令使馆不得再用马格里。幸沙侯相顾全大体，片言解纷。星使又无所闻见，得以怡然养疴。更幸英外部允照星宪照会中所请各节，移知香港总督，严查不法，以戢乱谋而杜后患，即日由星宪咨报总署，此案遂结。然传递密信之奸仆，以孙文所酬只有英金二十五镑，控诸刑司又不得直，至今迄不甘服。孙逆亦以港督悬有厉禁，不敢回华以身试法，故辗转窜匿，溷迹东瀛，而我中国东南半壁即藉此得以谧安，则我星宪龚公之一纸公文，保全者诚大而远哉！粤民有知，尚其铸像以祀也可。

时光绪二十五年八月，嘉定吴宗濂追识于汉皋铁路局之牟隐庐。

龚星宪论英国驻华新使致总署总办公函

前上英字第七号芜函，谅邀藻览，伏承履端肇庆，升祉延釐，至以为颂。

敬启者：前闻英简驻华公使，当于冬月二十九日附电奉闻。查该使姓窦乃乐，名克罗特，系苏格兰之世族。其父曾任陆军提督，而渠亦行伍出身，年约四十馀岁，初次膺使臣之职。沙外部立意欲将驻华公使一缺，以素未奉使之人补授，似别有深意焉。（驻华英使别有深意）

渠在英国陆军中职如中国之都司，光绪三年曾赴香港随营小驻。继而英平埃及叛党之乱，与敌战于石勒甘蒲，功绩卓著。自光绪八年以后，历办阿非利加事务，因转用文职人甚精明，颇愿学习中国语言。数年前奉委至德国柏林，会议阿非利加西境之英德属地界务。

现闻窦使拟于明正望后起程赴华，屈计桃花时节可抵京华。用特详陈清听，即乞回明堂宪为荷。

英字第八号，十二月二十四日

龚星宪论新加坡领事张守振勋才具并述英拟接待李傅相情形致总署总办公函

五月上旬寄上英字第十二号芜函，附有英国达门士厂船图一本，并所译船说一分，计期亮早达览，敬维清襟袭月，胜赏延秋，翘企伟猷，式符远颂。

敬启者：本月望日接准北洋大臣王、鄂督张联名公电，以芦汉铁路招商，关系重要，内地华商力微难集巨款，嘱饬新加坡署理领事张守振勋回华商办等因，弟当即转电张守去后，据禀拟饬眷物回槟，是否允其销差云云。弟窃思坡地总领事一缺，与张守甚属相宜，本拟奏委补授。将来铁路招商，该处为适中之地，南洋富商甚多，易于集事，该守商务最为熟悉，素称殷实，各商见信。已电令翻译刘牧玉麟代理篆务，俟张守回华商办事毕，拟再饬其回任，兼办铁路招商事宜，似乎两有裨益。用特先行陈明，伏乞代回堂宪为感。所有来往电报五分，兹特另纸录呈，并希察览。

六月二十日，英字第十三号

敬再启者：弟于本月十八日扶病自海口回伦敦，十九日即赴外部见沙侯，谢英廷豫备行台优接李相之意。沙侯曰："李相为中华有声望之人，此次以头等钦差奉使西来，虽为专贺俄君加冕而差竣后环游各国，英亦得邀轺节光临，自应稍尽东道之谊，敝国官商皆所欢喜。特不知李傅相来英有商办事件否？"弟曰："李相赍有国书，呈递君后，为我皇上代宣悃忱，益见邦交之厚。且以贵国政治之善，制造之精，甲于各国，故特来此瞻仰，以备取资。且久慕大名，藉以领教，亦难得机缘。至有无商办事件，则尚未之有闻。"沙侯喜曰："英国各处制造，亦与他国不相上下，惟水师船只，讲求年久，似觉稍胜。"弟曰："贵国水师强盛，李相极愿一观。"沙侯曰："现拟以水师海操请李相临视焉。"

李鸿章访英之目的

继谈至英商安渡贩货亏本，归过梧守向索赔偿一事。沙侯曰："粤督于此案竟在领事公文之面亲批'退还'二字，摈不收阅，殊觉太下不去，数十年来无此事。"弟曰："粤督颇以此事似怪总署办法太软。"沙侯曰："观此可见总署甚为明透，不以我国办法为错，经阁下道出，则仆亦甘服矣。"

总署办法太软

嗣言及西江通商，弟曰："闻英国驻华公使已向总署开议，此事确否？"沙侯曰："尚未议有端倪。"弟曰："大约口岸太多，于中国不免有损，即于英国亦未必有

西江通商未有端倪

益，总宜得两全之法，各有所裨，方为上策，故不可以急切求之。”沙侯云：“此言我切记心上。”

又，北洋王夔帅前者电托招致水师练船洋教习二员，弟已切托沙侯代为之谋。是日沙侯谓已令海部慎选妥当可靠之员，俾膺是聘，总期于中国有益云云。

傅相言于廿三日由法来英，订廿六日呈递国书。英廷特备行馆，并预办一切，款待甚属优异。统祈代为先回堂宪，馀俟续陈。

弟自在海口养疴一月，脾胃似觉稍健，惟咳血之后，元气大伤，两腿依旧无力，步履甚觉艰难。唐医早到英馆。知关廑念，谨以附闻。

龚星使备文报满致总署总办公函

八月初二日奉寄英字第十五号芜函及比国衔奇会章程等件，谅邀荩览。伏承勋祺嘉胜，时履绥和，至以为颂。弟久病复发，焦灼之情，难以笔述。前月已将病情电陈堂宪，恳请早日奏派替人，上次函中曾尘清听。瞬届明春，即属满期，新使来洋，尚需时日。弟目下痰咳似稍减轻，而仍未能起床，病躯实不堪久支，用特循例备文报满，咨请钧署代为陈奏，不胜盼切。所有交卸前应向英廷呈递辞行国书一道，伏乞回明堂宪，照章一并奏请颁赐，尤深感纂。

二十二年八月二十二日，英第十六号

又，月初寄奉英字第廿二号芜函，谅邀台览。敬维升祺迪吉，鼎祉崇绥为颂。瑗久病反复情形，迭经函电缕陈，想蒙亮鉴。现虽叨庇略就痊可，而步履维艰，精神委顿，亟盼替人早到，俾卸重肩，庶可静摄耳。

查欧洲通例，凡旧使回国必有辞行国书，我国于英法等国久已仿行，鄙意于所有兼使之国，似亦宜照办，以符通例而资联络，拟请回明堂宪，照章一并奏请颁给英义比三国国书各一道，交新使赍带来洋，俾分别呈递，于邦交不无裨益。

丙申十月十六日，英字第二十三号

龚星宪留派学生学习造炮致总署咨文

为咨呈事：窃以学业由研求而进，人材由历练而来，本大臣奉使驻英，每于此兢兢致意。查现在外洋竞尚快炮，英伦马克心罗登飞厂所造者，猛厉无比，瞬息千弹，各国争相购用，推为水陆兼资，灵捷快便，卓越等伦。中国幅员辽阔，营伍繁多，此项快炮鲜有备者，亦鲜有知者。因思欲为自强计，自须先为储材计，当于本大臣咨调出洋之武弁学生中，选得武弁把总谢邦清、五品军功宋芝田，于光绪二十二年正月派往该厂学习造炮事宜，其一切费用即于本大臣俸薪项下提给，作为津贴。

外洋快炮瞬息千弹

学习造炮津贴费用

查该二员年少质美，兼晓英文，亲操工作之馀，已得此中门径，倘再宽其期限，不难升堂入室。虽本大臣瓜期将满，而该员等所学事宜，自未便半途中辍，致亏一篑之功。相应援照贵衙门出洋肄业章程，除该员束修房饭等费，由接任大臣随时另报外，所有俸薪现自本年正月起，每月给予库平银五十两，藉资养赡而昭激劝。为此咨呈贵衙门，请烦查照可也。须至咨呈者。

瑞士国驻英公使宝喀照复中国拟入邮政会文

为照会事：奉本国政府命令，特为贵大臣奉告：所有贵国创设邮政一事，拟自西历一千八百九十七年（光绪二十三年）正月初一日①起，凡各项信函遵照邮政公会定

邮政公会

章粘贴印花，寄往中国某地某方者，中国当不复加资，代为递到，并请嗣后亦入邮政公会等因。本国政府业已通咨在会各国政府，并著本大臣将通咨底稿，照送贵大臣一分，以便咨明贵国政府，为此照会，请烦查照施行。须至照会者。

右照会中国钦差驻英大臣龚。

西一千八百九十六年七月初六日，即光绪二十二年五月二十六日

①光绪二十三年起自公历一八九七年二月二日；一八九七年一月一日应为光绪二十二年的十一月二十八日。

瑞士国执政衙门 总统雷那立 首相林循 为通咨事：

准中国总理各国事务衙门西四月十五日来文，内称“中国拟设邮政，凡一应信函，遵照邮政公会定章粘贴印花寄往中国某某地方者，当自一千八百九十七年正月初一日起，中国不复加资代为递到，并请嗣后亦入邮政公会”等因前来，本衙门理合据情照会贵大臣，请烦查照。

本衙门以为最妙办法，莫如将原来译文照录如下： 最妙办法原文照录

总理各国事务大臣为照会事：照得现在钦奉上谕“创立邮政，当在京师及沿海通商各埠先行试办，随后察夺情形，量为推广”等因。本大臣等久知贵国有一邮政公会，裨益甚宏，而主持会务者，即系贵国政府，办理极为得法。凡与中国立约各邦皆在会内，则中国如亦入会，洵与大众有裨，用将我国家拟设邮政、随后入会之意，照会贵国政府。

惟念我中国初办邮政，规画布置，在在需时，自应俟察得此事办有成效以后，方行明订入会日期，以尽职司而担责任。目下惟有备文声明：中国有拟入邮政公会之意，并告贵国政府及在会各邦，请自西历一千八百九十七年正月初一日起，凡在会各邦境内所发信函，寄往北京、牛庄、天津、烟台、重庆、宜昌、沙市、汉口、九江、芜湖、镇江、上海、苏州、杭州、宁波、温州、福州、厦门、汕头、广东、琼州、北海、龙州、蒙自等处者，当由各该处之邮政官局代

收、代转、代送，不另加资；嗣后增添局房，推广邮政，自当随时布告。当此开办伊始，此项邮政暂由海关兼办，统归总税务司督理。至在欧洲代司邮政事宜者，则即驻扎伦敦之税务司金登干是也。一切详细情形，俱可向之询问，为此照会□□等因。

（原文未见，此从法文译出　濂注）

本衙门奉到此文，合行通咨各国外部大臣，即希察照，须至照会者。

右照会各国外部大臣

西一千八百九十六年六月二十七日

龚星使奏保期满出使人员折稿

奏为随使人员期满，照章请奖，恭折仰祈圣鉴事：窃查总理各国事务，衙门《出使章程》内开“出使大臣随带人员，均以三年为期；堪以留用者，经接办大臣留用，仍准以期满之日请奖。又，期满之员如有馀资，准并计前后在洋日期，援案请奖”各等因，历经遵办在案。

奏保期满出使人员

兹查有驻新嘉坡代理总领事官花翎三品衔、道员用候选知府张振勋，经前使臣薛福成派充新设槟榔屿副领事官，于光绪十九年四月初九日到差；嗣经臣奏明，派委代理驻新嘉坡总领事官，扣至二十二年四月初八日，三年期满。

驻英三等法文翻译官盐运使衔、候选知府吴宗濂，经臣奏带出洋。查该员前在驻法使署当差，于光绪十八年三月二十四日第二次期满后至是年十二月十九日销差回华，又自二十年四月十六日到差之日接算前资，连闰扣至二十二年五月二十日第三次期满。

驻新嘉坡总领事处三等英文翻译官盐运使衔、候选知府那三，系随同前使臣薛福成出洋，经臣奏明留用，扣至光绪二十一年十二月十九日第二次期满。

驻英随员同知衔、指分湖北候补知县潘承烈经臣奏带出洋。查该员前在驻法使署当差，于光绪十七年九月十四日第二次期满后至十八年十二月十九日销差回华，又自二十年四月十六日到差之日起接算前资，连闰扣至二十一年十一月十二日第三次期满。

驻新嘉坡总领事处随员福建试用县丞何晋梯系前使臣薛福成奏调出洋，于光绪十七年十一月初一日到差，及臣到任复经奏明留用，扣至二十年十一月初一日三年期满。

驻新嘉坡总领事处供事州同衔、监生叶卓林，系于光绪十七年十月二十一日到差，经前使臣薛福成及臣先后咨明总理衙门在案，连闰扣至二十年九月二十日三年期满。

该员等或管理商民，或随办交涉及一切应办事宜，均能于重洋外奋勉当差，毫无贻误，实属著有微劳，自应由臣照章分别核请奖叙。谨缮具清单恭呈御览，合无仰恳天恩俯准分别给奖，以昭激劝之处出自高厚鸿慈。除将该员等出身履历造具清册，咨由总理各国事务衙门转咨吏部查核外，所有随使人员期满照章请奖缘由，理合恭折具陈，伏乞皇上圣鉴训示，谨奏。

摘录清单：

驻英三等法文翻译官盐运使衔、候选知府吴宗濂，拟请免选知府，以道员不论双单月遇缺尽先前即选，并请赏加二品衔。

光绪二十二年八月二十九日奉朱批："张振勋等著照所请奖励，该衙门知道，钦此！"

随轺笔记卷三　记闻

记闻例言

一、古人言学，曰“多闻”，曰“博闻”，“闻”之字义大矣哉。宗濂不敏，窃愿以此自勖，安敢以事非目睹或未躬亲而谈焉忽之。故苟有所闻，足为我国国计民生之助者，毋论其或见诸中国巨公条奏，或系西邦现行章程，辄据以备录焉。即在前任刘星宪①时者，亦一并采入。 足为国计民生之助

一、西国水陆军政、制造艺术，岁岁出奇制胜，时时推陈出新，凡试验有效见诸报章者，几于罄南山之竹，书不胜书，然据一反三，亦足觇其国势。是以遇有此等新 水陆军政制造艺术

①刘星宪：刘瑞芬（1827—1892），字芝田。光绪间曾任驻英、俄两国公使及驻英、法、义、比公使。

闻，辄译成汉文，贡诸星宪龚公，备呈总署。

西报议论

一、马关约成，西报议论纷如，无非欲得渔人之利。此等论说，间亦采取一二，盖深冀秉钧者之知所警惕耳。

为我谋正为己谋

一、甲午之役，俄、法、德三国曾貌作仗义执言，逼还辽东各地，日人慑于势，居然忍气以让，我国巨公因之甚德三国。庸讵知此三国者，为我谋正为己谋，观于法外部大臣哈诺德以此事布告议绅，其底里即已尽露。一国如此，他国可知。未几果历验不爽，谁秉国钧，尚其不忘前事。中国虽素为声名文物之邦，然以较之近今西国，则似觉瞠乎在后。彼西人于中国情势，久已了然于胸矣，其幸灾乐祸者，固深望中国之长此积弱；然公道之士，则亦未尝不大声疾呼，特为历抉中国弊病，以作刍荛之献，爰鉴其意，间译为篇。

一、学问无穷，聪明有限，问难析疑，儒者不废。宗濂自念空疏谫陋，从公之暇，辄与彼都学士相往还，苟闻所未闻，有裨心性，亦间记其崖略，列入集中。

记闻目录

详纪法国下议院卿以派船至德索地归华二事诘问外部大臣及外部大臣答复情形

论中国善后事宜

中国洋债考

会议中国贷款

中国借款章程

中国借款情形

中国借款匀摊股数

法国商部尚书畅言商务

论法在日本商务日衰亟须及时推广

比国衔奇大会详细章程

伦敦万国铁路会第五次聚议题

火车非常速率

铁路价值

法国商厂请在龙州建造铁道缘起

复伍兰荪太守元芝自豫函询铁轨情形

伦敦总册摘要

英法新订约章及往来照会

法旗受辱

兵不识字法多于德

德人往美者日众

讼庭小费

法总统喀尔诺小传

俄赠宝星于法总统

宝星有俸

英主离法情形

法国驻德公使轶事

中国驻法使署租券

中国驻英使署租券

龚星宪接总署议复御史陈其璋条奏重订使章折稿

奏为遵旨议奏，仰祈圣鉴事：光绪二十一年十月初六日准军机处钞交御史陈其璋奏“使臣日增，亟宜重订章程以示限制”一折，军机大臣面奏谕旨“著总理各国事务王大臣议奏，钦此”，钦遵到臣衙门。臣等伏维自光绪二年简派大臣出使各国，臣衙门酌定章程十二条，嗣复迭加厘订，随时请旨遵行，大致于限制之中仍予使臣以酌量办理之权。诚以使臣奉命出疆，非在内地办事可比，若处处绳以定章，恐事多牵制，致误机宜。臣等仰禀辰谟，酌中立议，二十年来幸无贻误。惟现在情形与从前间有不同，既经该御史奏请重定章程，钦奉谕旨饬臣等议奏，臣等谨就该御史所陈各条，分别可否，为我皇上陈之。 御史奏议重订章程限制使臣

查原奏内称“使臣可给京堂衔，不必定予实职。向来出使大臣多系补授京堂，遇有缺出，照例升转。但国家设官，各有职守，使臣业已远出，既不能供职，无非徒悬一虚名。其初出使不过三四人，占缺尚少，今则数几倍

增，是京堂之缺有限，而悬此虚名者益多。各国接待使臣，惟视所派之为何等，不视所居之为何官。请旨饬下议定：凡出使大臣但给予京堂衔作为出使大臣，如给都统衔、副都统衔作为各处办事大臣之例，三年任满，有功无过，再行酌授实职，量予升阶”一节。臣等查出使大臣或奉旨赏给顶戴，仍以原官出使，俱系出自特恩，本非臣等所敢擅请，即非臣等所敢轻议。况现在出使大臣之占京堂缺者，仍不过三四人，并无“数几倍增”之事；遇有应办事宜，各衙门亦即奏请派员署理，不致旷官。即如侍郎以下现出学差之员颇不乏人，亦均以三年为满，未闻一经出京，即将本缺开除。出使大臣远役异方，夷险莫测，若必故示裁抑，恐无以励诸臣任事之心，亦非朝廷重念劳臣之意，该御史所请仅给虚衔之处，应请毋庸置议。

只给虚衔无法激励使臣

原奏又称“使臣宜将交涉事件及各国情形随时奏报。向来出使大臣任满回京，必有日记送呈总理衙门，藉资考证。其驻洋之时亦将交涉事件及各国情形，按月函告总署。近惟驻俄使臣许景澄随时函报，驻美使臣杨儒每年或报一二次，驻英法使臣龚照瑗则从未有片牍来告者。应请饬下各出使大臣按季将交涉事件或已结或未结具折奏闻，仍按月函告总署。倘彼国有秘计密谋，尤应随时密奏”一节。臣等查光绪三年十一月间臣衙门奏请饬下出使各国大臣将大小事件逐日登记，按月咨送臣衙门备案；其有关系交涉事宜者，亦一并咨送，以资考证，奉旨允准，咨行各该大臣遵照在案。嗣以交涉日繁，一切紧要关键改用电报传递，以期迅速，文函较前稍疏，并非无因。其电报所不能详尽者，仍藉文函申论。驻俄大使许景澄经办之事最多，文函亦较他处为密。此外驻美大臣杨儒、驻英大臣龚照瑗遇有商办要件，亦仍随时函报，并无“每年只报一二次”及“从无片牍来告”之事，案牍具在，臣等亦不必为之讳饰。惟该御史既请将各国政教情形按月函告臣衙门，倘彼国有秘计密谋，探闻真确，随时密奏，自系为慎重交涉起见。各国出使通例，每年与外部往来文牍，必抄送本国政府备查，驻美使馆自光绪十二年即照此办法，应请饬下出使各国大臣查照办理。至交涉未结各案，相机因应情形时有变易，拟仍令随时知照臣衙门酌核，俟办结后再行奏报，毋庸按季具奏，以归简易。

秘计密谋随时密奏

原奏又称“出使随员宜核定员数，不准多带。从前奏带参赞、随员不过十馀人，近则漫无限制，或本员调剂私人，或廷臣滥行推荐，竟有一使臣带至三十馀人者，甚至管书籍、管厅事、管器具，凡仆从事务亦派随员职掌；经费以分润而尤窘，保举以瞻徇而尤滥。核计出使所带员数，除额设领事宜带员充补外，应有参赞一人、随员二人、翻译二人、医官一人、供事二人，足敷差遣。应请旨饬下总理各国事务衙门核定员数，不准多带人员”一节。臣等查光绪十四年十二月间，臣衙门议复前出使大臣洪钧条奏内称“除各口应驻领事之处毋庸遽议增减外，拟请嗣后使臣馆中准设参赞二员、翻译二三员、供事二员、武弁、医生各一员；其兼摄他国设有使馆者，准添参赞、翻

出使随员核定员数不准多带

译、随员、供事各一员，作为定额”奏准通行在案。现惟驻法大臣庆常、驻日本大臣裕庚为专驻人员，此外仍系一人兼使数国。其各口设有领事者，其署亦应设有随员、翻译、供事等项，以资襄助。各使臣随带人员合则见多，分则见少，约计人数，尚无浮滥。惟该御史既请核定员数，拟请饬下出使各国大臣查照，臣衙门奏案，将使馆参、随各员再行核定，其各口领事署内每处应派几员，亦详加酌核，报明臣衙门备案。如有逾额之员，俟有缺出，毋庸续调。嗣后接任大臣亦即照此办理，以符成案。

随员薪水不宜减扣

原奏又称“随员薪水不宜减扣。查奏定《出使章程》参赞、随员分别东西洋各有应得之数。近来出使大臣减扣随员薪水，有竟放四成者，而以驻英、美之使臣为尤甚。该使臣不过以经费岁有限额，员数过多，碍难照章给发；而各随员亦为保举起见，安受无辞。不知用途过从简陋，贻笑外洋。请旨饬下各出使大臣仍照九成给发，俾用度宽舒，各员亦勉思报效”一节。臣等查光绪十三年二月间，臣衙门因派员出洋游历需费浩繁，拟将出使东西洋各国大臣及东西洋参赞、领事、翻译、随员等俸薪酌减十分之二；嗣因外洋镑价日增，亏折过甚，请将出使西洋各国大臣及参赞、领事、翻译、随员薪俸加复一成，供事、武弁、学生俸薪加复二成，均经奏蒙俞允，转行遵照。现参、随各员应支薪俸均由出使大臣照章给发，间有酌发五成、六成之员，系由出使大臣核其职司较简，量加裁减，计均足敷旅费，并无仅发四成之案。惟泰西各国居处周旋，类皆矜尚体面，若中国随使诸员过于啬陋，自非所宜。果使出使员数酌中厘定，经费自无虞溢额。应请旨饬下出使大臣，俟将随使员数核定后，应支俸薪各按定章支发，以示体恤。其出使东洋各员，海程较近，旅食较廉，不在此例。

随时章京应即停止

原奏又称“海军衙门奏定章程，每一使臣出洋，于章京中派委二员随往游历各厂，藉资考订。各章京不过借此为游览之由，汗漫三年偶呈一二图说，大率摭拾而成，毫无心得，而经费之虚糜，已属不赀。应请即行停止，毋庸再派，其业已出洋者亦应撤回”一节。臣等查光绪十六年四月间，臣衙门会同总理海军事务衙门议准升任詹事府詹事志锐条奏：“遇有更换出使西洋大臣时，由海军衙门酌派章京二员，随同前往游历，以广见闻。”诚以西洋各国操练水陆营伍、建筑台坞、修制炮械，具有精意，苟能于游览之中得窥要领，亦于武备有益。原冀收拔十得五之效，并非敢谓派出之员必皆有所成就。惟现在海军衙门暂时裁撤，兼行章京俱回原衙门当差，并无行走之员；所有游历章京自应如该御史所奏，即行停止，其业已出洋者，仍俟三年届满，再行撤回，以免纷更。

文报局员分派管理

原奏又称“出使文报局委员宜由南、北洋大臣分派管理。查使臣出洋每于天津、上海两处设立文报局，递接来往文报，各人各派，竟有一局派至四五人者，不过借名安置，为开保举地步。不知使臣虽别，文报则同，但于天津、上海各派一员统管各使臣文报，已可不误公事。应请饬下所有出使各文报局现有人员统行裁撤，即由南、北洋大臣派员专管，酌给薪水，毋庸再予保举”一节。臣等查光绪初年派员出使，奏准于天津、上海两处设立文报局，派员经理，三年期满准照异常劳绩请奖。原以事属创始，责任綦重，不得不稍宽其格，以收群策群力之效。嗣于上年七月间，吏部会同臣衙门议复御史庞鸿书条奏，将文报局一项改照寻常劳绩请奖，并经酌定员数，以示限制。现在出使各国事同常例，接递文报，具有成式可循，较之创办之初，难易迥别。该局本为南、北洋大臣统辖，非尽由出使大臣派员。该御史请改归南、北洋大臣派员统管，毋庸由出使大臣各人各派，系为专责成、节縻费起见，应请饬下南、北洋大臣酌照上年奏定成案，于天津、上海两处文报局每局所派经管文报委员其已满三年者，照章列保，即予开除，其未届三年者，俟此次奉旨后，由臣衙门行知出使大臣量为裁撤，停支薪水，以重帑项。

以上各条，臣等悉心裁酌，似属可行，以仰副圣主慎重使事之至意。所有臣等议奏缘由，谨恭折具陈，伏乞皇上圣鉴训示遵行，谨奏。

光绪二十一年十一月十八日奏，奉旨“依议，钦此”。

总署片

再：光绪九年六月间，吏部奏定《严核保举章程》

严核保举

内开“嗣后无论异常劳绩、寻常劳绩，出力人员一概不准保举分发省分补用。又，异常劳绩准保免补、免选以应升之官阶，保奖不准越级，并不准层递预保”各等语，经臣衙门咨行出使各国大臣遵照在案。乃近年出使大臣于参、随各员三年期满保请分发省分补用及越级保升者，层见迭出，既蒙特旨允准，臣衙门自应知照吏部钦遵注册。我皇上如天之仁，重念随使各员远涉重洋，备尝艰险，三载叙劳，原不妨稍从优异；而使臣保举随员，亦应力求核实，以符例案。臣等公同商酌，拟请饬下出使各国大臣，嗣后遇有保案应查照吏部奏定章程，准照异常劳绩请保免补、免选以应升之官阶升用，不准越级保升及层递预保；其本无分发人员，不准保分发省分补用，以示限制。该大臣等均应仰体朝廷慎重名器之意，不得轻徇随员之请违章奏保，致涉冒滥。是否有当，伏候圣裁。理合附片陈明，谨奏。

光绪二十一年十一月十八日具奏，奉朱批：“知道了，钦此。”

龚星宪接总署移咨御史陈璧条奏仿行印花税法折稿

奏为饷需孔急，请仿行印花税之法，以集巨款而济时艰，恭折仰祈圣鉴事：窃维中日定约后，户部竭力筹饷，岁有的款者，只扣存廉俸一百二十馀万为一大宗，裁兵、折漕、清粮未能递举，盐斤、丝茶、烟酒加抽无几，捐输 仿行印花税既成弩末，息借又作罢议，计岁增出款且二千万两，是所筹者未及十分之一二也。而善后诸大端陆续待办，皆不容缓。于此欲求岁筹巨款确有把握、不病商不扰民之策，则维有仿行印花税一法而已。

西方印花税

查印花税创自荷兰，盛于英吉利，今则遍行各洲，无国无之。谓之印税者，盖令民间买国家所制之印花纸，为书写各项契券字据之用及粘贴各项发票收单之用，以为纳税之证也。其造之之法，应于京师设厂购办制纸、制印机器，雇匠创造。其纸则中藏纹理，其印则细极毫芒，以杜作伪。如一时开厂未成，可仿日本造钱之例，令英厂暂行揽办，严立合同，防其偷漏；俟官厂能制，即行自办。其行之之法，应取各国税则参较，详定章程，务从简便，先行颁示天下，然后于各省会城普设督销局一所，为总卖印花纸之地，将此项印花转发民间，如市镇铺户代为零卖，每百两中铺户应得一两，官收九十九两。其查之之法，应严定漏私罚款律例，凡一切契券字据不用印花、发票收单不粘印花者，皆作废纸，事发照例议罚。遇有词讼，官不为理。又印花既经粘贴，应即照例勾抹，以禁再用，其有已粘而未勾者，亦行议罚。凡印花税之大略如此。

不用印花事发议罚

缘此税取之买主，而责成则在卖主，是以毫不扰累，以所收至微，而罚则至重，是以民皆易从；而况取诸有力之家，与贫民无涉。各国通例，列为内地税款，与关税无涉，且以事不难行，核其情形，实属有利无弊。今俄、英、法诸国，此项岁征皆约三四千万至一万万。若以中国

所收至微罚则至重

之大，仿而行之，开办之始，不妨疏阔，民觉其便，必将竞起，计每岁所征当不下七八千万，则不特洋债易于清还，藉此首免税契、次停捐纳、次罢抽厘，举从来欲除而未能之弊，逐渐廓清，全局转机，必在于是矣。我朝丁赋并完，取民之轻，千古所无，实亦万国所未有。民智渐开，莫不知外国租税之重，今即仿行一印花税之法，臣敢决其相安无事，伏愿我皇上断而行之，即饬总理衙门电交出使各大臣，将各该国现行印花税律例章程详译一分，并将现用各种印花纸列粘于册，注明用法。及查估印花机器价值，限三个月驰奏进呈御览。然后发交户部速筹兴办，不过一年可以试行，既纾目前之急，又除从来之弊。臣诚知创议取民，千古所戒，特以时艰目击，不宜拘守成法，故冒桑孔利析秋毫之嫌，用备朝廷广集众益之助，择诸国之通行有效尤为易举者，敬陈于皇上之前，是否有当，伏乞圣鉴训示施行，谨奏。

中国仿行印花税之利

总署片

再：上年十一月二十二日臣衙门准军机处钞交本日军机大臣。面奉谕旨："御史陈璧奏请仿行外洋印花税一折著总理各国事务衙门查核办理，钦此。"臣等查印花税一事，外洋各国行之有年，洵为利国便民之举。方今筹款维艰，宜可仿办，以广利源。该御史所请"交出使各大臣将各该国现行印花税律例章程详译一分，并将现用印花纸粘列于册，注明用法及查估印花机器价值，限三个月驰奏进呈御览，然后发交户部速筹兴办”一节，臣等遵即咨行出使英、法、俄、美、日本各大臣遵照办理。至应如何妥筹开办，统俟各该大臣查覆到日，再由臣衙门请旨遵行，理合附片陈明，谨奏。

光绪二十二年二月初七日奉朱批：“知道了，钦此。”

附录：刘芝田星宪接总署奏请使臣兼驻之国酌复旧式折稿

兼驻之国酌复旧式

奏为出使大臣兼驻之国宜令附近分隶并酌复旧式，以便往来而期周妥，恭折仰祈圣鉴事：窃臣衙门自拟定《出使章程》以来，凡遇应请派往何国及兼充何国之员，历经奏陈在案。各西国既遣使来华，咸愿中国亦有使臣驻其国都，以为光宠。溯查光绪元年侍郎郭嵩焘始奉使英之命，三年刘锡鸿使德，四年崇厚使俄，是年郭嵩焘兼充使法。嗣以换约之国日多，势难遍遣专使，致增縻费。其商

兼使情形

务希简而素鲜交涉者如义、和、奥、比等国，即令出使英法大臣就近兼充，亦足以示联属邦交之意。除日本别在东瀛，美利坚自居一洲外，现在出使泰西之国，英、俄共派一员，法、德、义、和、奥、比共派一员。至英之兼俄，系因昔年臣曾纪泽由英伦奉命赴俄办理交收伊犁之案，迨议约有成，即令兼充使俄。德之兼法亦系暂局，循行未改，皆以事势所值，不得不计出权宜。惟英国商务繁多，俄国边界绵长，驻扎该两国之使臣，甚关紧要；英俄相距遥远，设有缓急，使臣分身两地，常恐贻误事机。德厂近

年订购船炮，使臣驻阅时多，法都仅能偶到，虽派参赞一员在彼权摄，而法之与德，仇憾未消，难免疑我使臣有亲疏之迹，即相待有厚薄之心，似不如量与变通，慰其觖望。查英、法两国虽隔一海峡，然道里不远，火轮舟车仅行八点钟之久即可由法国都城至英国都城。俄之距德，虽较英之距法稍远，然较英俄相距之路程，则不过三分之一。拟请嗣后出使英国之员仍酌复郭嵩焘、曾纪泽出使时之旧式，令其兼充驻法使臣，而以义比两国附之；出使俄国之员，兼充驻德使臣，而以奥和两国附之。如此一转移间，既便往来，亦形周妥，于经费并无出入，于公事较有裨益。倘蒙俞允，所有该大臣等所奉敕书应有增改换给事宜，容再分别办理。为此恭折具陈，伏乞皇太后、皇上圣鉴，谨奏。

最宜兼使方案

光绪十三年四月二十六日奏朱批："依议，钦此。"

附录：刘星使接总署请减出使人员薪水片稿

再，臣衙门光绪三年十一月初一日片奏：东西洋出使一切经费，各按其每年应用款项若干，再行酌中定额，奏明办理，奉旨允准通行在案。查出使各国大臣及参赞、翻译、领事、随员等官支给薪水，分别等差，每年由出使大使册报臣衙门，历经办理亦在案。现在经费支绌，出使各员俸薪，尚可酌量裁减。臣等公同商酌，出使东西洋各国大臣俸薪拟减十成之二，其西洋参赞、领事、翻译、随员

经费支绌使臣减薪

等，均照现支银数各减十成之二，东洋参赞等官本已减数支领，应照现支银数再减十成之一。此外一切公用，核实樽节，作正开销，仍照章册报臣衙门核办。至出使大臣所带员弁人等有可裁减之处，应由各该大臣自行酌定，以节冗费。如蒙俞允，即由臣衙门行知各出使大臣遵照办理。为此附片陈明，谨奏。

光绪十三年二月初二日具奏，奉旨："依议，钦此。"

附录：刘星宪接总署奏定《出洋游历章程》折稿

总署折稿 奏为遵拟《出洋游历人员章程》，恭折具陈，仰祈圣鉴事。窃臣衙门于上年十二月初十日钦奉谕旨："前据谢祖源奏请饬保荐出洋人员，经总理各国事务衙门议，请由翰林院六部核实保荐，现在几及两年，尚未据保荐有人，着该衙门传知翰林院六部，迅即查明有无可以保荐之员，限三个月内咨复该衙门，毋再迟延，钦此。"钦遵恭录行知各部院遵照办理去讫。

查臣前奏内称"翰詹部属中如实有制器通算、测地、知兵之选，坚朴耐劳、志节超迈可备出洋游历者，请旨饬下各该衙门核实保荐，咨送臣衙门考核，再行奏请发往各国游历，应需出洋薪装，届时由臣衙门酌定数目，在出使经费项下发给"等因。现在各该衙门正在陆续保送，俟送齐后再由臣衙门考核去取，厘定员数，请旨遵行。至游历人员应定年限及薪水数目并一切考核课程必须示以定章，俾资遵守，臣等公同商酌，谨拟章程十四条，开列清单，恭呈御览。此外或有未尽事宜，容当随时酌核，奏明办理。是否有当，伏候圣裁。所有臣等遵拟《游历外洋人员章程》缘由，理合恭折具陈，伏乞皇太后、皇上圣鉴训示，谨奏。

光绪十三年四月二十六日奉朱批："依议，钦此。"

谨拟《出洋游历章程》条款

一、选派人员出洋游历，当视经费之赢绌，以定员数之多寡。刻下设法节省出使之经费，计省出之数每年不过四万馀两，以供派员出洋游历之费不为充裕，势不得不限定数。臣等公同商酌，此次派出之员，除翻译人员之外，当以十员或十二员为定额。 出洋游历章程

一、各衙门人员之愿出洋者，固不乏有志有才之士，然其中志大才疏、于洋务一道难以体贴入微者，亦恐难免。除翰林衙门人员，由其本衙门先试以记载之笔，再行咨送外，其各衙门人员俟保送名单汇齐之后，拟由臣衙门定期传集考试，以定去取。其考试所取，专以长于记载、叙事有条理者入选。

一、游历至久者以二年为限，往来程途均在限内。其有过二年限者，即作为自备资斧之游历，停支薪水；过一年半后先归者听。至于各员出洋，或经奉旨派留西洋，或中国外省另有差使以及经出使大臣、各省督抚奏留、咨留另有差委者，自无须由臣衙门催其如限回京。 游历至久二年为限

游历人员

一、京官实缺四品以上人员及在京有紧要职事者，虽于单中自注愿行，臣等未敢擅便。届时应由臣衙门奏闻请旨，方定行止。五品以下人员，每员准雇翻译生一名，月支薪水银五十两，其翻译准在臣衙门同文馆及上海广方言馆、福建船政局、广东同文馆各处拣择，其在他处另雇者，听。

一、往返船价及在各国游历火车之车价，准其开支公项。京官五品以下游历官及翻译官、翻译生均准每人用二等船舱一位。每游历官一员准带仆役一名，仆役工价该员自备，仆役准用三等船舱一位，准由该员开报作正开销。至游历官、翻译官、翻译生及游历官所携之仆于在西洋游历时搭坐火轮车，其章程等第，亦照搭坐轮船等第乘坐；惟车有不设三等舱位之处，准其临时酌升等第。所有雇船、雇火车之事，责成文报局及驻洋使署、领事署为之经理。

游历费用

一、各员准预支薪水银六个月，公项银一千两以备应用。其或不敷，准在各使署暂行借支，仍由本衙门拨还，但借支之数不得逾于该员应支薪水之数。

一、船价、车价由各员自行造册报销，分为两次开报：第一年满时开报一次，第二年回国时开报一次。除总数报销之外，仍须另单开列细帐，如某月某日由某国某处至某处，或由某国某处至某国某处，船票、车票价值，共用某国某种钱若干，合中国银若干，均须逐日细载，无许含混，以杜浮冒。

一、各国可游地方若干处、应支车价若干两，可于使署、领事署预先询问明白，以免虚糜。

一、游历之时，应将各处地形之要隘、防守之大势以及远近里数、风俗、政治、水师、炮台，逐一详细记载，以备查考。 游历要求

一、各国语言文字、天文算学、化学重学、电学光学及一切测量之学、格致之学，各该员如有素日曾经留意及出游之后能于性情相近者有所学习，亦可以所写手册，录交臣衙门以备参考。

一、各员游历回华将所习何业、所精何器、所著何书，呈明臣衙门之后，应否由臣衙门择其才识卓著之员奏请给奖之处，伏候圣裁。

一、出洋游历人员由臣衙门给与文牍护照，写明由驻扎各国出使大臣、领事官随时照料。

一、各员领得臣衙门文牍护照之后，尽可先后具报启程，即以出洋，不必齐帮同行，免致游戏征逐，耽误公事；臣衙门又得藉以分考各员之勤惰，分验各员之见闻。

一、游历各员经各衙门保送之后，如因父母老病不愿出洋者，仍准其向臣衙门呈明，免其成行。至该员业已出洋，倘有闻讣丁忧者，俟游历期满回华后，准其回籍补行守制。其有在途在洋遭遇他项事故者，一切均照臣衙门《出使章程》办理。

光绪十三年四月　日

谨按：此次所派游历人员计共一十二名，差竣旋

游历人员回华后之任职情形

华后，惟刘启彤、傅云龙二人得旨以道员用，交北洋差遣，然亦未克大展经纶：刘观察遽归道山，傅观察办理制造局事，即遭吏议。馀如李主事秉瑞仅得四品顶戴，至今闲散无事；缪主事佑孙另考总署章京，虽蒙录用，然不久即赍志以殁；此外更无所闻矣。至第二次以志伯愚侍郎锐条奏，曾有海军衙门章京随使游历之举，则皆系旗人，此中惟会东部郎春顺得旨以道员记名，旋授江西盐法道，刻已陈臬，似能独出冠时。

光绪二十六年八月

吴宗濂识

附录：刘星宪接两广总督张 出使大臣张奏复派员游历南洋折稿

奏为遵旨会筹外洋各埠捐船护商并遴员分驻各情形，恭折复陈，仰祈圣鉴事：窃臣等承准军机大臣字寄光绪十一年十月十一日奉上谕：“张之洞奏‘外洋各埠华商甚多，劝令捐购护商兵船，养船经费由各埠捐抽，归粤省调度’，等语，着张荫桓抵粤后与张之洞先行会商，再于经过处所体察情形，能否照办，悉心妥筹具奏。原片着抄给张荫桓阅看等因，钦此。”臣荫桓行抵粤省正与张之洞会商间，复承准军机大臣字寄光绪十一年十二月十四日奉上谕：“翰林院代奏编修钟德祥条陈时务一折，所称南洋各岛特派使臣遴员分驻一节，是否可行，并着张之洞、张荫桓归入前奏一并会议具奏，原折着分别抄给阅看等因，钦此。”

华侨散处异域状况

窃维中华人民散处外洋各埠，略分工商两途，百年以来生聚日盛，虽侨居异域，而频年捐赈捐饷不忘本，深堪嘉尚。特以谋食他方，漫无统属，不免为他族欺虐。大约海外各国之待华人，情形虽不一致，而意存畛域则一；有官申理则共庆来苏，无所控告则苛虐殊甚，秘鲁、古巴昔苦今安是其明验。年来旧金山埠华工深受埃利党匪徒之害，焚杀驱逐，骎骎未已。询诸洋人，据云“华工在美，岁得佣值除日用外，馀悉寄以赡家，计约数百万”等语。窃谓此乃争工专利者倡为谬论，谓此举益华而耗美，藉以耸听作难。查彼使栖华回国曾著书力辟此说，大意为“华人以工易资，美商以工作所成者获利，假如给华工者百万，则所成之工、所出之货，其获利断不止百万，于美有益，无伤各国”，有识者皆韪之。是华民在洋，主客两益，推之群岛，更属不赀。综计诸洋华民数逾百万，除世居海外及孤身出洋者约十之八，有家属通音问者约十之二，尚有二十万人每年寄家，少者数十，多者千百，酌中牵算，人以百元为率，亦有二千万元，为银一千数百万两。果能保护无虞，其获利回华者，复能谕禁乡邻吏胥不得讹诈，从此声息常通，不忘归计，日推日旺，实为中国无形之益。若化外视之，则沿海所有华民生机日蹙，甚非中国之利也。诚得兵轮为之保护，设官为之经理，则威灵仰藉乎天朝，疾苦可达于宸听，虽不必事事代谋而声势遥

华民在洋主客两益

在外侨民兵轮保护设官经理必可收效

通，自然生计安稳，群情向慕，必可收效将来。惟发端伊始，必当审慎，庶免为彼族所挠，诚如圣谕："创始非易，经久之计，尤须豫筹。"臣荫桓陛辞时业将大略情形陈奏，兹与臣之洞会商，惟有仰奉宸谟，详慎妥筹，因其自然，加以激劝，不稍勉强，不涉张皇，应俟委员前往查询，方能定议。

至钟德祥所称南洋各岛特派使臣，遴员分驻，自为办事得手起见。查原奏内称："小吕宋为日斯巴尼亚属岛，而距日国都城辽远，仅设领事，名微权轻，遇有机变，必株待使臣商办，往返动逾四五十日，阻误可虞。请派使臣办事，仍由使臣遴委妥员为领事官分驻各岛，益昭郑重。小吕宋现已禀愿捐费，倘有使臣南出，各岛商民必能仿照小吕宋共捐公款，尤为惠而不费。"又称"增设一使恐难位置，如遣使驻小吕宋，即作为出使日国之副使"各等语。臣等查南洋各岛所设头目兵官，悉秉承于外部。专使驻扎一岛，徒拥虚名，而该国都城相隔辽远，遇有要件仍需面商外部，往返奔驰，恐转失专驻之效；即副使分驻，仍不能舍外部而就议于岛酋。是该使驻彼都城，则与现办情形无异；若分驻各岛，遇事不获与外部迅商，徒恃文牍往还，仍属隔阂如故。专使之职分虽尊，未见其有实益。臣等悉心筹议，南洋各岛设官，不外保民、集捐二事，而以保民为首要；诚能为民兴利除害，则民情爱戴，自无不急公慕义，踊跃输将。其中小吕宋华民曾屡求派领事保护，并有自筹经费之说，从前各使臣虽经议及，未有端

筹议南洋设官保民

绪，诸臣函牍，略言先须澈查，方能议办。臣荫桓在京曾与总理衙门大臣商及，抵津后晤北洋大臣李鸿章，言“小吕宋设领事之举，叠与日国使臣相商，该使借岛酋以延宕，恐难猝办，须到彼与该国外部孰商定议”等语，臣荫桓抵粤后，适于正月间有小吕宋商董叶龙钦等来华呈递华商二百九十家公票〔禀〕，求设领事。当即亲赴香港与该商接晤，体访一切，察其情词恳切，皆实有不忘桑梓之心，求庇皇朝之愿，惟经费一节，尚无成说。询据东华医院绅商，佥谓“各埠情形经费未尝不可筹，惟须先议设官保护，待保护有基，再议筹费，则发□得体，势顺而事易集”等语。臣等再四筹商，既不宜绝该埠向往之诚，亦未便率行允定。拟先选派妥员前往小吕宋及南洋群岛确查情形，明示以朝廷子惠元元、无远弗届之至意；询其风俗政治，若者不便于吾民丁税铺饷，若者歧视于他国，其中某弊可以酌除，某例可以商改，国家将为设官保护解其倒悬，异域之民能不闻风兴起，倾心内附。于是密察其筹款之所由出，不以为派官之俸薪，而以为办公之经费，果有把握且能经久，然后酌派领事前往分驻。即筹款不易而华民实有愿望派官之诚，似亦必应于南洋群岛总分为东西两路，择要先设立总领事二员，归使臣节制，令其巡历各岛，就近择选公正绅董，禀请使臣奏派为副领事，恳恩赏给职衔，令其经理本埠事务，藉以联络人心，不无裨益。副领事既就地选充，其身家殷实者以获选为荣，愿充当者必众，即可勿庸筹给薪俸。然后仿照各国领事通例，华人

南洋华商求设领事

注册一律收费，或收其出口、进口照费，以为公款；合各岛华民注册、进出口之费，岁入当成巨款。所筹之款宜先备该埠公用，如学堂、医院、聘请律师伸理屈抑等事，而造船、养船等费即可并及：或于此项画分，或另行劝捐凑集，临时酌量妥办。惟总领事俸薪，则须由中朝筹给，若南洋止设领事二员，所费尚不甚多。总之，必先设领事而后有招徕拱卫之方，此举关系远大，即岁有所需，未为非计。但恐该岛所隶之国，以为自有利权不愿分让，则与酌议画分若干，应俟委员查复到日，随时与出使各该国大臣电商奏办。惟各岛距该国都城皆远，而距粤省仅数日程，多者十馀日程。若驻岛领事株待使臣商办，诚如钟德祥所虑，阻误可虞。就南洋大势衡之，似宜由粤兼顾，较为灵活。该领事等遇有疑难之事，一面禀报使臣，一面禀商疆臣，如须与外部辩论，由粤电致使臣，较有条理。盖南洋岛屿虽多，华民散处虽繁，而佣趁贸迁大都以香港为归宿，诚能与粤中声息相通，实与大局有益。

南洋设立领事事宜

查南洋各岛小吕宋闽人最多，馀岛则粤人较众。现拟派委两员同往，诸事可资商酌。查有记名总兵王荣和，籍隶福建龙溪县，明慎精详，久居外洋，情形极熟，各埠华商亦甚信服；又前内阁侍读、盐运使衔、候选知府余瓗，籍隶广东新宁县，曾充日本长崎领事官，勤能稳练，洋务透晰，现在粤省。拟即委该两员先赴南洋有名诸岛，详慎周历，宣布德意，联络商董，访察情形，将设官、造船两事一并密加商度，如皆乐从，即筹定切实办法。行程自小

拟派两人考察南洋

吕宋起，并及该埠附近之苏禄、衣瑯、禄奈三岛，次新嘉坡、次麻六甲、次槟榔屿、次仰江、次卑力、次新金山、次雪梨、次加拉巴、次泗里、末次三宝陇、次般鸟，至暹罗止。其馀若孟米、若苏门答腊、若加吉打、若乌施令、若谷当、若井里汶诸岛，或水土荒恶，或华人无多，不在此例。归途拟即顺道至西贡等处一并体察，回粤时详细禀陈臣等奏明请旨办理。

至横滨为臣荫桓途所必经，旧金山、秘鲁、古巴、夏拿湾，为臣荫桓奉使之地，俟道出该埠时亲加体察具奏。檀香山地在大东洋，由臣荫桓就近派查。惟暹罗向为中国所属，未便名为领事，而该处华民寄居最久，较他埠多至十倍。如查看驻官有益，名为办事委员，临时再当奏陈。

该委员等往返须八阅月，川资、电费、跟役、各埠酬酢，实有所需，为数颇繁，拟请每员每月比照三等参赞酌给薪水各银三百两；该员等公用文案、书识二人，共八十两；该员等川资、办公费多少牵算，每月共七百两；统共一千三百八十两，船价杂费一切在内。此系力从节省之数，并请即由粤海关岁拨出使经费项下就近画给。至该员等此次前赴各岛，拟即名为“访察华民商务委员”。如蒙俞允，仰恳饬下总理衙门即电致驻英、荷、日①使臣转告外部知照各岛，俾委员到日，不虞阻碍；并请一面电饬臣等，以便饬知该委员等早日整备行装，并与各使臣商办。 访察华民商务委员

①日，指“日斯巴尼亚”，即西班牙。

该委员出洋以后有应行相机筹办之处，容臣等随时电商奏明办理，一俟查复确实，奏准开办，其应如何分派领事，仍由出使诸臣援案办理，以符向章。

所有遵旨会议缘由是否有当，谨合词恭折复陈，除咨呈总理衙门并知照南、北洋大臣外，伏祈皇太后、皇上圣鉴训示，谨奏。

附录：刘星宪接粤督张抚倪会奏运解车炮以供北军应用折稿

购配钢炮解交各军

奏为购配克虏卜八生特钢炮一百零八尊并子弹车架，拟解交畿辅各军应用，恭折奏祈圣鉴事：窃查上年冬间南、北洋时有警报，臣于十二月内访得上海泰来洋行有克虏卜八生特车炮九十三尊，车架、子弹全备，值价尚廉，克期可到。当以此等精炮最为北方陆战之利器，大批平价颇不易遇，亟应速为购致以备缓急。随饬委员、知县恽宝善在沪订立合同，由粤付定银五万两，拟请分给津军及曹克忠、张曜各营之用，并恳电饬南洋暨上海道将合同验收，炮到由此饷付价等情，于二十六日电奏，二十八日奉旨："据张之洞电称：沪泰来洋行有八生车炮九十三尊，各带弹四百，议定每尊一千三百四十两，已立合同，由粤付定，拟分给津军等营等语，钦此。"当经臣电商李鸿章、曾国荃，饬原议委员于正月内与该行约定，催令迅速解运去后，其时法人虽有禁阻华械之说，该行仍然依约起运，于四月内将此项车炮全数运到，计克虏卜八生特后膛新钢炮九十三尊，车架器具全，并包铅开花子二万七千九百个，子母弹九千三百个；计炮一尊配开花、子母弹四百个。

查：外洋阵式车炮六尊为一队，窃思若配足一百零八尊，可敷十八营之用。适有前饬直隶候补道盛宣怀在该行访购前式炮十八尊，身长、口径均同，每尊配弹四百亦如之，亦经运到。就中提出十五尊合之九十三尊，共得八生特车炮一百零八尊，经臣派员验明九十三炮虽购买现成之物，与新造者无异，其来福线丝路完好，火门不松，钢底、门劈各件俱属坚致，其另购十五炮亦俱完整可用。其价并解津运费约十五万两左右，除粤已垫付五万两外，其馀十万两拟即于鲍饷洋款馀存十万两改拨支付，应照原案由各省关认还。缘此馀数十万先经奏准提充广西南关炮台之用，现经另折奏请将此十万并支气炮存款十年后由粤认还，是以此款腾出未动。

盛宣怀购阵式车炮

据善后海防局司道查明详报前来，臣维近年外洋各国陆战专恃炮队，北地平衍，无山溪之险可恃，尤非有车炮不可。现在海防弛禁，而近畿要地备御不可不严。查近日军营皆知过山炮之利，粤中将领闻之咸欲请领。惟粤省平原不多，只以分拨各炮台、各陆营作为守垒阻隘之用，未免零拆可惜。现既配有车架，不如北地车驰马骤，始足尽此炮之长。以近日战事验之，若以中国宿将统炮队十八营与西军角逐于平原旷野之间，必能制胜。此项车炮拟即委员解赴天津，请李鸿章派员验收，就近分拨近畿各军应用，似于神京防卫不无裨益。除咨部暨北洋大臣外，理合缮折具奏，伏乞皇太后、皇上圣鉴，谨奏。

附录：刘星宪接粤督张抚倪请准劝令出洋华商捐造护商兵船片稿

劝令华商捐造兵船

再：外洋各埠华商甚多，如新嘉坡、新旧金山①、河内、海防、西贡、暹罗、横滨、秘鲁以及槟榔屿、檀香山等处大埠六七、小埠十馀，华民约在百万以外，粤人最多，闽人次之，浙人又次之。只以侨居异土，每受洋人欺陵，群情愤郁，延颈喁喁，仰冀国威远加覆庇，若劝令各埠捐资购造护商兵船必所乐从。外洋赋敛最重，每一人身税或岁征十元、八元，多者至四五十元。今为华民谋自卫之方，除大商愿输巨资者不计外，假如人捐二元，亦可得百数十万两，约可造快船五六艘。船成后分赴各埠，周巡护商，倘以船数不敷，未能一埠一船，则每埠一年内间驻数月，时往时来，议定有事时各埠之船调集相助，其养船之费即由各埠捐抽。此船应另设外洋海军统领一员，各埠距粤洋较近，拟即归粤省调度。一旦中国海面有事，亦可酌调驶至南洋一带，以助声势。从此皇威远播海外，商民咸蒙乂安之福，似于中外大局不无裨益。

查出使大臣张荫桓籍隶粤东，熟习中外情形，拟请敕

①新旧金山：旧金山指美国圣弗朗西斯科，至今我国仍译称“旧金山”；“金山”一词常泛指美国。新金山指澳大利亚的墨尔本。

下该大臣体察外埠商情，如此事可行，即令妥筹办法，责成该大臣选择廉洁明干之员分赴各埠，会同领事绅董善为劝谕，不得抑勒。先与各埠商定船式，俟捐有成数，陆续汇寄英、德船厂，及早兴工。一面随时分批奏请优给奖叙，仍加广东籍学额中额。各埠华商必有神祠、书院、公所之款，如能捐输巨款，可否每埠各赏给御书匾额一方，悬于公所，既足以示好义之殊荣，尤足以昭声教之无外。

核计近年以来，外洋商民捐助赈款、防饷者，为数已不为少。臣采访外埠舆情，佥谓此举若有旨敕办，并派钦使劝谕经收，必可踊跃。其养船经费、各埠轮调章程，应令张荫桓与出使英、法、美、日本各大臣会商奏明办理，似亦徕远驭外之一助也。遵旨广筹方略，理合附陈，伏祈圣鉴，谨奏。

附录：刘星宪接粤督张抚倪会奏

请动专款以固边防折稿

请动专款以固边防

奏为请动专款赶办廉防、琼防各炮台，并将桂防炮台奏准洋款归并一款，统垫统还，仰祈圣鉴事：窃惟广东省防经年以来粗有端绪，至廉、琼二口则以限于事力，惟恃屯军列垒以备陆战；北海于今正新筑两台，而巨炮阙如。查琼州近距海防，一日可达，孤危固不待言；廉州至广西南宁止四日程，若敌由廉袭邕，则南断龙州之后路，北据梧江之上游，西绝百色之运道，一路有失而广、桂、滇三省皆病。去腊今正，法人即有此谋，西电言之凿凿，兵轮络绎，封口两月，开炮数次，幸方恭援台之军自汕东还，陈荣辉规越之军自谅北渡，我军既盛，得以形势相持，敌人不敢遽动，谅山既捷，廉危始解。今海氛虽平，越防仍逼，而要害所在，彼此共知。此次法人受创于越，他日法人生事必自廉琼始，不乘此时筑坚台、练巨炮，终为两广肘腋之忧。故往日则琼最急，今日则廉尤重。查廉州北海关以东沿海平衍，惟冠头岭、马鞍山、电白寮三处略有冈阜，可筑数台，台后可筑护台数垒，口门内可伏鱼雷、水雷。钦州水路则龙门口、陆路则那苏墟皆宜量设炮垒。琼州则府东北八十里滨海有岭曰木栏头，下临铜罗、二斗两沙礁，多水曲，扼香港、越南往来之路，必应筑台据险。海口旧台无用，海口关以西曰西场、曰金牛岭，前有竹林后有陂陀，可以筑台扎营，沿港可筑炮堤，港内可用炮艇。

廉州海防今日尤重

炮台布置

大率廉、琼两口宜各筑坚台十馀座，配克虏卜大炮十馀尊，其馀各堤垒辅以克虏卜中、小炮二三十尊，田鸡炮数十尊，港内伏雷艇数艘、水雷多具，然后战守有资。约计筑台垒、购炮雷共需银八十馀万两，无从筹措，因思臣之前此奏请开办快枪、枪弹、行营炮等厂，拟动奏准各省关认还之气炮洋款百万，未奉复旨。窃念要需难缓，巨款难筹，拟请将廉、琼炮台暨开办枪厂两案均于此项内分拨动支，以便一面订炮，一面勘地筑台。计炮到必须一年，台成亦须经岁，而购机、募匠、建厂各款亦不能一时全付，有此现款，即可两端并举，匀挪应用，以后再当陆续分筹，踵而成之，免致延误岁月。

龙州关内应筑炮台之款项

至广西龙州关内应筑炮台，前于六月十九日经臣之洞会同西抚臣等奏准动支筹备鲍饷馀款十万。查鲍饷本系奏明由各省关认还，今拟将桂防炮台十万两并归气炮存款下支用，毋庸各省认还。惟粤省应还洋款已有五百万两，并息约三百万两，十年方能还清，未清之前，力难加认此款。合无仰恳天恩，俯念粤洋为海疆各省之屏蔽，廉、琼为两广水陆之首冲，且在今日情形尤为吃重，至于南关前敌更不待言，此项洋款二十五万镑，约银九十八万馀两，敕部暂派各省各关代粤垫还，粤省邀免并派，俟十年后粤省借款还清，即将此款本息分作三年匀还各省，只以藉纾喘息，并非终累邻疆，揆诸情理，似非过当。且桂防十万，亦请由东省认还，是粤省但图腾展于目前，而甘任艰难于日后，部臣明于会计，各省疆臣共矢公忠，粤之竭力筹维，当可共谅。若部议必欲责之于粤，并此通力合作周转一时之计而亦不能行，则此项洋款无从筹措拨还，谨当存储听候部拨，所有廉、琼炮台暨枪厂诸事势必延缓，以后本省能否筹画，实未可知。独是牖户绸缪，不宜再缓，此时若因无力而束手，将来必致临事而仓皇。事关全局，伏望宸断施行，大局幸甚。

所有捐款筹办廉、琼炮台暨粤省枪厂暂由各省关认还，并将桂防炮台巨款归并支用各缘由，理合缮折具奏，伏乞皇太后、皇上圣鉴，谨奏。

光绪十一年九月初四日

附录：刘星宪接粤督张购办铸钱机器折稿

广东购办铸钱机器

奏为广东购办机器试造制钱藉备滇黔各省扩充仿铸，以济民用而裕边饷，恭折奏陈，仰祈圣鉴事：窃维粤省制钱自咸丰七年以后三十年来未尝开铸，官钱日乏，商民病之。臣比年以来久欲整顿圜法，惟旧例鼓铸亏折过多，限于物力，不能举办。上年与广东布政使高崇基详筹熟商，博询众议，惟用机器制造，则钱精而费不巨。当经电致出使英、德各国大臣，考究机器价值及制造之法。迭接使英大臣刘瑞芬函电称喜敦厂机器全副。每日作工十点钟，能铸造铜钱二百七十万个，并寄来喜敦厂机器价目、厂屋图式。计上等机器全副，内参大号造银元机器四架，另铸刻铜钱母模一副，子模十副，镌造银元母模四副，子模八副——制造钢模所用之钢料随时购办——合计机器、钢模外加运脚保险，以镑价折合，约需银二十五万馀两；建造厂屋占地纵横六十丈，地面须布铁板、垫洋泥，除地基外，工料约需五万馀两。粤省城内民户稠密，地基过昂，约须银数万两，不能援照常例。此外常年所需熔铜、熔银、制洋泥罐每月约需银二千六百两，铸铜、铸银钢模钢料每月约需银一千零八十两，锅炉烘铜斤所用上煤、枯煤、栗炭每月约需银三千两，洋匠四名薪工每月约需银八百六十两，匠夫三百馀名以及员役薪工、挑运杂费每月约需银二千四百两；综计一切，每年约需银十二万两。原议机器一年半造成，三批运送，首批七个月到，每日可造铜钱四十

铸钱机器各项费用

万个；次批又五个月到，每日可添造铜钱五十万个，并银元十万元；三批又六个月到齐，每日可共造铜钱二百六十万个，银元十万元，综计仍符每日铜钱二百七十万个之数，每月可造铜钱七万八千缗，银元三十万元，通年约停工三十日，除搭铸银元数百万元外，约得铜钱九十万缗。

查铜铅合配之剂，铜质若少即不能受机器轧力，应以紫铜六成、白铅四成为率。考钱法轻重，历代多以唐初之“开元通宝”为准，其制重合库平一钱，盖古之称物皆以铢两计，后世十钱为两之名，即由“开通”钱而得。宋太宗时“太平通宝”、真宗时“咸平元宝”、“景德元宝”重皆如之。我朝顺治元年开炉鼓铸即重一钱，康熙十九年圣祖仁皇帝谕令一文重一钱，诚以轻重适中，名实相称，此制最为经久。今拟即铸此式，每一枚重库平一钱，并拟于钱文背面上下铸“库平一钱”四字以杜私铸。合计每千重库平六斤四两。粤省钱价一千五百文值银一两，今暂以香港上等洋铜、洋铅时价核计，铜、铅价本暨物料、工费、火耗与铸成所值银数大率相等，不致亏折。 库平一钱

机器轮廓光洁，字体精好，私铸断难相混。铸成后或发商易银，或购买官物，或搭放饷项，按照时价，临时酌量，务顺群情，不限定搭放成数，亦不预定折合银数，以免军民受累。

窃维上古铸币，本系开山泽之产，铸通行之货，因以利民，即以富国；今以外洋铜、铅充铸，只属一时权宜。缘外洋铜、铅炼精耗少，易受模范。港去粤近，价值亦平。

滇铜所产至富而提炼未尽，价脚过昂，目前难资应用。

大兴矿务就近鼓铸

查西南诸省多产五金，此乃天地储此无尽之藏，以供国家边防之用。今为西南实边计，莫如大兴矿务、就近鼓铸一端。然非于试办时参考盈亏，并变通采炼、鼓铸、转运之法，其事必不能举。天下事每惮于劳费而创始，故臣愿以粤省创之。兹拟兼用内地铜、铅搭铸并行，其式样、配料、轻重一切相同，用以较其精粗，核其息耗。粤省一面试办，一面与云、贵督、抚臣考核铜铅价脚，由两省自行讲求开采熔炼之法，如半年以后核计粤铸无亏，则滇、黔就近开铸，节省必多。

泸州设局转运之益

查贵州咸宁州一带为产铅之所，亦兼出铜。黔省近年即于该州设局鼓铸，以取利便。惟山路阻远，机器难至。考黔铅运道向由咸宁州陆运十站至永宁县，水运三站至四川泸州，委员于此设局转运。滇铜产云南东川府，与咸宁邻境。滇铜运道亦由咸宁东下，亦于泸州设局转运。是四川之泸州实为滇、黔铜、铅会集之所，而去该两省又甚近。泸州滨江富庶，商贾辐辏，为川南绾毂之区，若由川、滇、黔三省合力集资，购置机器二副，溯江至泸诘一大厂，滇铜、黔铅并四川本省之铜俱就此局铸造，三省自行筹商酌剂，每年各铸钱若干缗。计两副机器岁可出钱一百八十万缗，浮江而下达乎沿海，上供神京，旁济吴楚，制钱畅通，而滇黔已受无穷之益矣。如此则矿商鼓舞，开采日蕃，价值渐减，熔炼渐精，即专用内地铜、铅鼓铸，不致亏折，广东及他省所需，更无须取给外洋，庶为经久之道。行之大效并可于汉口设机铸造，以期四达旁流，以京师及各直省之银换川、滇、黔三省之钱，自相挹注，大利仍在中国，似于京外民用、边饷、边民均有裨益。

目前粤铸兼用中外铜、铅，亏折过巨，力有不支，惟有搭铸银元或有利息藉资弥补，庶免以亏耗牵掣致阻圜法。其试铸银元办法另片详陈。

至此项购机造厂之费需银三十馀万两，粤省库款支绌，无可拨动。现经与弛禁商人酌议，令其代向富商挪借此数应用，将来陆续由外筹还，不动正款。俟机器到粤开铸三个月后，当将各项工费、商民行用确实情形详晰奏闻，据藩司高崇基具详前来，除现已电致出使大臣刘瑞芬立约购运，饬县委员购地建厂外，理合恭折奏陈。

再：广东巡抚系臣兼署，毋庸会衔，合并陈明，伏乞皇太后、皇上圣鉴训示，谨奏。

再：广东华洋交错，通省皆用外洋银钱，波及广西，以至于闽、台、江、浙、皖、鄂、烟台、天津所有通商口岸以及湖南长沙、四川打箭炉、前后藏，无不通行，以致利归外洋，漏卮无底。窃维铸币便民，乃国家自有之权利，铜钱、银钱理无二致，皆应我行我法，方为得体。且粤省所用银洋，皆系旧洋烂板，破碎霉黑，尤为隐受其亏。粤省此次订购铸钱机器内兼有铸银元机器，拟即选募西人善铸银元者来华试造。若附在钱局内铸造，计一岁铸银元三千万枚之机器，其机器价值、厂屋、工料、火耗，

洋钱通行利归外洋我行我法方为得体

一年所费不过四五万金，专设一厂亦不过十馀万金。外洋银元每元重漕平七钱三分，今拟每元加重一分五厘有奇，定为库平七钱三分，银元一面铸“光绪元宝”四字，清文汉文合璧，一面铸蟠龙纹，周围铸“广东省造库平七钱三分”十字，兼用汉文、洋文，以便与外洋交易。铸成之后，支放各种饷需官项与征收厘捐、盐课、杂税及粤省洋关税项，向收洋银者均与洋银同一行用。不拘成数银色，务与外国上等洋银相等，银质较重而作价补水均与相同，商民趋利，自易风行。若日久通行，民间自行加价，亦听其便。闻外洋银元额有赢馀，虽每元加重一分五厘，断无亏折。如蒙允行并请颁发明旨：“粤铸银元除京饷外各省协饷解款、完纳华洋厘税、民间交易，准其一体行用。”开铸时即当将样银恭呈御览。试造之初，先铸一百万元，察其能否流通，陆续添铸，多至五百万元而止。如不能畅行，随时停铸，当不为难，即略有亏耗，亦甚微渺，可以预决，当于粤省筹补，不动库款。一年以后，粤省果能畅行，当将工费细目、赢馀实数，详晰奏咨；届时拟请饬下户部酌定限制岁铸若干。如有息款，即以弥补铸钱亏耗。计机器一副日铸十万元，岁可铸三千万元，即以每岁铸千万元计之，数年之后，充牣海邦，流通域外，虽不藉以裕国用，亦足以保利权。粤省试其端，而户部权其利，揆时度势，似尚无所窒碍。

铸钱式样

总之，矿务、钱法、银元三事相为表里，交互补益，如环无端：矿产成而后铸铜、铸银有取资，鼓铸多而后西南各省铜铅有消〔销〕路。以铸银之息补铸铜之耗，而后钱法可以专用内地铜铅而无虞亏折。迨至开采日多，铜价日贱，官铸无亏，商趋其利，民便其用，边军资其饷，实西南徼外之边备，塞东南沿海沿江九省之漏卮，未必非自强之一端也。

所有粤省拟请试铸银元以及户部推广各缘由，相应附片具奏，请旨饬下户部速议核复施行，伏祈圣鉴，谨奏。

附录：刘星宪为广东铸造银圆铜钱机器代订合同

随员兼翻译官张斯栒译

大清钦差出使大臣刘，代两广总督、部堂张在英国伦敦与博明冈之喜敦厂订购铸造铜钱兼铸银钱机器全副，面同订立合同，议明各条款，开列于后（所立合同照样抄录三分）。 订购铸钱机器合同

第一条　喜登厂承办铸造铜钱、银钱机器全副，议明系照顶好新式，每日做工十点钟能造银钱十万个、铜钱二百六十万个。其银钱可造四种：最大者重七钱四分，次五角，次二角，再次一角。铜钱系照中国钱式铸造。

第二条　此项铸钱机器有锅炉、汽筒及各种机器俱全，其件数、式样另开清单附于合同之后。议明每日所铸钱数不致短少，其钻银钱大号机器与官局同式，钻铜钱小号机器与喜敦厂同式。所有由汽炉传力到各机器内之器具及各种机器所用零星杂物一切俱全，惟砌造火炉所用之火

砖、熔化银铜所用之泥罐、制模所用之钢件以及镌刻银钱铜钱母模子模工资，均不在原订价值之内。

全副机器三期交货

第三条　全副机器议明分为三期交货。自立合同画押付给定价之日起，扣定七个月之内造成第一批每日能造铜钱四十万个机器，自喜敦厂起程包运上船。再迟五个月，系扣足十二个月之内造成第二批每日能造大银钱五万个及铜钱五十五万个机器，自厂起程包运上船。再迟六个月，系扣足十八个月之内造成第三批每月〔日〕能造铜钱一百六十五万个机器，自厂起程全数包运上船。统计前后三批，合成铸钱二百七十万个①之数。至于机器上船之埠，或在英国伦敦，或在利文坡，悉请钦差大臣刘指示遵行。

制造机器随时查看

第四条　制造机器时，中国可派员到厂随时察看，喜敦厂应照别国定购机器派员监工之例，带领查看。将来机器造成未经装箱之前，可请英国伦敦官钱局派员查验，或在英另选熟悉机器之人查验，如验明工料、式样与原议不符，有应改应换之处，喜敦厂即照改换。倘查验之人有格外挑剔情事，喜敦厂不允，即由钦差大臣刘与喜敦厂在英另请一公正熟悉之人，复行勘验。究竟应否改换，断定之时，喜敦厂即照办无辞。所有派员察看查验，一切经费均由中国自行付给。

第五条　此项机器全副议明实在价值，毫无折扣，共

①据第三条所列数字合计，总数为二百六十五万个；疑第三批交货中漏列日铸银元五万个的机器一项。

计英金五万二千五百镑。所有由厂运送到船之路费、箱价及装箱费，均在价值之内。至运往中国轮船水脚、保险等费，由中国付给。其机器价分三期兑付：第一次于订立合同画押之日，先付价三分之一，计英金一万七千五百镑；第二次于满西历十二个月之内送第二批机器到船时再付价三分之一，计英金一万七千五百镑；第三次于满西历十八个月之内将机器全数运送上船之日找付价三分之一，计英金一万七千五百镑。

第六条　订立合同之日，应照英国章程，请一大银行担承作保按期付价，以免日后迟误及有翻悔之事。今钦差大臣刘与英国汇丰银行言明作保，将第二、三次应付之价按喜敦厂运送第二、三批机器上船之日，照数兑付。至第一、二、三批机器到船，另由喜敦厂代为垫付轮船运往中国水脚及保险银两，俟喜敦厂将提货保险单及保险凭据交到，即由汇丰银行交付不致迟误。 银行担保

第七条　喜敦厂如不按期交货，即按第一、二、三批所定期限计算，每迟一礼拜，喜敦厂扣罚英金二十镑。倘延迟之故系因工匠把持停工，或机器已经造成验明装箱须等候轮船，或因别项事故实非厂主所能为力者，查明确据，可免议罚。

中光绪十三年四月初三日

钦差大臣刘　　押

西一千八百八十七年四月二十五日

英商喜敦厂　　押

铸造铜钱机器清单

英商喜敦厂所开铸造铜钱机器件数清单

汽机：

汽机

第一号平安之汽机一对，汽筒对径十八寸又四分寸之三，推路长三尺六寸；号马力六十四，实马力一百八十四，其涨力大小可以随意增减；鞲鞴①系铜铁合造，挺杆系钢造，气制能自开放，有重大飞轮助力，均用上等式样安成，汽管、水管俱全（各件系照英国尺寸，以下各件尺寸均同）。

第二号平安之汽机一对，汽筒对径十五寸又四分寸之一，推路长三尺六寸；号马力四十四，实马力一百二十四，做法同上。

锅炉：

锅炉

双火门之锅炉四层，每座锅长二十二尺，径六尺六寸，试验水力每方寸可受一百二十磅，常用汽力每方寸只受六十磅。每座内有双火。炉之内径宽二尺七寸，用上等熟铁造成，锅炉上应有之件择上好者安之。火门、炉条、息火器具，放气门、水表、涤除浊水之具、水管等项，一切俱全。

幹〔斡〕旋轮轴：

汽机挺杆上安曲拐轮轴，以幹〔斡〕旋大小机轮。此等机轮安在熟铁杆上，再以坚固铁架安之。轴眼内用炮

①鞲鞴：即活塞。

铜镶裹，另有生铁墙板安此铁架。

轧银铜片之机器： 轧片机器

轧熟铜之机一副，内安轧轴三个，分上、中、下三层，安在生铁架上；又有轮轴等件，均安于重大生铁板上，专为熔成之铜条烘热轧之使成厚片，然后移置别机，轧之令薄。

轧冷片之轴机十具，径十二寸，长十二寸，均安生铁架上，轴眼内用炮铜镶裹，所用螺丝、折杆、连杆等件，一切俱全（此轧轴十具以六具轧铜，四具轧银）。齿轮五对，安在铁架上与轧机相连。

所有轧轴两具并轴架齿轮一对及轮架，均有生铁地板一大块托之。

钻圆饼之机器： 钻圆饼机

钻圆饼之机十五座，每钻一下，可出圆饼数个，圆饼中并可钻出方孔。此项钻机本厂卖与伦敦官钱局及他国造钱局所用者均系同式（内分十二座钻铜饼，三座钻银饼）。

研光铜银边之机器：

研光铜银边之机十五座，此机将圆饼之边研光，始可钻字（内分十二座研铜饼，三座研银饼）。

钻字之机器：

大号钻银圆之机四架，用最好式样，与本厂售与伦敦官钱局所用者相同，能造七钱数分之银圆并小银圆。

小号钻铜钱之机八十六架，用最新式样，较大号稍为简便，与本厂所用者相同，每日能钻钱文三万有零。

作钢模之螺机器：

作钢模之大螺机一座，用此机器由子模可作无数钻钱文之钢模。

车床

车床：

车床十六架，专为车去钢模周围之馀钢所用，并车安置钢模所用铁圈之圆心。

修整机器所用自行车床一架，上安新式之器具，可造螺丝及别项用处。

验圆饼之机器：

手转小螺机五具，将轧出之铜片裁一圆饼以验是否合式。

洗圆饼之摇筒：

洗圆饼之摇筒二十个，各带可旋可停之轮轴。

蒸圆饼之盘：

传热气之生铁盘九个，盘内可盛锯末，蒸干铜饼；又生铁盘一个，专为银圆之用。

回火炉

回火之炉：

长条铜片所用回火炉八座。

长条银片所用回火炉一座。

圆铜饼所用回火炉十座。

圆银饼所用回火炉一座。

以上回火炉二十座，除砖石之外，其所用铁件由本厂备齐。

秤与砝码： 秤与砝码

地盘秤一座，可秤一吨半重。

称银之天平一架，能称二千英两。

称银铜片、银铜饼之天平并砝码十架。

验圆饼分两之小天平并砝码五架。

称造成银圆之小天平十架。

小车： 小车

推银铜长片之四轮小车二十辆。

推圆饼之箱车二十辆。

回火铁罐： 回火铁罐

生铁所造回火之罐并盖二百个，为铜饼用；又二十个为银饼用。

银片回火所用之熟铁板十块。

火炉应用之家具敷用。

煮洗圆饼之具：

紫铜所造煮洗之筐并别项器具筛筒、铲子等物，足敷洗晾铜饼之用。

紫铜所造洗银之筐并铅槽等件，足敷洗晾银饼之用。

机器之旋杆： 机器旋杆

机器之旋杆、辘轳、撑架、托架一切俱全，所用皮条、皮绳亦备齐。此项旋杆掣动钻饼、研边、钻字各机器，并能掣动摇筒、筛筒。

剪铜银机器：

熟铜片之机剪二具，冷铜片所用之机剪一具，银片所用之机剪一具，钻饼后所剩之馀银馀铜切成短块所用之机剪二具，手剪银片机器一具。

熔铜银炉 熔铜银之炉：

熔铜炉五十四座，所用一切铁器如数备齐。

熔银炉十八座，所用一切铁器如数备齐。

范铜银模 范铜范银之模：

生铁作成之范铜模，所出铜条可敷轧片之用。

连架之范银模一副，每日可范银四吨。

验厚薄家具：

轧片之处应用验厚薄家具，并别项零件俱全。

筛拣铜饼之机器：

筛拣铜饼圆机六具，并带旋杆镳铲。

回火车 回火车：

生铁回火车三十辆，每辆长二尺半、宽二尺；由轧轴承接铜片推之回火。

火炉器具：

火炉所用之器具均敷用。

汽机 运动钻钱文之汽机：

第三号汽机一座，锅炉之座并应安之件俱全，号马力三十四，实马力九十四，并有出汽、添水各管；专为运动钻钱文之机。

第四号汽机一座，并应安之件俱全，号马力十四，实马力三十四；专为运动钻银饼、研边、钻银圆花纹各机器之用。

打铁器具：

机匠随手所用打铁器具一分。

额外预备各件： 预备件

对径十二寸、长十二寸之轧轴两对，专为铜用；又同式一对，专为银用。

齿轮一对，专为铜用；又一对，专为银用。

钻圆饼之具十五分。

机匠所用小件一匣。

察看造成银圆之转机一副，系厚布所造，与伦敦官钱局所用者同式。

其馀零件应须用者，本厂酌量预备。

以上机器装箱运至英国海口交与轮船。

照此单所开机器，每日作工夫十点钟能造铜钱二百六十万个，大银圆十万个。

机器造成之日，即请查验，如有不敷用之件，彼此当面察核属实，本厂应当添补，不另加价。

所定全副机器，议明均用上等工料造成。

附录：刘星宪呈递致贺英后国书

致贺国书

大清国大皇帝问大英国大君主、五印度大后帝好。兹值贵君主在位五十年之期举行庆典，庥征克迓，欣幸同深。因念中国与贵国友谊最睦，夙敦和好，特派驻贵国钦差大臣、二品衔大理寺卿刘瑞芬亲赍国书并礼物数件，代达通好致贺之意。惟冀永保尊位，共享升平，朕实有厚望焉。

大清光绪十三年二月二十三日

礼物单：

玉如意一柄　紫檀木香炉盒一分（内玉香炉一件、玉香盒一件、玉瓶一件）　玉山一座（有座）　官窑瓷罐一对（有座）　官窑瓷青花白地瓷果盘一件（有座）　白缎绣花挂围屏二悬　白缎绣围十四幅　香茗二桶

禁止随员僭坐座位

附录：刘星宪接英外部禁止参赞随员眷属僭坐座位传单（光绪十三年三月到）

随员兼翻译官张斯栒译

敬启者：柏金韩模宫内乐会各国公使每于坐位不易觅得，此固沿习已久。缘坐位本属无多，而所有留于公使者，皆被各国参赞、随员及其眷属豫先入宫占去，迨公使到宫反无坐位，致各国公使齐请荷兰公使向英后之秉礼大臣商恳，设法速除其弊，因刻下荷兰公使为各国公使之首领也。

查各公使俱由其国钦简，即有替代国君之名位，自应在于上座，彼参赞、随员及其眷属，断不可僭坐公使之位。倘公使已经坐定，见有女客即行让位，乃系礼貌周旋故，无论让与何等女客，悉从其便，盖非因系女客而即有占座之理也，岂可援以为例。近乐班处三条长凳，皆为公使及其夫人之坐位。若参赞、随员以及彼等眷属，尽可坐

于稍远之诸长凳上。务请各公使各自谕知本管人员，弗为安坐，则不便之处以后即可免除也。

附录：刘星宪接阿模士庄水汽升降炮价单

水汽升降炮价单

随员兼翻译官张斯枸译

六寸径水汽升降炮一尊，重五吨，价英金一千零五十镑。

全分水汽升降架一具（活轮环及铁环路并环圈等俱全），一千四百镑。

钢遮板一具（带坐架），三百八十镑。

抽水机及附件一分，二百八十镑。

以上共三千一百一十五镑。

八寸径炮一尊，重十四吨，二千八百四十镑。

全分水汽升降架一具（活轮环及铁环路并环圈等俱全），二千一百镑。

钢遮板一具（带坐架），六百镑。

抽水机及附件一分，三百二十镑。

以上共五千八百六十镑。

九寸径或九寸二分径炮一尊，重二十吨，四千二百镑。

全分水汽升降架一具（各件照前），三千三百五十镑。

钢遮板一具（带坐架），一千四百镑。

抽水机及附件一分，三百六十镑。

以上共九千三百一十镑。

十寸径炮一尊，重三十吨，五千七百九十镑。

全分水汽升降架一具（各件照前）三千五百五十镑。

钢遮板一具（带坐架），一千五百八十镑。

抽水机及附件一分，三百六十八镑。

以上共一万一千二百八十八镑。

十三寸五分径炮一尊，一万四千五百镑。

全分水汽升降架一具（内带活轮环、铁环路及环圈等，并特式之遮板一具），一万五千镑。

抽水机及附件一分，四百五十镑。

以上共二万九千九百五十镑。

订造雷船续增条款

附录：订造水雷船合同刘星宪续增各款

随员兼翻译官张斯栒译

直隶爵阁督部堂李，前派伍道台廷芳与英国利文坡百济公司于西历本年五月初三日在天津订立第一等行海水雷船之合同，现经驻扎伦敦大清钦差大臣刘大人与百济公司商议，续增数款，开列于后：

议加尺寸　一、原立合同所定水雷船之尺寸过短，现议加长尺寸，百济公司情愿改造大号雷船一只。俟船制造齐整试验，由刘大人代中国验收。该船在英国泼桐辣地之雅罗公司制造，其尺寸详列于左。

船身统长计英尺一百二十五尺，阔计英尺十三尺，物件装好吃水计英尺六尺六寸。驶行速率每点钟行二十六英里——在平水上驶行测定之路。

其机器用三倍涨力之轮机；锅炉上装红铜火斗一个，又黄铜管子。

船头装鱼雷筒二个，其鱼雷筒由中国自行购备，惟装鱼雷筒于船上及装配之费，皆归百济公司办理付给。

船上所装煤斤，可敷平常驶行二千英里之用，煤舱装煤十八吨，馀煤装下舱。

二、交船之期，议定在西历一千八百八十七年三月内，倘遇失火及工匠罢工并意外不测、人力莫施之事，不能如期交船。如刷子科甫鱼雷筒办到并未迟延，则三月间即可交船，其船可齐备出洋。其刷子科甫鱼雷筒须由中国自出价银购备。设刷子科甫鱼雷筒不能于试验船行速率之前运到，则试验船行速率之事亦应举办；该船可另装别物与鱼雷筒斤两相同。俟试验及细加察看之后，如均无误，中国即行收船，不得因该鱼雷筒迟延之故而并迟收此船。百济公司于交船后仍代中国尽力照料，至该船起程赴华并将该船交到中国，亦由公司照料，照原立合同第六款办理。 交船日期

三、试验船行速率，在太模斯江中平水上量定英里之 试验船速

路试之，其试法及试船地方，悉照雅罗公司与英国海部水雷船平常试法相同。试验速率须顺流逆流各三次，同平常试法取其运行迟速之数计算，每点钟不得少于原约二十六英里。其试验之时，船上应载鱼雷四个、鱼雷筒两个，或用斤两相同之物以代之。又载试验足用之煤斤，并载人二十名。试验速率合法后，仍须在海上试行两点钟之久，以观机器如何。此时船行速率每点钟行二十五英里半或二十二海里，船上装物之重，与试验速率时同。试验速率及试验久行之后，再试验船之行动灵便一次。

各种试验试毕，即拆开机器以验看，其验法与英国国家验船之法同，并放船壳于木架上以便验看船底。如查有小疵，该公司应即修好，倘有大伤不堪复用，中国即退还此船。

以上所议试验、查验之事，须请英国海部所派素精验看之官同为查验。

船价不变

四、今与百济公司议定船价英金六千镑，与原立合同所定小号船价相同，现建造加大更好之船，并不加价。

五、今议定此次续增合同为西历本年五月初三在津签名原议合同之补款，除此续增数款外，馀照天津原立合同办理。

光绪十二年十月　日

一千八百八十六年十一月　日

附录：刘星宪延订鱼雷教习咨文

为咨呈事：光绪十二年五月初九日奉到贵大臣佳电

"琅威理托英水师总兵德勒塞代雇鱼雷教习三、操炮教习六员，各月薪百三十两，晤德及外部询及"等因，当与英水师德总兵晤商，据称可觅炮教习六员，业于五月二十二日电复贵大臣在案。嗣因所选教习六员虽在水师多年，而按照英国海部章程，内有霍金司、雷登二员，系准领养老俸银者；费纳宁、赖世、锡伦司三员，系尚须当差数月，俟年底期满方准领养老俸银者；希勒司一员系尚未满十年差事者。资格之浅深不同，养俸之有无各异。旋经本大臣照会英外部转商海部，请其将霍金司、雷登二员于离英后应领养俸，准由该家属照领；其费勒宁、赖世、锡伦司三员，准照该员在营久暂核给养俸；其希勒司一员准俟由华回英时仍令在水师接续当差。商请去后，迨于八月初六日准英外部尚书、伯爵益照会"准海部尚书复称，霍金司等六员欲赴中国承受教习之职，自离英日起至回英日止，中国愿给各人俸薪及船价并一切杂项费用，除养老俸银不在其内，所有霍金司、雷登二员准其于离英后将其养俸付给其家属；费纳宁、赖世、锡伦司三员，须俟年底期满方准领养俸，海部不能照该员在任久暂算给养俸，惟将该员等注名于英国准驻中国水师兵船之簿内，以计算时日，俟期满准给养俸时，亦可准照霍金司、雷登二员办法办理；希勒司一员尚未满第一期限，准其销差，将来中国差竣后如身体无恙，品行端正，及英国水师用人章程照旧未改，亦可准其回水师兵船之任"等因，照复前来。正在议办间，又接英水师德总兵函称"霍金司不愿来华，

操炮教习现在情形

现已辞却，另换古柏尔一员，系在英国水师仅满十年差事者，堪以抵霍金司教习之事，业经商定，请为更正”等语，惟须与英海部商准方能令其起程。现在先令雷登等五员早日赴华，免其守候。其古柏尔一员，俟海部复准再行起程。因该教习等既已雇定，又经海部准其赴华，应于未经起程之先，将应议一切事宜详载合同，在英订立，免致到华时或有周折。因即函恳英水师德总兵转嘱该教习五员于八月二十八日，即西历一千八百八十六年九月二十五日在英国伦敦使署订立合同，按名画押；一面函致洋员金登干将路费、船票按人照章发给，以资起程。除将合同一样十纸比以五纸分给该教习五员各领一纸收执，并照会英外部转复海部照办致谢外，相应将洋文合同五纸又照译华文合同一件备文咨呈贵大臣，谨请查照，分别饬遵，并请赐复施行。须至咨呈者。

计呈送洋文合同五纸又照译华人合同一件，咨呈北洋大臣李。

延雇操炮教习合同

谨将订立在英国延雇操炮教习五人合同照译华文，录呈钧鉴，计开：

钦差出使英俄国大臣刘，代钦差北洋大臣李在英国延雇操炮教习雷登、费纳宁、赖世、锡伦司、希勒司订立合同：

第一条　该教习到中国北洋后，或在船上住或在营内住，悉听中国水师统领指示遵行。所有中国派定官弁兵勇来学，该教习应将一切炮法尽心教授，与在英国水师船上教法一样。

第二条　今所订合同以三年为期，自该教习任事之日为始。三年之内，教习办事无误，倘遇有意料所不及之事，中国官员有废弃此约之权，应将合同废弃，该教习薪水即自废弃合同之日停止，另付四个月薪水，并付给二等舱位船票，以资回国。至该教习到差任事后，中国水师统领如察看实系不能胜任，或不遵长官吩示号令，或懈怠不肯出力，或任性妄为，虐待弁勇，请中国官员撤令回英，只给二等舱位船票，不另赏银。 三年为期

第三条　该教习既受中国官员雇用，即应专心教导操炮事宜，始终如一，不得另谋他事误公。 教习职责

第四条　该教习到差任事，职分在中国水师统领之下，一切公事悉听水师统领节制。如有学习之弁勇不听教导、不遵号令，致令教习掣肘，即由该教习禀明统领查究，该教习不得轻〔径〕行办理。

第五条　该教习薪水每人每月订明给关平银一百三十两，照外国月分支付，自到差任事之日起支。

第六条　该教习如在船住，中国官员须另派一舱房，器具齐备。如雇用仆人、厨夫，工食及教习每日饭食并钦〔饮〕食随用物件、铺盖、桌布，一切均归教习自备。

第七条　如该教习患病，即由兵船之医生或官请之医生诊治。如该教习自己另请医生，应由该教习自行付钱。

第八条　该教习自英国起程赴华，由中国付每人路费

关平银二百六十两，并付二等舱位船票。三年期满由华回英，亦由中国付每人薪水二个月，计关平银二百六十两，以作路费，维船价在外。

未满期限告退条款

第九条　该教习于未满三年期内，如在中国患病甚重，官医难治，劝令回国，或英国国家调其回国，或未满期而决意告退回国，以上三项中国只给二等舱位船票，不另赏钱。至未满期而告退者，须于四个月之前禀明中国水师统领，满四个月方能销差起程。

第十条　该教习如携带家眷到中国，家眷之船价、路费皆由该教习自付；抵中国后家眷房租亦由该教习自备。至女眷、小孩概不准到兵船上居住。

第十一条　三年期满，该教习即行销差，应由中国另付二个月薪水，计关平银二百六十两以作路费，又给二等舱位船票。其船票系于销差之处起程到英国为止。已满三年中国欲再留用，应另行订立合同。

第十二条　该教习每人薪水，由中国水师支应粮台按月如数付交天津汇丰银行转给该教习领用。

因公伤亡补偿条款

第十三条　如该教习因公事身受重伤，由中国付给二个月薪水医治；如伤重致成残废，即由中国付给四个月薪水并给二等舱位船票令其回英。如因公事受伤登时殒命，或因受伤后身故，均由中国付给四个月薪水，另给二等舱位船票之银，交英国驻华领事官，即由领事官转交该家属人等或该教习在生所托之人具领。

光绪十二年八月二十八日

一千八百八十六年九月二十五日
随员兼翻译官张斯栒译

各国水陆兵备杂译

光绪二十一年闰月初四日报云：昨在扇侯蒲尔试验雷船“阿里爱尔”，每钟能行二十五海里又百分里之八十七(中八十五里有零)，每分时轮转三百六十三次又百分次之六十六。又试雷船“拂里皮司低爱”，每钟行二十五海里又千分里之六百六十五（中八十五里有零），每分时轮转三百五十九次又十分次之三。故觉所试十分惬意云。 报载各国水陆兵备

五月初法报曰：法国克鲁苏商厂为海部代造之小雷船一只，本拟装于“夫特尔”快船者，此次送至都隆经验收委员察得船壳有疵，故即拒不收纳。查此船前已当众之面在海试行，及提至旱坞细察其壳，见有细小破痕数处，因之验收委员请承造者加功修整，换去破板；但承造者未能遽允，特请政府另派大员复加考验，故此事尚搁而未了也。至船中机器则试得甚美，颇觉惬心云。

四月二十二日法报曰：罗四福尔埠来信云：武员苏维隆所带之二十号雷船，昨午后五点钟在爱克岛西北二海里之间忽然沉没，当有一百十九号雷船急行放艇，救起五人，馀八臣〔人〕悉与波臣为伍，统带亦在其内。此船长二十七法尺，宽三法尺十五法寸，压水力三十三吨。

英国海部饬造一万四千二百五十吨之大快船二只，其

一已于昨日在克里特江下水，船名“耽李孛尔”，长一百六十四法尺（中国四十丈五尺九寸四〔应合四十五丈九尺二寸〕），宽二十一法尺六十四法寸（中国六丈零五寸九分二），其大超出乎现有之各快船。船身外并无甲带，但机器房顶却护钢质穹甲，船壳有隔垛三百二十六，弁兵九百人，汽机马力二万五千匹，速率预估二十二海里（华里七十二又十分里之六）。煤舱可装煤一千六百吨，如以每钟行十海里算，则其煤足敷二万五千海里之用。将来应置之炮，计有口径二百三十五法分（中国六寸五分八厘）者二尊，十五法寸（中国四寸二分）之快炮十二尊，用弹十磅重之快炮十六尊，用弹三磅重之快炮十二尊，连珠炮九尊，另用水底放雷筒四具。

六月初三日法国散那柴尔海口罗沃尔船厂办理头等甲船“麦扇那”下水。此船于一千八百九十二年七月间由海部与该厂订立合同、画押定造。船图系退居食俸之水师艺学总监工兼实学馆行走之皮西所绘，即前造“狄必依夺罗恩”快船者也。

查“麦扇那”全体俱钢，长一百十法尺八十法寸（中三十一丈二尺〔寸〕四寸〔分〕），宽二十法尺三十法寸（中五丈六尺八寸四分），船尾入水八法尺十六法寸（中二丈二尺八寸四分八），压水力一万一千九百二十四吨，预定速率能行十七海里，若再加力，可以多行半海里（中五十七里又一百分之七十五）。螺轮有三，一如“狄必依夺罗恩”，由汽机三副分头转运，合计马力共有一万三千五百匹。蒸汽之具计有汽锅二十四个，系用拉格拉飞尔及阿来斯德法。

将来应置之炮，计开如下：大炮二尊，口径三百零五法分（中八寸五分四），俱在旋台之内，分列船之前后。又二十七法寸（中七寸三〔五〕分六）之炮二尊，亦用旋台，则在船之两腰。又十四法寸（中五〔三〕寸九分二）之快炮八尊，亦用旋台，匀列于船之两旁。另有十法寸（中二寸八分）之快炮八尊，密藏于船顶间架中，而护以硬钢之罩。其馀小口径之快炮三十七法分至四十七法分（中一寸另三厘六至一寸三分一厘六）不等，共有三十二尊；又放雷筒六具。

船身自水线带以上围以施男覃之钢带，厚二十五至四十五法寸（中七寸至一尺二寸六分）；旋台动处护以三十五法寸厚之钢（中九寸八分），不动处钢厚四十法寸（中一尺一寸二）。至十四法寸炮位之旋台，当有十法寸（中二寸八分）厚之钢罩。舱面钢甲厚九法寸（中二寸五分二）。此船保护炮位之法，无异于“狄必依夺罗恩”。无论口径大小，各炮皆能不相牵制，开放自由，以拒敌船之寻常炮子、快炮飞弹，此盖为法国水师独得之秘。当“狄必依夺罗恩”在机爱尔河口时，见者皆惊为有独无偶，毋论何国之炮船，保护炮位皆无此周密也。闻“麦扇那”甲船之水手人等，共须配置六百十名云。 法国水师独得之秘

三月三十日《晚报》曰：法国哈佛尔海口来信云：拿耳茫商厂为法国海军代造之炮船名“须尔泼利时”者， 拿耳茫（诺曼）

今日下水，盖小船也。壳以钢制，压力六百二十七吨，马力九百匹。将来应置之炮计有：口径十法寸（中国二寸八分）者二尊；六十五法分（中国一寸八分二）者四尊；三十七法分（中国一寸零三厘六）者四尊。其速率系预定每钟行十三海里（中国四十二里又十分里之九）。船中水师，额定九十九人，内有兵官六员。

五月二十二日报曰：法政府向商厂定造二等快船一只，船样由工师低西爱所定，计长一百零一法尺（中国二十八丈二八）。将来应置炮位计有：口径十六法寸（中国四寸四分八厘）者四尊，十法寸（中国二寸八分）者十尊，四十七法分（中国一寸三分一厘六）者十尊，三十七法分（一寸零三厘六）者四尊，以上各件皆快炮也。统计其价共合法金八兆三十万方（“方”即佛郎）。

地中海法国水师将添极美之快船一只，厥名“达扶”，速率二十海里零（中国六十八里又百分里之三十一〔应合六十六里〕）也。其炮位之安置系新在罗司福尔埠酌加改易。惜此次经行都隆埠外之喀司高业口时，其蒸汽之器大受损伤。缘有一火炉炉顶忽然塌下，遂致其上汽锅不良于用。海部尚书因此而甚觉为难，其将另换汽锅乎？则是船将良久不克行驶。抑将任其缺一汽锅乎？则是船即不能二十海里，只可行十六七海里。二项办法择其一，海部尚书培司那殆以第二办法为是也。

六月初七日，俄国《电文报》曰：俄皇尼谷拉因极东方地战事方了，并欲推广商务，遂允铁路电报部尚书、王爵季哥夫之请降谕一道，饬在海参威兵船坞旁兴筑商船大坞一所，沿坞码头计长五百法尺（中一百四十丈），拟发经费一百五十万方，以资兴筑之用，并令即日开工。

奥国在卜拉海口造成铁甲船一只，名“麻那尔克”，重五千五百吨，马力九千八百四，速率十八海里，甲厚二十七法寸（中国五寸七分九里六〔应合七寸五分六厘〕）。将来应置之炮计有：口径二十四法寸（中国五寸七分一厘二〔应合六寸七分二厘〕）者四尊，十五法寸（中国四寸二分）者六尊；又小口径之炮十四尊，放鱼雷筒二个。光绪二十一年四月十五日奥皇拂郎沙沃第二亲来监视此船下水，故埠内各船俱挂彩旗，观者极形拥挤。晨九点一刻，皇坐小汽船安抵屋利维爱岛（船厂在此岛中），各兵船升炮以迎，各乐会人咸奏国乐。皇入厂门，即有总管海口之水师提督、各水师大员、贵妇数名及穿白缎衣之幼女十名在彼迎接。至品级稍卑之武员，则自厂门以达船际，肃立两旁为之站班。迨皇登阁纵观，天主教士乃为新船祷祝一遍，祷毕乐作，于是撤去船周抵柱，水师提督施耽男克即在奥皇面前念颂辞一首。辞毕，请皇发令准其即办新船下水之事。一面大公爵夫人玛利得来司（即奥皇之弟妇）以教堂之清水洒数滴于船头，新船乃徐徐而下，于时但闻乐声、炮声、百姓欢呼声。 奥皇亲监新船下水

四月十五日报曰：美国在邦孛罗克海口造成甲船一只，名“勒奴恩”，昨已下水。此船有压水力一万二千三百五十吨，马力一万二千四。两旁水带护甲厚二十法寸

(中国五寸六分)，首尾则甲衬于内，厚二十五法寸（中国五寸七分四〔应合七寸〕)。将来应置之炮计有：口径二十五法寸（中国五寸七分四〔应合七寸〕）者四尊，二炮并列，分置于旋台二座之中；又十五法寸（中国四寸二分）之快炮十尊；小口径之炮三十一尊；放雷筒七具，内有二具可在水底放雷。速率十八海里有半。

四月二十六日《覃排报》曰：昨英国夺望卜尔埠有二船下水：一名“带尔”，薄钢壳之二等快船也。螺轮二具，马力九千六百匹，压水力五千六百吨，预算速率每钟行十九海里半（中国六十四里又百分里之三十五)。其间炮位将来应置口径十五法寸（中国四寸二分）者五尊，又十二法寸（中国三寸三分六）之快炮十二尊。一名“福尼克”，炮船也。压水力一千零五十吨，马力一千匹，速率十三海里（中国四十二里又十分里之九)。将来炮位应置十法寸（中国二寸八分）口径之快炮六尊。

俄欲造船三国兜揽

英德法三国商厂因俄廷欲造护甲快船，各自拟图献价，以相兜揽。俄廷将各厂所呈节略考求比较后即行定计，令都隆之扇纳商厂办理。该厂拟在哈佛尔相近之格郎维尔分厂起造。船长一百零一法尺（中国三十八丈三尺八寸〔应为二十八丈二尺八寸〕)，重三千八百二十八吨。汽机应有马力八千五百匹，速率预估二十海里（中国六十六里)。其炮位应置口径十五法寸（中国四寸二分）之快炮六尊，四十七法分（中国一寸三分一厘六）者三尊，霍乞开斯快炮十尊，放雷筒四具。各炮凸出处遮护钢罩，船面护以钢质穹甲。船中俱用电灯，布置各房须极合度，以便俄国亲王居住也。

乙未十二月二十六日法报曰：英国现拟添造各项兵船，计开如下：

钢甲船四只，每船估价英金七兆五十万镑。 英国拟造各项兵船

头等穹甲快船四只，每船估价英金四兆六十万镑。

三等穹甲快船六只，每船估价英金一兆八十万镑。

捉鱼雷船六十只，每船估价英金六万镑，计三兆六十万镑。

统计以上各船之压水力共有十三万六千六百吨，马力五十六万匹。内钢甲战船一只、头等穹甲快船三只、三等穹甲快船五只及捉鱼雷船六十只，俱托商厂承造，工程报竣须在二三年后，而本年英国筹备之海军经费计有英金十七兆四十万镑云。

丙申正月十八日法报曰：日本在英国阿摹士庄厂定造之钢甲战船，昨已下水，船身庞大，得未曾有。舱分一百八十一格，盖防遇险漏水，可以补救也。压水力一万二千三百吨。将来于船之前后拟各置大炮二尊，口径十二英寸，重四十九吨。另有弹重六磅之快炮十尊，弹重三磅之快炮二十四尊，放鱼雷筒五个。此次下水时，男女上宾到者甚众，日本驻英公使加籐高明之夫人，为该船行题名礼，厥名“屋岛”云。 日本定造钢甲战船船身庞大

光绪二十一年六月德国机爱尔河工落成，扬厉铺张为之庆贺，德王及日耳曼列邦各主均亲临其事，欧洲各国亦 机爱尔河（基尔运河）工落成

派战船以往，颇极千载一时之盛。法国所派去者由水师副将梅那尔统带，一为甲船“屋司”，此船造于罗里盎，一千八百九十一年下水。全身俱用铁钢配合，规模雄壮，气象森严，望之如铁城一座。长一百零六法尺（中二十九丈六尺八寸），宽二十法尺（中五丈六尺）。压水力一万零六百五十吨，速率十六海里二（华里五十三里有零），螺轮二，有马力一万一千三百匹。其甲其炮俱极坚卓：水带线上之船艘围甲厚四十五法寸（中一尺二寸二分六），炮台围甲厚三十五法寸（中九寸八分），舱中船面钢甲一层，厚八十法分（中二寸二分四）。炮有口径三十四法寸（中九寸五分二）者二，二十七法寸（中七寸五分六）者二，十八法寸（中五寸零六〔四〕厘）者二，十四法寸（中三寸九分二）者二，梅花炮十二，快炮八，放雷筒五。另有备具雷筒之汽艇二只，有事可作雷船之用，船中并备防雷铁网。晚间全船光亮悉用电气灯，而照远电灯更有多副。初，此船本有两桅，嗣去后桅一枝，以资简便，虽当时颇不理于逆亿者之口，而一千八百九十一年正月试行于孛来司德时甚为稳惬，虽炮台过重，船形颇低，而海面行驶仍怡怡如也。是月二十一日离孛来司德出口后，天气险恶，该船破浪飞行，至二十八日即已安抵都隆。

甲船屋司构造设施

二为快船“狄必依夺罗恩”，其式精美，为各快船冠。造于孛来司德，一千八百九十年下水。长一百十四法尺（中三十一丈九尺二寸），宽十六法尺（中四丈四尺八），入水七法尺半（中二丈一尺），压水力六千三百吨。

快船之冠

螺轮三具，每钟行二十海里（中六十六里）；汽机可得马力一万四千四，底舱能藏煤九千吨，船甲厚十一法寸（中三寸零八厘）。旋台二，甲厚十法寸（中二寸八分），各有炮一，口径十九法寸；又口径十六法寸（中四寸四分六〔应为四寸四分八〕）之快炮六，六十五法分（中一寸八分二）之快炮八，梅花炮八，放雷筒四。此船成后屡加试验，时日颇稽，一千八百九十二年忽致损坏，因之搁置，厥后盖另换汽锅也。以速率、炮器而论，此船诚属矫矫矣。

三为三等快船“须尔哥夫”，于一千八百八十九年下水。长九十五法尺（中二十六丈六尺），宽九法尺（中二丈五尺二寸），压水力一千八百四十八吨。螺轮二，速率十九海里半（中六十三〔四〕里有零）。有口径十四法寸（中三寸九分二）之炮四尊，四十七法分（中一寸三分一厘六）之快炮三尊，梅花炮四尊，放雷筒五具。此二快船亦纯用电灯，其挂置之法别具心裁：系于宽紧法条之上，盖防开放大炮时震损灯壳也。 三等快船

以上三船即法国遣往机爱尔河以挂法旗者也。入斯大会固无碍欧洲和局，且可以兵力之强足资自卫昭示于人。分带官三员：“屋司”为水师守备福雷，“狄必依夺罗恩”为水师守备于甘，“须尔哥夫”为水师守备罗扇尔；又兵官四十二员，水兵一千四百人，俱听水师副将梅那尔节制。各员各兵但知恪遵军令，无论差使若何艰难，从不与长官争论，更何有喃喃怨言，其循分供职一如一千八百七 三船官兵

十年之以身许国耳，况以此精美之船示耀于人，尤觉意兴勃勃乎！

法国统带师船前往机爱尔河之水师提督梅那尔致电于海部尚书曰“我船出格郎培尔忒界，遇俄船于郎善郎岛之南角外，彼此以优礼赠答，合帮而行，直至机爱尔河”云。按俄法两船相遇处，系在丹国之极南海面，于是一路同行，法船居首，缘梅那尔军门之资格较深于俄提督故也。俄提督欲表㧑谦，故尾随于后。

各国到贺各种战船

德国定于六月二十一日庆贺河工落成，二十二日德皇阅视各国兵船，洋报预开如下：

英国　芒斯海峡之船队，计有甲船四：曰“里波尔斯”，曰“里查罗生”，曰“恩拨来斯恶夫音提耶”，曰“罗沃以耶尔萨佛林”，各重一万四千二百吨。快船二：曰“孛来能”，重九千吨；曰“盎达门”，重七千三百吨。二等快船二：曰“阿巴罗”，曰“盎特罗麦疵”。三等快船一，曰“白里乃末”。报信雷船二：曰“司必狄”，曰“司必覃尔”。此队战船本由水师总兵费时罗爱所统，但闻其病体难支，有乞退之意，而继其任者，大约为海部中之水师总兵钱恩费煽云。

奥国①　大公爵沙尔爱低哀恩所统战船一队，计有：撞嘴护甲快船三：曰“盎泼勒拂郎沙沃查然夫”，重四千二百吨；曰“恩彼拉忒利斯爱利石培忒”，重四千吨；曰

①奥国：指下文的奥斯马加，即奥匈帝国。

“恩彼拉忒利斯来恩麦利耽来司”，重五千四百吨。

丹国　三等快船二：曰“爱克拉”，曰“然扇”，各重一千二百八十吨。头等雷船四。

西班牙国　钢甲船一，名“卑来屋”，重九千九百吨；护甲快船一，名“音方忒马利阿耽来斯”，重七千吨；三等快船一，名“麦尔基盎赛那达”，重一千零四十六吨。

美国　快船五：曰“哥隆皮亚”，曰“迈尼阿卜里”，各重七千五百吨；曰“桑拂郎西斯哥”，曰“纽约”，各重四千吨；曰“麻尔孛尔酣特”，重二千吨。

法国　钢甲船一，名“屋司”，钢甲快船一，名“狄必依夺罗恩”，快船一，名“须尔哥夫”。

义国　然恩公坐御船“沙复沃”，督带战船二队：一为水师总兵阿西尼所统，计有甲船二，曰“雷盎培笃”，曰“盎特来阿杜里阿”；雷船二，曰“斯忒隆扒里”，曰“阿尔夫萨”。一为水师副将格郎维尔所统，计有甲船二，曰“沙尔覃虐”，曰“吕徐爱罗提罗里耶”；雷船二，曰“爱梯忒利阿”，曰“巴尔得拿泼”。

拿喊国　头等炮船二，曰“维京”，重一千一百十三吨；曰“司来泼乃”，重五百五十八吨。头等雷船六。 拿喊（挪威）

葡萄牙国　小甲船一，名“罚司哥达茄玛”，重二千四百吨。

罗马尼亚国　护甲快船一，名“爱利石培丹”，重一千三百吨；暗轮汽船一，名“迷尔扇阿”，重三百五十吨。

俄国　共有三船，现已奉明文派定者，只有护甲快船一，名“吕利克”，重一万一千吨。

瑞典国　露台甲船二，曰“哥搭”，曰“多尔”，各重三千一百吨；头等炮船一，名“爱达”，重六百三十九吨。

德国　共有战船三十馀只，另雷船四队。

汉博克（汉堡）

德皇及所邀各客系在汉博克登舟，故彼处先有胜会，夫而后迤逦顺新开河以达机爱尔，为庆贺落成之礼。

德皇因有庆贺河工之举，定于六月十九日在屋尔忒拿地方大开筵宴，位设一千二百座，所费预备十万马克。厨房盆具悉由水师营务处罗致，厨工四十名，厨头二名，则由柏林厨会中所派，而调和滋味等事，则由哈拿佛王之旧厨头督率办理。至仆役则即在驻守机爱尔之水师步队中拣充。此外酒费约须三万或三万二千马克；合而匀算，每人席费恰得一百马克。

到贺船只总数吨位

机爱尔埠共有战船九十只，商船六只。战船中有头等甲船十八，三等甲船六，四等甲船四；头等快船十一，二等快船四，三等快船七；雷船二十二，报信船五，学堂船八，游历船五。压水力共有三十六万三千零零一吨①。内美国居二万一千五百八十吨，丹国二千五百八十吨，德国十一万二千六百八十三吨，英国七万八千五百五十吨，法

①据下列细数合计，应为三十六万四千零零一吨。

国一万八千七百三十一吨，义国五万八千七百二十二吨，荷兰四千五百七十五吨，拿喊一千六百九十三吨，奥斯马加一万三千八百九十四吨，葡萄牙二千四百二十二吨，罗马尼亚一千六百七十吨，俄罗斯二万零九百七十二吨，瑞典六千八百九十吨，西班牙一万七千九百六十四吨，土耳基一千零七十五吨。

各国船机马力共有五十一万零五百二十八匹①，内美国居五万四千二百四十七匹，丹国六千匹，德国十三万九千七百匹，英国九万二千三百零九匹，法国三万一千五百六十匹，义国八万三千六百六十五匹，荷兰三千三百八十六匹，拿喊二千七百匹，奥斯马加三万一千五百匹，葡萄牙三千六百匹，罗马尼亚四千六百六十匹，俄罗斯二万三千五百三十三匹，西班牙二万四千五百九十八匹，土耳基三百匹。各国弁兵水手数目，共有二万一千一百九十五人。

吨数最巨者，以英国头等甲船“罗沃以耶尔萨佛林”为第一，计有压水力一万四千二百六十吨。德国头等甲船每船不过一万零零三十三吨，而义国甲船“沙尔覃虐”则重一万三千八百六十吨，法国甲船“屋司”则重一万零六百五十吨，俄国甲船“盎泼勒阿力山德第二”则重八千四百四十吨。 吨数最巨

船机之马力最大者，莫如美国快船“哥隆皮亚”，计 马力最大

①此处总数与下列细数总和不符。

有二万一千五百匹，次如英国快船“白里乃末”，计有二万一千四百匹，又次如义国甲船“雷盎培笃”，计有一万九千五百匹，及“沙尔覃虐”，一万七千五百匹，美国快船“纽约”，一万六千九百四十七匹，法国快船“狄必依夺罗恩”，一万四千匹。

速率之最大者莫如德王游船及美国快船“哥隆皮
船速最大 亚”，每钟各走二十二海里，又美快船“纽约”、德快船“梅多”、英快船“白里乃末”各走二十一海里，法快船“须尔哥夫”走二十海里半，德快船“飞翁”、英炮船“司必狄”及英快船“盎达门”、法快船“狄必依夺罗恩”、奥雷船“忒拉劳”、西班牙快船“音方忒马利阿耽来司”、德商船“屋居斯带维多利亚”及“哥隆皮亚”，各走二十海里。

人数最多 船中人数最多者，以英国头等甲船四只及德国学堂船“麦尔司”为最，各有七百人，次如义国甲船“沙尔覃虐”有六百七十人，义国甲船“雷盎培笃”六百六十五人，法国甲船“屋司”六百三十人，俄国甲船“盎泼勒阿力山德第二”六百人。

船身最旧 船身最旧者，莫如英国游船“盎桑忒来司”及土国游船“依于阿特”，俱在一千八百六十五年下水。船身最
船身最新 新者，莫如德国快船“阿根”及“然飞翁”、英国炮船“司必狄”、奥国快船“恩彼拉忒利斯来恩马利耽来司”、德国商船“泼来司罚尔夺玛尔”。

新河既成
经过纳费 德国新河既成，所有船艘在彼经过理应纳钞，今定价

目如下：装货货船以六百吨为起码，每吨七十五生（每百生丁为一佛郎），馀每吨五十生；空船、浅水船及自阿得江来或向阿得江去之船，每吨五十生；帆船每吨五十生。至带路之船听候来船雇用，其所取酬劳亦照来船吨数，以二百吨起码，每吨五十生，过此数后每吨加四十生；空船及帆船每吨酬资三十生直至二百吨为度，馀每吨二十五生。以上价目定于六月初十日起一律照行，而每年十月至三月则须照以上价目加百分之二十五。

六月初二日都隆信云：甲乙二队战船已自都隆起碇前往阿柴克西亚埠，以围丙队各船；丙队各船候泊于哥尔斯岛外，迎拒甲乙两队，俾之围堵不成。考官坐船“福尔米达孛尔”业已启行，今晨十一点钟当抵阿柴克西亚埠也。

初三日都隆来信云：丙队战船已于昨日遇甲、乙二队。下午四点钟，丙队之“须扇”、“扇西尔”、“米郎”、“依培候维尔”四快船，自阿柴克西亚口外离“阿米拉尔扒台”及“恩同带孛尔”二甲船，开足机轮向西以去。而甲队战船遂放鱼雷一个以击之，当被丙队所毁。五点半钟，甲、乙二队快船及捉雷船等全行开动，拦截丙队各船去路。丙队甲船“恩同带孛尔”于是带同快船、雷船等预备追击。甲、乙船队六点钟时被追甚紧，但竟能协力抵御，丙队见势不支，立即转向驶行，退入湾角。入夜九点钟，海面战声大作，在桑基南尔岛登电标了台望之，却无所见，惟闻炮声隆隆。旋悉丙队有快船、雷船三只用电灯

战船演习

照耀为之领路，并用诡计以惑甲、乙二队之守望，遂得突围而出，开回都隆口外之萨阑。所有甲船“阿米拉尔狄卑来”、“麦尔赊”、“恩同带孛尔”、“阿米拉尔扒台”，快船“蓬孛”、“屋达西安”、“拂里皮斯低爱”、“喀皮尔”等俱于今日十二点半到埠停泊。

奥国维也纳京都信曰：奥斯马加斯时效法欧洲各国，意在重整海军，现居海部尚书之水师提督斯耽浮克军门业向考核海军之委员切实声明其意，以为将来海军利器当以极速极猛极坚之快船为首屈一指。此意也，水师中人固大率相同也；彼大甲船、大雷船二项，盖大不见重于水师中人矣，彼等谓战船第一要着须能速行。当奥国考核海军之委员会议时，伯爵爱斯耽来徐引述法国海部尚书之言，极诋甲船之病，首发宏论，既而海部尚书斯耽浮克谓：“奥国于战船之庞大向不与他国争胜，惟求其速率巨、军器精、护卫之法周且密，足以抵御炮子而已。现在所造之船身护甲，实能制胜。现行军器即如法国现用之‘梅利尼德’炸弹，不能及远，亦难取准，殊觉未能惬心。据闻在奥国博拉①埠中亦曾试放‘梅里尼德’炸弹，能收远攻之效，然此言殊不可信。惟我奥国快船应有尽有，各擅胜场；此次开赴机爱尔，其造法及置炮法，谅俱能出人头地，卓尔不群。”

战船要着须能速行

①博拉：即前南斯拉夫今克罗地亚的普拉。当时前南斯拉夫大部分领土均为奥匈帝国所占。

美国海部刻以应造之头等快船节略移交议院，船共四艘，各长一百三十九法尺零六（中国三十八丈九尺三寸六分八），广二十一法尺零五（中国五丈八尺九分四），入水七法尺七十法寸（中国二丈一尺五分六），压水力一万一千吨。炮位计有十五法寸（中国四寸二分）者十五尊，七十五法分（中国二寸一分）者十四尊，三十七法分（中国一寸零三厘六）者十二尊，水底放雷筒三具。将来船身内当以木与钢隔层相衬。装煤可至二千吨，速率约在十九至二十海里半。

光绪二十一年三月二十日都隆来信云：有船名“居斯带佛然覃”者，能在海底行走，昨特试演大澳之中。当其伏水时，船中水手依然极有生机，速率每钟约行八海里又百分里之十或百分里之二十九（华里二十六里有零）。其储电各器又极得法，行驶试演毫无火星之漏。是役也，盖工师马喀恭期阿薄为之调度一切也。

海底行走极有生机（潜艇）

又三月十六日报曰：西历四月初八之夕，巴黎各处兵房大为震动，事生意外，莫不骇然。其时各兵初入睡乡，忽因武备总督传到急令悉行惊醒，盖令各兵于是夕子初立即拔队遄行也。闻此令后，惊讶之状可想而知，无论将弁兵丁，皆未料及此事，即曰：“或有操演之举，则未之前闻，乌能预悉？”迨后神情稍定，始知并非真须操演，乃欲考各营布置神速与否耳。虽处承平，亦当尔尔也。所调各兵，系巴黎第一、第二队之带甲马兵，浮侯沙依第二十七队之带盔马兵，万生第二十八队之带盔马兵，散日曼第

突击演习情形

四队马兵，狼蒲依也第五队马兵，武备学堂骑马炮队，万生第二十九队马兵及雷依都来尔萨笃陀之第四、第八十二、第一百十三、第一百三十一队之步兵。此项兵丁本早备豫一切，以候抽调，粮食、马料等物故皆颁置一处，票据文凭亦皆一一写好，即如各项兵官亦居然领出征津贴也，特此项津贴不过一纸空文耳。各营将以上各节齐备后，即照限定时刻为之首涂前赴车站。其所定时刻系凑车站之便，彼此约好俾之两不相妨，故自半夜以后至今明两日，每点钟俱有兵丁登车起程。车站之用以运兵者，曰邦丹、曰萨卑尔、曰维来德、曰培安西、曰浮侯沙依、曰散日曼、曰狼蒲依也。晨八点钟，武备总督沙西爱带同营务总办低扇尔军门，在邦丹站监视各兵出队登车，当察得各兵应有尽有，一物不缺，且登车迅速、整齐肃静；惟骑马巡捕之马尚有小疵，缘从未习惯此等事务，故登车时有倔强之态，甚费周章。第二晨，沙西爱又视步兵登车。各兵到所派之地后，由本管将领查点一番，据实申报。各车站承办此差虽极仓猝，而配车装运亦能不逾期限。此役也，调齐各兵计历两日，快捷严整，十分惬意。事毕，各兵奉总督谕休息四日。

法征马岛统帅示谕

法之征马达茄斯喀岛也，其水陆大军甫于日前自马赛登舟进发，其总统是军之杜甘司恩提督曾有示谕一道，其文曰：

水陆弁兵公鉴：兹当余率领尔等离法之时，特以一言奉布：余蒙本国政府选派是差，督带尔等，余实万分荣幸。尔等知余，为日已久，且有多人曾与余共事于阿洲、北圻、台湾等处，尔等之功绩余已目击矣。若者为弁目，若者为水师，若者为陆兵，皆极好之勇士也。余于尔等甚为放心，而尔等亦尽可惟余是赖。今兹之役或甚艰辛，然或不致于旷日持久。尔等素遵约束，素勤操练，志坚力卓，自足以克敌致果，耐苦却病。所有预防热症之应验良方，早经安排妥帖，卑尔等免沾疫气；而尔等亦当力求洁净，调摄得宜，并于一切却病之法敬谨照办。其各勤乃职，慎毋忽。盖军中无甚病者，斯为督带有方，是则区区之意也。

政府派尔等至马达茄斯喀岛，盖欲使彼处之人恪遵约法，尽睹升平，普沾教化也。尔等之待土人，须知彼等皆系法国所保护，其身家财产尔等皆不得干犯。其人若来无恶意，尔等当以友朋相待；即被获于行军之间者，一经抛去军械，尔等亦应秉公接待，善为抚循。余固不准我兵倚势横行，虐待该岛之土客人等。倘土客人等能为我国出力，余益必优待而给赏也。倘尔等有不遵号令、不守营规、泄漏军情者，则当按所犯过失之轻重，以军律严惩，尔等其知之。

提督杜甘司恩押

三月二十一日《时报》登孛来斯德来信云：快船“拂里盎”昨当水师营务处督办及查验委员之面，加足机力出海试行。水锅二十个，只用十二。火炉中每一平方法尺之地位计烧煤一百七十五启罗，机器得马力七千匹，每钟速率得十七海里有半（中国五十六〔七〕里有零）。

铝质之护身甲，法国火器署中早有一具，藉资考验。今政府复请其再行加功细炼，盖所欲知者，系此甲由马兵穿在身上时，是否能拒刀锋之击，不使身上稍有损伤耳。若枪弹之力，则无论何甲，受弹皆破，固无所用其考求；但枪弹来势如有歪斜，则弹能滑过或力量减小，则弹亦不入，故即用质地稍次之甲，身躯亦能无恙。倘欲更坚，则必须将甲加厚（现在通用之甲名“度佛”）；然甲厚则分两过重，不合于用，是以今欲得极坚而又极轻之甲也。

大气盘旋大力行驶之快船

法国海部尚书现谕船厂赶造大气盘旋、大力行驶之快船二只，每钟时至少能行二十三海里（中国七十五里又十分里之九）。海部此举，所关甚大，凡留心战船事宜者，皆不可置若罔闻也。惟海部中素来守口如瓶，自不以此中底细轻易告人，本报幸得老于行船之某君详论一切，颇觉坛坛有味，用亟照登如下，惟某君名姓不便布宣，幸垂谅焉。其言曰：

战船行海速率第一

“商船固以极大速率为紧要，而战船行海，尤以速率为第一宝贵之物。假使有一国于此，战船甚众，军器亦精，然却难保各埠之不为敌船所毁，缘两军搏战时，敌船行驶甚速，善避炮火故也。是速率为战船所必需固其大较，而快船系海上之马队，专追极速商船，并毁敌人商务，尤须借资速率，法国极应留意。虽万一与德失和，只有陆战，然设海上有事，即不能不作战英之想，盖英国我海上之敌也。况英于海操时必以法国为题，分出一队兵船作为法之船只，藉以交绥而资习练，然则我国何不亦作是想乎？盖战事之兴，生于意外、出于偶然，固有不能逆料者。英固自知无惧海战，境地富饶，足供厚饷，所费直如九牛之一毛。然若以欧洲各国群起而攻，则英即有不支之势。昔英之执政曾言伊国战船须与俄、法之船颉颃，至今仍守此旨，备有战船为数甚众，以为如此则无论与谁启衅，海上交兵定能取胜矣。但所惧者，甲船未底大钝，不免为快船所制，此亦英人自吐之真情也。盖快船能截住商路，擒捉商船，毁败船业，阻梗商务，设有一日英之进出口货一概停止，则已绝其生机、伤其心坎，英亦知之甚明也。从前海口封堵，几濒于危，英亦未之或忘，况今日商务视昔更为开拓，设再海口被封，将如之何？所以常怀此惧，以极大快船先我而造也。法海部尚书见英国近以‘耽里孛尔’下水，日后并有‘卜何夫尔’一船，皆系大力行驶、大气盘旋者，故因亦饬造此项快船乎？然此意实为美人先得，‘哥隆皮亚’（美国船名）之速率，以目下而论，实为天下冠。数年前当其海部议设新海军时，知快船须有极大速率，方可追截商船。商船如‘麦石斯低格’、‘兜笃尼阿’、‘都来恩’自欧赴美，通扯速率每钟行十九至二十海里（中国六十二里七至六十六里），‘冈叭尼阿吕喀尼阿’则过二十一海里（中国六十九里三）。又英国之‘徐戆低格’则重二万二千吨，行二十三海里（中国七十五里九），故美国遂造‘哥隆皮亚’，去年入队

英人自吐之真情

飞拉覃尔非（费城）

美造战船各项优点

供差，近日曾至机爱尔河口——此船在美俗称‘比拉忒’（‘比拉忒’即海盗之称）——试行时每钟行二十三至二十五海里（中国八十二里半），因而造船之克郎泼厂（在飞拉覃尔非地方）遂获国家所许之花红洋二十五万元。其时英、法海部见美报详纪其事，尚未敢遽信，然而英国即造‘耽里孛尔’、‘卜何夫尔’矣，而法国则刻下始觉动心耳。

“查：‘哥隆皮亚’长一百二十五法尺（中国三十五丈），宽十七法尺六十七法寸（中四丈九尺四寸七分六），尾后螺轮有三，同于‘狄必依夺罗恩’，所置枪炮亦极充足，所备护甲可御敌弹。更有一事难能可贵，盖其藏煤之富，为自有兵船以来所未有也。所藏之煤，直至二千零八十吨，假使每钟行十海里，则行一百零五日可敷二万五千二百海里之用（中国八万三千一百六十里）。是以此船一经起碇，即无须乎送煤之船、储煤之站，一切俱于离坞之前装足船中，以便沿途烧用。且其披锐摧坚之力，不亚于他项快船，护甲则十分周密，敌人炮火无以伤之。汽机又备有多副，一副损而即有一副之抵补，永不致全船瘫痪，故可环游天下，无需乎湾泊添煤也。包举之力，诚大矣哉，而其速率又在当今极快商船之上，苟欲追截商船，实无一船能脱，故以目前而论，能毁商船之船，以此为最，居然无敌于天下，亦只有美人到此地位。美国海部尚书曾言‘设有同式之船十二只，设各国商船保护之法仍照现在情形，则不拘与何国启衅，我皆足以毁其商船。且毋论恫喝若何严厉、甲船若何凶猛、谋画若何利害，而敌国皆有无从攻我之势’云云。

“设法国亦照‘哥隆皮亚’式起造一十二船，岂有做不到者乎？美国有此一船，极得裨益，法国则因有英在，尤须有此项快船。英自以为各处海面在其掌握，素有傲视一切之概。见法费巨款以造甲船，故彼亦造甲船以应之，且船身更大也，船数更多也，则法国为何而弗变计哉？苟照美国船式添造快船，吾知英之奢欲骄心或将稍敛。今法海部尚书之破除积习，洵当向之称贺，其定计虽已落人后，然实不失为嘉猷。总之，自有此举而法国水师事宜已开自新之路，足令英人深长思矣！异日者竟可大碍英人海上威权，而使之惕然警惧也。”

前在天津与李傅相订立《中法简明和约》之水师守备福禄诺，回国后果邀升擢，已至副将之职，近复由海部派往阿尔及耳属地统带师船。当其未启节之前，有勘议水师事宜之下议院卿鹿克禄沃及其同僚数员，敦请福副戎至海部以目下应办之事当众陈明。福副戎言有三事最为要紧，一、自配船队，二、远地巡弋，三、海疆防务：（水师事宜三事要紧）

“一、凡一船得一船之用足以争雄海上者，莫如大力快船，但使船之两旁及其舱面俱有薄甲一层，则船身既转动矫捷，而敌弹又势带敧斜，我船即足自护。整队师船宜用此等船样，再加以捉鱼雷船各数艘为之辅佐，将见无论遇何警变，皆可尽其职守，游刃有馀。今法国水师只有一船合乎此式，即‘狄必依夺罗恩’是也。当其在机爱尔（自配船队）

河口时，各国水师皆为赞美。

远地巡弋

“二、兵船之游弋远海者，颇有不甚合法处，缘既不足以增长学识，而奉有专差之船，又多分踪行驶故也。然却不可废撤，只须尽力设法得其实益焉耳。巡弋处共分五大枝：一、大西洋，二、太平洋，三、极东方（即中国海面），四、印度洋，五、越南海。此数处选得极当，应仍旧贯，但必须定其行驶之界限。苟在限制之境，理合常川巡弋，而以水师总统之座船为主，馀船皆追随左右，夹护而行。如是办理，庶合彼等应办事宜之本旨，足护法旗威望，而增弁兵阅历也；亦如是而各师船在其巡弋界中遂成一队飞船也。

海疆防务

“三、海滨防务之兼隶于兵部、海部，本旨原属甚是，但其中颇有大半处所宜交水师人员之手，盖惟彼等有击中活靶（指船论〔疑是“轮船”〕）、辨别来船之本领，可以善用标记不致有错也。照今防守海疆章程而论，尚不足以善用此项人员以收实效。故在兵部所辖之各炮垒中，宜统以水师官员，并用离船之水手人等。至不在屯驻水师之地方，则各项弁兵自然归兵部统率耳。”以上云云，闻者皆为钦佩。

法国甲船价值罗列

法国钢铁甲船价值：

“阿米拉尔扒台” 法金十九兆六十万零零四百八十七方（“方”即佛郎，每四方现约合中国库平银一两）

“福尔米达孛尔” 法金二十兆五十九万三千七百五

十五方

“阿米拉尔提卑来” 法金十六兆六十九万三千零五十四方

“屋司” 法金二十兆十五万九千零七十九方

“麦尚达” 法金二十一兆四十三万一千四百四十七方

“麦尔赊” 法金十八兆七十万三千一百七十三方

“纳泼多恩” 法金十九兆五十一万五千六百三十六方

“孤拔” 法金十七兆八十七万四千九百十五方

“特罚司带西勇” 法金十四兆六十四万九千四百五十方

“勒度带白尔” 法金十二兆七十七万九千零九十九方

“里斯里安” 法金九兆十五万七千二百五十五方

“拂里爱郎” 法金八兆三十六万六千七百六十七方

“哥尔培尔” 法金八兆二十六万零七百十四方

“忒里唐” 法金九兆四十六万五千九百四十九方

“马冷哥” 法金七兆二十四万零三百六十四方

“乌扇盎” 法金七兆三十二万三千零四十二方

“须拂郎” 法金六兆六十五万四千五百四十九方

以上共合法金二百十八兆四十六万八千七百七十五方。

另有厚甲快船八艘，每艘十兆或四兆方不等。又海滨防堵之甲船十四艘，每艘十四兆或四兆方不等。又近日造成之“孛来尼斯”甲船一只，价在二十兆方上下，合之共得甲船四十只，适得四百兆方之谱。至单炮甲船通扯每船值金三兆方，各项寻常快船每船约十兆或三兆方不等，均不在四百兆方之内也。

法国海军拟添战船

法国海部拟于一千八百九十五年（光绪二十一年）添造船数：

大钢甲船一，值金二十七兆五十一万三千三百六十六方，定于一千九百年完工下水。

报信快船一，值金二兆四十万七千一百八十八方。

以上二船在官厂定造。

新式大快船二，各值金十八兆三十六万九千一百三十方，定于一千八百九十九年完工下水。

二等快船一，值金八兆二十三万三千一百二十五方，定于一千八百九十八年完工下水。

三等快船二，专备巡弋远海之用，各值金四兆三十万七千四百零三方，定于一千八百九十七年完工下水。

出洋雷船二，一名“德那尔”，一名“芒徐尼”，各值金六十五万九千四百九十八方；一定于一千八百九十六年完工，一定于一千八百九十七年完工。

头等雷船五，各值金四十一万五千零十四方，定于一千八百九十七年告成。

装置“夫特尔”快船上之雷船五，各值金十三万八千方，定于一千八百九十六年告成。

以上十七船，分派商厂建造。

法国水师经费

法国水师经费

法国每年用款向由执政预为核定，请于议院，议院允准，户部方能照数发给。光绪二十一年（一千八百九十五年）之水师经费，内而海部尚书、总办、章京，外而提督、统带、弁兵、水手，各项俸薪以及制厂工程、医院津贴等种种杂费，共合法金二百六十七兆五十七万一千五百二十八方。二十二年（一千八百九十六年）分法国水师经费已于本年核定，其总数尚未见诸日报，而战船费用则已刊出，计须法金五十八兆二十二万一千方；另有已成而尚须试验之船计须法金二兆四十七万二千九百八十二方，运货运兵之船计须法金六十一万零七百三十九方，学堂船计须法金六兆三十五万八千七百八十六方，保护渔船之船计须法金三兆六十九万五千四百八十三方，察考水利之船计须法金十一万三千九百九十七方；共合七十一兆四十七万九百八十七方〔如分项数字无误，总数应合七十一兆四十七万二千九百八十七方〕，适占海部总经费内百分之二十六。

法国一千八百九十六年之水师经费，海部尚书报称共须法金二百七十二兆六十一万四千八百七十八方，较之上年盖增二兆有馀。查：水师俸银、陆路运费、添造船只、北海兵船、添置炮位及水利工程等，原需七兆二十九万七千五百方之谱，除以节省项下之五兆方弥补外，所增遂止二兆有馀矣。节省之款系因裁撤安南运船并由火器、水雷之当差人员项下及残老各兵之津贴项下得来，而添造新船却须增款八兆方，则将另立专条，商请议院核准。

军校学生造桥演习

西五月三十一日（中四月初八日）报云：今晨巴黎之武备总督沙西爱前往克罗沃茜阅视第一营工艺学堂诸生之操演造桥诸法，随行者有营务处会办纳格利爱军门。钟鸣八下，总督抵沙扇洲，其地即俗称为“田鸡窠”者是。各生当总督之面，立刻开操，不移时而赛纳江之西叉建成三桥：一系横展桥，一系叠接桥，一系成双桥。同时又建第四桥，则名飞桥，处于中流为左右顾。河中有小船一队，由技学守备某君调度操纵，极合阵式，足令专业水师者见之倾倒。以上各项操演，神速而出以从容，足征各弁兵之学有心得。总督在各营官前大为称赏，而尤贺参将彼尔薄沃尔不置，以其督教明敏，劳瘁不辞，以致有此明效故也。总督欲表其喜悦真情，故将各弁兵从前一切处分悉行宽免。九点一刻诸事皆毕，总督沙西爱及提督纳格利爱即就火车遄返巴黎。

横展桥

横展桥者，系将数船沿岸排列，而以上流居首之船牵引各船一字展开，以达彼岸，如图甲、乙、丙，甲、乙为两岸相距处，丙即上流居首之船，以丙船引至乙岸，而甲岸前之一船只须稍展其身足矣。再，丙船所以必置于上流者，缘上流水势汩汩〔汩汩〕乎来，可助其移动也。

叠接桥者系将数船由甲岸至乙岸接续而过，图如下（略）。 叠接桥

成双桥者，系以两船为一排，数排连接即成桥矣。图如下（略）。 成双桥

飞桥者系将二船排接置于河中，而在上流一面用绳系住，乃以篙点拨为左右顾，以达两岸，图如下（略）。 飞桥

再，营兵过河，每用叠接桥；惟河居冲要，须留他人船路，则用飞桥；倘时候急促，敌人已临对岸，则用横展桥。此固宜有此器、宜备其人者也。

日本兵备商务（乙未十二月二十五日，西一千八百九十六年二月初八日法报） 日本兵备

日本现拟整顿各务，限期十一年一律告竣。各务计开如下：

陆军项下，除现有之陆军外，再练陆军三股。

海军项下，除现有之兵船外，再造各项兵船，计得压水力二十万吨。

水陆两军经费项下，除现定之常年经费外，再添日洋三十兆元，分十年支用。

扩充商务项下，所备款项计日洋八兆元。 费用取资中国赔款

以上各种用项，皆取资于中国赔款。

英国一千八百九十六年至七年（即光绪二十二年）之水师用款，西三月初二日即中历正月十九日，由海部尚书歌申声明情节，请于议院，日来会议此事，皆有允意（见英报）：

第一项　海军人数

凡大小官弁、水兵、水手及一应船中执事，计需九万三千七百五十名，较去年增四千九百名。

英国水师一年用款

第二项　在事人员薪俸及各项工程费

一、以上诸色人等薪俸，计需英金四百四十一万九千八百镑，较去年增二十八万六千三百镑。

二、以上诸色人等粮食、衣服等费，计需英金一百三十六万九千六百镑，较去年增二千五百镑。

三、在陆水师医院、在船医俸药资等费，计需英金十五万六千二百镑，较去年增四千八百镑。

四、战例院用款，计需英金一万零六百镑，数与去年同。

五、水师学堂费，计需英金八万一千三百镑，较去年增一千九百镑。

六、实学院费，计需英金六万三千三百镑，较去年增一千九百镑。

七、留后兵船费（凡兵船已旧及官弁兵丁等当差已过数年者，则归留后队，藉资防护海岸）计需英金二十二万九千八百镑，较去年增一万四千二百镑。

八、建造船只及修理等费，共有三款：

（一）官厂工资　计需英金二百一十万四千镑，较去年增二十九万四千镑。

（二）官厂材料　计需英金二百二十五万一千镑，较去年减四十万四千镑。

（三）商厂承造船只等物之用费　计需英金五百三十八万六千镑，较去年增一百九十七万镑。

九、购置兵船炮位费，计需英金二百五十四万三千二百镑，较去年增八十五万镑。

十、本国及外国地方营造修理费，计需英金六十一万八千四百镑，较去年增七万一千四百镑。

十一、杂用项下，计需英金十八万九千二百镑，较去年增一万二千四百镑。

十二、海部经费，计需英金二十三万六千八百镑，较去年减四百镑。

以上各费共一千九百六十五万九千二百镑，比较去年用款，所增系三百五十万九千四百镑，所减系四十万四千四百镑。 各费总计

第三项　退休人员津贴费 退休人员津贴

十三、各员半俸又满差候调或永远退休之官弁、兵丁、水手等津贴，计需英金七十四万九千镑，较去年减一万二千三百镑。

十四、官弁、兵丁、水手等常年坐俸又奖赏、抚恤等费，计需英金一百零三万零一百镑，较去年增二万二千镑。

十五、水师文员之常年坐俸及奖赏等费，计需英金三十二万四千四百镑，较去年增七千一百镑。

以上各费共二百一十万三千五百镑，比较去年用款，

所增系二万九千三百镑〔按：如分项数字无误，则增加总数应为二万九千一百镑〕，所减系一万二千三百镑。

第四项　属地经费内摘出之款

十六、巡弋新金山及亚洲洋面各船之额外岁费，计需英金六万零三百镑，数与去年同。

统共英金二千一百八十二万三千镑，比较去年用款，除所减外实共增三百十二万二千镑〔如分项数字无误，应为三百十二万一千八百镑〕（每镑合库平六两有零）。

按：英除旧船不计外，自一千八百八十九年（即光绪十五年）起至本年（即光绪二十一年）止，新造者计有甲船、快船一百零六只，捉鱼雷船六十二只。今尚欲添造钢甲船五只，头等穹甲快船四只，二等穹甲快船三只，三等穹甲快船六只，捉鱼雷船二十八只，限一千八百九十九年（即光绪二十五年）一律工竣。

英阿摹士庄厂为中国拟造各种兵舰英文节略

英为中国拟造各种兵舰节略

（摘存四种，以当举隅）

头等钢甲战船

（尺寸斤两悉照英制，所开数目均系约估）

船身

钢甲战船

长四百尺，宽七十五尺六寸，吃水统扯二十七尺六寸，压水力约一万五千吨。

全船纯用钢造，并用包皮，一切悉与英国战船造法无异。更将船身条分缕划，备足障水舱间（亦称隔堵），加意筹维，妥为结构，俾临阵之际或搁浅之后，受伤得有限制，不致殃及全船。自首至梢，备有夹底两层，其上下两夹底相距之间，即储镇船之水，藉定吃水深浅及前后左右动荡之势。船中布置，均照海部所定新式办理。 船身特色

军械

后膛炮四尊，每尊口径十二寸，重四十九吨，分作二对：一置船首旋台，一置船梢旋台。炮座等处有旋台之甲墙遮护，炮身则护以坚实钢罩。前二尊炮能左右开放，约自炮门准对之船首直线起，旋转至横梁（以贴近炮身之横梁起算）后三十度弧线间。后二尊炮能左右开放，约在炮门准对之船梢直线起，旋转至横梁（以贴近炮身之横梁起算，馀同）前三十度弧线间。 军械装备

快炮十六尊，每尊口径六寸，俱系最新之式。十尊置中舱面之耳台，六尊置上舱面，各护重钢罩一座。上舱面各炮内，最前二尊能向旁边开放，约自炮门准对船首之直线起，旋转至横梁后五十度弧线间；最后二尊能向旁边开放约自炮门准对船梢之直线起，旋转至横梁前五十度弧线间。其馀各炮亦均有极宽之旋转弧线。

弹重二磅之快炮八尊，四尊置上舱面，四尊置中舱面。

弹重三磅之快炮十二尊，四尊置两桅炮围内，八尊置

护罩舱顶上（此舱在上舱面两旋台之背后）。

放鱼雷筒五个，悉系呆定：一置船首之水线带上，又四个分置两旁水线带下。

库房

药弹各库房应极宽阔，系在船之两端。所有转运药箱、药弹等物之法，悉按最新式样布置，以便临阵时自库至炮捷于转运。

护甲

船身护甲　此船有甲堡全副，其长足裹前后旋台。所有两旁之甲应自上舱面起算，至满载时之水线下五尺为度。该堡中段——即围带（亦称水线带），甲厚十四寸，入下渐薄，甲止七寸；该带高八尺，在水线下者五尺，在水线上者三尺——亦以满载时之水线为准。再自水线上三尺起算，直至上舱面止，该处甲厚九寸。统核是船两旁有甲之处共高十七尺六寸。

旋台之壁，甲厚十四寸，其在上舱面以下者，最薄处甲止七寸，缘其处已有十四寸厚之围带护其外也。每台中心备有六寸厚甲管，藉以围护起重之机。

船之下舱面全护钢甲，厚二寸半。中间平面高出水线三尺，两边渐低，至水线下五尺，边际镶托十四寸厚甲围带。至甲堡外之前后舱面，本在水线以下，其甲应如常式，厚二寸半。彼处舱面各户穴上应造障水横壁，此项障水横壁，应高出水线约三尺，俾临阵时户穴可以洞开。在下舱面两旁护甲斜坡上，凡在甲堡内者，起造煤舱，高及中舱面，俾附近水线一带地位益加坚固。

上舱面保护甲堡处之钢板厚一寸，则兼下层之钢甲舱面，即将甲堡全行围裹，所有上下舱面间之炮位、烟筒、兵卒等皆足以资保护。

中舱面六寸径炮十尊，除已有上文所言九寸厚之堡甲等保护外，每炮左右后三面应用寸厚之钢板围屏，又炮座下之钢板亦厚一寸；如此庶每炮各有遮蔽，可与他炮不相关涉。上舱面十二寸径之炮四尊及他项炮位，应用常式之厚钢罩。

上文所言十四寸及九寸厚之各甲，应用哈蜚氏之硬面软底钢，或用他料，亦可听便。

窥敌楼 窥敌楼

此楼应用哈蜚氏硬面软底钢制成。凡一应器具合乎此式战船所用者，皆当齐备，俾行驶之时、临阵之际，得在其中指挥。此楼用三寸厚钢起造于船梢之上，并备三寸厚之钢筒一具，按照常式布置齐全。

汽机及速率

此船应有双暗轮及三倍涨力之竖杆汽机，加逼空气时，火舱内得空气压力有压水使高二寸之力，能得实马力一万六千匹，可保速率一律均匀，并照英海部试船章程每钟行十八海里半。若纯任自然，火舱内空气压力有压水使高半寸之力，则所得马力足令此船每钟有十七海里零之速率。 速率等级

装煤

按照吃水分量，常载以装煤千吨为度——试船时应装此项吨数之煤或代以重力相同之物——而煤舱内地位实可容煤二千吨，以备远行。如装足此数而每钟止行十海里，则可敷八千海里之用；如行十七海里，约可敷三千海里之用。

小艇

此等大战舰应有之各项小艇，应一律齐备，内有二等鱼雷艇一只，报信传令之小汽艇一只。

灯火

灯火

通船全用电灯，并备照海电灯五盏，或如图所绘〔按：原书无图〕，或另议方位。所有生电总机及一应物件，悉行齐备，一如英国战船。

转舵、通风、吸水各器

转舵舵车等项

转舵之舵车、通风之风管、吸水之水龙以及种种什具宜于甲船所用者，皆当齐备，并须采用一切新式之器。

油漆船身及装饰舱位，汽机锅炉及替换之件，军械、电灯、桅杆及绳索等物，铁锚及链条等物，小艇、厨灶、油柜等项，船中备齐后即可出海；而将来须另行添置者，计开如下：粮食及随时应用之物（如煤如油用必见罄者皆是）、航海仪器、外科器具、海图、镀银食具、弁兵床具及衣服等类。此等物件或以数宗，或以全数归本厂承办，亦可另立合同。

此船自承造之日起，须三年零六个月方得报竣。

头等穹甲快船 穹甲快船

（许星使《师船表》此等船作“穹面平甲快船”，以船身无甲，但用平甲覆护下舱，其式中高边下，故以“穹面”译称云。）

船身

长四百尺，宽五十二尺，吃水统扯十九尺，压水力约五千七百吨。此等船纯用钢制，遍备障水舱间。自首至尾，底皆双层，其间即储镇船之水，设被搁浅或致破漏，则有此夹底，自堪救护。机器舱左右，此项夹底皆须向上展托，以成夹墙，直抵护甲舱面；墙空其中，悉置隔堵，墙边顺机器舱地位即造煤舱。 船身特色

穹甲舱面

全船自首至尾有穹甲舱面一层，宛如平顶斜坡。中央机器舱处，穹度高出水面约二尺，两旁斜落至线下四尺许，前后亦作斜势，迤逦而至水线下。船首正中线处，甲作弧形，镶固撞嘴（许竹使《师船表》云：撞嘴之端为锥式，其末作燕尾形，衔于船柱而钉着之，或用螺钉拴合）。船尾一边，甲护舵轴之端及舵旁零物。舱面高出水线处及机器舱前后，甲厚一寸零四之三；两旁斜落处保护机器舱及军需栈者，甲厚三寸半至四寸半。一应穴洞皆护甲盖、甲棂，但临阵时势须去棂除盖，故尤必置障水横墙。

军械

后膛炮二尊，口径九寸二分。一置船首，能左右开 军械装备

放，约自炮门准对船首之直线起，旋转至横梁（以贴近炮身之横梁起算）后三十五度弧线间。一置船梢，其开放地位之弧数与前炮同。

快炮设置

快炮十尊，口径六寸。六尊置上舱面，四尊置中舱面之耳台。上舱面前二尊炮能向左右开放，约自炮门准对船首之直线起，旋转至横梁后五十度弧线间；后二尊炮能向左右开放，约自炮门准对船尾之直线起，旋转至横梁前五十度弧线间；又二尊分列两旁，旋转开放各有一百二十度之弧线。

弹重十二磅之快炮八尊，四尊置上舱面，四尊置中舱面之前后段。

弹重三磅之快炮十六尊，四尊置两桅之炮围（许星使《师船表》作“桅盘”），八尊置上舱面护板间，四尊置头舱之顶（此舱在上舱面，以钢板制成）。

放鱼雷筒五个，一置船首之尖，四置船舱之内。

以上各炮皆用坚钢罩以护之；至于架炮、列炮悉照新式妥办〔按：此句原在“宽大库房”一段之后〕。

宽大库房

藉储各种炮弹、火药，自应各适其宜，须在船之两端起建，如此庶临阵时设一端被水淹灌，则仍可由他处搬运军需，以供开炮之用。

汽机及速率

速度等级

此船用双暗轮及三倍涨力之竖杆汽机，其汽由两座锅炉逼送。此项锅炉分置两舱，不相关涉，各有火门，名曰

“双火门”。故满引空气，增旺火焰，以足速率，每钟可至二十二海里半；若纯任自然，不添空气，则有二十一海里半之速率。

试验汽力，自应照英海部试船章程，先须纯任自然，不添空气，行足速率，历时六钟之久；继须满引空气，顿增火焰，连行四次、六次，务使每钟里数均匀，毫无伸缩。

煤舱

装载煤斤起码之数，原照吃水之力核算，试船时以装煤五百吨为度，但煤仓地位却可藏煤一千二百吨。倘装足此数，纯任自然行足速率，则可行二十海里之谱，如每钟只行十海里，历时四十日，则可行一万海里之谱。

桅竿

两支，以备升旗传语之用，其上各备炮围一层，布置如图〔按：原书无图〕。

窥敌楼（许星使《师船表》作“令台”）

用六寸厚钢甲板制成，一切应用器具以备行船应敌、在内操纵之用者，皆须齐备。 窥敌楼

舵件

舵轴之端，舵旁零件，又转舵汽机，应在水线以下；所有通接转舵汽机之舵盘，系在窥敌楼内，以备驶船临阵之用。转舵汽机设被损坏，则有手机可代，布置须极得法，俾舍手机而用汽机或舍汽机而用手机，无不各极其妙。

照海电灯

计有三盏：二在船首，一在船梢。所有生电之总机及一切附件皆当齐备。

汽力水龙、手抽水龙

照英国同等快船布置之法为之布置。

小艇

此等快船应有之小艇，全行齐备。

自承造之日起，约二十七个月即可告成。

鱼雷炮船

一千二百吨之鱼雷炮船

船身长二百七十尺，宽三十二尺，吃水统扯十尺六寸，压水力一千二百吨。

快炮二尊，口径四寸七分，一置船首露台，一置船梢。

弹重三磅之快炮六尊，四置舱面护板间，二置后稍。

格林机器炮四尊，分置二桅之炮围内。

鱼雷炮六尊，四置上舱面，成对并放，左右转旋。又船之首尾各置一尊，俱系呆定。

军械库建于船之两端。

此船有双暗轮及三倍涨力之竖式汽机、酿汽锅炉，照兵船上常用之式安置，非如火车上所用者。所有关闭火舱、满引空气之具，即照通行之法布置妥贴。火舱门一经关闭，即可满引空气，其间空气压力有压水使高三寸之力，则所得马力足使每钟速率行至二十二海里；若敞开舱门，亦可行二十海里。

煤舱装足煤斤可至二百五十吨，但百吨系起码之数，原合吃水之力，试船时应用此数。若装满二百吨煤每钟行十二海里，则可敷三千八百海里之用。

窥敌楼纯用钢制，计厚二寸。

转舵之汽机、手机二者皆备。

照海灯二盏，全船俱用电灯，光辉须极明朗。

照英国兵船布置之法，备具汽抽水龙。

此船自承造之日起，约期十八个月告竣。

捉鱼雷船　　捉鱼雷船

船身长二百尺，宽十九尺，吃水五尺三寸，压水力约二百五十吨，速率约二十八海里。

此船纯用钢造，钢上浇铅一层。舱面高耸，船首更有护盖一块，作龟背形。至于船外包皮、船中布置，应与英水师现造之船相仿，一切统遵英海部定章办理。船中可住军队四十五名，统领及各式员弁一应在内。又军装库、杂物房、粮食房、储器房、厕室，亦应照近时善式备置妥贴。至一切驶船物件、锚链、风筒、水龙及转重机等，皆当与英国合式之船安排无二；倘奉特命，稍加更改亦无不可。

弹重十二磅之快炮一尊，置于窥敌楼顶，能向船头对直开放，而左旋右转，弧线亦宽。

弹重六磅之炮五尊：一置梢后；四置上舱面，每边各置二尊。开放之弧线度亦各甚宽。

宽十八寸口径之放鱼雷筒二个，分置舱面之正中线，能左右旋转放雷。

此船有双暗轮及三倍涨力之竖式汽机，锅内列汽筒八，藉酿汤气。锅炉应照现在准用之定式构制，置于二火舱内。如闭舱门以增空气，则所得马力足令此船速率每钟至二十八海里。

此船自内外布置齐全后，试验时所载分两，应不过三十吨之数以代煤斤、军械、药子、器物、兵丁、粮食、淡水及一切零件。

煤舱须能容六十吨，如装满此数，行足速率，足敷五百海里之用。倘系缓行，每钟止行二十海里，则敷八百海里之用。

窥敌楼以钢制成，甲厚半寸。

转舵之手机、汽机，二者俱备。

照海灯二盏。

破浪艇一只，长二十五尺；两尖小艇二只，各长十八尺。

此船自承造之日起，约期十二个月即可告竣。

义国乌朗度商厂为马六嘉国承造之行江炮船法文节略

船体　全体以麦丁西蒙钢制成，中腰有双层护带。下舱面障水门与煤舱通。煤舱环锅炉机器舱而结构。以隔墙十三层分全船为十四格。房舱、底舱俱用电灯照耀。

尺寸斤两　长六十三迈当五十生的，宽九迈当十五生的，深五迈当四十生的；入水三迈当六十六生的，压水力一千一百吨。

炮位　阿摹士庄炮口径一百二十密里者一尊，阿摹士庄炮口径一百密里者五尊，阿摹士庄炮口径三十七密里者四尊，施格达过山炮口径三十七密里者二尊。放鱼雷筒一个，在船之首。

瞭敌电灯　一盏

汽机　一对，各有汽鼓三重，实马力二千四百匹，正副水锅齐备，锅面极宽。

速率　纯任自然，每钟行十四海里；加力而进，每钟行十六海里。

煤力　煤舱可容煤二百四十吨。倘减力缓进，每钟止行十海里，则所有之煤足敷行走五千海里之用。

船价　全船连用炮位及房舱装饰，实价法金一百八十万方，三四五，合规银五十二万一千七百三十九两一钱三分。

书《中日约章》商务各条后　一

（光绪二十一年闰月初十日见法国《晚报》）

《马关约章》关涉商务各条，非可仅为纪录而不置一词，盖有此数条而中国之大市宏开，裨益无涯，得未曾有也。在日人固必力践约文以收大利，然亦岂能独享？各国

法报解读《马关条约》

正得援“利益均沾”一语与之并驾齐驱。况日人欲沾他国所沾之利，在《新约》第六款中亦以此语为证乎？

利益均沾

《日约》第一条所得实惠，系照已开二十二埠之办法，另开四埠——此四埠即湖北沙市、四川重庆、江苏苏州、浙江杭州是也。查重庆在扬子江上游，自一千八百九十年（光绪十六年）起已作通商口岸，今复重言声明，乍观之似堪诧异，而不知此正其独具深心处。闻之曾游蜀地者言，此省富庶甲于中国，而重庆又为蜀中要市，其地居民，少言之亦有二十万户。日人欲保其驻足设行之利，不使之藉词推卸，故特大书特书耳。沙市在宜昌之下，相距八十海里（中国二百六十四里），据英领事详报，知其地商务盛于宜昌；英商立德亦言，长江一带贸易盛处，汉口之外莫如沙市。苏杭在吴淞港之两端，虽近数年来渐形衰败，已无昔日光昌气象，然地居冲要，日人到后，定将复元，以副中国古谚——谚云“上有天堂，下有苏杭”。

通商口岸

第二条所得实惠，乃内江、内河之行用轮船。所指有二：一系宜昌、重庆间之扬子江上游，二即苏杭之吴淞港；而尤以首指之处为更有关系，明乎川中市面之旺，即不难恍然悟耳。此盖英人谋之二十年而日人今始如愿以偿者也。一千八百七十六年之《烟台条约》内载英人须俟轮船通至重庆方得前往侨居，而华人恃有鄂蜀界上之溜险，故烟台所载几等废词。一千八百八十年，英商立德欲以“固陵”轮船上驶，华官即迭出阻挠；加以此船又造未合法，遂不能过宜昌上游之第一急溜。英使及该商因即

内江航运

乘势转圜，极尽能事。盖一则将烟台约中所载轮船未抵重庆以前，英国商民不得在彼居住云云，为之抽去；一则大获优偿，赀款甚巨，并以“固陵”一船售于招商局。自此厥后，不闻以此船再行尝试上涉川中。他时或由日人试行，或由华人办理，必有屡试不一试之事，我等可拭目以观也。以近日所闻而论，宜昌以上之急溜，非真十分难过。苟有机力大而吃水浅之轮船，则当江水盛时，即可从容行驶，惟水势过浅则无如何耳。今宜昌为通轮之极处，距海约一千七百六十二法里（中国一千一百六十十里又百分里之二十五〔应合三千零八十三里又十分里之五〕），如用轮船，即有险阻，八日可达，较之帆船须三四十日者，相悬殊甚。将来转运之法为之改变，势所必然，不过在迟早之间；苟为改变，其中便益何待言哉！况自宜昌而上，两岸显露煤形，彼处蕴煤之盛，实冠地球。设使因有轮船而绝帆船生计，则正可藉挖煤之利以作补偿，况帆船生计又未必绝乎？自扬子江通行轮舟后，江中帆船更觉其多，盖一如铁路兴而马车更盛也。 所得实惠

至其后二条所得实惠，系明定日人所作贸易、所住地方及所设作厂，事关重大，用将约文再录一过： 约文条款

一、日人至中国内地买得田土所生、人工所制之物，或以由外进口之货运入内地，均可暂借栈房为之寄顿，并无丝毫捐款，亦无额外规费。

二、日人在通商城埠随便设立制厂，并以各式机器运来，照额定税则完纳税银。所有日人在华制造之

物或运入内地，所有内地捐项、海关税银及种种零费，或寄顿栈房，皆当与日人自外贩运之货一样看待，并得同沾逾格之惠、免税之益。以上各事宜如须另立细章，则应列于他日议订之行船通商条约中。

即此以观，可见日人何等精细、何等周详，以使其约所载利益不致蹈空也。夫洋货之不能广销，皆由内地之厘金累之，而日人则先事预防，约中屡提中国内地，盖实见夫内地之大有可图也。其立言之善，我等不当领会哉！

书《中日约章》商务各条后　二

（闰月十二日法国《晚报》）

日人于商务之中收其战胜之利见于《马关条约》者，本报已于前日详细指陈。今须取其十年来之扩充制造及制造之现在情形、后来光景与夫在华各物之销路，为之考核一番。以下所述数目，皆本英法领事之详报，而兼驻神户、大阪法领事福萨里侯之言，尤足供夫采录。福君于一千八百九十三年（光绪十九年）之册报，仍如历届办法，能将其地细情遍行搜辑，而本报于此原不必以该国制造内自然之利、生意中兴旺之原逐一胪陈，不过随手拈来，取其最易动目之成效，略举一二。

解读之二
日本制造

即以下文一物而论，觉日本制造之盛即可令人恍然，盖即进口之纺纱机器是也。是年海关清册载此项进口机器计值日洋一兆九十一万二千零十三元，乃逾年而遂至二兆八十五万八千三百二十一元矣。

其扩充之业，莫盛于丝、棉二项。丝市萃于横滨，尚未登峰造极，然而稽之出口数目，夫固大有后望也。一千八百九十三年出口绸绫，横滨关册载值日洋五兆之谱，神户、大阪数甚式微；惟丝经丝棉、丝头之出口者，是年计重四兆启罗（每启罗合中国斤半，则四兆启罗共得六百万斤），值洋十八兆元。其上一年，横滨出口之丝，曾过五兆启罗，而回溯一千八百八十七年（光绪十二〔三〕年）之出口丝，盖止有二兆启罗耳。 丝棉二项

棉花一项，特觉蒸蒸日上。一千八百九十三年有纱厂三十七所，纱锭三十六万个，出纱八十三万该笃梅忒利格（即百启罗之名）；目下纱厂几近五十所，纱锭约七十万个，虽尚不能指其实数，而证以去年进口纱机之数，则本报所估固觉不甚相悬也。一千八百八十七年（光绪十二〔三〕年）纱厂止有十九所，纱锭仅有七万个，乃八年间锭数竟加十倍。故一千八百八十七年（光绪十二〔三〕年）本地出纱得百之十八，进口洋纱百之八十二，乃至九十二年（光绪十八年）而数即相反，本地出纱得百之七十二，而进口洋纱则仅有百之二十八矣。此业专在大阪之城厢左右，其所纺之纱以十六号至三十二号为度，其身分固甚单薄也。究之自有日纱以后，孟买遂受其害，缘孟买之纱（孟买系印度地）几减百分之五十或七十五也；而进口英纱则尚无甚高下。然使日人不用短缕之中国棉花而用美国之产，则质轫〔韧〕、缕长、丝柔、体软，其纱即能与英相敌，英纱生意亦必见侵。惟斯时尚可无恐，缘 棉花一项

日纱皆销于中国，中国固喜此种棉纱也。

日人各项制造能沾《新约》之益者，自然首推纱业。去岁法国《理财报》载：日本人工既贱，煤价亦轻，而每日作工时候又久，再加以汇划银洋有便宜之道，故为大阪纱厂合算成本，直比孟买纱厂较贱一半；而孟买纱厂则又较英国孟绥斯德①各厂为轻，故刻下日本所织纱布，已有贩运出口者。

以上盖仅论丝、棉二物也；若夫羊绒各布，日人现亦能办，可不仰给于外。且近于〔“近于”似应为“于近”〕一二年间更以麻纱贩至中国，甚至甘心贬价以广招徕。

炼铁一事

又炼铁一事，日人亦有勃兴之象，固已在其本国广造船艘，数月前英之造船各厂颇以此事为忧，遂至众口一词，喧布伦敦，观其说帖，颇觉凿凿有因。历时久后，安见日人不更自造制厂器具乎？

日本四岛大半蕴有煤矿，约计有千万万吨，不但供本地作厂、铁路之用，且足以贩运出口，数难枚举。向来贩出之煤从未越过新加坡一步，自前三年英国各煤矿大罢工后，日煤遂得运至孟买以夺英煤之利，价则几贱其半；即远如亚丁，亦有日煤之至。

本报原不能将日人制造之物尽数列表，而要其稍次之制造亦可略言。即如自来火一项近亦十分推广。一千八百

①孟绥斯德：曼彻斯特。

九十三年贩出十三兆五十四万一千二百八十七格罗斯①（一格罗斯为十二打，即一百四十四之数）匣，值洋三兆元，大率销诸香港及中国，而印度亦颇购用，日渐风行。一千八百九十一年（光绪十七年）印度所购自来火之值，计洋八千二百十七元，乃前年竟至二十九万五千元矣。馀如雨伞、油灯、时辰表，日人亦能自制，竟在极东方市搀夺欧人之利；本国驻扎蒙自领事曾于此节言之详矣。另有一业所关尤人，斯时自可预定，盖日人既得台湾，势必制糖耳。

此即日本制造之大纲，今中国与之订约，复给以种种利便，则日人善于理财，热于爱国，定将谋夺西人生理，以经营于极东方市上也。西人处此，宜如何精求新艺，广拓销场，竭力图维，以避其害哉！

中日战务杂识

日本驻法使臣曾根荒助告《费格罗报》馆访事人曰："我国现以应得利权与各国政府和衷商榷，谅可不日成功。夫我等之有事东方，在我等自问固为天下人出力，非止为日本已也。日人有用武中国之意，而性情则大率和平。以余所知，我国舆情于欧洲各国之出场调处，并未愤愤不平；但傥欲夺其胜后馀利，则自有异矣。然欧洲各国 日人言论

①"格罗斯"，即"罗"，十二为一打，十二打为一罗。

当不至此，定能谅我国之所欲不奢也。各报所登某某等电音，竟似我国欲与天下各国开衅，此不可信也，幸勿为其所惑。我国止欲各国乘此机会得在中国开拓商务，以与我国并驾齐驱耳，故使中国开埠通商并使之大兴制造也。是我国固为众谋，非止为己谋也。而谓竟与法德失好乎，何为其然？而谓欲与彼等斗敌乎，夫岂若此之愚！”

英报述评中日条约

光绪二十一年四月初三日伦敦《泰晤士报》接上海电云：“当李相与伊籐之初晤也，曾劝其切勿奢求，并须力顾欧洲利权。伊籐答称‘此系清日两国之事，与各国实不相干，现在我等设法料理，何必顾及他人’等语。目下三国出场，日本颇有惧意。其所以发第三批军前往旅顺者，缘此项兵丁未得躬亲行阵，以分战务荣光，皆有忿怨之意；且中国之批准《和约》，亦尚犹豫，故特发此兵，以平兵愤而速和局也。”电中又云：“俄国现请中国于批准《和约》一节暂缓数日，此说虽属传闻，然却可信。”

同日英国接到横滨电云“俄法德三国使臣同谒日本之代理外部尚书，各奉廷命面交文函一角，内称：各国详考《中日和约》，察得日本割据辽东，实令北京有一刻难安之势，且朝鲜之自主，亦成有名无实。若另样看法及以他项缘故而论，则是地一经割据，东方和局即觉可危。是以三国顾念交情，奉劝日本勿收其地。此盖三国之美意，并非恫喝，理合表明”，云云。

《马关约章》业经批准，内有一条系认朝鲜为自主之国，但该国至今却尚未能安靖，朝民不知自主为何解。在彼自问，固以为其国向有主人也，其看得最明白者，系数月来不向中国进贡而听命于日本耳！若夫朝官则殊为不悦，当其属中国时，可以恣意侵渔，今为日本所辖，则恐不能施其故技也。伯爵井上馨，系在中日失和之前由日皇派赴汉城整顿地方者，其人精明强干，经之营之，业已多所改革，不但重整官制，而且欲转移民习，故以八道改作十八府，添设大部多所，并立巡捕一队；此外则禁赴街之民穿阔袖大衣，执长杆烟袋。但朝鲜官民于此等政令颇形崛〔倔〕强，殊难胁从，必须持以定力，处以耐心，方克有济。况乎欲令朝民脱离日人钳制者，更不乏关切相劝之言也。盖前既藉词于使朝自主致开战衅，则既成自主，应有自主之权，乃不谓前则代谋自主，今即被其为主，此旁观者所以不平也。然则朝人将倚何国乎？彼等心目中目下盖有三国：曰俄、曰中、曰日是也。意者，朝鲜一境将为大战之场，期已不远，则固于中日失好之始所不料也。 朝鲜时局

中六月初九日法报述海参威电云："日人整备水陆各军十分忙碌，如有战事者然。在秘鲁国所购快船二艘业已到埠；不久又将遣派水师一队前往英国，提取从前定造之甲船三艘，压水力各有一万二千吨。" 日军动向

日本现下甚为嚣动，民间俱有跃跃欲战之意。虽台湾现患霍乱时症，而居民拒日甚力，加以南省各督抚为之协助，军械粮饷悉数接济，且黑旗兵由刘永福军门统带，把 台湾居民拒日甚力

守各隘，甚为坚卓，故日本之御林军现亦调赴台湾。日人在朝鲜势力甚大，居然强作主人，高王则被其看守，竟若狱囚。

又，法国《晚报》云：日人欲在海面全获胜仗，而议院各卿今日颇悔前此之未允添筹经费，俾其水师真成劲旅。当中日失好之始，日人以其战船与中比较，颇甚忧虑，盖战船之吨数、炮力，中国皆在其上也。今日人所经之营之者，系欲变成头等水师强国，一应军装皆须改易添置。此项费用及在台湾振足有为、设防布置，需款正自无涯，若徒恃中国赔款及额定经费，实属不敷开销，则必有非常进项而后可，固非于捐税中所能觅得者也。前当有事之时，称贷民间颇著明效；意者，日人欲顾体面，承平后仍贷诸民以资足用亦未可知，然恐其不能如愿也。纵使深恶洋债，将来贷于外国，其势有不得不然者矣。

日人欲成水师强国

中六月十一日法国《爱克来报》刊俄访事人电云：自沙力斯卑利重执英国政柄后，日人于中国《和约》内所订各条，即有不欲照办之状。盖一则恃英首相之或为袒护，再则疑德国意向稍变，故欲将议办之善后事宜迁延搪塞，时时事事屡作刁难，目下系以辽东撤兵一节藉词挑剔。夫按照《和约》，日人应无所要挟即行撤兵；乃今竟勒索补偿，数尤过分，如此不公之责望，宜乎不见允于华廷也。俄法德三国政府前既调处有成，俾归于好，今故公同定计，将向日本严毅设法，使之从速践言。并悉德于此事仍与俄法意气相投，大反乎日人所望。照此情形而论，

英国作梗日人刁难

倘英国不在暗中作梗，为之挑唆，则三国所请，日人未必敢违，不久即当如愿以偿耳。

中六月十二日法国《时报》刊俄京电云：俄法德三国政府以日人原约辽东退兵无所要求，故退兵已成分内之事，今虽尚生妄想，而三国却置诸勿理，只力请其赶紧退兵耳。至所请补赔之款，华廷既觉为数太昂，三国政府亦以为必须大减。 法国时报

《泰晤士报》云：俄国此次经办之事，实获明效，可贺之至；惟法德附和其间，殊不可解。今日本于陆地之上不复占其寸土，盖欲于收据台、澎之利不复使人再有烦言耳。今俄法各报谓“以中国地势而论，陆地务须完璧，岛土或可归日”等语，彼等有此见解，真觉令人不明斯道也，固从来欧洲所未闻也。法未曾以斯道施于北圻，俄未曾以斯道施于西域回部，而谓日本则独应照斯道乎？而果本于何项公法乎？ 泰晤士报

西七月初四日（中闰月十二日）巴黎《美国报》登其驻日访事人寄示日人之战事官报，计开：此次战费共支鹰洋一百五十兆元，即合法金七百五十兆方；与战各兵总数得六万零九百七十九名，内阵亡七百四十三名，伤毙二百三十一名，病死三千一百四十八名。

法外部大臣在上议院声明遣船至德及助华索地之故

法上议院外长声明

法国遣派兵船至德国机爱尔庆贺河工落成，及此次中日议和出场干预，有上议院卿侯爵盎格尔扒买拿沃尔者以为不是，于西历五月三十一日（中五月初八日）在院昌言为之诘问。外部大臣哈诺德登座而言曰："有人问近来我国政治是否不迷方向，则我得而答之曰：我国政治按部就班，且皆为议院所准。有人问当中日议和时，我国为何出场干预，则我为之明白宣讲，上议院当恍然大悟焉。夫我国在极东方地所以有此作为者，并非为他人之利益起见，乃为我国自有之利益起见也。我国在极东方地有若大产业，固望其毫无侵扰，毫无被累，而尤望东方各大国克自树立，既稳且安。中国则尤为要紧，彼国如有动摇，则我国属地、我国权力一齐危殆。是以我国正如中国之贴邻，深愿其战后事宜一无损碍中国之处，此即我国之意见也。有数国因在东方亦有利益，故意见与法国相同。法俄二国，此事一如他事，其利益本相互结，于是德意志、西班牙因之亦来会合。彼日本一经婉劝，即肯允行，深堪嘉尚。我等干预中国之事本此，盖料理天下大事，我国固义不容辞也。

"若机爱尔河工落成，我国遣派兵船以往，侯爵盎格尔扒买拿沃尔欲知其故，我亦有以答之。彼以为我国兵船此去是示弱也，是失体也，而岂知不然。上议院其有所疑乎，必须尽祛其疑。德国之遍请各国，原系按照万国通礼，则我国亦按照万国通礼，藉以答酬，此所以有兵船之庆贺河工也。

我国办事向来有条有理，不愆不忘，何独于以上二事而遂致改变哉！侯爵盎格尔扒买拿沃尔闻此议论，其亦可以惬心乎？”

哈诺德言毕下座，盎格尔扒买拿沃尔曰：“智者得惬且惬。”首相李宝曰：“君其勉为智者也可！”

详纪法国下议院卿以派船至德索地归华二事诘问外部大臣及外部大臣等答复情形

西一千八百九十五年六月十一日（中乙未六月十九日）法国下议院中因有数卿以派船至德、索地归华二事诘问外部大臣，一时闻风来听者实繁有徒，其中尤以妇女为盛，时妆艳服，足为坛坫之光。各国出使人员亦俱齐到，故院周听楼不特座无虚位，且觉拥挤非常焉。

二点一刻开议，监议首领白里松居中而坐，议卿、执政各就位。诘问之议卿米尔郎即行出位，登座立言，谓伊“非欲与执政为难，不过欲请执政将其在日本干预之事，陈说明白耳。假使日人乘胜志骄，不肯谦让，则我国将如之何？必将偕俄德各船封堵海口矣。然议院未允，法其能之乎？所可立言以合法国体制者，系扶弱抑强一语，然法

法下议院议员诘问

国不屑为也，人皆知法国不欲使俄独与德合，故为此举。但既经相助，果以何项担保、何项利益请作酬劳乎？同时法国又应德国之请，派船至德以贺河工，此则殊令举国诧愕矣；其诧愕固在情理之中，盖如欲婉言辞谢，极易易也。夫德皇深欲结好于法，昔毕士马欲献我阿洲之地，以偿我所失二省，其饵甚足动人，故有多人几堕其计。但一千八百七十一年所受大创，固有迫我以不得不为之职司在焉，今日乌可忘之？太平之局，法之所愿，然尤愿有以弥补所失也。各国人民多有喜爱我国者，一千八百八十年德国均平党①人日报深责其国家占我土地；法执政冈卑达曾函谢之矣。目下德法两国似乎同谋协力以惩此党，且近日法国又将义国均平党之求庇于法者，押交克里司毕（义国首相），故提及冈卑达一函，洵有裨益。我等固望时局太平，但欲保太平，执政者岂可选事以贾祸，或俯就以自卑，专备仇人攫食之地乎？又岂可大拂舆情，激成民变，以酿乱阶，致大局不堪设想乎？迨至若此，则虽有我等亦末〔未〕如之何也已。故请在院同人将内政外交发挥一番，以作各执政之当头棒喝”。坐在左边各位之议卿鼓掌称善，馀皆斥之为妄。

毕士马（俾斯麦）

米尔郎下座归位，继登者有议卿申恩。申恩深以派船至德为不是，曰：“政府果有何谕寄交驻德公使乎？为何不将应允德请之详细情形，刊成《黄书》颁发议院乎？

---

①均平党：似指社会民主党。

前日外部大臣在上议院中强打官话，谓‘照万国通礼’，此言盖不足餍人也。溯自一千八百七十一年以来，屈指恰有二十五年，因此而一经德国邀请，法即欣然以往，恐举国之人不谓然耳。犹忆一千八百八十九年法国举行赛珍大会，德国拒而不来。今我在议院已上条陈请建牌坊一座，以表昔时之御敌功臣；落成日请德国派员来贺，岂非亦系礼所应尔？查其庆贺河工所挂旗帜，上绣人名地名皆足以显我国之丑而彰敌国之荣，则我国各师船见此旗帜，将以何面目应之乎？法旗荣光议院宜加保护，尚其勿隳厥责哉！”各卿听毕，语言杂沓。

议员再诘贺德河工

申恩下座后，罗司继之。罗司曰：“法允德请之隐患，政府殆未之筹及也。夫仇人击败我师，徒搜括我府库，偷窃我物件，只须仇人略假笑容，已足令我国欢然应请。彼各日报妄言如竟拒绝，必生龃龉，以启衅端。是我国耗若许赀财，费若许人力，竟至每况愈下矣。其然，岂其然乎！以言礼貌，夫岂强我以不问何人所请一概应允乎？若欲辞复德廷，只须言‘法国承请，实深感谢，但有国服，碍难赴召’，即此数语，已足了事矣。乃计不出此，只好含垢蒙羞，痛心疾首。今之办法，惟有尽弃其应索之物，勉保太平，或乘意外事由，忽然宣战耳。从前法船至俄之克隆司带特，故以都隆请俄船惠顾；今则德请我船至机爱尔，则必须以孛来斯德或扇侯蒲尔请德船光临矣。德水师到埠之后，果亦请其游赏巴黎否乎？一千九百年之赛珍大会亦请德国人会否？彼时殆另有执政仔肩其

议员三诘

应德之请含垢蒙羞

任，固与今之执政不相干矣，然究之羞辱与战祸仍系法国当之也。”各议卿听毕，语言杂沓。

罗司下座，外部大臣哈诺德离位登座，众皆肃静以听。哈诺德手执辞稿，立而昌言曰：“法自一千八百七十一年以来，所办外务具有成规，今之执政何尝有一事衅离，其所为皆按规切理；虽屡有人故意挑剔，失其本真，而卒不能如愿。且询之议院、询之地方，无不邀其许可、得其核准也。此项政治实无门户之见，与古史情形，原自区别；其主意只欲力求成效，目下虽未底大成，但已有进步之势。盖我国于创巨痛深之后，当以克自振兴为第一要着。然振兴之道，固非孤居僻处所能驯致，必须全国之人先自勤奋，必须刻意经营、保护权利，必须沈几察势。入欧洲各国之会，有以显我威权之失而复得，国势兵力之足以维持，欧洲天下如秤之平、铢两悉称也。”维时左边末座诸卿哗声大作，监议首领白里松请其毋躁，当有议卿姓沙凡者高声诮曰：“念下去，念下去！”外部大臣答之曰：“我今日登此议座，非为练习吟咏也。”众闻言鼓掌，其声如雷，良久始止。

外交大臣回答诘问

议员嘲笑

哈诺德曰：“前任各执政之受人攻斥，亦复同此不公、同此过分。然余非指议者而言，乃指议院之随声附和故挠执政而言也。一千八百九十年因有遣员赴德会议事件之举，有人向执政曰：‘尔将令法国受人嘲辱也。’彼时议院所行，殊溢分际，而会议之员则仍复派去耳。今日又系德国有邀请之事，夫德之请法，固与他国同时并请，也无非为和好起见；谓法国独作别解，竟为拒绝，则是矫情立异，欲于和会之中露其不和之象也，乌乎可？人以礼来，则我亦以礼往。我国现有二船开往机爱尔，另一报信船则走新河以达聚会之处。本月二十一日各船即当起碇赶回法国水面，以挂周年国制之服（指前总统喀尔诺之薨）。诸君须知，我国水师之往机爱尔，非代忍辱含羞、垂头丧气之法国，乃代无拘无束、既强且壮之法国也，自问足以放心，荣耀非居人后，即耿耿于心者亦何致遽忘若此。而法国之威、权、利三项岂致减色乎？岂因其会同各国以贺庆典，在彼处百馀船中遇友国（指俄国）之船而遂形减色乎？友国之应请而至，固与我国一样道理也。乃与执政作对者，不但断断于此，欲加之罪且另有责辞矣：派船至德，则指为柔懦，调停中日事宜，则指为冒昧。人问法之干预此事，有何好处；并问法之相助俄国，曾否计及他项事宜？则我得而急白之曰：中国见锉于日本，即使法国利益并无妨碍，但既见东方有偏侧之势，俄国有受亏之虞，我国亦当竭尽心力起而匡扶。况法与俄素如指臂相连，今若改弦易辙，忽不扶助，任其独力支撑，使之难于排解，并以牵动俄之大局，则其种种不妥、种种隐患，谁能视若无睹哉？

“诸君乎！目下办理外政之第一要义，惟有存心行事悉仍旧贯耳。溯自连盟合纵以来，明效昭然，可征者不止一处，和好之至。两国交情久已融如水乳，若今忽改计，于彼邦之乞助为无理之推辞，则我国之无信无恒，岂不被 办理外交悉仍旧贯人诧讶？人尽可指摘我等他项过失，若如此之过失，我等固未之犯也。我等岂自欺以欺人哉？今在诸君面前之外部尚书，前此致俄廷之电固以为善体舆情也，电云‘法国以固结邦交为重，所有中日立约事宜，贵国如何定计，我等自当竭力赞襄’等因。夫以大势而论，我国固应出场管理；若但指我国自己利益而论，则我国在极东方地亦何尝不应管理哉。即此一端，已令我等再三商酌矣。

大臣申辨调停中日事宜原故

“当中日之战事方殷也，我国紧守局外之义，后来又偕他国同劝休兵。未几而马关之约日已胁成，惟其中数款，几令中国有不能自存、不克自主之形。但中国固我之邻也，接壤处甚为寥阔，近边三省有百兆居民之众，其有益于我属地也良非浅鲜。则见中国之势将塌倒分裂，我能漠然不动于心乎？若山崩瓦解，不但有害于东方教化之利，且将使北圻边外永为乱巢，或竟在中国南境及我属界旁有窃据之群雄立为侯邦，各自治理，绝不受制于北方。若然则必烦我国之劳师靡饷矣；庸讵知此等边界处所目下我邦业已所费不赀乎？日人所要胁于中国者甚为利害，然其私心自问，要亦能见机而让也。于是欧洲四国（法俄德班①）同心协力劝其在亚洲陆地不必永远占据，而日人果即照行，悉遵所劝。人谓我国之以此相劝实系冒险，则我莫善于据事以答之耳。我国依俄国所请为之襄助，原欲在极东方地维持局势，使之如秤之平，而法日交情初未因

①“班”指西班牙。

之稍损。且各国一经管理，成功如此其速，则此中调处之善所得无形之利，其可与贸焉不管之好处相提并论耶？盖贸焉不管，必致龃龉之事久而不了，迨为势所迫，法国亦不能不径自出场，则其时权力未免减削矣。又有进者，中法为辱齿之交，我国何能恝置。

“彼责备尤严者，谓我国既经出力相助，果亦能坐收其利否？则我得而告之曰：此事也，我国驻华公使未尝处以泄沓也；苟有机会，能令我属北圻开拓贸易，获享乂安，则此等机会无一或失也。无为而治，坐致升平，人固啧啧言之矣，我亦领会其旨矣，而揆其究竟，必至一事无成。国犹人也，正当年强力壮之时，而谓可闲坐道周，因循玩忽，一任天下之皇皇汲汲急起直追乎？此等因循玩忽之事，曾见于一千八百八十一年史中，时冈卑达为相，逆料埃及之关系重大，设法使英求我帮助以平埃乱。此乱出于无名草寇，力亦不强，何惧之有？乃当时皆责冈卑达之致国于危，其不久辞职，未始不因乎此。盖人因其坚持不惑，故不欲假以时日俾表其识见之远也。埃事不问，遂有今日了而不了之局。若当时肯于卓著勋劳之冈卑达推诚相信，听其办理，则以一介使臣与英商妥，甚易易耳。幸而殷鉴不远，议院中人及举国人民自此惊醒，遇有培护国脉、保全国体、识见闳远、措置神速以溥美利之执政，俱能和衷共济，辅之翊之也。

“今兹政治之振作有为所得他项成效，姑弗论大众若何品评，而法国目前复振，为世共见，夫亦谁能不认耶？

阿洲、亚洲搁置各端，议院中固屡向执政提及矣，不亦从此可以料理乎？其在欧洲，遇有大事，他国每来就正，而尤屡乞我邦之助矣，我邦因之复有权势。故此次欧洲数国合力出场，我邦得与其列，不致孤立零丁，而所失凭依亦一朝复得，夫又谁不谓然耶？盖缘两大国意同事同，吻合无间，握手交成，情真意浃，以致力于无穷之政治，互保夫时局之太平故也。倘因此而欲加以罪，我等尽可昂然担任而百折不回。但照现在情形而论，倘我等经营诸君以为行险，我等防察诸君觉得未周，则不妨明以教之。我等力量全仗诸君，若诸君先自离涣，则代之办事者，自然力亦不足矣。诸君果能同心戮力，则法国休养生息垂二十馀年，而又不惜巨资整顿水陆诸军为之保护，并有诸君之匡助政府，我知法国定能按部就班、从容镇静以竟其未竟之功也。”

各议卿闻此一篇宏议，无不鼓掌痛赞；迨外部大臣就坐原位，各卿又去握手致贺。

继登议座者有曾任外部尚书之议卿福鹿郎，其言曰：

助俄助华法人看法

“法之助俄，实不能不有所指望。前此法既以赀财借之矣，则法在欧洲尚有应索事件，理合强之相助，以作报施；乃不此之务而去为华人护符。彼华人者，生齿甚繁，固尽足自守也。若托词于属地之开拓商务，而遂欲保护中国，则我不谓然。盖法国利益原在欧洲耳，自应请俄助我，以令英人退出埃及。然我之后任人员固甚矛盾者也，一面遣船至机爱尔，一面又听人议造御敌牌坊，是殆欲提醒一千八百七十一年之苦处矣。今之执政真一无主意也。”左边末座各卿拍掌赞之，馀甚淡漠。

议卿葛伯兰亦曾任外部尚书者也，继登议座而言曰：“法之派船至机爱尔，固有执政任其干系，余亦不必赘谈。惟干预中日之事，法固专为助俄，然果以何物酬我乎？且我国与俄果曾立密约乎？今日外部尚书乃第一次在议座上昌言俄法之联也。当其应允助俄时，殆未料及德亦在内耳，自此而法与德遂厮混一气矣，亦自此而法之政治为之一变矣。法于办理属地之事，不免太图徼幸。究之，法所亟应料理者，实在欧洲。”议卿狄雷曰：“尔为外部尚书时，何以置不料理？”葛伯兰曰：“缘自一千八百九十一年以后，余即无政柄故也。余非不知哈诺德甚有本领，但余终不以政府为然耳。”听者无鼓掌声。 无人鼓掌

葛伯来退，首相李宝登座。李宝曰：“人责政府之办事乎，如其畏葸偷安，则责之也宜。但政府自问不错，故不惧人詈驳。夫政府之保护利权也，必兼顾各邦政治。人岂以法为民主之国，政府又须从众，而遂不欲法有外交乎？今日政府仍以慎固邦交为重，因之而获致乂安，并得威望，夫又孰能不认耶？有一曾任外部者谓我等行事极为矛盾，然我不必求之往事也，我得而明告之曰：凡人心中尽有记念之事、指望之端，而外面则仍极尽礼文，以所与者为公会也。尔如并此而不知，则尔之爱国，真异乎寻常矣。我人立志甚高，我国讵甘暴弃？当‘屋司’甲船高挂国旗泊于德海之时，我岂即觉无颜哉？故我等在此既不 首相发言

必自文，亦无须求谅。我之所答如此而已，如不足以餍诸君之意，尽可明言。”听者皆韪其言，鼓掌之声，不绝如缕；惟葛伯兰尚与之辨，且谓所言不惬其意。白里松以毕议相告，于是议卿十馀人各抒己见，请投阄以决从违。除署诸不理者不计外，狄麦以不加评骘为请，当时顺其请者有二十员，驳之者三百九十四员；忒来拉以允准政府之言为请，当时顺其请者三百六十二员，而驳之者只一百零五员。议毕，诸卿始散。

鼓掌之声不绝如缕

论中国善后事宜

（光绪二十一年四月间见法报）

中国赔款贷款欧洲

中国因须给付日本兵费，拟贷款于欧洲市上，叠接京电所述，知其已将此事就商于俄法德。此三国固曾争回辽东，俾之重订《马关和约》者也。查中国现在并无外债，即有所欠，亦甚式微，且待债主向来诚信，此其好处尤不可没。惟以彼之库储与民数相比，颇觉甚甚〔不〕相称耳。其所有入款之最显明者出自海关，约得百兆方（“方”即佛郎，中国使署报销册沿用此字）；此外，各省制台所收厘税，则系就地应用，毫不解京。故将来所赔兵费可以海关作抵者，仅得几分之一，则所缺将如何弥补？意者，中国皇上将向各制台作将伯之呼，为派捐之举，而强之倾囊相助也。各大僚乃任意征之属下，属下则皇皇汲汲剥削穷民。是实在情形，“班”指西班牙。中国颇觉危殆。中国朝廷果肯暂节各项用度，日后并为之讲求商政，

派捐盘剥中国危殆

则庶有豸耳。尚其大弛地禁，以与各国贸易，并恩准商人建造铁路，俾各处富省彼此相通，得以内地之种种土产运销外埠，则财力充盛之后，创口可望结痂。然尤要紧者，须将官制全行更改，盖各官之千方百计勒索小民，固有不可思议者也。倘不变法，则于中国复何望哉！ 倘不变法中国无望

中国洋债考

德国股票公市现藉口于中国将借洋款，使德国各铁厂之股票飞涨价值。虽各铁厂并未奉到定办物件之命，而其股票之价，已较前涨百分之十五或百分之二十矣。有数厂股东日在奢望梦想之中，有谓与俄罗斯订立商约者，有谓有远方之国定办军火者，无非为推涨票价起见。 中国借款德股飞张

有名查尔治姓拉佛来者，将中国所有洋债稽其数目，其言曰：中国向未在外欠债，有之，一千八百七十四年（同治十四〔三〕年）及一千八百七十七年（光绪三年）始。此二次所借之款，数不甚巨，息系八厘，至一千八百八十四年（光绪十年）业已扫数还清。逾年，中国在伦敦由汇丰银行及排零银行经借一款，共四百七十二万五千镑，利息较前稍为便宜，每年六厘，招股时只向每股收百分之九十八。但中国每喜短期还清，故适于本年应将一千八百八十五年所借者为之拔还。彼国果能不爽所约，今日伦敦股票价单上只剩债票三十万镑，馀票皆已还清矣。一千八百八十五年以后，中国未有借款之举，直至去年始有

其事，所借计近英金八兆镑。除一千八百八十五年借款未还之馀数外，去年计借银债十兆九十万两（合英金一兆五千十三万六镑〔疑为“一兆五十三万六千镑”〕），利息七厘，招股时只向每股收九十六两五钱；又以金镑计数之一款，计共三兆镑，只向每股收百分之九十八；又在德国借款三十兆马克（合英金一兆五千万镑）。此外另有短期之小款，有人所已知者，有人所疑有其事者，合而计之，大约不下八兆镑。除德国经借之款外，馀悉由汇丰经手，此节颇有关系，务须理会。以上各债，无碍中国大局，仍足以取信于人。故虽连遭大挫，不能不订借新债，而目下中国之“六厘金镑债票”定于一千九百十五年拔还者，计每票值英金一百零三镑半；又七厘之“银两债票”每票值价一百十一两。查其抵债之海关进项，一千八百八十一年（光绪七年）计收关平银十四兆两，越十年而竟至二十二兆四十万两。海关近年收数，比较如下：

中之抵债海关进项

一千八百九十三年（光绪十九年）　进口货税六兆二十万两，出口货税八兆四十万两，船钞一兆十万两，洋药税五兆三十万两，共关平银二十一兆两。

一千八百九十二年（光绪十八年）　进口货税六兆七十万两，出口货税八兆三十万两，船钞一兆十万两，洋药税五兆三十万两，共关平银二十一兆四十万两。

一千八百九十一年（光绪十七年）　进口货税七兆十万两，出口货税八兆二十万两，船钞一兆两，洋药税六兆十万两，共关平银二十二兆四十万两。

一千八百九十年（光绪十六年） 进口货税六兆五十万两，出口货税七兆五十万两，船钞九十万两，洋药税六兆十万两，共二十一兆两。

一千八百八十九年（光绪十五年） 进口货税五兆八十万两，出口货税八兆二十万两，船钞九十万两，洋药税六兆十万两，共二十兆九十万两①。

每两关平计合英国一温司②又五分之一。按照以上数目，似乎中国海关之进款收数无甚盈绌，但数年来银价贱而金价贵，以逐年金银市价酌中扯算，则海关收数止觉其绌耳。兹以逐年汇价比较如下：

一千八百九十三年 关税二十一兆两，每两三先令十一本半③，计合英金四兆十五万六千二百五十镑。

一千八百九十二年 关税二十一兆四十万两，每两四先令四本一法丁，计合英金四兆六十五万八千九百五十九〔八〕镑二先令一本一法丁〔尾数应为六先令八本一法丁〕。

一千八百九十一年 关税二十二兆四十万两，每两四先令十一本，计合英金五兆五十万六千六百十六镑十三先

---

①此处总数与上列四项细数不符，相差十万两。据下文，一八八九年关税总数为二十兆九十万两，则上列细数有误。

②温司：盎司，英美制重量单位。

③当时英国币制一镑合二十先令，一先令合十二本士（今译便士），一本士合四法丁（今已不用）。现英已改行十进位制，一镑合十先令或一百便士。

令四本士〔其中“六百十六镑”应为“六百六十六镑”〕。

一千八百九十年　关税二十一兆两，每两五先令二本一法丁，计合英金五兆四十四万六千八百七十五镑。

一千八百八十九年　关税二十兆九十万两，每两四先令八本三法丁，计合英金四兆九十四万一千九百七十九镑三先令四本士。

会议中国贷款

（西五月十六日巴黎《晚报》）

银行会议中国贷款

法国各银行总办以中国拟在巴黎市上贷款，故于西历五月十一、十三日（光绪二十一年四月十七、十九日）在克来提里翁南银行内会议办法。当推巴黎荷兰银行为领袖，此行副经手施耽恩君日前曾晤外部大臣，禀知各银行拟办章程在案。至贷款之数及以何为质尚未议定。大约中国海关入款可作抵押之基，但贷款陆续不断自在意中，而以海关所入之数全抵所贷之数，似尚不敷。将来海关征税，据闻拟照埃及成案，任听各国稽查。目下英德各银行亦在商议此事，想法国各银行必与彼等和衷共济，俾成一律。

中国借款章程

（中闰月初九日）

中国借款章程

一千八百九十五年（光绪二十一年）七月初一日，

奉中国皇上谕旨，准以海关进款抵押，先尽此次周年四厘起息之金钱借项，以作拔还之用。不特此也，拔本付利等事有不克照办或不能如期之处，则由俄国国家随时筹备款项为之弭补，先期交与承办借款之各银行，俾资拔本付利。

此项借款上，中国永不征税。

此项借款永不征税

所借系法金四百兆方，合俄金百兆卢布、英金十五兆八十二万镑、德金二十三兆马克、荷金一百九十一兆二十万拂罗兰①。

自一千八百九十六年（光绪二十二年）起匀作三十六年，每年凭运抽号拔还正数（除利外每股俱还五百方），凡一千九百十年正月初一前之十五年中，不得加增拔本数目，亦无换票减利或全行还款之举。

借股之票分作三式：有二十方利息者，票本以五百方为一股；有百方利息者，票本系二千五百方，则系五股作一票；有五百方利息者，票本系一万二千五百方，则以二十五股为一票。

借票上备具利单，每半年付利一次，正月初一、七月初一日为利期。巴黎（法京）、森比德堡（俄京）、阿模斯耽尔唐（荷国商埠）等处承办借款之各银行，俱可付利，听执票者随便向支。又伦敦（英京）、柏林（普京）、佛郎克佛尔须尔勒迈（德国大埠）、伯鲁色尔（比京）、

①拂罗兰：荷盾。

冉乃佛（瑞士国大城）等处亦可凭单支利。

票本以整数拔还，由原地原经手之银行拨付，法金则每股五百方，俄金则每股一百二十五卢布，英金则十九镑十六先零六本士，德金则四百零四马克，荷金则二百三十九拂罗兰。

抽号之事每年三月在森比德堡办理，还款之事每年于七月初一日办理。第一次抽号在一千八百九十六年，第一期还款，即一千八百九十六年七月初一日。

一千八百九十五年中国四厘起息之金钱借票，俄国准承办公家材料之商人于订立合同中用作押据，并准包纳酒税者用作押据。

票价系百分之九九二，即五百方一股者只须付四百九十六方是也。起利时间 以一千八百九十五年七月初一日起利。首次登股时付百分之二十五，计金一百二十五方；七月二十七至三十一日匀摊股数期内找补百分之二十五，计金一百二十五方；九月初十至十五日，第二次找补百分之二十五，计金一百二十五方；十月二十五至三十一日，末次找补百分之二十四又二十，计金一百二十一方；每股共合四百九十六方，适为每百分中付九九二。入股者不拘何时可将股本提前付清，则于四厘利外更得稍沾馀利。如于匀摊股数时以股本全行付清，则每股可减付二方——凡股本于匀数摊股〔应作"匀摊股数"〕时付清者，合算股本仅有百分之九十八零八，恰为四百九十四方；况利又起于七月初一日，以此计算，适得利息四厘零五丝。

倘所请登股之数溢于定额，则须将登股之数均匀核减。

一千八百九十五年七月十九日大众俱可登股注册。巴黎经办者系屋丹甘公司，在泼六亡司街三十八号；巴黎荷兰银行，在盎丹街三号；克来提里翁南，在义大利街十九号；沙西爱耽冉乃拉尔，在泼六亡司街五十四号；贡笃沃尔捺西屋那尔贯司贡忒（上海称为法兰西银行），在培尔然街十四号；克来提恩狄司忒吕爱尔爱哥茂侯西爱尔，在维克笃沃尔街六十六号。法国外府系以上各银行之分行经收。 登股注册时间地点

森比德堡有哥茂侯司吕司、爱斯贡忒、复尔茄、格玛四银行。

阿摸斯耽尔唐有巴黎荷兰银行之分行。

伯鲁色尔及冉乃佛有巴黎荷兰银行及克来提里翁南之分行承办。

凡登股在十股以上者，即日可向各该银行函定。

凡捏名开单汇数登股者，概不收纳。

盖用法国印花不列股主名姓之草股票，当于匀摊股数时凭首次付款收据换给登股之人。一千八百九十六年正月初一日之首期利单，即附于草股票上。倘找补之款入股者愆期应付，则照周年五厘之数认出利息；倘逾限一月不付，银行即不向股主追索馀找，可将其已付之股本若干，在股票市上代为售脱。

正股票备具半年支利之各项利单，系以一千八百九十

六年七月初一日为第一号——其上有法国印花——当于股主末次付款后订期换给。将来当按照章程在巴黎、冉乃佛、伯鲁色尔、森比德堡、阿模斯耽尔唐设法入股票官市。

借用法国印花已于一千八百九十五年六月十四日呈报立案。

中国借款情形

中国借款超出望外

西七月二十日（中闰月二十八日）巴黎《晚报》云：各处出卖之中国借票，总数虽未全悉，但其明效超出望外，则已可一言以决之矣。借票共有八十万股，内七十万股曾在法比两国出售，乃登股注册者计有三十万人有零，所请股数约十二兆。照此情形而论，彼以百股注册者，将来匀摊股数，大约止能于百股中得四五股耳。昨日一日之内，法比二国所收借款几近一千五百兆方。兹将法比各银行所收细数详开如下：

克来提里翁南收金五百四十兆方（登股者十五万人）。

巴黎荷兰银行收金二百二十五兆方。

法兰西银行收金二百零五兆方（登股者七万人）。

沙西爱耽冉乃拉尔收金一百八十兆方。

股票公所代办人收金一百四十四兆方。

屋丹甘收金一百二十兆方。

克来提恩狄司忒吕爱尔爱哥茂西爱尔收金七十兆方。

共一千四百八十九〔四〕兆方。

而今兹首次收金实只须百兆方足矣，乃竟大溢额数，况俄国、瑞士、荷兰三国所收之款尚不在内耶！

中国借款匀摊股数

法比两处之中国借款匀摊股数计开如下：

凡登股时定购一股至二十五股者，摊着股票一张。

定购二十六股至五十一股者，摊着股票二张。

定购五十二股以上者，即照百分之四及畸零二八核算匀摊。倘以畸零合并可以派着半股及半股以上者，即给以股票一张。

凡欲于七月二十七至三十一日期内付清票本，只须找金三百六十九方。所有股票额找及提前付清之全价，应在原经手处报纳。

法国商部尚书畅言商务

法国商部尚书勒蓬出游外府，日前节抵曩忒城（法西北隅商埠），当有官绅人等恭请筵宴。席将终，尚书起立而言曰： 法商务大臣谈商务

“诸君在座，敬告一言：窃余于忝领商务之五个月后，与同寅外部尚书画押于新订关章之后一日，得蒙大城

之第一公司优加接待，此真余之大幸也。念自五个月来，全神贯注讲求商务，凡巴黎、哈佛尔（法国西北商埠，与英对境）、罗盎（法正北商埠）、薄尔陀（法西南商埠）、盎然（法西北商埠）及各要城之商家，无不与之讨论，统观各种节略，多为使臣领事所不及深知。又各商久居外国或专往考求者，言旋后余皆接见，因得尽悉此中详细，曷胜欣悦。今日乘此良会，为诸君一谈。

制器经商法无长进

“觉采访所得情形，实为可危可惧，盖二十年来，法国于制器、经商二事毫无长进，极言之，仅仅守成耳。法在土耳基，从前运去之货，值金七十六兆方，英国五兆方，德国无几。乃至一千八百九十三年（光绪十九年）而法国之货止有五十五兆方，英国四兆方，德国则竟至四十兆方矣。法国运往罗马尼亚之货，值金十五兆方者，今仅至三十五兆方；而英国则运往该国之货，值金二十五兆方者，今竟至九十四兆方；德国四兆方者，今亦至一百十七兆方。其在中国，法国于一千八百七十五年（光绪元年）运出之货，值金三兆方，乃至九十三年而仅有二兆方矣；英国本二十一兆方，今至二十八兆方；德国之货，昔无所考，今日则有三十三兆方矣。法在日本，亦与中国大致相同。二十年来，法国亏金六十万方，英德二国则各赢七兆方，馀可类推。而究其所以有此窘态者，殆由于理财之未得其道耳。若夫属地之未能拓利，则又有故：一因各制厂所派之经理人不明土语，不识风俗，不知好尚；不使之另辟机杼、规摹仿造，而仅以法国现成之物运去故

理财未得其道

也。二因法货价值太昂，遂致他国之人委弃勿购。法为天下最重工艺之国，其制造反有矜贵气象，故有多地生意为德人所夺。彼等能与买客便易付钱之法，而栈物充盈，又能立刻交货，则我国商人为何不于此中效法乎？如欲改变旧规，只须商家创始。

“二十年来，政府于经商制器可谓认真提倡矣：开坦路、拓铁道、成运河；商船有津贴，丝厂有奖赏；工艺商务之教法大为推广；艺成而至他国游历，则又厚给路赀。并有商务新闻局一所，以备诸君顾问，而诸君尚未免太吝玉趾。其所出报纸名《商务官报》，固商家所需用者也。设商家而别有嘉谋，政府定必相助，是以拟将一千八百五十一年（咸丰元年）所定商务公所之例章为之酌改，以期各该公所益能办理裕如，无所掣肘。但我国商人须各出神力，各运聪明，各思振作，庶可望财力复原，以驯致于大旺。幸勿待人之顾我也，盖人已无藉于我，我却有藉于人。是须以里昂商务公所为法也。该公所见极东方有大地一区将大开其门，并知先至其地者即可大有作为，故挑选能员前往中国勘察一切，而余遂赞成其事。 前往中国勘察一切

“诸君乎！不拘何等道路皆须尝试。其亦仿照比德奥三邻之办法，设立商务博物院多所，使法人知他国出产，并使他国人知法国出产乎？法在他国之商务公所经费有限，须助以赀，并使之推广设立。”

夫绸缪未雨，原属要图，但生意之衰，究不能因见绌于一朝即为论定。盖安居勤业之大国，于天下争利场中，

固时时有见绌之事，亦时时有恢复之功者也。诸君勉旃。

论法在日本商务日衰亟须及时推广

日本与英美义三国订立通商新约，不久将推之法国，则自此一年以内，皆得在日本内地通商矣。中国于战事毕后，当亦将仿照办理。举一反三，引伸触类，可将日本之近岁商情一为考核。

日本近岁商务情形

一千八百六十八年（同治七年）日本初开口岸，其出进货值仅得鹰洋二十六兆元。越二十年，即一千八百八十八年，其数竟至鹰洋一百三十一兆元。一千八百九十二年出进货值又增三十兆元。一千八百九十三年值一百七十六兆三十九万九千九百六十四元，商务之旺，可见一斑。

在日获利首推英国

而各国于此中最获利者莫如英，（一千八百九十年）卖与日本之货值洋二十七兆九十七万九千六百二十八元，其前一年盖只有二十兆七十八万九千三百三十二元耳。次为中国，售货得值计洋四兆五十八万六千五百六十四元；又次为香港，得洋一兆二十八万二千三百四十八元；又次为俄国，得洋一兆零三万五千七百十八元；又次为英属印度，得洋一兆十万七千零二十五元。此外各国在一千八百九十二年内计只得洋八十六万七千八百二十元，逾年而竟得洋二兆九十一万二千三百四十元。

是年（即一千八百九十三年）法国向日本所购之物计洋十九兆五十三万一千九百七十五元，但卖与日本者仅洋三兆三十万五千二百七十七元。是运进日本之货，法国只能列于第七等也。查进口之货，英国多于法国九倍，中国多于法国六倍，英属印度多于法国三倍，香港多于法国三倍，德国多于法国二倍半，美国多于法国二倍。至以再前数年而论，与日交易之数且不能远胜于蕞尔朝鲜。与日通商之国，惟法最为吃亏也：法国买进之数六倍于卖出之数，美国四倍半；英国则卖出之数七倍于买进之数，德国亦卖出之数七倍于买进之数。

兹将法国历年运往日本之货，列表比较如下：

一千八百八十九年　进口货值洋三兆三十三万四千一百六十七元

一千八百九十年　进口货值洋三兆八十六万九千三百四十一元　法国在日商务行情

一千八百九十一年　进口货值洋二兆八十三万四千零二十五元

一千八百九十二年　进口货值洋三兆六十二万零五百零六元

一千八百九十三年　进口货值洋三兆三十万五千二百七十七元

则将以上五年之数合总扯算，每年得洋三兆六十三万二千八百二十元〔如上列分项数字无误，则通扯每年应得三兆三十九万二千六百六十三元〕。且不特一无长进，若以八十九、九十三两年之数为之比较，更有退缩之象也。

法国售日货物

法国售与日本之物，以军器、药弹、火轮、车厢、运车、机器、铁料、绸绫、铁轨等为大宗。然进口货内有二物大可讲求：一系棉花，一即火车道之物件。以言棉花，法国所运往日本者，数甚式微，若能认真整顿，实属大有出息。近年西贡有某行者，以真腊棉花发至日本，消脱极易。现北圻一带之土质，最宜于播种棉花，将来必有一日能分中国及英属印度木棉之利。此项利益既属结实，又能久远，缘日本购用棉花有增无减，且日人不复种棉，不比他物之惧其仿制也。至铁路物件，尤为法国制造中极好销场。近数年来日人于铁路一项十分欢喜，处处设立公司以资兴造。目下已有十五段正在赶办，共合二千法里（华里三千五百），其一切料件及铁轨机车（俗称“龙头”）等，悉系购之外国。假如日本于支销项下以百分之二十购办铁路物件，则数年来即有法金五十六兆方流入外洋矣。而外洋铁路物件虽已售过十六兆方之谱，尚须接续承办；此后二十年中极少亦有前数，盖日本尚有四千法里之铁路陆续兴工也。法国除十年前曾以夺谷维尔之小铁道数里售与日本外，馀皆未之有闻。若英德美三国售与日本之铁路物件，只就九十及九十一、二年而论，计有车厢三兆方，机车五兆方，铁轨七兆方，是每年通扯已有五兆方矣，他项副件尚不在内。而法国于此中固未得其分文，法国制造各厂于此项生意竟无人设法兜揽。然及今补救，未为晚也。据拂黎君致函法外部曰“作此生意，须造极廉之铁轨，并须特委法人驻日经手”等语。

法国运日之货所以年减一年者，以各厂皆委他国人经手故也。法国驻扎横滨领事克洛皮古斯基详报云：法国购买生丝所给他行之经手小费及一切贴耗，为数甚巨，设以此项费用令法人往日开设数行，亦已足敷挹注；既敷挹注，自然以法国土产运往日本。惟喜用他国人为驻日代办，则商务必致不能拓充。一千八百九十年进口之法国货值，共有鹰洋三兆八十六万九千三百三十三元，而其中只有五十万元之货值由法人自运；馀三兆三十六万九千三百元之货俱由他国人承运，此固确凿可征者也。

他国代办商务难拓

比国衒奇大会详细章程

比国衒奇大会章程

第一章　发凡举要

第一条　是会将合各国精英俾在比京陈衒。以比王为会主，以王兄拂郎特尔伯爵为会首。其兴作举办由比国政府及比京工局提款相助。

参展品种

凡各国精巧之件、有用之器及工艺场中、农牧项下所出各物，会中一概收受，分列于下开各门之内：

第一门：绘画雕塑之物；

第二门：日用工作之器；

第三门：养生清洁之器及医术、药料；

第四门：救生之具；

第五门：装潢彩饰之具，绘画、拍照、印书等器，算学、化学、地学等器；

第六门：生光、发暖、通风各器以及安置之法；

第七门：生发电气之器及用电气激动之机；

第八门：武备物件；

第九门：制造之材料、矩矱及所成物件；

第十门：鞍辔、车辆等物；

第十一门：练身器、消闲具；

第十二门：应时举办之农牧花草会；

第十三门：女塾、女学、女工所用、所出之物；

第十四门：经商、学术、属地土产。

至聚议讲解种种学问，当随后另设一门。

凡以制成之物会赛优劣，当按本章程第三章条目办理，即合聚比赛、评定甲乙、奖赏现银三项是也。

绘画雕塑物件布置之法，当另订专条办理。凡其人于一千八百九十年正月初一日尚生于世者，其所绘所雕所塑之物，亦一体收录。至临摹之画、磁器之画，当归入装潢彩饰门内。

赛会地点

第二条　是会设于珊冈得纳尔花园及得尔佛仑花园之公家房屋及随后添建之室中。珊冈得纳尔有大堂一所，广一万平方迈当（每迈当合营造尺三尺有奇），外面花园广三十六顷（比国一顷曰爱克带尔，每顷合一万平方迈当）。又，得尔佛伦园则广二百馀顷。得尔佛仑园内当作比王彩地贡果国之会场及置各种应时举赛之会。由此通至珊冈得纳尔园，当用捷便之法以连接之。会内各种房屋间，当设一道接至火车站。又大堂内及花园中亦各安设铁道。赛会时各种热闹助兴之事，亦当举办。

第三条　是会开于一千八百九十七年四月二十四日，即星期后之第六日（俗名礼拜六）；至少当有六个月之久，会董更有展限之权，可至十一月十五日止。 赛会日期

第四条　会董既有管理会务之权，则一切布置之法皆当妥慎经办，所有出入款项概由会董任其责成。会董首领为现任伯鲁色尔之府尹，即前充商会首领之特麻。

第五条　奉比王谕旨派员拟定比赛规条及各项题目，并为之择优奖赏，藉以鼓励比国入会之人。 赛会组织

所有奉旨派定之员，系以王兄拂郎特尔伯爵为领袖。以上各员内有主持会务者名曰“中局”，局内各员亦按会务各门派定。

第六条　精巧之件、有用之具及工艺场中、农牧项下所出各物，既经分派各门，当再于各门内晰缕分条，其详即附于本章程后。

第七条　续添之会、应时之会、聚议之会、讲解之会、悦目赏心之会、词曲音乐之会、合唱合奏之会以及种种热闹之会，当于赛会时一律举行。

第八条　除第五条内所言之规条外，会董当编细目一卷，各国土产、工艺全行叙入，并标明物主姓名及物之种类、来历。此项细目所需文料即由衔物人具报，所报是否属实，即由其人承当责任。其应用之格纸，即附于本章程内。

第九条　各国所派办理会务之员，可出资将其国陈衔

之物刊印专目，即在衒物处发卖于人。

赛会禁品

第十条　凡炸药、火药一切危险之物，一概不准入会。至火酒、烧酒、浓油、酒精及易于污碍他人陈炫之物者，必须装入结实洁净之小罐中方准入会。又，弹子、烟火、火柴（京城俗名洋取灯，上海俗名自来火）及其馀相同之物，只准以模样入会。并无燃火之质者，若以气味难闻、有碍养气之物入会，则当按照社险章程办理。会董倘察得入会之物质性形状可危可厌，与会旨不合或与会不宜者，则无论何国物件、土产，皆可立即撤去。

第三章　合聚比赛、评定甲乙、奖赏现银①

赛物评定奖赏细则

第十一条　比国及各国会派评物之官以定奖赏，其章程由中局会同会董妥为议订，呈请会务督办核准。评物各官系由各国政府选派，其应得之评物执照由督办呈请比国政府批准。倘有他国政府不能及时选派者，则由比国政府代为选派，以承其乏。②

第十三条　如评物官察得所赛之物实能按照第五条会员〔章〕所颁题目构思制就、合式得窾者，则奖现银，应给多少则由中局酌定。奖银至多可至三十万方，由比国政府筹备。除评物官提给奖赏外，于馀款内提四成之一照各项得奖人之等第分别匀摊作为加奖；又三成则归工艺部尚书支用。此外并备执照、功牌，颁给在会衒物之人。

---

①原文漏列“第二章”分目；第六条起疑属第二章。

②原文缺第十二条。

第十四条　如欲与赛物件冀得奖银，则当呈请划给地段时，应在呈内叙明何项物件足以应题比赛。该项物件应由作者或物主径自摆陈以供众览。

第十五条　比国国家所派之督办编叙专目一本，须将各物详细指陈，以便评物官易于考察，颁给奖银。

第十六条　凡欲与赛土产工艺冀得奖银者，务将各物陈衒于各国会聚之室内，该室系专备相题比赛之物分类安置。馀物与所出题目毫无关涉者，则置于各国自己室中，此中系专储一国所出之物。

第十七条　所有比赛项下各种题目及每题项下所发奖银之数，当随后宣刊。

第四章　国家所派督办　督办之责

第十八条　比国国家所派督办会务之局，系由伯爵乌得尔蒙主持，至外国入会事宜、评物官颁给奖赏事宜、各国汇聚赛物事宜，各辅以总办一员。盖国家所派之督办，即代比国国家以与会董及各国委员商量一切者也。会董与各国委员如有交涉，各国委员与比国国家如有交涉，则该督办当居中介绍，俾衒物者共沾便益。如欲探访细情，皆应就问于该督办。

该督办与会董拟定大堂及珊冈得纳尔、得尔佛仑之地图。又，各国分租地段、各国会聚赛物地段、会场中道路、会场中装潢及各地段公共界限，该督办亦一体核定。

各国委员与会董订定租地、运货、管物、寄箱合同，由该督办为介绍，惟该督办不能因此而竟担责任。然于会场中运货、管物、门政、巡捕各章程，皆当接收而盖戳作记。又，安置机器俾之运动及作工生电各项章程，亦一体办理。至其手下各总办应司之事，当另订章程。又，各总办应如何与会董互相交接，亦由该督办核定。该督办于比国商人入会事宜当督率指示、设法经营，以助各商布置；其如何布置，另有专章。

入会事宜

第五章 入会事宜

第十九条 比都拟设衒奇会场，业已知照各国，并请各国派员入会。该项委员系代其国衒物人维持利益，会同督办与会董商办租地事宜及布置各物之法。其不派员之国如有人欲入会衒物，则由会董及督办作主允之。

凡衒物人只能由其国委员经手，与会董往来笔扎；但不派员之国，其炫物人可径与会董通函。会董应将各项章程详告衒物人及各国委员，俾资遵守。

第二十条 各国入会商人所租地段，如欲彼此互换，则必介会董及督办居中说合。

第二十一条 凡招帖告白及种种印板之文并非出于公家之意，而欲在会场内发贴、分送者，应预请会董核准；然虽经核准，有弊仍可随时撤销。会董会同督办核定各种招牌尺寸及安置处所。衒物人所需玻璃匣及一应家具，俱当绘图质诸会董。

第二十二条 凡呈请入会衒物，应在会董所发之格纸内填明姓氏；至晚须于十月初一日封寄，封面上照章先贴印花票。

甲、比国衒物人应寄会务督办。

乙、外国衒物人应寄其国所派委员。

丙、无委员之国其欲入会衒物者，应寄会董。此项入会者须俟〔候〕会董察核呈纸允其入会、给与准照，方可以入会之物运来。

第二十三条　所有在会陈炫之粗细物件及一切土产，只能列于呈请入会者之名下。此节当核实办理，无可通融。

第二十四条　衒物者如有协助之人曾经造成物件、著有劳勩及能显本领者，则准其将该协助人之名姓，注于自己名姓之后或店号之下；该协助人名姓，亦应在呈请入会之呈纸内先行叙明。

第二十五条　入会衒物人及租地贸易人准在珊冈得纳尔园、得尔佛仑园中建屋设摊，然须遵照会董所给章程。

此外，另有地段价目一本，专为饭馆、酒店、蔬果店租地所用。

第二十六条　入会衒物人如不于一千八百九十七年四月十五日以前将粗细物件及一应土产陈设齐全，则其先所租地段之权、所得入会准照作为废纸；所出地租之费即充会中公用，不复退还。凡此办法无须经官断理。其有布置未毕之件，即由会董饬人拔去，而费则仍由此等违章之人应付。 不如期入会之处罚

入会之物主或其经手自须在场接收货物并点明包内之物。倘货到会场时，物主或其经手俱不在场，则或由会董

退回不收，或收而开验，如需零费或有遗失伤损等事，皆由本人自认。一切材料运进会场以备建屋设摊者，须请会董核准。

入会物件管理办法

第二十七条　凡粗细物件及一应土产，既经在会陈炫，如欲于会场关闭之前先行抽去，则须领有会董专批笔据方可举行。当大众入会观看时，所有陈衒之件，概不得以布遮蔽。

将来会毕时货物重行装箱，则由会董以次指点折卸，各项物件便须运出会场，至晚须于一千八百九十七年十二月三十一日毕事。过此限期，一切物件或未装捆或未折卸，则由会董饬人移去，存栈封储，如需零费及有遗失伤损等情，即由物主承认。如至一千八百九十八年（光绪二十四年）三月三十一日存栈物件尚未提出，即可拍卖，取得卖资听会董提用。

第二十八条　大堂之地板木路，每一平方法尺能托五百启罗重，并有数处可托一千五百启罗重，倘欲修改移动或更加坚，以便建屋设摊更为合宜，则必先与会董商妥方可举办，共费则由衒物人认付。至隔板非由会董出租者，则由衒物人出资自建。凡因布置物件而致伤地板等物或竟任情糟蹋，则惟向该衒物者自〔是〕问。衒物者须将地租卖税（凡货物卖出始行纳税，故云）以及赔偿损物之费一律付清，方能运去陈炫之物。

第二十九条　比国政府允办各节计开如下：

甲、凡比国所出粗细物件及一应土产，拟至会中陈衒者，准其在官铁路上包运来回，不取运费。至材料原胚拟在开会之时在会制物者，亦不取运费。

乙、外国之粗细物件及一应土产，在官铁路上装运，当照该路运章内第十号价单办理（此单系言运回货物时不取运费，而运来时则须照数取资）。又，当与比国及他国之商家铁路公司从长商榷，俾得大减运费，以运此等入会货物。又，各处按期开行之轮船，亦将大半允减水脚。

丙、在伯鲁色尔及得佛仑各设邮局一所，电报及德律风附焉。

第三十条　会场实与货栈无异。各国粗细物件及一切土产拟在会中陈衒者，如能按照章程会毕仍行运回，则当其入境时准免进口税。

第三十一条　设立彩票一宗，由国家批准而监察之，彩物即用在会陈衒之物。 设立彩票

第三十二条　在会陈衒各物之售价，应请物主逐件标明，既可便评物官之核估，又可令游会之客及彩票会中购买物件之员一目了然。衒物人如欲陈衒他人创造之精巧物件，则应以此事呈明会董，并须送到创物人准其陈衒之笔据。

第三十三条　比国境内所有堪得专业执照之新制物件及图书模样并制厂商店各项牌记拟陈衒于会中者，比国政府皆当设法保护。在会陈炫之物，如物主未曾允准而竟有人描绘、抄袭、量算、拍照，或照样仿制，或用模脱印， 保护条例

则在会巡绰之人奉有严令，禁不准行。但或因巡绰人偶有疏忽，或因犯法者有意抗违致出上项情事，则会董原不任咎也。至会场景致，会董原有准人照映之权，衒物者不能出而抗阻。

第三十四条　一应陈衒之物，当设法护之，勿使受损；但设有意外之变或遇回禄、或受天灾、或被暗损、或受微伤，则无论如何吃亏，会中不能任咎。会中设有巡查，以杜偷窃、糟蹋情事，然会董仍不担其干系也。

第三十五条　各国所派委员，又合股衒物人、独自衒物人，皆可自备资斧雇用巡查监守之役。此等夫役应由会董允准，并须遵照定章其衣服缝有标志，以昭区别。有事亦可请会中公役巡捕为将伯之助。

赛会门票

第三十六条　衒物人或其经手每人只有进门票一纸，不付进门费。该票备本人自用，倘查出相让相借情事，不必经官立将该票抽回。该票上须由衒物人自己或其经手签明姓氏，贴有本人映相，注明衒物处之坐落号数并印会董戳记。凡代人经手者，毋论其代多少人经手，进门票只有一张；至衒物人自己则有进门票一张或数张不等，以备雇用仆役人等取用。自开会以迄闭会，凭此进门，但只能自每晨八点钟起十点钟止。此项进门票应发若干张数，由督办及会董作主。倘得票之后有舞弊情事，随时可以撤销。又，看守会场各门之职司当另订专章。

第三十七条　粗细物件、一应土产，应如何寄发接收、经营布置及运回等事；又，派役看守、设关查验、运进会场、征收卖物之税及评物官之配合兴办，随后当一律明订章程。

第三十八条　衒物者在会所占地位，应付租金。所租地位连装潢经管，其价列下（系按物件或房屋所占地位之多寡以定）： 场面租费

一、大堂 大堂租费

地位之毗连者：

甲、凡租地宽不逾一迈当，则当横量，计每长一迈当价六十方。

乙、凡租地宽逾一迈当，则当平量，计每方一迈当价六十方。

丙、凡租隔板，每长一迈当价六十方。

毗连地位之租价，至少以六十方起码。

地位之四无倚傍者：

甲、在最宽之地段上丈量，而所请地位宽不逾一迈当，则当横量，计每长一迈当价九十方。

乙、倘宽纵皆在一迈当外，则当平量，计每方一迈当价九十方。

四无倚傍之地价至少以九十方起码。

地位之在中廊下者：

甲、地位与他人所租者紧相毗连，计每方一迈当价九十方。

乙、地位与他人所租者不相紧接，计每方一迈当价一百三十方。

丙、租地以建亭室，至少有宽纵各五迈当，如在过道旁，计平方每一迈当价七十方；如在转角上，计每平方一迈当价一百三十方。

布置所占之地位，当在地板上照最大尺寸量算。

二、运动机器

机器租价

一切运动机器须借总杆之汽力、水力、煤气力、电气力或于枝杆上借用各力者，其所付借用各力之价，果与所付租地之价不相上下，则陈衒此项机器人所付租地之价，可由会董退回若干，直至百分之五十为度。惟其机器每七日中至少须有四日之运动，每日运动有五钟之久。布置此项机器当在地板上从宽量算。

三、花园及园内小亭

花园小亭租价

无论多少高之地位：

甲、宽不逾一迈当则当横量，计每长一迈当价二十五方。

乙、宽逾一迈当则当平量，计每方一迈当价二十五方。

此项地价，至少以二十五方起码。

倘在园中小亭之下租地，则无论其见长一迈当或见方一迈当，每迈当皆须加价五方。

四、付清租费

地租之价由会董收取，租价在一千方以上者，分两期付清：头期于领到入会准据时付价一半，其馀一半应在一千八百九十七年四月初一日付清。租地在一千方以下或恰正一千方者，则于领到入会准据时一总付清。奉准入会衒物者，如不按期付清地租之价，则即全失其应有利权，所得入会准据作为废纸。

已经租定之地位，不能擅自相让；或与人调换、或转租与人，必须请会董允准后方可施行。

如因陈衒之物斤两过重，必须加高地板或加坚地脚、地板，则必须请会董核准方可举行，而其费则由衒物人认付。此项陈衒物件所定布置之法，应请会董及督办核准。

如在大堂内或花园中拟租阔大地方，则可专订合同，通融议价。

会场图内所划各项通衢，自应照办，不准稍有僭越，有碍行走。其有通衢夹在衒物人包租之地内者，或有一半通衢以衢旁之地租与衒物人者，则该项通衢之地亦必丈量算价。

第三十九条　凡欲极意装潢与人迥异者，其费固由衒物人或合股衒物人自认，而仍须请会董及督办核准。

第四十条　凡衒物人或合股衒物人应认一切专费，即如与人迥异之装潢、或加高加坚地板，又隔板之木架、架上围幕及衒物处天幔、纱罩、家具等件，又布置陈设等事，又收拾洗擦等事，又加坚地脚，又装配机器，又借用总杆之汽力水力等项，又拆卸物件，又空箱储栈，又保险，又种莳花柳，又起筑台阶，又关税杂捐及零沽酒浆之凭帖捐等是也。

所定布置之法，应请会董及督办核准。

衒物人如自行办理空箱存栈之事，则开箱取物后应照章将空箱立时撤去。各项空箱如须由会董代为储栈，会毕时仍由会董如数缴回衒物之处，亦可照办；惟各该箱是否果能一无损坏则不能保。每箱所占之地面，每见方一迈当价二方五十生。至装捆之件，占地不到一迈当见方者，亦收价二方五十生。至出租玻璃匣、玻璃家具之人，又在花园内零卖物件之人，不能沾空箱存栈再行发寄之便宜，会董于此项装捆事务概不管理。

自行出资办理各项

第四十一条　衒物人应自行出资办理开箱、摆物、设摊、重装及安置空箱等事。

第四十二条　衒物人如须用汤汽、清水、煤气、电气，应将每点钟所需以上各物之数，填明于请准入会之呈纸内。若须借用机器总杆之力者，则须将自己器具之速率及所需总杆之力若干一并声明。总杆之力、电气、清水、煤气，当照定章定价给与布置机器，使之运动，自有专章核定办法。衒物人如索此项专章，会中即当奉寄。

第四十三条　如承衒物人委会务公局经管物件，自当格外用心，妥慎经管。惟货包或包内之物设有缺短伤损等事，则公局不能任咎。至其可以经管各节，计开如下：

甲、在会场内接收货物。

乙、以货物运至陈衒处。

丙、搬去空箱及装捆之件。

丁、以空箱运至衒物处重行装捆。

戊、以重装之货包运出会场。

会董另有条诰给与衒物人，以便搬撤空箱，衒物人当遵照办理。

经管各物如整胚之件、或白石粗石、或铁件、或机器件头、或大炮、或机器车等，分开装运。每件重逾一千五百启罗者（每启罗合中国二十四两），又货包尺寸大逾寻常车箱之地者如长木、铁条及枕木等物，又滚动之件如汽机车、大小铁路上所用之车辆车厢等物，又跳板、又极大之件、又易破之件，所收经管各费当由两面言定；而会董经管其事，亦有可请衒物人相助者。各国派员办理会务，如系特立合同通融订价者，则其粗细物件、一切土宜如须会董代为经管，亦可由会董通融订价。

第四十四条　凡市面通行之物及在会现造现配之物，当照章完纳税课；此项税则亦由会董核订。

第四十五条　凡物之欲至会中陈衒，应言明允照会中定章及随后新章办理。衒物人更须至比都居住。

第四十六条　一切信函关涉会务者，应于封面粘贴印花票寄呈会董首领，即“比都贡格兰街第十号门牌”便是。

一千八百九十五年（光绪二十一年）八月十六日

会董首领　特麻

会董　扒尔提安　狄伯来　内勒克
　　　勒蒙尼爱　爱鹿沃　低　司　公同议订

国家所派会务督办、伯爵乌得尔蒙鉴定

伦敦万国铁路会议议题

伦敦万国铁路会第五次聚议题

（一千八百九十五年六月）

第一章　轨道及工程

一、论加固轨道以便各车增加速率

加固轨道

凡大快车所经之处，应采用何式轨道于已成之道上逐节加固抵力，以便添增快车速率：

甲、论轨条算准引重之力，历举试验之效。

乙、论铁轨原质及其制造工程：以软钢与硬钢比较，用酸质以化铁变成别色麻钢，或即用本质以熔炼之，或于二法之中用其一以炼成麦丹钢。

丙、论各轨联络，联络处鱼尾板之耐久，凡各轨接头处须留空隙，俾各轨可以一律平匀且能抗重；论工字形铁轨及上窄下宽铁轨。

丁、轨下所衬之枕木，论其质地尺寸及相离之远近。

戊、拥护枕木之物，论其材质及安设之法。

二、论轨道中一定处所

轨道中有一定处所——如略形低下处、极长斜坡上轨道换向处、各轨参互处、地平过路处、活动桥梁上，每使快车纡徐而行并有碰触之虑，应如何设法，以免此弊。

三、论歧轨

论歧轨

凡行走快车之歧轨，应想一美善之造法，以免车之纡徐。凡轨道换向处、各轨参互处，应想妙法以布置之。凡歧轨低下处，应如何妥为设法可以不将地土加高而车行依旧极快？

四、论建造铁桥及试验铁桥 论建铁桥

甲、按照各国现有之铁桥，试算其已用、待用之铁料共有若干。

乙、现在各铁道公司考验铁桥，或察其能载若干重，或算其能历若干时，试向以何为据并有何可靠？此等考验，是否实有把握？果阅历有得，足以测定各桥之坚卓否？

第二章 汽力及材料

五、论汽机车（华人俗称“龙头”）之汽锅火炉烟管 论汽力

甲、钢质之汽锅火炉，论其经用之力及如何配合钢板。

乙、铁质烟管其铁皮每致泄气，如何可免，试言其法。

丙、考验水汽条规，应按锅内水管之位置凑合长短径尺及其所用之铁料，以定所得汽力。

丁、烟箱及各式烟囱并火星管束，各有大小，试验其力如何。

戊、考验各种来回机簧速率有消磨水汽之力，试言其力如何。

六、论大快车之汽机车 论大快车之汽机车

用汽激动之总杆，何式与大快车最为合宜？用高压力及贡邦机（此机能令汽少而力大）分汽均匀，气屉平准。拟减汽车压道之力，应如何建造，试详其说。倘用贡邦

机，其力如何，亦伸言之。

七、论大快车之客车

论大快车之客车

论大快车及行远之车箱式样，安稳不颠而兼能通连之车队。车箱内应如何布置方臻美善？或烘热、或点灯，其法不一，试详言之。

八、论电力引车

考察电力引车之大概情形。

招徕生意

第三章　招徕生意

九、论运货之速

装运之速，一则须加浇裹而费材料，再则须增车辆而添栈房，试详晰筹之。

十、论车站中移动车辆

甲、车站中移动车辆及搬运货物须能迅速，试言其法。拟造之车站如何位置？

乙、用机力、电力在车站移动车辆。

十一、论标记

自用白洛克及恩德洛金之器，标记已十分美善，且能节安插之费，惟山洞或地洞内标记及车越轨停轮标记，设已至极险处，如何可免两车之碰，试言其法。标记系以颜色传语，今欲免模糊不清之弊，拟改用地格形式。

十二、论搬夫及马车

预备搬夫及运送货物之马车，以便至人宅内交代货物及提取货物，发交火车装运。

第四章　大概事宜

十三、论安排办事人役

设一居中扼要之局及各地有铁道处之分局，以资办公。

十四、论装运货物

装运货物各局每致争长论短，应如何议一定章？

十五、论二十四点钟之钟面 计时方法

凡大时辰钟之面，应用二十四点钟之码号，每点钟作一百分论。此事情形，有数处地先行试办，搭车各客及办事人役两有裨益。改换钟面是否必需？果尔，应如何办法？

十六、论以十计算之法

凡建造铁道及收取搭客、货物之价，应以十计算，并使之通行各处。有等地方不以迈当计算斤两尺寸者，应设法令之采用。

第五章　小铁路 论小铁路

十七、论分运

大铁路局应设法使之易于建设小道，以资分运而启利源。

十八、论小铁路包租与人以资开利

以小铁路包租与人者，已行于何地，按照何等章程包租与人，包租后得过何项利弊？

十九、论小铁路栈房

总栈应否建于道之中枢，抑在道之两端？

二十、论小火车关勒机簧

考察小火车现用之关勒机簧，应使之如何制造及至如何坚固。

议题参考各种专著

附章

按照会中所定节略，应采诸说，开列如下：

第一章　道路及工程

甲、《钢轨丛说》　法国铁道工程总监工、铁路学堂桥道功课教习白利格著

乙、《保护枕铁枕木比较详议》　扒嗯甘尔玛火车中局总监工葛佛尔司机著

丙、《枕木已灌药水与未灌药水者历时久暂说》　俄国车道监工、保木会副监工议庵尔顺司丹著

第二章　汽力及材料

丁、《汽机车轴说》　比利时火车道大监工屋覃时著

戊、《火炉说》　屋覃时著（衔职见前）

己、《火机汽锅说》　比利时中境火车道总监工培尔格司著

庚、《车上擦油说》　比利时火车局总办并总监工俞贝德著（按：此人曾至中国与督办铁路大臣盛订立《芦汉借款合同》并作总工程司）

辛、《移动车辆之机器说》　屋覃时著（职衔见前）

第三章　大概事宜

《各车道人数考》　阿洲贡果铁道公司襄办拉佛来著

火车非常速率

（光绪二十一年五月初旬法报）

铁路上所得极快之速率，目下要以美洲为首屈一指。本年四月间在本西罚尼阿公司之车道上有汽车一副拖带车箱一辆，内装搭客及行李等物，曾得非常速率。汽车有轮二对，行时只以重力二十七吨自刚堂发轫以达阿忒郎低格城，为程九十三法里（中国一百六十二里又百分里之七十五），历时四十五分四十五秒；则若不停歇，通扯之下每钟速率岂非得一百二十三法里[①]（中国二百十五里又百分里之二十五）乎？至极大快车之每钟速率直可至一百四十一法里云。夫以欧洲及法国而论，每钟速率能逾百法里者原不希罕，惟须知此项速率能暂不能常，或从高处轨道趁势而下，则自然格外快速，故有于数分时中能行一百三十法里者。若美洲火车之速率系通匀核算，每钟能行一百二十三法里固可持之以久者也。今已有如此速率，则一千九百年后更将何如！

报载火车非常速率

铁路价值

德国《铁路报》载：各国铁路价值共值一百四十万万马克（马克与先令同价）。单指欧洲而论，建造铁路已

各国铁路价值

①数字有误：应合一百二十一点九七法里。

费六十五万万马克，其中以英国为首，计价二十万万马克；次为法国，计费十二万万马克；再次为德国，计费十一万万马克；俄国计费七万万马克。铁路价值通扯之下计英国每一法里（合中国一里又百分之二〔七〕十五）值德银五十八万五千马克，法国三十四万马克，比利时三十三万七千马克，德国二十五万三千五百马克，惟拿威国中每法里仅值五万二千马克，其在美国则须十六万五千五百马克。该报又称：通天下铁路之长计有六十七万一千法里，恰比地球赤道一周之里数多十六倍又四分之三云。

法国商厂请在龙州建造铁道缘起

（中六月初六日法报）

请准在龙州建铁路

法国飞佛黎尔厂前请中国准其在龙州建造铁路一条，通至中越界上之同堂，当由法国政府出力相助，特于通商约中立此一款。盖因该厂有人考求北圻铁道由谅山展至华界一事，不觉意有所触，觉龙州、北圻间如有铁道相连，实属有裨两国，因即举以为请也。

查中国西南有富省三：曰广西、曰云南、曰贵州。其间通海之路亦有三，程期辽远，浇裹不赀：第一路系顺扬子江曲折而进，以达西江，为程三个半月，运货水脚每吨五百方（方即“佛郎”）；第二路由广东之粤江及另一支河以进，直至百色，程期两月，运费每吨一百五十方；第三路为最近，亦须一个半月，系由北海口（在廉州）进，以达南宁府，而运费则却须三百方。合而言之，现在每吨货物运费以一百五十方至五百方为止，程期自四十五日至一百十五日为度，然虽有此等不便，而每年商货之利，仍不下九十兆方；如再转运便捷，三省商务不更可观哉！今自越南海防至富良洞固有运河一条，长百法里（中百七十五里）。富良洞为谅山铁路发轫之处，不日又将自谅山通至同堂，同堂距龙州约四十五法里（中七十八里又百分里之七十五）。龙州为商务总汇，邻近各地之物大半聚此，设与北圻联以铁道，岂非大可护〔获〕利：程期向须四十五日者，可减至四十八点钟；水脚向须一百二十五方者，可减至二十五方。若夫百色一路，估其水脚亦可减至每吨七十方，是照今价较省其半。有此各项利便而因之建造铁路，则偷漏税捐者，自然以无利可图为之减少，且将不复从事矣。

龙州铁路各方获利

统观以上各节，而知政府之所以赞成其事也。况夫制造之物及各项商务从此更得推广销路，即法国权势亦得在彼树立乎！

复伍兰荪太守元芝自豫函询铁轨情形

铁道向无不用高脚轨者，轨与脚本系整铁做成，并非轨自轨而脚自脚也。法国城内大道上之铁路轨与街齐，似非高脚，不知其脚钉于枕木之上，周围以砖泥拥护，故不得见耳。外此者，脚皆露出，即枕木亦可一目了然。据验轨工师山德伯谓铁轨有四种：一为轻薄窄小之铁轨，车行极快时每钟得十二英里，此项铁轨每一英里（合中国三里有奇）计价英金二千镑；一种铁轨较前略大，车行极快时每钟得二十英里，每一英里轨价四千镑；一种铁轨较前又大一倍，车行极快时每钟得三十英里，每里轨价八千镑；一钟铁轨较前又大一倍，车行极快时每钟得五十英里，每里轨价一万二千镑。

又：查法国大道上铁路（即轨与街齐者），只能搭客不能运货，且行驶甚缓，计其身本较之第一种铁轨更巨，故只能造于城厢内外，以便搭客，若引重致远，实不相宜。闻现在津芦铁路即用八千镑价值之轨也。

伦敦总册摘要

伦敦会计总册摘要

（一千八百九十四年即光绪十九年①《伦敦会计总册》一切备载，页数颇繁。巴黎《时报》既用法文摘译数端，以备与巴黎比较，兹更译以华字，藉为我中国借镜之资。）

街道项下：

街道项

伦敦街道汇总丈量，计得一万零六百三十八法里（合华里一万八千六百十六里半）。

下有阴沟长四千八百三十法里（华里八千四百五十二里半）。

重叠电线长五万四千七百四十法里（华里九万五千

①一千八百九十四年应合光绪二十年。

七百九十五)。

自来水管长七千二百四十五法里(华里一万二千六百七十八里又百分里之七十五)。

煤气管长五千一百五十二法里(华里九千零十六)。

水龙项下: 水龙项

救火人役计有五百八十五名。

水龙站房五十八所。

可以移动之水龙站房六所。

水龙运船四只。

彼此通接之报火电线长一百七十法里(华里二百七十九里半〔应合二百九十七里半〕)。

报火电筒六个,汽机水龙三十八副,船上汽机水龙四副,用水抽提之水龙一百十副。

巡捕项下: 巡捕项

巡捕一项合大小品级而计之,共有一万三千七百六十五人,其俸每年三百十二万五千方。年纪大率以三十五岁有半为度,差使约当九年半。身材约高一法尺七十九法寸(中国五尺零一分二)。

办理其事者有总巡一员,岁俸一万二千五百方[①];协巡二员,每人岁俸三万二千方;熟于律例之参议官一员,岁俸二万五千方;总参赞官一员,岁俸一万七千方。巡道二员,研求罪状官一员,总稽察官一员,各图巡长二十四

①数字有误,至少应为三万二千五百方。

员，稽察分司六百三十七员。有品级之巡捕一千零六十七员，寻常巡捕一万一千一百五十一员——此项寻常巡捕，无论其成婚与否，俱以兵法部勒，须在捕房歇宿。

信局

信局项下：

伦敦信局恰得一千所。

公车项下：

公车

公车一万零五百辆。

搭客失物钱袋千九

是年搭客失物二万五千件，内钱袋有一千九百个。车夫不肯匿据而缴呈捕房者，捕房奖其廉洁，费银六万方（街上四轮、双轮听人雇坐之车亦常有遗物，车夫拾而呈缴，所得奖银亦在以上数内）。

医院

医院项下：

伦敦有总医院二十四所，专科医院一百十所。以其间床榻比核伦敦民数，系每居民九百七十二人恰得一床之数。

日报

日报项下：

准期印售之报计有四百四十九种。至英伦外省有一千七百八十一种，惠尔斯境一百另一种，苏格兰二百二十种，阿尔兰一百十六种，沿海小岛二十三种。

地铁

地隐火车项下：

搭坐地隐火车者每百人中计有六人坐头等车，十人坐二等车，八十四人坐三等车。

婚姻项

婚姻项下：

按照册据所载，内有一事可谓闻所未闻，盖在伦敦鳏夫续娶，每百人中有十二人娶其雇用之女仆也，此须还问之讲求性学者矣。

英法新订约章及往来照会

法国驻英公使柯尔扇致英外部尚书沙力斯毕力文

照得法英两国近时争论各节，业经彼此和衷商妥。条约内所订〔疑漏“办”字〕法，已蒙本国政府俞允，奉饬与贵爵大臣公同画押。本大臣得以据此照会，并将条约附呈，实深欣幸。窃谓此约成而法英睦谊显然毕呈，于两国所属土司及该属地之毗邻黎庶，必将潜移默化，收效无形，此本国政府所可深信者也。至于约中为暹罗谋固疆圉，代策安全，尤见两国之同心合意。盖两国政府所以互相商订者，无非欲与该国辑睦有加，并将其原有约章遵行不背也。本大臣所见如此，质之贵爵大臣谅亦谓然。

为暹罗谋固疆圉

英国首相兼掌外部事务侯爵沙里斯毕力复法国驻英公使文

准贵大臣本日来文，以法英两国近时争论各节，业经彼此和衷商妥。条约内所订办法已蒙贵国政府俞允，奉饬与本爵大臣公同画押等因。本爵大臣闻信之馀，良深欣慰，自当与贵大臣即时画押。至来文内所称此约成而法英睦谊显然毕呈，两国所属土司及毗邻黎庶，皆将潜移默化，收效无形，贵国政府实所深信。又称此约为暹罗谋固疆圉，代策安全，尤见两国之同心合意。盖两国政府所以互相商订者，无非欲与该国辑睦有加，并将其原有约章遵行不背云云。本爵大臣得蒙贵大臣将贵国政府之种种美意剀切指陈，幸何如之。敬当记志，而我国政府之同此悃忱，固亦可为贵大臣奉告焉。

英法两国订立条约

英法两国钦差大臣各奉本国国主之命，为此订立条约画押如左

第一款　英法两国互相约定，于未经彼此允准以前，无论因何事故、藉何口实，不得派携带军器之兵前进下开各地：

一、即卑却满利、湄克隆、湄南、防巴贡（即卑忒罗河）等江与其各支江一带地方。

二、自猛防塔防起至猛巴司止，其间滨海之地及此两城所跨各江；又，另有各江其口亦在以上滨海之地者。

三、在湄南江北即介乎英、暹边界与湄江及湄英江东段间之地。

此外，两国又约定，在以上所指之境内，遇有格外权利非英法两国及英民法民与夫两国辖属人民所可公共受益者，或受益而彼此不能铢两悉称者，则不得沾取丝毫权利。但以上云云，与从前法暹专条并无关碍；缘该专条系按照一千八百九十三年十月初三日之《法暹条约》专指湄江右岸（即湄江西岸）二十五法里（法里名“启罗迈当”）之境地而言，并指该江行船事宜而言也。

第二款　两国倘因欲保暹罗自主之权不得不出场合办，则与上条所载毫不相妨；但议定彼此不得擅允他国行本约内两国所互禁之事。

第三款　自南霍江口起向北至中国边界，应以湄江中泓为英法属地或两国辖境之界址，约定英人法人及辖属之人不得越界管理词讼或越界擅用权势。湄江中有数岛被港汊隔断不属英之江岸者，其捕务悉归法官掌握，直至该港汊尽头为度，惟捕鱼之利则为两岸居民所公共。

第四款　两国议定按照一千八百九十四年三月初一日之《中英条约》、又一千八百九十五年六月二十日之《中法条约》英法所得云南、四川之商务权利及此后又在该二省续得之权利，无论何项权利，无论为英所得为法所得，凡可由两国作主者，皆当公请两国普及于英民、法民与夫两国辖属之人民。为此两国互约各向中国尽力营谋。

第五款　两国政府议定各派官员往勘尼尔江（在阿非利加洲）下游西边之英法属地，该员等详考彼此争执之故后，即行和衷商定界址，秉公判划。

第六款　按照一千八百七十五年七月十九日英国与多尼思（在阿非利加北境，亦法国属地）所立总约内第五十条内载该约可以重修，俾两国以后遇便商办分外有益之事，足增睦谊而振利源等因，今英法政府议定赶即开议，立一新约以代从前所立总约，俾符第五十条之本意。

一千八百九十六年正月十五日

（即光绪二十一年十二月初一日）立于伦敦

英首相沙里斯毕力　押

法驻英公使柯尔扇　押

法国外部大臣博得禄致藩部大臣琪爱司文

照得法英两国悬搁事宜，现在已立约办妥，于正月十五日由驻英柯大臣及英相沙侯画押在案，用将此约及柯大臣等往来照会，一并咨行贵大臣察核。所有我国在中国、印度间之属地，经两国政府议定以湄江水流为界，此则本大臣所当亟为贵大臣奉告者也。

查一千八百九十三年十月初三日《法暹条约》所载该界办法，甚为深切著明，不谓英法两国政府因此一事竟致争论多年，今得和衷商妥，所关之巨，人当共知。（英法两国争论多年今得商妥）英兵驻扎猛新（在江场境），在我国之人视之，于理原有未协。今仍以该地交还我国，则不特以后我国属地由湄江以达中国衢通道辟，该地将成冲要之区，即目前以界务而论，亦觉此中美利，名实兼收。（名实兼收）至约内为暹罗所约各节，更乞贵大臣三致意焉。两国政府议明在该国湄南江一带彼此不得擅自进兵，又约定不得擅准他国行两国所互禁之事。此外更约定在该处地方遇有格外权利非英法两国及英民法民与两国辖属人民所可公共受益而彼此不能铢两悉称者，则不得有丝毫之占取。惟暹罗他处地方不在此例，两国各用妥善办法仍有彼此遵办旧约之权。虽一千八百九十三年十月初三日之约尚未一律奉行，而此后我国应如何公平敛抑，务使该约照行，则固无待本大臣之多赘也。

为此咨行，请烦查照。

一千八百九十六年正月二十日

（即光绪二十一年十二月初六日）

法旗受辱

光绪二十一年五月初一日《爱佛纳芒报》云：当智利国京都桑低阿谷赛珍大会庆贺开门时，忽出一事，事虽小，关系颇大，乃法国至今尚未宣布，良堪诧异。

桑低阿谷（圣地亚哥）

先是，此会之布置，一切系法人费银费时代为襄助，实属大有功劳。且入赛各物尤以法国为盛，故当会场落成将次开会时，议定在正门之上、智旗之旁特挂法旗，以昭睦谊。未几，法旗挂矣，其色已与智旗相辉映矣，不料开会之晨，法旗已无，而代之者竟是德旗；盖已于黑夜中被人掉换，见者大哗。法国会首以为如此情形有损法国威望，遂向智利会首诘问。会首不特支吾其词，且仍任德旗高挂。法国会首退与同人商议后，遂以所定二事知会智利政府：“一、各官庆贺开会时，法国入会之人决不亲到；二、法国原议于赛会时兴办种种盛会（如烟火、灯彩等事），今后作为罢论。”此事也固极有关系者也，惟法国之驻智公使独轻视之，且不以法人为然，是晚该使仍赴会中大宴。

赛珍会场法旗被换

犹忆去年十二月初二日德人兴办盛会，用灯彩仿造德京原有之铜牌坊一座，此坊寓意本系表彰德国合众之荣，用所夺法国之铜炮熔铸者也。德人曾经柬请法国各项会首与斯盛会，而法人则一概辞谢。然谓法人一概辞谢，余言不免过当，缘智利各报皆言法国驻智公使排尔尼亲到会场，与德国公使并坐于高座之上故也。

兵不识字法多于德

兵不识字法多于德

一千八百九十三年（光绪十九年）之德国官报内载，入伍新兵二十五万三千一百七十七人，而其中不识字、不能写者只有六百十七人等语，则万人中仅二十四人有此缺憾也。若比较是年之法国新兵，则法国于童蒙之学颇觉瞠乎在后，远不如德。是年法国新兵计共三十四万三千六百五十一人，而不识字、不能写者，竟有二万二千零九十六人，则每万人中竟有六百四十三人矣。虽目不识丁者近来减少（一千八百八十九年万人中有九百八十二人不识字，一千八百九十年八百四十人，一千八百九十一年七百五十五人，一千八百九十二年七百零五人，一千八百九十三年六百四十三人），然较之德国，则法国兵丁实觉远不能及。泚笔记之，良堪嗟叹！

德人往美者日众

西加哥市（芝加哥）各国人数

美国报云：美国将渐成德人之地乎？止阅西加哥所刊

册报，夫固大可惧也。西加哥居民共有一百五十万，其中德人占四十万之数，而美之土著则仅有三十万。馀系英之阿尔兰人二十一万五千，奥之占克人五万五千，俄之波兰人五万，瑞典人四万五千，诺威人四万五千，英吉利人三万五千，法人一万三千，为数最少。彼德人源源向西，遂致德国语言、德国书肆、德国学院日渐开拓。西加哥所定学校经费，是岁计共美国金洋六百万元，内二十万元专为德师束脩、德书购价之用。夫美国因华人之纷纷踵至，业已起而阻止，殆亦有一日阻止德人入境乎？正不知其将用何法以处之也。假使不为设法阻止，则自此三四十年，西方景象定有可观也。

华人纷至美已阻止

讼庭小费

法国谳堂向来传集人证亦用专差送信，而送信之力则由公帑开支。现为樽节起见，改由邮政局发信，每信贴十五生之信票一个。试行半个月以来，大有成效。盖不特作证之人如期而至，即被告者亦未尝临审不到也。向由专差送信，半个月中计费八十一方七十五生，乃自改由邮政局递送，信票费仅有七方二十生，则所樽节者不亦巨乎！况邮局所收票费悉缴国库，是公帑中开支之七方二十生，虽开支而仍如未破分文也。现由当道饬令各署一律照此办理云。

传票改用邮局寄送省费不少

法总统喀尔诺小传

法国总统小传

总统姓喀尔诺，名萨堤，一千八百三十七年（道光三十七年〔应合道光十七年〕）生于巴黎西南四百法里之里麻士城（屋忒维爱恩府之会城），成童得高第，如中国之茂才，乃入艺院攻工程学；越数年，学业大进，考授造桥筑路工师，承办各工，民皆利赖。

先是，其祖名拉柴尼谷拉马尔格里忒者，以陆军艺队守备出身，举充议绅，洊升兵部、内部尚书，于平内乱、立民主、败奥人各役，俱有大功，深入民隐。萨堤承祖馀荫，得举下议院绅，讲求政事，历任工部、户部尚书之职，竭忠尽智，名重一时。一千八百八十七年（光绪十三年）由上、下议院举充民主——华人本英音译曰“百里玺天德”，即总统之意也。

萨堤联外交、施善政，宽仁明毅，有令辟之目。然而惠泽难周，冥顽难化，时有所谓“均贫富党”者，不责己之无能，徒怪人之太富，其意直欲举富人赀财尽行俵分以为快。有愿莫偿，终成大憾，其黠者密制炸药小铳，抛入富人之室，藉以泄忿。药轰铳裂，伤屋伤人竟有三起；事后获真凶三，臬司判置重典。总统虽有宽减之权，至此亦执法如山，三犯遂在市曹斫首焉。

一千八百九十四年六月二十四日，即光绪二十年五月二十一日，总统因里昂城有赛珍大会，特为临幸，以表与民同乐之意。当地绅士及会场督办是夜为总统接风，公请筵宴。宴毕总统应各绅之请，拟赴戏园观剧，乘厂〔敞〕开马车（国主须任民瞻仰，故坐车必令敞开）以出；及街，观者如堵墙，欢声雷动，高祝万寿无疆。总统顾而乐之，左手执帽，右手还礼。忽有一人自人丛中出手纸卷一，趋赴车旁，如递禀然；总统欲接其所递之物，而身即仰后倒矣。见者大惊，狂呼凶手。时，里昂府尹李福，恰与总统并坐，遂将凶手一击扑地，为巡捕所获。众俱欲攒殴，经巡捕围护始免，即行拥入囹圄。总统被刺后，闭目不能作一语。请医察视伤处，始知匕入左胸三寸许，伤已及心，无可挽救，延至天明，溘然长逝。举国之人，如丧考妣，来至灵前吊者，以数万计，各戏园停戏半月，各铺户俱插丧旗，痛哭失声者难更仆数。即而开堂审讯，该凶手供系义大利人，向在面包铺佣工，因慕“均贫富党”之理旨，悯正法三犯之受刑，是以特地来此为素不相识之三犯报仇，藉可名垂不朽云。凶手姓格赛黎亚，名桑笃。问官遂判以斫首之刑，而后任总统嘉西米尔拍里爱却亦不惧报复，不肯加恩，三个月后，凶手即在里昂正法。

总统遇刺

俄赠宝星于法总统

西六月十七日（光绪二十一年五月二十五日）午后二点钟，俄国驻法头等公使男爵马伦乃及参赞、随员六人，由礼官克禄徐爱带领，前往爱利善宫，以俄皇委赠之

总统福尔获俄宝星

宝星献于总统福尔。宫门前院早有步兵一队执国旗挟乐器以待；及俄使车到，即奏俄乐以鸣虔。俄使等旋入客厅，总统率首相李宝、外部哈诺德及侍卫数员恭肃立候。俄使以宝星上献讫，即致颂辞曰：

总统台前：今奉上命，特以宝星数枚奉请总统赏收，以表我主情谊，余实大有荣施焉。伏维贵国以大权属之阁下，阁下持以定力，出以大方，用使贵国豪爽之情、敦睦之意，益为之相得弥彰；而我皇爱慕真诚，遂借所赠之物以作证据，想自在于明鉴中也。至余之躬逢盛遇，得征我国联浃之情，尤为欣幸不置云。

总统答曰：

贵大臣阁下：余从阁下手中得接贵主御谕及所赐宝星，曷胜额首。夫我两国交情浃洽，久已庆幸弥深，而贵主尤能仰体贵国先皇之意，爱重敝邦，又复颁此珍据，则余之感激下忱，务希代达。余今日在阁下面前，理应率我全国之人，再祝贵主之福寿绵长，贵国之民生康阜。盖贵主圣德崇隆，固为贵国所托命者也。

言已复与俄使叙谈数语，俄使始行出宫，一切仍照前礼。沿途所经，观者皆呼崧不置，以祝俄邦。

西六月十八日（中五月二十六日）法总统发一电报与俄皇曰：

“贵皇帝下赐之宝星已承男爵马伦乃送到。贵皇帝见爱法国，颁赐如此珍据，余心实觉惶然，感激真忱，用敢速达。”

宝星名目如下：

曰“圣当特雷” 为俄国各宝星中最古最重之物。一千六百九十八年（康熙三十六〔七〕年）十二月十一日俄皇大彼得所敕制，盖以酬大勋劳，并赠本国及他国贵人之应得异数者。凡人得此宝星，即可兼佩另附之宝星四枚。法国前任各总统惟麦马韩及喀尔诺得之，盖至此而有三矣。此星中间绘圣当特雷受难之像，系在十字架上。十字架金地而用蓝色珐琅，四角有 S、A、B、R 四个字母，犹言“圣当特雷，俄之主人”云。架下衬以一鹰（鹰本俄之国记），鹰系双头，上戴御冕，冕顶有一小圈，则备穿入天蓝丝带者也。又佩带一条，戴时自右向左斜曳胸前。若遇大事，穿着官衣，则另有项圈以挂此星。 俄国宝星名目简介

又，附宝星四枚：

一曰“圣搭来克尚特尔纽乎斯基” 此星中间计有红色珐琅之双脚十字架在一全鹰之上。鹰系双头，上冠御冕，架脚四周另有四鹰翼翅以相掩盖。御冕下衬白色珐琅，中间为圣搭来克尚特尔之像，骑马立龙上。其佩带系大红色。

二曰“圣搭恩” 内有红色珐琅之金质十字架一座；架之四周空处，补以金采奇女。佩带系淡红色，而其边

镶黄。

三曰“圣司搭尼司拉” 内有金质之十字架一座，架脚双开，饰以红星珐琅；四周空处各嵌金鹰一只。此星在白色珐琅之圆匣内，内列红珐琅之S、S字母二个及绿色珐琅之“罗里爱”御冕（“罗里爱”系西国树名，常年皆绿，西人每用以譬喻荣光）一尊。佩带系红色而镶白边二条。

四曰“爱格尔白郎” 此星计有带冕之双头鹰一只，上置白色珐琅之马尔得十字架，架脚双开，全系金质，镶以红色珐琅。其下所衬之鹰，白色中含有金星，两翅皆作展开状。佩带用天蓝色。

宝星有俸

光绪二十一年五月初一日，法国宝星部给发宝星俸银（异国人得法国宝星者，不在此例），凭此可知得宝星之人数。

宝星年俸

查自西历上年十二月初一日起至是日为止，计得头等宝星者三十四员，每年每员领俸三千方。得二等宝星者一百七十六员，每员每年领俸二千方。得三等宝星者八百十一员，每年每员领俸一千方。得四等宝星者四千零三十九员，每年每员领俸五百方。得五等宝星者二万五千四百四十一员，每年每员领俸二百五十方。至持有俸功牌者计有五万一千零十一员，得无俸功牌者计有五万八千一百九十九员。

英主离法情形

（光绪二十一年三月二十九日见《时报》）

英女主维多利亚于今晨十点二十七分在法国尼司（英女主本在尼司过冬）起程前赴德之达末斯大德。先是钟鸣十下，女主及其孙女培阿忒利司公主自西米爱行宫乘车而出。法国护军雁行鹄立，举枪为敬，第六队马军乐工奏《天佑女主》之乐一章。前导有骑马巡捕五名，后拥为守备孛里萨克督带之骑马炮兵十名。炮军统带米亚尔、一百十二队之步兵统带西绿儿，乘骑分列夹护车门。迨抵车站，另有参将拉罗扇尔率兵行举枪之礼，鼓声冬冬，扬旗送别，乐工又奏《天佑女主》之乐。女主下车进站，一手扶杖，一手扶印仆（即印度人仆隶也）之肩，公主则追随于后，徐徐而行。即有英国领事哈立斯、法国尼司总督然排尔及府尹、县令又浮利爱罗爱扇两军门趋前鞠躬，致祝平安吉语；而县令更献鲜花二把于女主、公主，女主等温言道谢。至英德二国现居尼司之亲王、爵妇以及流寓英商亦悉来恭送焉。女主旋即上车，乐工又奏乐鸣虔，而车遂展轮矣。 英主离法盛况

先一日，女主委御前大臣取法金二千方（三四五，合规银五百七十九两七钱一分）送交尼司善堂充作善举。此外更有数官奉女主命，以金钱随地布施，贫民受此恩施，无不欢声感颂（尼司为法国南边海口，冬令和暖，

故多避冬之富人）。

法国驻德公使轶事

公使轶事

《费格罗报》云：法德和后，法国派往柏林之头等公使为孔笃君，经办各事皆极艰难，兹将其尤为紧要者补述如下。盖即以五千兆方之赔款提前付清，俾德兵据地为质者，陆续退去也。

按照佛郎克佛尔（德国大城）原约，法国末次交款本在一千八百七十四年（同治十四〔三〕年）五月十二日，乃法国欲于前一年之三月即行扫数归清。在德国虽急欲得金，但法国如此要紧，德颇不喜，盖深恐法国重振兵力，罗致财源，以图报复也。法国财源之厚，彼等原未料到，兼之培尔福一地（界近德）彼等在彼盘踞，颇以为愈久愈妙，甚有久假不归之意。故两国会议愈久，此节愈无把握。嗣因法国再四陈说，申明美意，德始放心应允；但培尔福一地则仍未讲妥，毛奇隐谋亦不自讳。故孔笃密奏总统低爱曰“此间人意欲不还培尔福。前此战费核算在五千兆方之数，如得永据培尔福，彼等愿将赔款减让五分之一”云云。事机紧急，甚属显然，低爱密谕孔笃曰“一再思维，只有一法，即希阁下单见德皇，面奏曰：皇正派人也，我亦然；皇体面人也，我亦然。敢请皇大显高情，以培尔福还之法国”；末又添注云“以上所写，只有尔知天知；天固无所不知；即使人不告天，天亦知之”

速清赔款追还失地

云云。德皇闻孔笃之言，意果为动，强令武员及毕士马即行让地。于是允收提前付清之赔款，并以培尔福交还法国。一千八百七十三年（同治十二年）三月十五日孔笃画押于付清赔款之据上。因此而孔笃之家得享荣名，至今不朽。时法外部大臣为雷米柴，曾叹曰："孔笃所立功绩，谁能测其高深哉！"签押之后一日，国会中闻此大消息，无不踊跃欢欣，高呼孔笃，祝其长寿不置。政府欲表大众感激之意，遂赠以头等宝星一个，以昭优异。

中国驻法使署租券

前任议例院书记官、三等宝星、住巴黎依爱那街六十二号卜儿夫而特及中国驻法钦差刘瑞芬在立据官培忒郎案下订立租契，议订各款如下：

第一款　一千八百八十年（光绪六年）十月初九日前中国驻法参赞官刘麒祥奉前任中国钦差曾爵使命，与夫而特订立租约，当经曾爵使批准，存于立据官培忒郎处，培忒郎并为加押。约中所立各条兹再逐字载入：驻法使署租房契约

侯爵曾为中国使署应用房屋，出名向夫而特借到住房一所及花园、偏屋等，坐落泼拉思覃罗七号，介玛拉谷夫及梅斯尼尔两街交口间。屋之宽广若何、房间多少，无须细叙，承租人察看后自早了然。至园后小屋一所，其门在马拉谷夫街七十二号，旁有小园一圈，与此仅隔一篱，言明不租在内。

此租约系以三年为期，于一千八百八十年十月分起至一千八百八十三年（光绪九年）十月止。刘君麒祥按照约中条款，应遵办一切如下：

一、接收正屋、花园、偏屋，住居于中，不作各项生意经营之事。

二、租约期内将所租屋舍花园，好为经营。

三、租约期内将所租地方铺设整齐，实以珍贵器具，足敷应付房金之数，并遵办约中条款。

四、令人出粪，淘净厕池。

五、进屋后将各室烟囱每半年刷扫一次。

六、如有损坏塌毁等事须由房主大加修葺者，应立刻关照房主。

七、地基税、窗门税、人物器具税、街道巡捕打扫等捐、自来水费、煤气灯费、保火险费、出粪费以及种种应出之费，房主概不承认，统由租屋者清付。

再，夫而特既为房主，或有各费由伊垫付者，则曾侯使应照数归款。

八、阍人只许法人承充，准由房客选用，工费亦由房客应付。但工费虽由房客应付，而该阍人遇有事件仍听房主或经租人之使唤并照料察看，收拾房屋。

九、营造房屋绘图人所立屋式清单费、现立租契费、酬劳费及抄给房主之租契费统由房客照付。

十、如未经房主给予应允字据，则正屋、花园、偏屋内不得擅有改易，不得于墙间开穴及斩伐树木等情。如房主已经应允而有改易位置处，则将来租约满时或不索赔偿或令照原样修好，悉听房主作主。

十一、租约期内如有应行修葺处，其工程即使过四十馀日，房客只好耐之，概无赔偿。

十二、如无房主应允笔据，不得将房屋转租或以租契让人。

十三、进屋后即找一结实公司将房屋及一应家具统保火险以防自己损失、邻居索赔。所有保险各费应全行清讫。租约期内永远保之。如房主索看保险字据，自应出示。即自今始，房主有应收火后赔款之权，只须出具收据以领至足数为度。 统保火险以防损失

十四、听房主及经租人随时察看房屋。

十五、自一千八百八十三年（光绪九年）四月初一以后，即听房主另行招租及欲赁屋者前来观看。

此屋租时修理一新，租期颇短，言明房客照例随时修葺，俾交还屋时依旧完好。

房价每年二万二千方（三四五，合规银六千三百七十六两八钱一分），用金银现钱分两次清付。当经两造应允订妥，方立此约。

每六个月预付房金一次，每年自十月初一、四月初一日起算。按照巴黎常规，今十月十五日即付第一次房金。言明如有一次房金不克清讫，限期一月归款，如无效验，则此租约即为废纸。所有花销杂费，房主概不承认。

将此租事至税局登记，两面言明除房地正税外，每年

向房客征银千方（三四五，合规银二百八十九两八钱五分半）。

第二款　一千八百八十三年四月初七日培忒郎所收字据如下：

刘麒祥已将上款各条一一办理，复与夫而特订立各款，兹亦逐字录入：

曾侯使具名为中国使馆向夫而特借到屋宇一所及花园、偏屋等，坐落巴黎泼拉思覃罗第七号，玛拉谷夫及梅斯尼尔街交口处。前于一千八百八十年十月初九日当培忒郎之面订立租契后，此屋已为曾侯使及使署人员居住。今之租约亦以三年为期，一千八百八十三年十月十五日起，一千八百八十六年（光绪十二年）十月止。而一千八百八十五年（光绪十一年）四月十五日彼此俱有停止租约之权，但须于六个月前关照——即一千八百八十四年（光绪十年）十月十五以前——并由申请停租者给予赔款一千五百方（三四五，合规银四百三十四两七钱八分）。

此租约中所有花费及一切章程悉如一千八百八十年十月初九日之旧约，两造均各允行；并付第七条内之扫地捐，此捐系指泼拉思覃罗、玛拉谷夫及梅恩尼尔三处。

每年房金仍以二万二千方为度，照章预付，其式如前。

第三款　一千八百八十三年九月初八日培忒郎收到之字据内言：中国驻法钦差曾侯使具名为中国使馆声称：已将一千八百八十三年四月初七日之租约批准，并照付房金，照办约中各款。

第四条〔款〕 因中法有事，曾侯使请于夫而特将租约废去，夫而特允其所请。曾侯使按照第二款内第二条偿还银千五百方（三四五，合规银四百三十四两七钱八分），此约遂成废纸。

许景澄续租

第五款 租约废后而中国新简使臣许君景澄行将驻法，请将房屋接租，夫而特当允重立新约，将正屋、花园、偏屋租与许君景澄及中国使署，租期以六年为度，一千八百八十五年（光绪十一年）七月初一日起，一千八百九十一年（光绪十七年）七月初一日止。当经许君所委之一等宝星、前任水师守备、中国肄业局监督、住居福蒲儿三笃拿来二十七号之日意格收受，允于立约，八日后得许君批准。

此租约经日意格应允收受，所有花费及一切章程悉如一千八百八十年十月初九、一千八百八十三年四月初七日之租约，房金仍二万二千方，与旧约不违不改；并以租期既定六年，此新约即可接续前约。将来交还房屋时，应如一千八百八十年十月初一日租屋时原式交还房主。房屋详细规模自在营造房屋绘图人所立清单内。

约款第九条早经声明房金六个月一付，每年正月、七月初一日付款。日意格将一千八百八十五年七月初一日起至次年正月初一日止第一次房金一万一千方交与夫而特，夫而特即出收据为凭。夫而特按照前约所载，如将房屋售去，不拘年内何时，得有废去租约之权。

第六款　立据官培忒郎于一千八百八十五年八月初一日所收笔据内开：中国驻法钦差许君景澄已将是年七月十八、二十日之租约批准，遵付房金并遵行租约条款。

新租约

薛福成新租约

夫尔特因中国钦差薛公福成之请，立此租约，以屋租与薛公福成及中国使署，期以三年或六年为度，一千八百九十一年（光绪十七年）七月初一起至一千八百九十四年（光绪二十年）或一千八百九十七年（光绪二十三年）止。如三年后两造中有一人欲停止租约，先于六个月前致函关照，则可无须赔费废去租约。

此租约所有花费及一切章程悉如一千八百八十年十月初九日、一千八百八十三年四月初七日、一千八百八十五年七月十八、二十日之各租约，自无须遂条添入。彼此声明知道与从前租约不改不违。

此约之立，系将一千八百九十一年七月初一日满期之约接续下去，是以房客将来应照一千八百八十年十月初九日之租约第九款所载，以房屋原来规模，将正屋、花园、偏屋等交还房主。

房金　房金仍照前数，每年二万二千方，用法国通行之金银钱于每年正、七月初一日两次预付，两造应允，方立此约。薛公福成应于本年七月初一日将一千八百九十二年正月初一日期上之房金一万一千方交与夫而特手收。如有一期房金不克清付，限期一月归款，如无效验，则将租约废去，房主并不承认一切费用。

除以上所载停租权利外，言明租约期内夫而特如将屋等全行售去或止售一角，则可废去租约。惟在一千八百九十四年（光绪二十年）以前应于四个月前关照房客，并给法金三千方作为赔补；若在一千八百九十四年之后则一无赔偿，并不拘何年月日皆可知会废约。

一切款费由房客认者，约估每年千方（三四五，合规银二百八十九两八钱五分半）。

两造住址　因欲立此租约，两造各行声明住址：夫而特住约中所载地方，中国钦差薛福成住使署。

中国驻法使署房主来函

星使大人阁下：尊处所租房屋有任听败坏之状，正拟奉书关照，而阁下于本月初八日由邮局挂号颁到一函，备言贵署住屋有应加修葺等处，一似历次租约之语。执事已不甚记忆矣，查第一次租约系于一千八百八十年十月初八日所立，照租约而论，贵署实责有攸归，不特应将所赁之处好为收拾，且须令之十分整齐。因贵署有此责任，故一则以簇新之屋交付，再则以廉价相租，十三年来未增分毫。以此等廉价租此等大厦，目下已不复相称，阁下当亦认之。是以奉请台端遵照租约规条，即行开工，不复延宕，免致迫为大修，仍须由阁下担当，使鄙人复有他项干预；盖及今修理，鄙人止须监视工程耳。（房主督促修缮使署）

专此布覆，敬请

崇安!

房东夫尔特顿首

一千八百九十四年五月十一日

中国驻英使署租契

(光绪五年，即一千八百七十九年五月初八日立)

三等参赞官凤仪译

驻英使署租赁契约

侯爵曾向经租人施南尔定租波尔兰布来思四十九号房屋，所订各条列左：

第一条　一、经租人施南尔允将波尔兰布来思四十九号房屋一所及屋后车房等租与曾侯并曾侯将来指定住英之人，惟所指之人须由房主应允。房底水道及运灰运土之沟，曾侯应与布尔兰公爵他所房屋及贝来并赁居贝屋之人一体公用。此外，四十九号所有之物，均租与曾侯。租期限一十四年，自一千八百七十九年四月二十五日起租，而承租者或其任托之人于首次三年限满或七年限满之六个月前，缮写停租信函转致房主或其经租人，自可于租期满日停租房屋。每年租价净一千二百镑（每镑系二十先令，光绪二十六年七月二十三日市价每二先令九本士一法丁为规银一两，计合规银八千六百六十一两六钱五分四厘)。每三个月付钱一批，各批付钱之期系每年正、四、七、十月二十五日。如遇停租之事，而停租之日已逾此季付钱之期而未及下季付钱之期者，即按日照每年一千二百镑之数核给清楚。首批租金应于本年七月二十五日付清。

第二条　一、立契承租人或其后嗣或其任托之人，一体允照前条所订者每年付给租金，并允于现时后日完纳地租、沟税及该屋应出之一切杂课。承租人允将房屋随时收拾油饰，将来交屋时亦应收拾妥洽。凡租限内宅中已钉续钉各物不能不伤墙垣始堪拆去者，应存留而给房主，以便房屋完好与租房时无异。

将来波尔兰公索回房屋时，或由应索该屋人等索回之日，令经租人于该屋内收拾地方或拆盖墙垣或照议院律例收拾左近沟渠，应由住屋人分别情形或独任或公摊诸费。

经租人或房主每年四次或多次赴四十九号履验房屋情形，如所租人应请承租者修理房屋，则承租者应于接信后三个月内照行。

承租者应赴伦敦之卫思敏思德尔保火险局将租去之屋照其全价立保火险，或至伦敦及卫思敏思德尔等街保火险局将房之全价逐年保险，而所择之局须由出租人允准，保险收条亦应呈验，惟保险费由承租人自出。照屋全价立保火险

所租之屋，只能用以居住，不能添盖改造，不能斫坏梁柱，并不能任意堆积垃圾。

此次所立转租房契，应将波尔兰公出租玛里布恩一带产业时所定各项约章之可入此契者，即行附入，作为契条。倘承租人不守契条或欠租二十日，出租人应得收回房屋；此项收房之条，亦应附入契中。其头次三年或七年限满，按照前条先期六个月缮给信函，亦并入为契条。

第三条　一、承租人允照此契所订各条租去房屋，并

允出立契之费。契文二张由经租人所用律师撰缮，承租人可不向其索看房主存产之据。

第四条　一、经租、承租人彼此议定：凡契尾附单所开宅内应修各项，由经租人自备资财于五月初十日前妥为修理。

第五条　一、经租、承租人议定：将来承租人或其任托之人愿自一千八百七十九年四月二十五日以后三年内购买此屋，应照一千八百七十四年仲夏经租人由波尔兰公所定四十五年之租价出给一万二千六百镑（二九一，合规银九万九百四十七两三钱六分八厘），并按年另出地税三百镑（二九一，合规银二千一百六十五两四钱一分四厘），承租人如欲购买此屋，应于一千八百八十二年四月二十五日以前三个月内将其购屋之意函知经租人施南尔或其所托之人，然后房主可照所定之价收取屋价，而将长租原契按四十五年之馀限卖与承租人。原契所定交课各条，由接手者仍续照行。今议定：除施南尔所存长租原契外，旧契概不追问，惟查原契果有完纳末次租项之语与否，如有已完之语即系退契之证。买屋之事应于一千八百八十二年四月二十五日以前办竣，逾期不完，买主即照买价多寡每百镑每年行息二镑，自一千八百八十二年四月二十五日起至完缴日止核出利息，给与卖主。此外除年租章程外，仍应照行此契所订之条至交付买价日为止，其一千八百八十二年四月二十五日以前所欠房租连末次到期未付之租，均由买主完清；买主应按一千八百八十二年四月二十五日以前施南尔遵行原契每年完纳地租之例，照行契条，照完地租。惟一千八百八十二年四月二十五日以后算起已过两月期限而一万二千六百镑尚未付到，施南尔及其任托之人即可函告买屋人或其所托之人，收回卖屋买屋之文，然后卖主买主即将此契所订买屋之条作为无用。

附单

房顶及各处厕屋应由经租人修妥，各座花厅均应糊纸，其棚顶应修之处收拾妥协，一律刷白，房之外面一律刷净。各处煤气管、水管、锁头、响铃、火炉等项均各修好备齐，务须合用。

经租施南尔押

中人威尔　押

卫思敏思德尔保火险局保险凭单

（第 B 字第二十七万九千六百零三号　时在仲夏）

一千八百八十年六月二十四日付过保险费九镑五先令，嗣后按年准于六月二十四日付给此费，所保房价系一万二千镑（二九一，合规银八万六千六百十六两五钱四分一厘）。保火险局保险凭单

所保之屋坐落在波尔兰布来思之西边四十九号，即威模思街北之第一座屋也。屋系砖砌，即本局第三千一百六十四号图内注以 A 字者也。大门内设热气炉一座，准住者使用。合保房价一万一千镑。车房马棚一所在威模斯街北，即波尔兰布来思西之第三座房，亦用砖砌，即本局第

三千一百六十四号图内注以 C 字者也，合保房价一千镑。总共宅第、车房等处保房价一万二千镑。

前所具第二十四万三千七百十号及二十四万五千八百三十七号两件按年保险单即行注销。

卫思敏思德尔保火险局为出凭单事：现有施南尔、波尔兰公爵等出保房险，付过本局九镑五先令以保上文所指之屋。本局今与施南尔、波尔兰公爵等约，除将下文所列各条作为约章外，如所保之屋自一千八百七十九年九月初九日起至一千八百八十年六月二十四日止，不论何日或全被火焚，或被毁若干，本局应按被焚之件拨款赔偿，惟不得过前文分列之数，并不得过一万二千镑之总数。出保房险之人或其代办者，如于一千八百八十年六月二十四日出资逐年续保房险，本局应收续保房险之费，并允于续保期内不论何时如所保之屋或全被火焚，或止毁若干，本局即按所失拨款赔偿，亦不得过一万二千镑之总数。

保险局总办二员　布尔甘押

梅　尔押

一千八百七十九年七月初九日

中人怀德加押盖戳递与住房者收执

保险章程

保火险
保险章程

第一条　所保之屋及其坐落，如有讲解错误之事，本局即将此单废去。

凡估计保险费时房主应行提明之事漏未提及或声明错误者，本局亦将此单废去。

第二条　住屋者如于本局已允保险后而将所保之屋或房间坐落处所自行添生涉险之物，或将屋内存储之物移向他所，未向本局声明经本局批准，则该项保险应置不理。

第三条　凡托存、租赁之物，除特向本局声明不必保险外，其磁器、玻璃器、大镜、珠宝、钟表、首饰、金牌、银牌、古玩、文稿、国债票、印文、印画、水画、油画、石像、乐器、测算格致等器具、模样，如未特载此单，亦不在保险之列。汇票、借据、钱财及产业文凭、账本、火药，均不在保险之列。凡敌人侵袭、国民叛乱或他国人强横战争致有伤失，均不在保险之列。凡因煤气等厂失火轰烧致失物件，亦均不在保险之列。

第四条　所保之屋除有遗嘱或遵律例转给他人外，住屋者若不将迁移情形告知本局，亦未将换人保险之事批于单内，则保险应作罢论。

第五条　所保之屋如遇火毁，房主应即函知本局，并于十五日内将所毁之件开一细账交与本局查核。账内所开各件，应照遭火时各件可得之价估值。本局应索之各项凭据、解说，由房主举出查看，并照例将所开之账具结质实，否则不能索偿。

第六条　如冒索赔款、或具结不实、或房主自行焚屋、任人焚屋，则保险应得之利一概罚去。

第七条　本局可照被焚之数仍旧建置，不得折给钱文，如所焚之物亦在他局保险者，则本局可会同他局购物赔偿而不给款。

第八条　如遇失火持单索赔之事，本局可因此凭单而即以为准查之据，派局中员弁入被火处所暂守物件而定赔偿，且必尽情尽理。本局守物员弁，房主亦不得视为匪人。

第九条　所保之屋被火时，房主及他人亦曾在他局加保火险者，则本局只能与他局区别所失多寡而任应赔之数。

第十条　房主或他人将现在所保之屋赴他局加保火险或连并他物保某项险者，他局既应分赔，本局因现出之凭单，亦应分赔。

第十一条　本局或与房主、或与房主代办因火烧物件之多寡不能核定是否遵守保险章程，难于决断，又或保险案中某事意见不洽，则房主与本局各请一公正评事以断是非。如两评事亦不相合，即由该评事等另请一总评事断定是非。评事及总评事断定者，两造必应遵行，不得翻改，缘此条系保险应立之合同也。至评事、总评事应收之费听该评事、总评事分派何人出给，并定如何给费之法，俱各照行。

第十二条　遇有罢废保险之故，或因保险人不遵以上各条失去保险之利益者，所有已付本局之费即行记入本局款中。

凭单后批词

此项火险系为中国钦差大臣曾侯具保，合行批明。保险官包理斯满于一千八百七十九年八月初七日将此批词注入册中。　　　　　　　　　　　　包理斯满押

右中国在法英两处使署租券，法券系宗濂补译；英券则由夔九太守凤仪执笔。事本微细，然录之可见外洋租赁大厦章程，其严密亦有如此者。

随轺笔记卷四　记游

记游例言

记游卷分初续二集

一、是编本分初、续二集：初集系游历法国，先由上海《时务报》馆印行，续集系游历比、义二国，由杭州《经世报》馆印行，盖皆为海军衙门派往英、法、义、比之游历官代作，以呈译署者也。游历官原有二员：一为刑部琴堂副郎彦恺，一为兵部瑞臣主政凤凌。琴部副郎以丁外艰，止游法国都隆一埠；瑞臣主政则周游各埠，克竟厥差。除英国各名厂、各炮台由驻英参赞官曾敬诒副郎广铨陪同游历代为记录外，所有法、义、比三国游历之事，适皆归宗濂一手经理，亦可谓客居之盛遇矣！兹将二集合而存之者，盖志荣幸也。

一、俄皇尼谷拉第二前者加冕于莫斯科时，我皇上特派一等肃毅伯合肥李傅相为头等贺使。龚星宪之次公子怀西侍读心钊，本在傅相随员之列，中途星宪病危，星夜至伦敦省视，而星宪之病竟得转危为安，盖由于诚孝感孚，遂至有此奇效也。星宪以俄皇加冕之期尚能赶及，用令公子仍赴差所。但由英赴俄为程四千馀里，渡海越荷兰经比利时以达德国而抵俄之旧都，铁路凡需数易，以是拟派员偕行。当于使馆同人中逐加遴选而及宗濂，谓之曰“子忠信笃敬，余所素知，苟肯跋涉为小儿伴，余始放心”云。宗濂应命起程。至俄后，颇蒙傅相及伯行星使等垂青，每遇俄君臣宴客盛会，率挈以俱行，宗濂遂得饱窥其礼节，因亦按次记之。又德国伏耳铿、克鹿卜两巨厂声望夙隆，屡为我国承办兵船炮械等件，归途绕道往观，亦各有所记，并录其中，以志鸿雪。 俄皇登基中国贺使

一、水陆防务制造艺术，皆系外洋专门之学，宗濂于此直门外汉也。所述各节，虽悉心参考，恐谬误相仍，词不达意。世有鸿博，尚其匡诸。

记游目录

朗珊炮台记

朗珊炮台图（图见前插页）

惠德仑王家火药厂

安法尔斯埠

屋薄根郭格利尔造船厂

沙尔勒洛沃玻璃厂

冷箍车轮机器厂

毕褒六响快枪记

马尔茄五响新枪记

比游琐志

义国

德尔尼炼钢厂

拿波里官船坞

好笃恩哥卑兵船锅炉机器厂

好厂承造锅炉机器之二等钢甲战略图（图见前插页）

巴低胜商轮厂

波锄里阿摩士庄炮厂

里芜恩乌朗度船厂

水师兵官学堂

斯卑西亚官船坞

然恩盎萨尔度厂

盎厂承造头等甲船双轮汽机图（图见前插页）

屋德洛厂

法国

游都隆（《薛记》凭英音作多朗）埠记

游历缘由　光绪十九年冬，总理海军事务衙门奏派游历章京四品衔刑部员外郎彦恺、五品衔兵部主事凤凌随同钦差出使英、法、义、比大臣龚前往外洋考察兵戎规制、台坞情形。二十年三月初九日自上海附搭法公司船起程，四月十六日安抵法国之巴黎都城。六月，星宪函请法国海部发给游历护照，札委宗濂会同前往，并将所览何项译述禀报等因，奉此，遂于二十三日晚八点钟二十五分率彦、凤二君自巴黎之南火车站（名里昂）搭车启行。十点钟四十八分过拉洛司镇，夜半一点钟十九分过提崇镇，黎明三点钟十三分过马宫城，四点钟二十六分过里昂城，清晨六点钟十六分过罚郎司城，八点钟零四分过阿维浓城，八点钟三十一分过带拉司公城。以上所经各地，车停五分、十分不等。十点钟九分抵马赛车站，守候半点钟之久，换车复行。午后十一分钟即抵都隆，计行九百三十法里（一法里名启罗迈当，犹言一千迈当。按《外部各国道里表》，中国一里抵法国五百七十八迈当），阅时仅十六点钟。

罚郎司（瓦朗斯）

二十四日抵都隆后，即赴格郎客寓，格郎译言大也。因首层房价太昂，故住第二层楼。部署稍定，即作洋函一件，述明游历缘由，并请订期拜会，送呈水师府尹维业总戎。旋得回音，订于翌晨十点钟三十分接见。按：军门现年六十三岁，由水师学堂出身，历在戎行效力，卓著才猷，叠遭迁擢。光绪十六年（一千八百九十年）升授水师副提督，旋由海部大臣派驻都隆，总管水师船只制造工程、沿海台垒及船坞各事宜。是官法文称为“泼来飞麦利侭姆”，上三字译言府尹，下四字译言近海者，欲求语意浑成，姑称水师府尹。食俸每年二万零八方四十二生，公费一万五千零四十八方，出门稽查费三千八百八十方二十生，出海巡阅费二万一千六百方，总计岁获得六万零五百三十六方六十二生（方即佛郎克，中国驻法使署报销册沿用方字，兹故仿照，以资简便。光绪二十五年九月初一日市价，每三方二十六生半为规银一两，则六万零五百

抵都隆（Toulon）

三十六方六十二生恰合规银一万八千五百四十一两一钱五分〔尾数应合零七分八厘〕)。

拜见都隆水师统领

二十五日晨十点钟二十分，衣冠而往，进谒府尹。府尹立刻延入，握手为礼，举椅请坐，言："得诸公光降阅视水师中各项物件，本军门欣幸良深，当派兵官等逐日轮流追随左右，指引一切。"言毕传兵官卑里谷入室，当面谕嘱，复令与宗濂等行见面礼。遂订于即日午后与该员同谒水师营务处督办副将萨笃米拿沃。宗濂等称谢府尹雅意，并赞其勋望之隆。府尹益喜，答云："负有微名，辱承齿及，感荷之至。余自当竭力周旋，以期诸君惬意称心，饱看各厂、各船、各船坞、各险要也。"宗濂等遂与握手而退。

午后二点半钟，卑里谷来寓，复穿衣冠，与之同谒营务处督办。该督办离座起立，与宗濂等寒暄数语，并云："各厂散处坞滨，各船中流停泊，非可徒步以往，当令小火轮舟伺候。"遂致谢而退。

制造局

回寓更衣，与卑里谷至制造局。按：此局系康熙十九年（一千六百八十年）法皇路易第十四所建，督办其事者姓复庞。复庞本有名艺师，凡皇所收复兼并诸城，悉由彼鸠工庀材、筑垒保护，而各海口之要工，亦兼行经理焉。康熙六年（一千六百六十七年）擢升总监工，权称其才，而才益得展，所办大工，难更仆数。康熙十七年（一千六百七十八年）誊甘克口工竣后，即来都隆经理制造局事。局在海湾之内，三面环山，天然拱卫。先是，都隆一城甚形湫溢，海口名盎利者，为旧时船坞，船泊其中，动多碰撞，复庞乃一一开拓而更新之，固其城垣，坚其炮垒。局前又开河二池，一池名复庞，亦曰新坞，足泊兵船百艘。局内各厂，次第起造，闬闳高大，气象轩昂。迨后拿破仑第三重复扩充，而又继以近世之增华踵事，艺学日新，故觉今日规模尤胜当年数倍云。

制局大门俨如牌坊，撑以花纹青石柱四对，径约五十生的，高约三迈当；下砌方座，上横黑石金字匾一块，颜曰“阿尔失那尔夺拉马利恩纳西屋那尔”，犹言“国家之水师制造局也”。匾之两旁有捏塑神像二：曰战神、曰艺神。匾之上面，正中为国旗锚记，左右有含谜人物，气象森严，规模厚浑，乃路易第十五朝之浮侯提其、哀朗时二人所制也。屋面天幔作椭圆形，其下不但驻有护军稽查出入，且有关役以查兵船水手之夹带私货，有巡捕以察各厂工匠之偷窃物料（工匠约四千名），有水龙夫役以防意外火灾。 水师制造局大门

入门，卑里谷引至码头船务司处，该司与宗濂等握手寒暄，即谕仆从备舟伺候。迨退出而舟已傍岸，乃系小火轮舟也。舱位尚宽，可容十人之谱。行数武，抵火器厂。厂前后有旧式后膛炮数百尊，盖非真不可用之物也，特以近来炮式愈新愈精，新者既独擅胜场，旧者自相形见绌，不能不由船中卸下，堆置岸间。据云：此项炮身短膛宽，不能及远，每开一炮，仅在十馀法里。旁有新式之炮，大小亦数十尊，膛中皆有螺纹，身长管细，口径不过四十七 参观火器厂新旧炮

生的（中国二尺八寸合法国一迈当，每一迈当共一百生的，则每生的即迈当中百分之一），而炮弹所至，直在三十法里以外。以言炮弹，其间亦皆备列，约数百枚。极大者，长一迈当有奇，重七百八十启罗（每一启罗合中国二十四两），极小者，长三十生的；亦有圆式者，则系旧弹。以上各项炮弹，类聚群分，依次排列，并识炮膛口径于其上，云系备查自昔迄今之炮式。

越南炮

另有越南炮三尊。一铸“嘉隆十六年丁丑杏月日造，命名神威无敌大将军十号各三位庚一。初装药十八斤，土药三十六斤；再装药十六斤，土药三十二斤；初装药十四斤，土药二十八斤；顶药十二斤，铜弹三寸半”。一铸“嘉隆十六年岁次丁丑，命名神威无敌大将军十号各三位庚二，重五千九百四十三斤，通长八尺五寸二分，心长七尺八寸，心横径三寸九分”。此二炮似相对偶，现仰竖于火器厂总办公务房正门之左右。一铸“绍治七年丁未，敕赐保大定功安民和众上将军第三位”，此炮尚在红漆木架上，即存堆放炮弹之处。

工粗料脆知为废物

以上三炮系于越南开仗时所得，工粗料脆，望而知为废物。

入屋登楼，至军器厅。厅长五十迈当，宽十一迈当。其中陈设分列三行，极为精雅，皆古之枪刀剑戟、盔甲戈

古代兵器

矛、弹丸小炮也。或作人状，或编盆景，或成果式，或仿树形。或作挂灯，而灯盘数十，团结圆匀；或作大鹰，而嘴中含线，环绕数周（此线长四百迈当，咸丰五年即一千八百五十五年九月初八日，法兵曾以此线贯电放炮，轰

破麦拉谷夫炮台，而克俄国扇排司笃博儿城）。总之，无论何物，悉觉斗合天然，惟妙惟肖，而精光璀璨，净无纤尘，尤可见其人之精于经营，善于珍藏。

由厅向后，循级而下，至箍弹厂。弹壳由他处造成，运送到局，局中发厂加箍。箍系纯铜，宽寸半、厚五分，置于弹口，用机轧转，再入斗机，周围夹斗，凡夹数回，箍即熨贴；乃入刨床，刨出螺纹数条，而箍始告成。但弹膛尚须琢磨滑洁，则另有工人任此操作也。

参观新造铁甲船

登舟复行，至“喀尔诺”铁甲船壳内。此船开造于光绪十七年（一千八百九十一年）七月十四日，而于本年西历七月十二日下水，适在前总统丧期内，故未铺张扬厉。所挂旗帜，俱系黑纱，且仅升半竿，以志哀思。原名“拉柴尔喀尔诺”，即前总统祖父之名姓，以其有功于改立民主，故欲垂之不朽。嗣以前总统因公被刺，乃将此船仅名之曰“喀尔诺”，盖寓双关之意焉。船长一百十六迈当，宽二十一迈当五十生的，船尾吃水八迈当三十生的，压力一万二千吨。船身上狭下宽，船周铁甲水线带以上计厚二百七十五至四百五十密里不等，船面穹甲厚七十密里（以一迈当作千分，而千分之一曰密里）。此时正在布置一切，工人数百，从事其间，铮铮之声，响闻数里。将来舱内拟置机器二具，左右分列，各运船尾螺轮一个，各得马力六千二百匹，汽力由二十四锅蒸出。每钟可行十七海里（每一海里即一千八百五十二迈当），充其量可至十八海里。大炮二尊，口径三十生的；两翼中炮二尊，口径二十七生的，俱用暗藏之罗盘炮台。另有口径十四生的之炮八尊，其台如上；又口径六十五密里之快炮四尊，四十七密里之快炮八尊，连珠炮十尊，以及放雷筒等，无不具备。置炮处首尾离水面九迈当，两翼离水面七迈当，尤为位置得宜，实可预为算准。闻再阅一年有半，即能全竣出海试行云。

泊船码头大厂四所

是船停泊之处，名喀司低肉，在总局西北角，咸丰三年（一千八百五十三年）拿破仑第三开拓至此；其基约广十七爱克带尔（每一爱克带尔即一万方迈当），陆则填实以造厂房，池则开深藉容船只。船可紧贴码头，以便上卸机器。故码头上有大厂四所：曰镕铁厂、曰锤铁厂、曰配机厂、曰整器厂。镕铁厂悉办船中重大之件，故有起重机八副，藉资移运装卸。锤铁厂悉用机力以锤铁板、铁块，故有锤机数具，重率得六千启罗。配机厂于西历七月中旬毁于火，仅存危墙。其后进之货栈，亦被延及，所储指南针、电气器以及麻屑、兽油皆足以助火之力，故所毁几至六百万方云。整器厂专为修改琢磨之事，其器皆由他厂造成，运送到此以备配入兵船；但大致虽已不离，而精微奥妙固尚有待于机力人工。或无孔而为之凿孔，或未光而为之刨光，长者截短之，粗者夹细之，盖无非欲精益求精，俾适于用也。厂后正中有砖囱一座，高七十二迈当，下脚对径得十二迈当，作六角形，凡屋内四大炉之火焰、煤烟，皆由此出。四炉如十字状，上有水锅，锅中之汽直贯汽筒，汽筒动而机杆即随以俱动矣。

再进至电机房，是为各厂电灯之源。机共三副，工只六人，而电表却不计其数。又至湿电房，电在瓶内，瓶插铁丝。据云备置海底雷船所用。

二十六日午后由卑利谷带领坐轮舟至对岸，观最巨之起重机。器系十年前所造，基址以石砌成，作圆式，对径约六迈当，高二迈当有零。上建铁盘一具，状如罗盘，可以旋转。铁盘之上，起建铁房，约高十馀迈当；房中安设锅炉各一，生火蒸汽，以运活杆。房外正对锅炉处，双桅并峙，上敛下侈，每桅约高二十馀迈当，圆周约八十生的。桅端夹有方筒一具，中孔含一铁杆，能随水力自为升降。铁杆下端有双钩，凡有重件，皆以铁链系紧而挂诸双钩，机器一开，钩随杆上，物被钩升，于是转动铁盘，左之右之，适可而止，即将机器反捩，则杆即下垂，物可着地。是日，宗濂等猱升而上，入铁房，登桅巅，观其施展。适巴黎城外排低肉尔地方某厂为“喀尔诺”铁甲船造成之旋台二座运送到局，正用此机由驳船吊起，移置坞滨。机上施力者，只有二人，而在船系挂旋台之小工，却有五六名。计阅一点钟时，悉已布置妥贴。旁有大炮二尊，一口径三十七生的，长十五迈当有零；一口径三十生的，长十三迈当有半。卑利谷云：“此最新之炮也。”

参观最大起重机

生的（厘米）
迈当（米）

又乘轮舟，登“复庞”铁甲快船。是船于光绪九年（一千八百八十三年）下水，长八十一迈当六十生的，宽十七迈当四十五生的，深七迈当九十五生的。船尾吃水七迈当七十生的，压水力五千八百六十九吨。中腰甲厚二十五生的，船头甲厚十八生的，船尾甲厚十六生的，旋台护甲厚二十生的，船面穹甲厚五生的。前后左右大炮各一，口径二十四生的，各重一万五千六百三十启罗。炮身粗而短，盖同治九年（一千八百七十年）之旧式也。其上皆有护罩，炮之升降转旋，只须一人之力，固甚灵捷轻便。乃自有新式炮以来，而此炮即瞠乎后矣。中舱之两旁过道处，排列小炮六尊，口径十四生的，重四千九百五十启罗，亦旧式。又十九生的之炮一尊，六十五密里之炮二尊，连珠炮十二尊，四十七密里之快炮四尊，以及鱼雷快枪无不具备。底舱火炉十六副，汽锅八个，蒸汽运机，机动而尾后螺轮二个即与俱动，随得马力四千一百三十七匹，速率十三海里又百分之九十六。至船内弁兵，统计约四百四十六人。

医官曾游历中国

是日，船主他出未晤，在船接待者某医官、某兵官也。该医官于光绪四年（一千八百七十八年）曾至中国之京师、长城、旅顺、威海卫，且亲睹北洋军容之盛，故于李相尤深倾倒。该兵官于八年前往西贡时曾与联春卿观察芳同舟。据云，伊等本在一木质兵船上，木船已将朽败，今日才迁过来，故一切皆未安排，窃恐有污尊目。又云："此船虽系铁甲，而船身已老，只堪为平时巡弋之用，若遇战斗即当退藏不出。"

钢甲快船专探军情

既又渡登"扇西尔"钢甲快船。船于光绪十四年（一千八百八十八年）下水，长一百十五迈当有半，广十五迈当，深十迈当六十五生的。酌中核算吃水六迈当零三生的，船尾吃水六迈当零八十生的，压水力五千七百六十六吨，风帆得二千一百二十三立方迈当。炮位十四生的者十，十六生的者八，连珠炮十四，四十七生的者六，放雷筒六，鱼雷快枪无不具备。下舱汽锅六，火炉十二，马力一万一千四，机杆每分时转一百零三次，速率十九海里又百分之四十四。弁兵五百二十六名。是船之设，专为探报军情及拦截敌国商船之用。今在澳中停火修理，故一切物件，堆积纵横，信步前行，动多触碍。船主姓禄尔米也，官居甲必丹，待客颇殷；三十年前曾居中国，北至京都，南临白下，酷嗜古董，极意搜罗。据云：一日游南京之白塔古址，见有白石一条，长尺馀，厚四寸，宽如之，爱不忍释，竟奋雄力肩负回船云。

旋至“耽里白尔”钢铁甲船。船长八十五迈当三十生的，广十八迈当，深九迈当五十五生的。酌中核算，吃水七迈当二十生的，船尾吃水七迈当五十生的。压水力七千一百六十八迈当。中腰甲厚五十生的，船首甲厚三十七生的，船尾甲厚三十三生的，船面穹甲厚八生的。大炮二尊，口径四十二生的，长八迈当有零，重七万六千六百三十五启罗，弹重七百八十启罗，火药可装三百启罗；外有护围厚四十五生的，上有护罩厚二生的；其旋转升降以及开门置弹，皆用水力。药弹即在炮门之下舱，随放随升，悉用活机。此外有快炮四尊，口径十生的；又六十五密里之炮二尊，四十七密里之炮二尊，连珠炮二尊，鱼雷快枪亦皆齐备。机器用三叠汽鼓螺轮二具，汽锅十二个，火炉 钢铁甲船二十四个，每分时机杆可转八十七次又百分之三十七，速率每点钟能行十四海里又百分之四十八。弁兵四百零五人。乃光绪七年（一千八百八十一年）下水者也。按：以上三船系在留备之船队内，盖船身已老，而弃之又属可惜，是以虽不用而仍为留备，以待不虞。此次未至地中海与他船会操，盖不欲使船澳虚空，为人掩袭耳，其用心诚远矣哉！

参观都隆

二十七日为安息日，船厂停工，兵官放假，故于午后雇车出游，周历全城，旷观形势。城高二丈馀，墙作雉堞式，砖石合砌，上覆坚土，外有旱濠，深广如之。城形如弓背，东、北、西三面环绕而缺其南，盖南即制局及船澳也。城门有十：曰模利勇、曰纳佛、曰义大利（此门通义大利道，故名）、曰拿忒尔达姆、曰散搭呧、曰法郎司、曰捺西屋那尔、曰米西爱栖、曰麦尔蒲司甘、曰拉哥白郎。门共三重，外有吊桥。目下不特无须拔桥，且门亦彻夜不闭，地无盗贼可见一班〔斑〕已。城东有校场二，名马囡佛尔、麦尔司。再上为火车货站，东北为陆军火器栈，而马赛来之搭客火车，则于散搭呧及法郎司两门之间穿墙而过。正北有二镇：曰散洛克、曰拉司桥。西北为往来马赛之行人孔道。正西有麦尔蒲司甘炮垒。西南为火药厂，厥名米洛。至大厦层楼鳞次栉比处，俱在城之东北隅，即制局后面也。此中有水师府尹署、水师词讼署、水师火器局、水师医院、水利学堂、船医学堂、天主教司铎署、审理民讼署、判断商讼署、秉公调处署以及帮审局、官学堂、博物院、公书库（藏书二万部）、官银行、电报局等。虽市肆繁华远逊马赛，而枕险扼流、无懈可击，则实在孛来斯德、扇侯蒲儿、洛里盎（《薛记》作罗里温）、禄司福儿（《薛记》作罗淑佛）四埠之上。盖由于山冈环抱，海水潆洄，屏卫既出天然，设防尤极周密也。东南角双峦对峙，一曰格洛司都尔，一曰爱其一得，各有暗垒，其间空隙宽约四百丈，为船澳入海之门户。乃正中更筑长堤一道，叠以巨石，巩固异常，宽约二丈，长约二百丈，高出水面约丈馀，惟两端近峦处留作兵船出入之所，设有敌船闯进，何难聚而歼旃。然而未已也，爱其一得之西南山角，有排拉其哀炮垒，其下变成一湾，湾际伸出一颈于此，又成一山，名扇彼角，上有炮台，曰喀拉格，恰如船澳门外之卫屏。偏东一山为喀尔甘郎恩，与此相对成犄角势，亦有炮垒，名谷尔拿沃尔。此处口门宽约千丈，兵船入澳先须经此，然后向西转湾，故于正北之沿海山陂，又设炮垒三座：曰马尔格里忒、曰吊楼、曰散鲁意，防敌舟也。如是而地中海一边，遂有一夫当关万夫莫开之势。然犹恐义大利之由后包抄，越山而过，特于东北之果同山（高七百零二迈当）、反隆山（高五百三十四迈当），各建巨炮台一。至此外之山凹岭隙，依山作垒、凿壁为墙、暗藏炮位、用固金汤者，更密若繁星，难以枚举云。

二十八日由兵官拉徐耶尔覃带领，乘舟至模利勇船厂。澳中风浪极大，船极颠荡，水溅满舱。行数时，诞登彼岸。迎面即锯木作，基颇广，器亦多。四月前屋毁于 参观船厂火，尚未建复，只馀危墙破顶，而机器尚适于用，工匠数名仍在其中锯木。再进有船壳房五所，俱以砖石砌成，盖备造船之用者。其座内耸外低，低处临澳，而阻以坚闸，是为安置船尾处；入后愈进愈高，则置船之中段以及船首者也。两旁搭成大架，如梯形，则备工匠上升配合铁板者也。船壳造成，始抽坚闸，并撤四周钩搭之物，而船壳自然倒溜而出，以入于水。现因船身竞尚高长，故原有之五房已不合用，特于其旁另建二房，然皆系木板支架，一即在内造成“喀尔诺”船壳者；一正造铁甲船一艘，名“巴斯格尔”，长约百馀迈当，宽十馀迈当。工人百馀正在钻孔钉板，而钻之转动，纯借电力，乃从总电气房用电线通来者也。继至杂铁坊，是坊所作之件，皆系船中应用各料，如铁板则须修剪，铁钉则须镌纹，以及钻孔、压凹等事，无一不须机器，而机器花样百出，皆能从心所欲不逾矩，故人工省而出货多。即如螺丝钉者，以三人运用机器一副，每日可作五千枚云。惟锤击熟铁一项，全用人力，不免费时费工。坊之对面，系汽锅火炉，炉火纯青，蒸成水汽，汽力推出而机器总杆以动，总枢动而支杆之连以皮带者，即无不俱动。此法在中国之各处制局，业已通行。又观对面之屯木栈，高大闬闳，间数甚众，系道光二十五年（一千八百四十五年）火烧后重建者。其中所储，悉系榆木，盖皆造船之料也。

旋复渡登“乌拉冈”鱼雷船。是船能行大海，系光

鱼雷船

绪十三年（一千八百八十七年）下水，长四十六迈当，

宽四迈当零八生的，吃水三迈当，压水力一百四十七吨，马力四百三十四，速率二十海里。船面有鱼雷六具，惟雷筒只有四个，分列左右前后，馀二雷备添放也。雷分三截，首截装棉花火药，尖有机簧，被触即爆；中截收空气之力；后截藏机器，能自鼓荡，尾后有螺轮随之转动。凡雷架于雷筒内，用气力以迫之使出，即能入水直冲，可及四千迈当之远。船首两翼，快炮各一，口径四十七密里，每分钟可放十五炮。船尾下舱为船主及兵官之厅事、卧房。中舱系机器房，除汽锅火炉外，有放雷炼气机，据称每一立方生的之地位，可作气力一百启罗；有发电生光器，以作电灯；有化咸为淡器，以作淡水；有作风生凉器，以助火力。虽舱甚狭小，而布置有条，恰如分际。再进数武，有一小室，如轿形，矗立船面，乃船主了向转舵、发号施令之处也。头舱为水兵卧榻，兵弁合而计之，共有三十五人。 发电器

二十九日由炮官扒买尔带领，乘舟至船澳之西边，恰为居中扼要处。登岸向北，转而西，入小径，于树林阴翳中，循级而上，见有石室二座，高约三迈当，内藏火药、药弹。石室上面，覆以泥土，厚约三尺，生有小草，色甚青葱。自外观之，直与培娄无异，行经其下，实系峭壁天成。石室左右，有大炮十尊，口径自十九至二十四生的，命中及远可及八启罗迈当。炮门皆对船澳，炮架置半规铁盘之上，以便炮门移向，而且架有活机，一人之力可以转拨自如，令炮升降。若夫置药装弹，用机递运，佐以人

工，亦甚快捷灵便。阅毕由邪径出，却系花园一所，内设加非馆，游人常在此小憩焉。

登舟，至澳口之左，即模利勇厂后之东南角。石冈高约十迈当，盘绕而上，炮垒有三：一曰拉玛尔格，大炮五尊，口径三十二生的；一曰卜里哥呿，炮共十八尊，口径十九生的，盖备学生操演者；一名格洛司都尔，大炮十尊，口径二十四生的。名为三垒，实在一处，不过前后左右次第排列耳。外墙系天生石壁，内建石房，备储火药，共有十馀间。按：格洛司都尔一垒，本开造于路易第十二，继之以拂郎沙沃第一，而成于显理第二，其为都隆及船澳之护符，由来久矣。

既而渡过对山，即澳口之右，所谓扇彼角者是。茂林葱郁，怪石嶒崚，盘旋曲折，拾级上升，高约二十迈当，即至山腰，豁然平旷，砌有石墙一道，形如半规，长约百馀迈当。门外有悬桥一，桥下系深沟，却无水。入门有二炮，口径十九生的，再进有石室数座，地穴数重，备兵丁居住并藏火药、药弹也。迤逦稍东，有大炮三，口径二十四生的，则遏敌船入口之道。

七月初一日辰刻，往谒府尹维业，请其介绍函恳陆路提督多禄，派员领阅高岭炮台。府尹立请文案作函，饬仆陪送。当与多禄接晤，知其所辖各员，是日各已他往；因订于翌日会齐，察看后山之反隆炮台。乃复折赴营务处，与萨军门订观水师医院。

参观水师医院

午后，营务处派兵一名，陪送登舟，以达医院。院在扇彼角之查尔治湾口。至则早有医官首领率其副医前来迎迓，缘伊等早接萨提督电信，故预知宗濂等之去也。遂派司事一人，带观各处。入大门即长方场地一区，碧树参天，绿阴匝地，两旁长凳颇多，藉供病人憩息。屋宇一正两厢，分上下〔中〕下三层。厢屋下层为兵丁养病之房，一室共百馀榻。丈服役之“教门善女”①（中国俗称“童贞姑娘”，其实亦有孀妇为之者，惟实心为善，玉洁冰清，实属可敬可重。华人仅见佛门之尼姑，致以己度人，妄加此言议，盖适足以自形其短耳）则正屋下层为其卧室。中层为兵官居住，一室约四五榻，且华美过之。上层为医院办公人员之房。病房内床褥固莹白如玉，地板更净无纤尘。病房外两面俱有走廊，宽约三迈当，长约百馀迈当，一则备病愈无力者之散步，再则使日光不进，清气大来。正室与两厢相距约七迈当，每层俱架桥以通之。病者每晨由正、副二医督率学生九人亲来验视，应用何药即令药司配合，授意于教门善女，俾之照料。此项善女，共二十名，各有专司，目张纲举。除伺候用药外，更有督办饮食者、管理器具者及收藏病衣者。盖病人所穿之内外衣服，皆由院供给，宽舒绵洁，体适可知已。 教门善女

后进即山巅，半腰有自来水柜，形如方规。广四十馀迈当，高三十馀迈当，上用石板盖之，水自都隆后山发源处用铁管接来。拾级而升，适经其处，潺湲如瀑布，清越

①教门善女：修女。此处文字上下疑有误植或脱漏。

如远钟，其声历历可辨。盘旋以进，竟抵岭头，见有围墙一圈，内即坟地。凡病故于院未有家属领尸者，俱葬于此。约略纵观，坟近百所，各有牌识，俱在青松翠柏之间，实非蔓草荒烟可比。内有丛葬之坟一，标以巨碑；守坟者指而告曰："某年月日，'勒望司'船汽锅爆裂，伤人三十馀名，尸成肉酱，无可分晰，故合葬也。"

折而下，至圆顶之礼拜堂。堂底正中，供耶稣母像，两旁皆椅位；上有楼，如圆廊，然亦有椅位，盖备病人拜祷者。前面有花园，大可四亩，异卉奇葩，四时不断。中有石砌水池，池藏机器，喷出之水约高二丈。病者憩坐其间，对花玩水，直足去病忘忧。此中有平屋两所，分列左右，宽纵约二十馀丈，上有气洞，外备走廊，凡患痘症者，则置于此。目下室无病人，床皆搬撤。虽墙灰甚白，不染尘氛，但医家已嫌其不洁，故欲乘此空隙，重刷白灰。

机器洗衣

出门至码头旁之机器洗衣作。其法以应洗之件浸入水池，时许，取置圆桶，桶随机转，而其中衣服自被敲击，加以胰水渐渐淋入，则所有污迹即已浮起，乃始取出，再入碱锅蒸煮，末置清水漂净，而污黑之服，遂成洁白。夫而后晒干于太阳，熨贴于机轴，即与新者无异。然患时疫者（痘症亦时疫之一）之衣，易于传染，故须另入汽桶烘逼一番，去其病气，方能并入他衣一同洗濯。此职亦由教门善女督率女工办理。院由国家建造，其常年经费，在水师公帑内支销，然病人入院治病，仍须贴费若干，即于俸薪内扣，今为数甚属式微。此院背山面水，且得海气，故为养疴善地。若自此向东北角行，即至昨见之喀拉格炮垒也。

初二日，陆军提督多禄派炮台官维来克兰尔带领登山。乘车出西北角法郎司门，盘旋曲折而上，约行二点钟，路刚及半，马乏不能进，乃先至其旁之扒栟炮垒。垒式已旧，四十年前所造也。中有守兵四名，炮弁一名。弁与眷属同居台内，兵则八日一轮。见有石室一座，共四间，宽纵约十馀迈当，为屯兵藏药之所。上置了台一，约高二迈当。台之南墙，有一日规，中插一针，周围有十二点钟码号，针影至何码，即知其为何时，试与时辰表对，果累黍不差。台前有护墙，高约一迈当，而俯视墙外，却有二十馀迈当，盖墙系天生峭壁，于内开深，筑成台式者也。了台左右，有炮八尊，口径一百二十密里。 参观炮垒

阅毕退出，徐步上升，约行二点半钟始抵山巅，高于海面五百三十四迈当；厥名反隆，炮台同名。同治十二年（一千八百七十三年）所建，费资不下四十万方。东北向为台之阳，墙皆峭壁，俯视之，约深百丈，远望之，仅如危岭，故炮门皆向此边，防义大利也。西南为阴，亦系石冈，约高四五十丈，其上所建之垒，仅露其半。西向有一门，门外有吊桥，入必由此。其中石室凡二层，有走廊彼此相对，中成一院，形为椭圆；各室备弁兵居住，可容六百馀人。东边有地道，道旁皆密室，则藏火药、药弹。大门之右有水柜管柜，在山穴容水六万立方启罗，水由积雨 反隆炮台

所汇归，而滤以沙屑、炭屑，则其洁可知。旁有厨房、粮栈，俱甚周密。石室之顶，铺置厚泥，故生青草。东边有炮六尊，口径一百五十五密里；西边有冲天矮炮二尊，弹作圆形，对径约五寸，乃嘉庆六年（一千八百零一年）拿破仑第一在多来（今属义大利）所铸者。台阴另有炮垒一座，名阿尔低格，相离三十馀迈当，却在此山之下陂；其间开成一道，如旱濠然，与此相接。此处守台兵现止二十名。台之西南，都隆城、制造局及澳中船只、拉扇呞湾弟兄石（石峰两座对列海中，故名）俱历历在目，正南之扇彼角亦如在面前。东望有果同山，东南见以、哀二岛，徐爱地嘴横亘于地中海面，或遥相环抱，或酿成港汊，俱足为船澳犄角，形胜若此，观止矣，蔑以加矣！

时已向晚，乃亟与陪游之官循途而归，至半道方得复坐前车，疾趋而下。其间道路虽多弯曲，然平坦可喜，无论若何沉重之军器，皆能用车装运以达炮台；当时，开山筑路时盖不知费去几千人力，几万金钱矣。兵官曰：“都隆一城向来雨少晴多，自各山培种松柏及橄榄树后，居民遂得时获甘霖。”抵寓已七点一刻，因请陪游者在寓晚餐，彼亦欣然允诺。

参观回埠之钢甲船

初三日午后，地中海会操各船已进船澳，盖缘水师府尹知宗濂等不能候久，坐费旅资，故饬令该船等提前回埠，以便宗濂等阅看也。当由营务处派兵官常司尔姆带领，乘舟登“福尔米达白尔”钢甲船。先谒船主费爱隆。

据称曾到上海、燕台①、天津等处。继见总统地中海师船之水师提督扒沃苏堤，寒暄数语，即行辞出，已有本船兵官在前引导。先至下舱，观机器房、鱼雷房、火药房、弹子房、电灯房、杂货房，布置整齐，规模阔大。继至中舱观放雷筒、中号炮、梅花炮，皆有活架，旋转甚灵。试为手摇其柄，炮即随之上下左右，而手中实觉举重若轻，毫不费力。末至舱面，观大炮，登桅竿。大炮共三，口径三十七生的，重七万六千七百八十启罗，皆在旋台之上。台甲厚四十五生的，而上有钢罩护之，计分头中尾三处安放。桅竿有二，分置前后，各高十馀迈当，对径约一迈当有零，中藏螺梯二座，盖一备登，而一备降也。及巅，有围栏一圈，内置梅花炮四尊。退而下，至船头左右，见铜炮四尊，则备接送贵客开放者。先是，宗濂等将至此船时，适海部尚书福尔自此乘坐划船由小火轮拖带上岸，船中升炮为礼，所放之十九炮，即用以上之铜炮也。兵官曰："接送国主升炮二十一门，若他部尚书，则开十七炮耳，惟其为海部尚书，故比国主少两响，比他部尚书多两响。"又云："现在临阵放炮，除弹中已有火药外，须另加无烟火药，缘较有烟者力既大而质且轻。计在中号炮中用药五十启罗足矣，大号炮倍之，计须两桶。妙在装药装弹，皆有活机，甚为快便耳。" 装药装弹皆有活机

查是船火炉三十六个，汽锅十二个，机杆之转，每分

①燕台：即烟台。

时得七十二次，马力六千八百十六匹，每钟速率可行十六海里。中舱之面甲厚八生的，两旁有口径十六生的之炮四尊，十四生的之炮八尊，梅花炮十八尊，四十七密里之炮十二尊，放雷筒六具。汽机系克鲁苏厂所造。尾后螺轮二具。船身之甲，水线带以上中段厚五十五生的，前半厚四十生的，后半厚三十五生的。船长百迈当，宽二十一迈当二十四生的，舱深八迈当五十二生的。酌中核算，入水七迈当九十六生的，船尾入水八迈当零八生的，压水重力一万一千四百四十一吨。弁兵六百四十五名，惟水师提督所带人员，尚不在此数。

全船设施式样尺寸

游毕登岸，时光尚早，因至船样院。院在制造局大门内之右边，即钟塔后第一进屋之首层。先过穿廊，甚形晦黑，旁皆房间，为各艺师办公之所。廊尽而见院墙间排列各人物，笨而巨，皆从旧船拆下，盖古固有以此为船之装饰者。再进入右首一间，约长二十迈当，宽十迈当，内有船样、炮样、炮台样、炮架样、机器样、锅灶样，有木质者、有铜质者、有铁质者，杂列三行，各标来历。正中桌上玻璃方匣内，有绿绒方垫一块，上置铜匙一柄，盖当拿破仑第三来厂阅视时，厂员以此上献者也。由此室出，再往前行，两旁有木栏，内亦置船样数十，右边为近时兵轮之样，左边系古时帆船之样，大者长三迈当，小者长一迈当。据闻每造一船，必先构一样，乃今院内所陈十缺八九，询其故，知有珍藏而秘未发院者，亦有移往巴黎之罗佛尔博物院者。

各式船样

初四日，由兵官提夫尔带领，乘轮登钢铁甲船“屋司”。船主他出，当由船中小兵官麦尔低尼指点一切。麦尔低尼年才二十以外，两年前曾在中国随同游弋，故能操日本语言，兼识中国字意。当至中舱，先观两翼炮位，计有十四尊，口径十四生的，能及八法里之远。另有放雷筒四个，鱼雷十馀具，快炮十二尊；又口径十四密里之炮八尊，六十五密里之炮二尊。复至下舱观机器房，计有水锅八个，火炉二十四个。尾后螺轮二具，每分时可随机杆旋转七十六次，马力八千一百二十四，每点钟能行十五海里及百分之十三。此外有火药局、药弹房、电灯器、制水器、升药器、转舵器，而舱面有铁甲护之，厚八生的。船尾有医室、有货栈：医室备治病，货栈备养生。返中舱，入麦尔低尼房，见有中国石印《说岳》一部及日本书籍甚多；其房亦极精致，胜于法公司船之头等客舱。

船中小官曾至中国

石印《说岳》

继登船面观大炮，计有二尊，头尾各一，口径三十四生的，重五万三千二百三十启罗；又船面中腰之后，两旁亦有炮各一，口径二十七生的。以上四炮皆在旋台之上，台甲系钢质，厚四十生的，而护以钢罩。每台后横洞内，各有十四生的之炮一尊，计共四尊。头尾桅上第一层圆栏内，各有梅花炮四尊；其顶有电气灯，光能远射。船于光绪十二年（一千八百八十六年）下水，长一百零二迈当四十生的，宽二十迈当，深十三迈当十七生的。船尾入水八迈当三十生的，而酌中核算入水计得八迈当，压水重力一万零五百八十一吨。船腰护甲厚四十五生的，船尾三十

船中大炮配置布局

五生的。弁兵六百三十一名。观毕而退。

复登“麦尚达”钢铁甲船。船主姓甘郎扒司格，立谈数语，即派兵官指示各物。观机器房、火药房、铁链房、电灯房。布置与他船不相上下，惟其升递火药用铁轨盘车，似稍有异。铁轨钉在船面之下，系药铁链即于轨中钳住，而人乃以手推挽，遂得攸往咸宜。各处舱位，尤极精雅，因原备水师提督坐用故也。船长一百迈当六十生的，宽二十迈当，深十三迈当十七生的。船尾入水八迈当三十生的，而酌中核算，全船入水计得八迈当，压水重力一万零五百八十一吨。船腰钢甲厚四十五生的，船头厚四十生的，船尾厚三十五生的。大炮四尊，口径三十四生的，重五万一千四百八十启罗，分列船面之前后左右；皆用旋台，台甲系钢质，厚四十生的。快炮十六尊，口径十四生的；又快炮六尊，口径六十五密里；又快炮十八尊，口径四十七密里。机器房分作两行，尾后螺轮二副，下舱火炉二十四个，汽锅八个。机器总杆每分时转八十八次，马力一万零八百七十七匹，每点钟能行十六海里又百分之二十。系光绪十六年（一千八百九十年）下水。弁兵共有六百五十一人。

钢铁甲船各项配置

初五日为安息日，各厂停工，水师兵官亦例得休息，是以无处可游。

宴请陪游

是日，柬请陪游各官晚宴，计因事辞谢者，有扒马尔及常司尔姆二员；到者三人，即卑里谷、拉徐耶尔覃及提夫尔是也。席间卑里谷言：“各工厂各炮台各兵轮，头绪纷繁，非一寓目间所能记忆，必须考求三四月，重游五六次，方能详哉言之，笔之日记。今诸君既亟欲回署，必须多购图籍，藉资考证。”提夫尔问：“中国官员是否可为祖若父代请封典?”应曰“然”，告以详细。提夫尔深羡我邦法制之善，且云：“苟无此例，是淹没为亲者教育之恩矣!”言次似甚悒悒。席将终，共饮香槟，提夫尔举杯起立而祝曰：“余今满饮此杯，敬祝中国大皇帝万寿无疆，中国水师蒸蒸日上，中国钦宪勋福崇隆。诸君子差竣旋华，更以所考各端，见诸实用。”余等谢其祝词，还祝法总统之康强逢吉，法水师之月异日新，法水师府尹之年高望重及彼等各官之前程远大，并他时再见于玉帛往来之地，冠裳晋接之间。席散登楼，坐谈数刻，始各尽欢而散。

多购图籍藉资考证

初六日午后，游拉扇吾船厂。拉扇吾在都隆西南角之海湾中，亦一市镇，居民约一万三千一百六十六人。其间有船厂一所，名福尔时爱桑低哀夺拉梅地耽侯拉南，犹言地中海之锻铁造船厂也。厂有三：一在马赛，造炮；一在哈佛，造船；一在此，亦造船，而为三厂之冠，工匠约二千馀名。厂系商人纠股而立，每股法金五百，共合十三兆方，现在市面票价每股值金五百六十方。总司厂务者，姓拉茄呃，是日他城适有会议事件，于清晨出门，预嘱参赞某优为接待。据该参赞云：伊厂与中国素有交谊，福建船政局之总监工魏季渚太守瀚，昔奉船政大臣之命，在伊厂习艺，学成而归。又曾代制船料一副，运往闽厂配合云

船厂与华素有交谊

云。言次，艺师某亦至，遂由彼引观一切。

参观船厂

先至大厂一所，中有切钢、钻孔、做钉、锯木等机器，群分类聚，条目秩然。楼上为绘画船图、构制船样之所，前代法国、日本、智利所造之兵船，其样尚存；而商船、运船之样，更复不少。统而计之，盖已造成九十六艘。再进系木作，专制船舱之装潢物件，虽不用机器，而亦甚精工。退而下行，至后厂，是为发电运机之总房。器共二副，并列其中，间日轮用。所有各处机轴皮带之旋转，皆电力为之。澳中泊有船壳五艘：一商船，长九十迈当，宽十八迈当，入水七迈当，盖备他日往来于马赛、巴西者。又一铁甲快船，名“蒲维吾”，长一百二十四迈当，入水八迈当，乃法海部所定造，为防守海滨之用。船中布置大致已成，前后俱用旋台，炮之口径系三十四生的，而辅以快炮、鱼雷数事。据云本年十月即可告竣交收。此外三船，一系修理，二系新制，皆铁甲兵船，时晚不克遍阅。

法国都隆船坞图（见插页）

都隆沿革考

都隆沿革

都隆本罗马属地，原名耽禄麦尔低俞司，今名都隆，殆“耽禄”之转音。昔以煊染红色重于时，厂在今之勒浮司山脚达尔覃吾谷中。罗马王派有大员督理其事，盖所重在染厂，而初未计及海口也。但地居冲要，屡被干戈。

相传汉平帝之前（耶稣纪元），是地毁而复兴者七次；后百馀年至南宋理宗元年（一千二百二十五年），毁而复兴者九次。每次兴作，必移改城址，末次始择定高阜之区以为栖止，即今城内俗称为旧地段者是。

夫竟委穷原，固觉代远年湮，荒邈难于考证，然事之信而有征者，实始于唐昭宗（九百年）后。时亚喇伯人方肆蹂躏，居民大受夷伤，而复继之以北蛮拿尔芒人屡来骚扰，以致困苦颠连，生灵日蹙。如是者盖数百年，列侯阿耳其亚姆第一奄有斯土，抚治弥勤，恩施备至，民始渐得生机，复臻蕃衍。继之者为查佛来，又被亚喇伯人所瘐死，遗一女名茜皮黎，以其地售于捺泼尔（一名拿波里，今属义大利）王沙尔唐锄，民间颇感王之仁惠。元仁宗三年（一千三百十四年），禄倍尔（前王之第三子）准民公举议绅十二员，并设理事局二所。元仁宗七年（一千三百四十八年）①，后主柴吾（即前王禄倍尔之孙女，承袭君位）以都隆改为县，设理事官。

明成化十六年（一千四百八十年），法王路易第十一据泼禄望斯省，遂及都隆。时只于海边有围墙，墙上建了楼耳。路易第十二（明弘治十一年一千四百九十八年为王，继其堂兄沙尔第八之位；沙尔第八为路易第十一之子）命在东南地舌上添建一垒，名格洛司都尔，至拂郎

①元仁宗七年应合 1318 年；1348 年则为元惠宗至正八年。

沙沃第一（路易第十二之婿，明正德十一年即一千五百十五年①登君位）时工始告竣，并于沿海一带及城外各要隘加筑台垒，但未臻坚固。明嘉靖三年（一千五百二十四年），西班牙王沙尔第五之大将蒲尔蓬率军破之，惟格洛司都尔一垒岿然独存。迨显理第四（明万历十七年即一千五百八十九年，因内兄显理第三无子，由众公举入继其位，遂为法王。显理第三即显理第二之子；显理第二即佛郎沙沃第一之子），都隆民数既繁，而保守之法亦形精密：筑围墙、加堡垛，并添建散得喀得利吾及散当笃爱吾两炮台，又在海口筑长堤二道，以杀水势，即今之商船澳是。澳旁馀地，为停泊兵船及起建制局之用。列侯沙复沃公、爱彼尔农公合兵来攻，为民击退，而城得保全，显理感焉。明万历廿四年（一千五百九十六年），守城总督有事远出，显理即托民间照料，并以城钥交之。

路易第十三（显理第四之子，万历三十八年即一千六百十年登王位）朝，此城既日渐繁兴，路易第十四（前王之子，明崇祯十六年即一千六百四十三年为王，年才五龄，由母后摄政）重建制局，而规模益觉堂皇。顺治十七年（一千六百六十年），王巡阅都隆、马赛，而以都隆为胜于马赛，不特当众昌言，且于海部档案中亲笔记录，言“都隆一埠形势利便，为欧洲第一善地，尤宜屯泊水师，装置军器”云云。首相哥尔培欲使都隆为头等

①为正德十年。

军埠，倩工师复庞绘图以呈，重事营造，而卒以工程浩大，不能不量力施行。

康熙十六年（一千六百七十七年），都隆大火，民舍荡然，遂多隙地。康熙十八年（一千六百七十九年），法在尼培格（荷兰国城名）与西班牙、瑞典订约成盟后，复在制局前开成一澳，名奴佛尔达尔司，可容兵船百艘，并添建绳缆厂、布帆厂、军器厅、火器场及医院、学堂等，无不硕大崇宏，各臻绝顶。侯爵扇业来（即哥尔培之子）克承父职，康熙二十三年（一千六百八十四年）来阅都隆，深知旧式桨船不足以载力大之炮，因令制局重建战船，加高尺寸。水师中自明此道，都隆气象一新。同时又建城墙一圈，悉合韬钤之法，并于澳滨维严德、爱其一得、格洛司都尔、排拉其哀四垒外，添设散鲁依一垒。康熙二十八年（一千六百八十九年）设立水师府尹一官，总制制局、船澳及地中海各兵船事宜，都尔维尔即补授是缺之第一人也。路易第十四屡兴远略之师，所向披靡，横行海上，皆得力于此。

重建战船加高尺寸

康熙四十六年（一千七百零七年），奥国大将王爵欧然恩、萨复沃公维克笃尔阿梅覃合力大举由陆路来攻；英水师提督苏会尔率兵船四十七艘、炸炮船二十九艘，由水路进击。泼禄望斯总督伯爵格利宁闻警驰援，布置速而防守以固。欧然恩有退志，维克笃尔阿梅覃不允，竭力合攻，破阿尔低格一营及散得喀得利吾一垒。乃八月十四夜格利宁督师一万四千人及城中百姓掩扑敌营，戕萨克逊古

奥英来攻反击得胜

丹公，破敌占之散得马尔甘利忒山头，而敌之陆军大溃。苏会尔移船进逼，大放开花炮，但猛烈而弹不能炸，大半炸在半空，只沈法船二艘。而澳滨炮垒还击之炮，则弹无虚发，大创敌船。二十一、二十二晚，英师含羞尽遁。

乾隆二十一年（一千七百五十六年），法将里司里安自都隆起兵，乘坐茄里重尼哀所统师船一百六十七只，往克巴尔马翁岛（在地中海面，本西班牙地，英人占之，法故往夺，既又还之英人。乾隆四十七年，即一千七百八十二年仍为西班牙人夺回），后有奸臣姓帛里哀名尼谷拉者，得英人之贿，以师船尽行售脱。乾隆三十九年（一千七百七十四年）沙沃收尔公起而整顿，急令造船，则制局中苦无宽地，足以一时并举兴造多船。木匠毕佛进一策，当即采用，令工师克禄沃虐尔如法办理。

木匠献策如法办理

乾隆五十八年（一千七百九十三年），法兴举立民主之议，王党内应，引英兵潜入都隆。时拿破仑第一在民党中为随营裨将，因各大帅会商破城之计，遂据图立说，谓宜先破不低徐孛拉尔带炮台，方可迎刃而解。众用其计，遂将敌师逐出，而拿破仑之才艺声名从此大显。英师濒行，焚屋宇，杀民人，残暴不仁，于斯为甚。拿破仑既充民主，以都隆改为沿海邑城；即王位后，令制局中添造新澳二处、炮台一座（炮台即名拿破仑），并将一切被毁之堡垒，尽行修理完整。道光十年（一千八百三十年），得阿非利加之阿尔及耳，都隆益成重镇。

拿破仑之成名一战

道光二十四年（一千八百四十四年）法王路易非利

泼（即路易第十六之长孙，父名非利泼查然夫，早故——拿破仑第二次出奔后继登王位者，为显理第十；显理第十即路易第十五之孙，道光十年即一千八百三十年为民逐出，遂举路易非利泼为王）又令在都隆后山造反隆炮台。自此都隆一城遂觉固若金汤，安于磐石。特生齿日繁而城嫌隘小，且制造局又占地不少，以致居民稠密，气不流通。咸丰二年（一千八百五十二年），民主拿破仑第三首次出巡南省，即顺舆情饬令拆去北城，大为开拓，而以城外三郊归并城墙之内。自此以后，都隆无甚变更，日形繁盛，且地介于西班牙、义大利之间，与阿尔及耳仅隔海程二日，诚如拿破仑第一之言，都隆为地中海总钥，苟非法国依允，他国不能轻开一炮也。 都隆为地中海总钥

制造局船澳考

制局分三大所：正中而居东北角者，曰阿尔赛那尔夺拉玛利吾纳西屋那尔，译即国家水师制局之意。西边者曰阿尔赛那尔喀斯低肉，喀斯低肉本旧时地名。以上两所共得地二百七十爱克带尔（每一爱克带尔即法国一百弓见方，亦即一万方迈当），又喀斯低肉及密西西池之中有地得三十七爱克带尔。东南角者曰阿尔赛那尔模利勇，模利勇亦旧时地名。此厂形如半规，约地一百爱克带尔有零。 制造局船澳布局

正中制造局内计有时辰钟楼一座、码头船务司及造船工师之公所、船样院一所、绳缆栈一所——此栈起建于康熙七年（一千六百六十八年）而成于乾隆四十三年（一 制造局

千七百七十八年），始事者为复庞，竣工者为李甘。长三百二十迈当，宽二十迈当，上下二层，四周有亭；上层置绳缆及各项日用器具，下层置各项铁件以及皮带作、绳缆作。此外有镀铅作，则在另一所小屋内，系将铁钉、铁片、铁链等浸入铅炉，镀以薄铅一重。铁器作系制厨下锅炉、烘面包灶、提制淡水器等——据闻此器每点钟可作淡水三百利脱耳①（即一立方迈当之十②，合华一升三合五勺有奇）。打铁作其大同绳缆栈，如转舵器、铁锚刺、船舵柄等，遇有损坏即在此中修配。内有大铁锤一，重一千五百启罗。

船桅厂

船桅厂在局之尽头，房分二层，下层制桅梗、帆杆，上层制布帆。船桅厂之左右有造船屋二所，高二十五迈当，宽二十二迈当，长八十二迈当。又一所为小修船只之用，只有石座而上下周围无遮蔽。又货栈一所，内储紧要物件及各种油料、火器。场一方，堆积大小火炮及药弹等件。军械院一所，内藏各项枪刀，如古董然。修船坞三：一系乾隆三十四〔九〕年（一千七百七十四年）工师狲禄沃虐所建，形如大船，砌以坚石，前面用闸，后面有吸水器。一系道光十年（一千八百三十年）工师培尔那所建，其式同上。又一坞较大于前二坞，造费甚巨，可容大号船或小船数只同时修理。

---

①利脱耳：公制升，合今一市升。

②疑有缺字：一利脱耳合一立方迈当之十。

各种作坊

喀斯低肉厂有镕铁作，镕制船中大件；镶修作，系将船上应用之件配合得宜；配器作，系将机器配合，发交船中应用，房屋已遭火毁；打铁作，与正中制局者无异，惟规模较大；总机房一所，内有气锅、火炉，为各作机杆转动之源。修船大坞三。一长百迈当，宽三十迈当，深十迈当；当时挖去坚石三千立方迈当，泥沙细石四万立方迈当，底铺石板厚五迈当。周围砌成石级，前面有闸，闸之两端有门，各宽一迈当，可以放水入内；后面有一迈当三十生的高之吸水机管，引水入地道之中。又一坞，法如前，惟较长二十迈当，而四周无石级。其三比前二坞更大，可容三层舱之大船及二号船一只同时修理。杂货栈堆积各船应用之食〔似应作“杂”〕物；又铁锚场一区，内置铁锚，小者重一百五十启罗，大者重四千启罗；并有面包房、洗衣作、宰牲处、堆煤场等。

模利勇厂

模利勇厂以造船为专业。其北有二池通澳内，储榆、杉二木，分列左右，上压铁块，俾浸水中以免干裂。池南大屋一所，则系木栈。此栈系道光二十五年（一千八百四十五年）八月初一日火毁之后重复建造，据闻所毁木料值金五百万方。栈之对面大屋内，系熟铁厂，专作船中铁板、铁钉及一应铜料。西头转湾有造船房五所，另二所较长且大，但上无遮蔽。又机器锯木厂一所，才毁于水，尚未建复——此三处局厂之情形也。

厂前大池

局厂之前有大池四：东边者曰维爱依，曰复庞；西边者曰喀斯低肉，曰密西爱栖。每池各有边限，以水泥及砖石筑成围堤，堤各有隙，被〔彼〕此相通，可行舟楫。内所常泊者系小鱼雷船及码头应差之小汽舟。极东一边，界乎维爱依池及模利勇池（即上文浸木之池）之间者，名巴尔麦尔商，为商船埠，中泓深十三迈当，靠岸深五迈当，故大半商船可以停泊码头。池以外为澳，内飘锚记百馀号；凡兵船入澳，应泊何号，须听水师提督之命。现计各项甲船、大小快船、运船、巡船、雷船，计有八十七艘。

设施布置

迤西一湾，即拉扇恩。东首格洛司都尔炮垒与西首爱其一得炮垒针锋相对处，为小澳之门限。正东有长堤一道，空其两端以便船只出入。堤以内即小澳，为常泊兵船处。堤以外曰大澳，护以扇彼角之喀拉格炮垒、维业德澳之散鲁依炮台，但以小澳中绰有馀地，故船只可无须泊此。晚间有塔灯四：一在散芒特里哀之堤尖，高十六迈当，火白色，明灭相间，每四秒一明，光可及十八法里；二在格洛司都尔堤尖，高十三迈当，火绿色，彻夜通明，光可及十法里；三、四在阿吾沙带西南极，灯二盏，不甚高，火绿色，彻夜通明，光可及五法里——此大小船澳之布置情形也。

大澳之东，有喀尔甘郎恩山，恰与扇彼角相对，上建炮垒，两面夹攻可阻敌船之投隙而入。喀尔甘郎吾之东南有徐哀湾及徐哀角，亦足为东首卫屏，故亦有炮台以为犄角。诚所谓备豫不虞、无微不至者欤！

水师官级考

法国水师官级十一中法比拟

法国水师官级分十一等，恰与中国官制隐相合符，虽名目不同，字义迥异，但欲为比较牵合，姑按次序以法音拼成华音，而仍注中国官级于各官名称之下。一曰阿米拉尔（提督），译意即航海首领；今法国有此名而无此官。二曰维司阿米拉尔（总兵），共三十九员，译意即航海首领之副；年六十五岁当休致，食半俸。三曰贡忒尔阿米拉尔（副将），共三十五员，译意即近乎航海首领；年六十二岁当休致，食半俸。四曰喀闭耽吾夺浮沙（参将），共一百十八员。浮沙译即大船，夺虚字，喀闭耽吾即领袖，华人由英文译称甲必丹者是，合而译之犹言大船领袖。年六十当休致，食半俸。五曰喀闭耽吾夺福里嘎登（游击），共二百十八员。福里嘎登译即单炮垒之战船，馀同上。年五十八岁当休致，食半俸。六曰里安脱曩夺浮沙夺泼勒迷哀尔克拉司（都司），共四百四十四员。泼勒迷哀尔克拉司译即头班，里安脱曩译即代缺，犹言长官出缺，可以护理。七曰里安脱曩夺浮沙夺雪共特克拉司（守备），共四百零二员。雪共特克拉司译即二班，馀同上。年五十三岁当休致，食半俸。八曰盎扇业夺浮沙（千总），共五百十六人。盎扇业系古时战阵执纛者，犹言大船之旗官。九曰阿司闭郎夺泼勒迷哀尔克拉司（把总），共一百五十三人。阿司闭郎译即学优望重者，犹言头班优生。十曰阿司闭郎夺雪共特立拉司（外委），共六十八人；犹言二班优生。十一曰爱来佛夺雷谷尔捺佛尔（额外外委），共七十五名。雷谷尔捺佛尔译即行船学堂，爱来佛译即学生，犹言行船学堂之肄业生。

都隆天气

都隆在赤道北四十三度七分二十八秒，巴黎东三度三十五分三十七秒，故天气煦和，冬无积雪，夏令虽称炎热，然有西北风以鼓荡，而暑气即觉顿消。量以法国之百度寒暑表，通扯不过在十四度左右；英国之一百三十度表，则在七十度光景耳。

初七日清晨八点钟零四分，自都隆起程，因火车沿路停顿，故十点二十九分始抵马赛，当至冉乃佛客店憩息。

马赛形势

午后出观马赛形势，当察得其口向西，停船之处分新、旧二澳。旧澳在南，南北窄而东西长，为天然海湾，但只足以容小船。新澳有四：曰若里爱得、曰拉柴来、曰阿郎克、曰捺西屋那尔，南北长而东西窄，系用人工造成。外绕石堤一道，长三千六百迈当，中腰有活桥二，可以开合。长堤南角上有塔灯一盏，正在旧澳口外。旧澳口边，右有炮台一，名散常。左右炮台二：曰反禄，已旧；曰散尼谷拉，颇巩固。另有一垒，无名，在反禄之地角上，恰与新澳长堤南首遥遥相对，足为犄角之助。新澳口由岸筑出一堤，长二百迈当，中留空隙，以便船只出入。澳中水面平积计一百七十五爱克带尔，澳滨约地一万五千迈当，为上落货物之用。沿澳货栈，房屋宏大，计共占地二十一万九千六百九十方迈当；起重机不下六十馀副，其力可起一千二百五十启罗至三吨止。塔灯十四盏，最大者在西南角泼拉尼哀巉岩上，光用电气，三白一红，明灭相间，高六十三迈当，能及四十八海里。

初八日清晨九点钟，自马赛起程。火车中有饭厅一座，椅位清洁，肴菜亦佳。各车厢俱与饭厅通接一气，故搭客甚觉便适，不致挨饥受饿。夜间十点钟四十五分安抵巴黎。

游法都维尔纳夫散查尔时炮台记

巴黎城外大小炮台共有二三十座，掩藏甚密，不轻示人。设有人私自窥探，用摄影镜照映或管城子记录，皆有厉禁，一经被获，无论何国人，皆以奸细治罪。 巴黎炮台不轻示人

光绪二十年十一月下旬，宗濂等蒙出使英法大臣龚请外部转移兵部发给准照，内称“凭此请示于巴黎之武备总督，以便察看炮台一所”等因。二十八日同谒总督纱茜爱，当有文案某君接见，据谓：“总督现适公出，所请当再函复。”翌日，果接总督署办理文案之都尔孛培斯总戎来函谓：“欲观之炮台已由总督选得维尔纳夫散查尔时，请于翌日往晤营务处督办，面订游期，俾可派员照料。”三十日晨往谒督办，督办乃陆军提督也。既见，略作寒暄，握手延坐，即问：“何日出游？”答以“日内皆可，专候尊便派员陪观”。督办遂定于礼拜六午后一点

钟，即中历十二月初三日也。并云所派之员当在炮台相候，乃称谢而退。

至日，宗濂等于午前十点钟雇坐马车，出东南角之茄尔门。一路树木萧森，街衢宽坦，两旁房屋亦甚高华，不减城中景象。是日略有阵雨，风势亦狂，然无碍于事。

午后一点一刻抵维尔纳夫散查尔时，盖在高阜之市镇也，隶赛纳爱屋沃时省，处巴黎东南，相距十五法里，居民三千馀家，滨临赛纳江，为依爱河之汇流处。依爱河长九十法里，自泼罗凡城北起至此而尽，可通小汽舟及运货船艘。

宗濂等循途盘绕而上，及炮台门口，已有兵官在彼守候。下车行相见礼，据云："总督已有电关照，惟所派管理炮台之工程守备刻尚未到，请入内稍憩以俟。"如其言至守台守备某君之室。该守备近赋悼亡，有子女八，长者年仅二九，俱住台中。盖承平时守台官弁例可挈眷同居，彼邦体恤下僚之意，于此可见一斑。然该守备室中，极有寒酸气象，远逊我国营官之排场煊赫。未几，总督所派之员已到，连声道歉。该员姓萨雷司，筑造炮台是其本业，现在台虽造竣有年，而不时稽察俾免损坏，是非精明其事者不为功，故各炮台皆有此等专员。

守备居室极为寒酸远逊我国

该员先领宗濂等至后进之围墙内。墙厚十馀迈当，中有瓮洞，迤逦而进，渐觉低深。及底，有圆铁架一座，对径二迈当有奇，高倍之，下端有铁链，链动而架即俱动，四面旋转如罗盘然。上列两炮，口径一百二十密里，可及

炮架可以四面旋转

四法里遥，发无不中。架顶系圆铁罩，厚四十生的，罩旁有二孔，即微露炮口处。倘欲使炮口对准何向，则炮架下盘有向度尺也，欲开至何度，即将架盘转至何度，自能百不爽一，而炮之后膛更可略为升降。膛后有盘车，能将地隐中之炮弹运装入炮。架上置有电钥，用手一按，弹即出轰，缘炮膛后本有电线通接电钥故也。

继入地隐，见有盘车、汽炉、水龙、手架各一具，盘车预备递升炮弹，汽炉、水龙、手架三项则为转动炮架而设。汽炉生火煮水，蒸汽运轮，套以皮带，即可牵转炮架。水龙系在墙隅，下端插入水池，抽提龙头，自生水力。水力至百二十度为限，过限则有裂器之虞；故墙上系有一表，显明水力度数，但看表针，即知水度。手架系用人力，只须一人执其柄而摇之，则炮架自然旋转。此三件不必同时并用，设三者之中有一损毁，可以轮流替代耳。 地下设施

旋登台顶，见圆罩如中国之倒置饭锅，不知者实不料其内藏两炮。兵官曰："设此炮位系备御击赛纳江之来敌。设敌弹中我炮口，原属可危，然非易言也。若着铁罩，则弹必滑至罩旁松土，不能炸裂，故此炮位实觉万妥万稳。"嗣由复道至台墙之四隅密室，内有梅花炮数尊，炮口皆向旱濠，防敌之偷入也。濠宽三迈当，深约二倍。中有大井一口，盖备缺水时汲饮者。现在台中之水，系由自来水公司接济，其藏水处另有石柜。 炮台顶部圆罩如锅

旋至军器房，见有口径一百五十密里之炮数尊，每炮备弹七百个，弹重四十五启罗。弹有二种——一系炸弹， 军器房

如竹筒式，长尺许；一系无烟火药之弹，底阔首尖——临敌检用，因时制宜。更有口径二百二十密里之开花炮二尊，洋名麻耳低哀尔，长一迈当半；用时仰天而放，弹向半空，落地即炸，可击逼近之敌。据云大小炮位共有二十馀尊，现因无事，故皆收藏，临用只须费数时之久，即可布置齐全。

兵营

此台对径近百迈当，周四百迈当，形作长方，外绕旱濠。内有兵房、军器粮食房、火药房，凡百馀间；亦有作两层式者，上层系兵官所居。有事时可屯二千五百兵，目下系第三队之水师步兵二百五十人驻扎其中，由守备拉佛尼尔统之；每八个月一调，及期即当拔队往他处。时该统带亦至，与宗濂等一同游观。

末至大门瓮洞，形如京师之正阳门洞，而尤觉黝深。离洞口外墙之三迈当处，有铁门两扇，厚寸许，上备长方孔无数。门外有木质地板两块，厚半尺，两旁有铁机，由二兵摇机，两板即自开，向上竖起，紧贴于墙，其下露一坎，深约五迈当。统带曰："此则于敌逼台门时始用此法，以图近击敌人，断其进路也。"遂令闭门悬板，如法试行，果见灵便异常，毫不费力；一时仍归原位，可任人行。

遂出大门，见正中有石匾一条，上镌台名，左右有一千八百七十六（光绪二年）及一千八百八十（光绪六年）之年号，问其故，知系一指开工，一指落成。台墙用水泥及散石和结，而上面却盖松土，厚约二迈当，俱生丛草，远望之竟如土山。且旱濠周围皆土墩，比炮台略低，而其长约数法里。正门外开成甬道一条，通至镇市。

阅毕，统带招至其寓，款以加非、烧酒，出示中越界图，有书洋文者，有洋汉文兼书者。盖渠前曾随同孤拔攻打闽、台，继而会同法国监置界石委员法兰亭，在广西镇南关外与中国委员办理界石事宜，是以有此。统带谓中国委员当时与彼等十分相得，并无棘手情事。既而示以照片数张，一系中国某处知县，年近而立，白皙肥胖。一系哨弁，片上映出两旗夹护状，旗有左营第二哨字样；背后立一兵，手托顶帽，中坐者御元缎官靴，开气夹袍，对襟短褂，年逾不惑，形容枯槁，神气委颓，大约系芙蓉使者之密友。又有翻译某之照像，其人如粤之土著，御短衣，穿快靴，据云系该统带在西贡所雇者。此外更有越兵一队之照像，人虽短小，形甚整齐。统带曰："此等兵却不让法兵之勇敢，好兵也。"

水师统带曾攻闽台

移时，宗濂等告辞，统带率炮台各弁及总督所派之员皆欲远送，辞之不获，乃各步至镇上，方始握手而别。遂乘原车而返，迨至使署，已交五点钟矣。

游孛来斯德（《薛记》凭英音作白海土登）埠记

光绪二十一年正月初十日晚八点钟，在巴黎之蒙巴那司站（西站）搭车起程，前赴法国西边之孛来斯德埠，计程六百二十四法里（计中国一千零九十二里）。所经城镇共二十一处，每处停车五分至十三分钟不等。巨城凡

孛来斯德（布勒斯特）

经四大城首经勒芒

四：曰勒芒，隶沙尔德省，跨沙尔德河，居民五万馀人。有廨署、官塾、教堂、书库及博物院。织厂出麻布、筛纱、手帕、棉布等物，生意以蜡、蜜、牛、羊、鸡、鸭为大宗。曰来恩，隶伊尔维雷纳省，在伊尔及维来纳两河汇流处，居民六万馀人。有平反署，大书院，律学、文学、艺学、医学、枪炮学等各书塾，藏书库，博物院，植学院，植物园等。土产出帆布、衫袜，而漂蜡、硝皮、染色均各有厂。曰散帛里安，隶哥忒狄拿尔省，跨哥爱河，距海三法里，海口名来甘，称善埠，居民二万馀人。有廨署、官塾、水学塾、藏书库、农学会。织厂出麻布绒布。海道生意甚巨，捕捉鲸鳜鱼船，俱在此装备器具；北省之铁料、木料亦运至此也。曰马尔来，隶飞尼司耽尔省，跨两山之腰，而柴尔洛及甘尔郎两河适在其间汇流，遂成佳埠，盖便且稳之船澳也。居民二万馀人。有炮台一，名笃罗，藉资守口，为法皇拂郎沙沃第一所建。有廨署、官塾、水学院、制烟厂、农学会。异地之货多来屯聚，栈房极巨；至宽道、旱桥（火车经其上）、水槽、医院亦皆具备。商务甚旺，土产出牛油、腌肉、蜂蜜、黄蜡、油籽、皮张、麻布、纸张、马匹、铅料及捕捉鳜鱼之器。

次为来恩

散帛里安（圣布里厄）

马尔来（莫尔莱）

十一日晨九点钟三十分抵孛来斯德，寓贡低曩带尔客店。

午后三点钟谒代理水师府尹夺古尔低尔副戎。副戎本水师营务处总办，以正任府尹培司那擢海部尚书，而继任尚未简放，故循例摄事。副戎寒暄数语后谓渠于同治二

水师官谈在华往事

〔元〕年（一千八百六十二年）曾随其水师统领卜罗德襄助中国攻剿发逆，相近上海之南桥一役，卜罗德阵亡（“原任法国水师提督卜罗德君，同治三〔元〕年发匪窜扰东南浦左一带，遍地贼氛，因奉国家之命，保卫上海洋商。旋经会同中国官兵出防于奉贤县属之南桥镇，督战阵殁。当有华官入告九重，得在南桥建立专祠，命地方官春秋致祭。法人亦置卜君铜像于上海法界工程局大自鸣钟花园内，以志勿忘。昨为西历五月十七日，即系卜君阵亡之日”云云——见光绪二十七年四月初一日《新闻报》），渠亦受伤。事后论功，即得中国银牌一面。时渠自水师学堂习业毕后，刚为二等优生也，与上海道吴公晓帆颇相稔熟。宗濂等谓：“得闻明教，藉悉殊勋，欣幸奚似！”副戎莞尔。旋问来此拟观何项，答以制厂、兵船、船澳、炮台等。副戎谓：“炮台分隶兵部、海部，须有该二部之特准凭据，方可领阅，馀皆可唯命是从；当于翌日午后二点钟派员带领，并备小汽舟一只伺候不误。”乃谢其雅意，握手告退。

布勒斯特水师制局

十二日午后，中军夫尔尼爱尔来寓，同赴水师制局。局在船澳两旁，右有货栈一，长一百六十法尺（中国四十四丈八寸），建于乾隆九年（一千七百四十四年），内储水师应用各物。栈背有一亭，系发货人员办公之所。南首亦有一亭，系船务司之公事房；上建钟楼一座，其形斗方，四面可觇时刻。后有一院，院底有材料房及货栈。前面乃甬道也，中置石座一架，架有铁炮一尊，长七法尺

（中国一丈九尺六寸），盖自道光十一年（一千八百三十一年）取之于阿尔及耳者，相传此炮为意大利之浮尼司人所制。又有石像一尊，在石砌水池之上，于嘉庆八年（一千八百零三年）所得。在货栈北，有房屋长四百法尺（中国一百二十丈〔应为一百十二丈〕），下层置船中杂具，中层系制造布帆、绳缆及装饰物件之作，上层置行船各器。此屋开造于乾隆九年（一千七百四十四年），成于乾隆三十年（一千七百六十五年），门前临澳，有炮堆、铁堆及炮弹、铁锚之属。后面房屋一正二厢，长二百五十四法尺（中国七十一丈一寸四分〔应为七十一丈一尺二寸〕），内储粗麻、麻布及兵房应用之物。又药房一所，凡有益人生之事，皆在此办理。所有药学、化学、格致学三项源流，亦有门师讲说，传授生徒。此外有理麻厂、小木作、柏油栈。又起水机二副，每副马力八匹，通扯每钟起水十四吨。木料厂一共五千七百二十五平方法尺。锯木厂长一百法尺（中国二十八丈），凡锯刨各事，悉用机器。又淡水柜、橹桨、划船均有专厂制造。又伤科医室及扛抬受伤人之卧榻，亦皆具备。再进有堆煤场，长一百零八法尺（三十丈二尺四寸），宽四十法尺（十一丈二尺）；又造船棚六所。迤逦至西北，则有储木栈、油漆厂、船桅栈。渡浮桥过船澳之左，有火器栈、划船小汽舟栈、造船棚六所、起重机二副、小木作、修船澳、火器厂、食物栈、熔铁厂、剪铁厂、铁链厂。铁链厂不用机器，只有一万启罗重之大铁锤三副，藉击烧红整铁，兼凿各孔，馀用人工逐

各种设施及布局

渐击打。盖用机器为之，链必不坚故也。

旋登小汽舟，渡至“孛来女司”甲船。船身用纯钢，长一百十三法尺九十五生的（三十一丈七尺零一分〔应合三十一丈九尺零六分〕），宽二十法尺十八生的（五丈六尺四分零四厘〔应合五丈六尺五寸零四厘〕），深十二法尺五十七生的（三丈五尺一寸九分六厘），入水八法尺（二丈二尺四寸），压水力一万零九百七十八吨，船面一百四十三平方法尺。船腰中段及头尾甲厚四十生的（一尺一寸二分），大炮下之内围衬甲厚十生的（二分八厘）。炮台三座，甲厚四十至四十五生的（一尺一寸二分至一尺一寸三分四厘〔应合一尺二寸六分〕），船面之甲有厚五生的、六生的至十生的者。大炮三尊，口径三十四生的，二在前，一在后。长十五法尺、及远二十法里又十六生的之炮十尊，分置船面之左右上下；六十五密里之炮四尊，四十七密里之炮八尊，快炮八尊，雷筒六个。汽锅、火炉俱由培尔维耳厂所制。船尾螺轮二具，速率应得十八海里。船本为罗里盎埠官厂承造，光绪十七年（一千八百九十一年）下水——水兵定额六百六十六人——而布置炮械、安排器具则在孛来斯德。去岁十月工竣试行，所有水线带以上之钢甲，竟致全浸水中。细加考察，盖比原定之压力计溢四百吨；而火炉烧煤又极耗费，核算之下每一点钟须烧煤一启罗八百格喇模方可得机器之一匹马力。有此二弊，遂不适用。当奉海部尚书福尔（嗣为法国总统，已薨）之谕，将船面、船心物件，重加拆改，就简删繁，架放快炮之二

参观甲船详记设施

桅，闻亦须去其一也。匠人百数，正在作工。

船主发令之电灯盘

宗濂等由上而下周历各舱，但见器悉簇新，物皆重叠。即如船主发令至机器房也，除用传声筒外，并有电灯盘，盘作圆形，对径约二尺，其中备有各种号令做成字样，船主欲令何字显出，一拨电钥，其字即大放光明，此固为他船所无也。其馀类此者，不一而足，故虽有小疵，大纯无碍。导者曰："此船身分，实在各船之上，外人不察，徒肆雌黄，良为可惜。但此次修改后，当臻全美，遗憾毫无。"

阅毕而出，见"沙尔马尔德耳"钢甲船一艘，壳成而机器未齐，其中物件纵横，碍难厕足，但记其身长一百十五法尺（三十二丈二尺），宽二十一法尺（五丈五〔八〕尺八寸），深十五法尺（四丈二尺），入水八法尺（二丈二尺四寸），压水力一万一千八百八十二吨。中腰水线上甲厚四十五生的（一尺一寸四分〔应合一尺二寸六分〕），水线下二十五生的（五寸七分〔应合七寸〕），前后甲厚一百零五密里（二寸九分四厘）。炮台四，甲厚三十七生的（八寸五分九厘六〔应合一尺零三分六厘〕）。盖光绪十九年（一千八百九十三年）下水也。

巡护海滨之钢甲船

复坐小汽舟渡登"然恩末泼"钢甲船。船于光绪十八年（一千八百九十二年）下水，系备巡护海滨。身长八十六法尺零五生的（二十四丈零九分〔寸〕四厘〔分〕），宽十七法尺（四丈七尺六寸），深六法尺九十六生的（一丈九尺四寸八分八厘），入水六法尺七十一生的

（一丈八尺七寸七〔八〕分八厘），压水力六千五百九十吨。中腰水线上甲厚四十六生的（一尺一寸四分馀〔应合一尺二寸八分八厘〕），水线下二十五生的，船头水线上甲厚三十六生的（八寸五分馀〔应合一尺零八厘〕），水线下二十五生的（五寸七分〔应合七寸〕），船尾水线上四十一生的（一尺一寸三分〔应合一尺一寸四分八厘〕），水线下二十五生的，船面甲厚十生的七密里（三寸馀〔应合二寸九分九厘〕）。其间之炮有十生的口径者四尊，六十五密里者二尊，四十七密里者二尊，梅花炮十尊，雷筒二具。机器马力七千五百匹，螺轮二具，速率十六海里。汽锅、火炉各十六副，拉格吕飞达来之制也。水兵二百九十九人。船面炮台，前后各一，甲厚四十五生的（一尺一寸四分〔应合一尺二寸六分〕），大炮二，口径三十四生的（八寸五分一厘二〔应合九寸五分二厘〕），长十五法尺，及远二十法里。炮弹在匡郭护罩中，而前半身并无遮蔽，凸出罩外，罩动则炮与俱动，可以三面旋转。炮左之前面罩墙留一孔，了向处也。开炮门、装药弹俱用水力，而辅之以人。

十三日午后，仍由昨弁带领，坐小汽舟至海口，登“薄尔达”船。是船全身木质，机轮尽去，不能行动，永远抛泊，藉作水师兵官学堂。长七十馀法尺，宽在十法尺外。船分三层，首层为兵官之卧房、客厅、饭室、医生之医室、药室、学生之书库、书桌、仪器室。二层为习演炮枪处。三层即船顶，中有三桅，各系软梯，备学生之缘梯上桅也；下张罗网，防学生之失足下坠也。学生七十五

退役木船水师学堂

人，每日有一定功课，所学系测算、步伐、放枪、开炮诸法。由教习督率另坐他船出海巡行，俾之耐习风涛，熟谙沙线；或划船游玩，或登岸打靶，亦由教习调度。教习二十二，提调四，统带一，无一不是水师兵官。水手二百：百人知武技，不啻帮教，凡演枪、演炮，皆能相助为理；百人作粗工，为洗扫收拾等事。自兵官迄水手，皆属有俸有粮，惟学生则除饮食、衣服由船供给外，却须每年纳资于国：第一年五百方，第二年七百方。二年为期，期满学成，作为优生分插各船，藉资历练；不成即撤，无复有水师兵官之望矣。故学业无成者，殊觉绝无仅有。学生年岁以十六七为度，先须试以本国文理及史记、算法、舆地等学，如能兼悉他国语言文字，尤属见珍，入选后方准入堂肄业。以上云云，系该船之某兵官所告也。

勒倍尔枪新创快枪

继承出示勒倍尔枪一枝。查此枪之管旁，另有一管，谓之弹栈，中有伸缩法条，满装可得八弹，又一弹置于膛口，又一弹置于膛口外之凹内，共合十弹。膛口之弹一经放出，凹内之弹即进膛口，栈内之弹即至凹内，只须拨动枪簧，弹自连续以出，不啻一气呵成，直达二法里外，置人于死可无噍类。是之谓快枪，是之谓新枪，盖系法提督勒倍尔管理之火器会中研究而得者，法国据为独得之秘，不肯出卖于人。昔有某兵官偷窃一枪售于普国，未出镜即被查出，遂得革职充军之罪。

阅枪毕后，又令数水手作开炮诸状。炮虽旧式，然甚灵便，大小凡二十馀尊，以之指示学生，诚绰有馀裕。

宗濂等周历之馀，达于船底，此处本锅炉机器室，现改作体操厅，兼为演放手枪处。其后为电灯至〔室〕，发电之器凡二，随时轮用，防损坏也。其前则杂货房。至学生水手之卧具，则系夜间支搭，晨起收藏。卧具用厚布夹袋，中置褥，上置被，而无枕，长〔宽〕尺馀，宽〔长〕五尺许，两端有绳，系于船樯铁圈，即足以供偃息。

阅毕，往商船坞观八十四号之雷船。船长三十五法尺（九丈八尺），宽三法尺三十三生的（九尺二寸四分八厘四〔应合九尺三寸二分四厘〕），入水二法尺（五尺六寸），压水力五十三吨，马力一百三十四。鱼雷二：一在船头之内，只能往前冲出；一在船面中枢，四面可转。此处雷船共十四只。雷船隘小，地位无多，故另有不能行走之木船一只名“那罚来”者在彼驻泊，满储粮械以供各船之用；其中有修雷室一所，木匠数十人，机器五六副，逐日从事修理各雷。

雷船隘小木船补给

阅毕而出，折回制局，入船样院。院在局门右屋之首层，样皆木制，船亦旧式，约数十只，内有中国之六门枪快船、长江炮艇各一艘。

中国船样

十四日午后，中军杜忒利佛来寓，当即同坐马车，行过大桥，往观水手公所。入门靠右即大厦一座，计长二十五法尺（三十五丈）①，宽约二十法尺（五丈六尺）。室

水手公所规制设施

①大厦“长二十五法尺”，显误。按华尺三十五丈折算，大厦长应为一百二十五法尺。

凡三层，首层下有公事房、粮食房、枪刀房、修械房、洗浴房、石印房、医药房、养病房、监禁房。第一层楼有军乐房、算学房——水手之欲充支应者，须习算法——藏书库、观书房、奕博房、被褥房、食具房、裁衣房。裁衣房中专裁各水手之衣裤物件，分派女工八百名领回裁制，工成则缴。其料不外大呢、麻布，其数岁约二万套，其费则在一百五十万方（合规银四十五万九千四百十八两零七分）。至二层、三层，则系各水手之卧房，约四五十人合居一室。卧具之式及支搭、收藏，悉如水师学堂。所中本可容三千水手，刻下仅有二千光景。一入此所，即须改装穿水手衣服，得以领俸。饭食由所中供给，有大厨房在，固无须乎自行造饭也。其饮酒、食肉皆有定数，秩然井然，不闻争竞，而群居杂处，亦复肃静无哗。至已在兵船服役之水手，倘登岸迟归，无处栖宿，则所中另有专房以居之。管理公所之总办，系水师中之甲必丹一员，辅以帮办兵官四员。帮办兵官常日驻扎，总办则仅于日间一到，查问各事耳。正中系大院落一区，其左系厨房。后间有平房一所，乃水手体操处，中置木架，下堆松泥，旁有运物上船之手车数辆及可以拖拉之铜炮六尊，各水手每三四日例须操演一次。

二三层为水手卧房

十五日午前至水师府尹处辞行，并谢其照料之意。府尹即行延见，深以炮台之不能领观为歉。答以："因在都隆得蒙水师府尹维业总戎通融办理，出示炮台，以致此次离巴黎时仍未向兵部、海部领得察勘炮台之据，此乃余等之疏忽。我公守法维谨，方钦佩之不暇，更有何意之不满。况贵国都隆各堡及巴黎城外之维尔纳夫三查尔时炮台，余等已得窥其崖略乎！”言毕辞出，府尹握手为礼，致祝一路平安。

午后二点钟搭车起程，翌晨四点半钟始抵巴黎。是晨九点钟适有特聘俄国之王芍棠星使之春自马赛来，至龚星宪则于数日前自英至法，以俟王星使之莅止焉。

孛来斯德船坞图

孛来斯德方位

孛来斯德处西经线（自巴黎起算）六度四十九分三十五秒，北纬线（自赤道起算）四十八度二十三分三十五秒，隶飞尼司耽尔省，如中国之州治然，周围有土城。地多雨水，近日天气严寒，得未曾有，反大放晴光。居民七万五千八百五十四人（光绪二十一年即一千八百九十二年〔应合光绪十八年〕官册）。除管理地方事务之州牧外，驻有水师府尹一员，统辖北海兵船，故有制造船厂一所，工役约四千。厂设于二山之坡，分门别类，各有专司。二山分列东西：东为孛来斯德，西为雷歌佛郎司，中间即兵船埠，俗称奔飞尔特河者是。海中潮汛亦灌入也，直至北口为止，北口以上，尽系淡水。两坡本皆纹石，质既坚结，势亦嵯峨，最高处距海面三十五法尺（九丈八尺），当时直凸至今日之埠岸，盖费二百馀年之大工始得 孛来斯德方位地理开成坦道，于以起造厂房也。然尚有因势利导可省人工处，缘其间原有四谷：一名维尔纳夫，迤逦而下直抵忒罗郎；其二自甘利奴来，以成各纳勒梨湾；其三自奔塔尼阿而下，直抵四池；其四即现在之封耽恩街起至尚排忒码头止。

铁桥连通两岸一城

奔飞尔特河自南口至北口长三千法尺（八百四十丈），北口至极北界长二千五百法尺（七百丈），通扯河面之广得百法尺（二十八丈），潮落时水深十法尺至十三法尺不等（二丈八尺至三丈六尺四寸）。有浮桥三，铁桥一。铁桥在南口，可以开闭，开则半桥向北折转，半桥向南折转，以让大舟之进；闭则彼此接连，以便人行。此桥于咸丰十一年（一千八百六十一年）造成，而雷哥佛郎斯遂与孛来斯德通连，并作一城。南口外即船澳，兵船下碇处也。目下各兵船适赴他埠，故除水师学堂“薄尔达”外，只有锚记漂泊其中。澳之东有长堤三：二堤东西分列，自岸造出，斗入澳中，南端有塔灯各一，相距数十法尺；另有一堤横亘其前，恰为屏护，此堤西端亦有塔灯一座。三堤之中即停泊商船处，故称为商船埠，而雷船亦借泊其中。堤内西北岸有修船坞四，东北岸有水中修船坞一，宽广得十二爱克带尔。

船澳形势

孛来斯德船澳形势

凡船只在大西洋中，但觉浩浩无垠，水天一色。尽向东行，则见何爱桑岛，巉岩壁立，气象森严，周围不下十八法里（三十六里〔应合三十一里半〕），附岛洲屿更仆难数，是为孛来斯德口外之天然屏蔽。折而往南，经夫尔峡、依禄沃时峡及散纳旋涡——此三处礁石甚繁，经行匪易，必须熟谙一切，方可前进无虞。过此险要，即至新月形之大池，池西北界散马低安尖，其右为培笃末浅湾①；东南界喀麦雷冈，其右有喀麦雷浅湾。再折而东北，是为船澳口门，厥名哥雷，北即格郎米奴尖，南为客毕杉尖，相距近四千法尺（一千一百二十丈）。稍进，正中有盘石一座，名迈戆，兀然屹峙。自此以往，计历五千法尺（一千四百丈）方抵巴尔徐克尖、西班牙尖之间；然此间口门渐狭，两尖相对处仅宽一千八百法尺（五百零四丈），其内始为船澳。一路前行，为左右顾，见于高冈之上、半山之腰或逼近水际，有炮台、炮堡二十馀座，环伏如虎之负隅，密为窥伺，敌船实有不能闯越之势。在巴尔徐克尖、西班牙尖上纵目远观，则见汪洋浩淼，凡孛来斯德澳及萨笃来澳（在东南角）之景色，不啻尽在目中，而危崖峭壁、山角水湾，错杂相间，远处之爱罗尔恩河（东北）、屋尔恩河（东南），亦复隐约在望，颇极苍翠之大观。孛来斯德澳长八法里（十四里），宽五法里（八里又十分里之七五）。兵船泊此，与船厂呼应极灵。至萨笃来一澳，昔有水师总兵德佛那尔者（时孛来斯德澳与萨

炮台环伏不能闯越

①个别地名与附图不一致：培笃末浅湾即附图之培尔笃末湾。下文格郎米奴尖即大米奴尖；爱罗尔恩河即爱罗恩河。

笃来澳尚未分开)，曾言孛来斯德澳之好处，系由澳面寥阔，便于泊船。自隆特岛郎浮屋克炮台间至萨笃来河(此河在东南与澳同名)外水，有三千笃沃斯(古尺名，即今之六尺)，恰得面积二千笃沃斯平方之地，深自八托至十五托不等(每托合一法尺六十二生的)，底皆淤泥，毫无沙碛，足容兵船四百只，稳而且安；即欧洲各国之水师兵船聚集其中，亦复绰有馀地。

船埠形势

船埠形势深广合宜

船埠者，即奔飞尔特河也。河身自西北向东南，适中处转而西南，及口，又向东南以入于澳，曲折有致，深广合宜。凡兵船外壳已成而内具未齐者，则在此安排布置。又运物当差之小船，亦停泊其中。两岸皆制局房屋。试在大铁桥上举目纵观，实有气象万千之势。面南而望，见远处之浪浮屋克地方、反隆岛、忒来培弄岛、麻尔岛，以及船澳之半。近处则左岸有旧炮台一座，矗立凌霄，气势雄厚，谓系罗马人所造，今充陆营兵房。其下稍远，有电灯标记室、扒尔屋提克之炮堡、堆煤场、船桅埠、量潮尺、运桅机及都尔维尔码头。右岸即雷哥佛郎斯，高处有卜爱忒及飞侯阿司佛尔之两炮堡及他项保护之火器；其下沿河一带，有粮食栈及常排尔德码头。若向北以望，则别开境界，尤觉豁目赏心：勒哥佛郎司一边，有火器房，间数甚众，水手房高居山巅，有俯视一切之概，邦带尼阿坞、熟铁厂及种种作场；孛来斯德一边，低处有忒罗郎坞、货栈、帆栈、缆栈、器栈、医院，高处有天文坛，旁围树木，景极清幽。再进登卜爱提坐尔岗以望，则见柏油栈、起水机、储水栈、各纳梨坞及其旁之锯木厂、斫轮厂、卜爱提坐尔之储煤场、蒲扇梨扒格特之造船棚，以及北口之外。又勒哥佛郎司一边，有码头及一应房屋，又甘利浮尔常之储煤场、萨罗平洲——洲本甚高，自用炸药轰去后，现已有极深之船坞。此外如扒尔特那佛之造船棚，亦觉恢恢乎有馀裕也。然则，两山夹峙之间，一水潆洄之际，应有尽有，色色皆工，左之右之，头头是道；境虽狭而不形其狭，工虽繁而不苦其繁，足见累年缔造之苦心，当代经营之绝诣。彼能于一粒粟中现十丈金身者，何足以喻此力量。

“薄尔达”船中水师兵官学堂考

法国水师学堂原有二所，一在阿来（在南境，属茄尔省），并无大河；一在亡恩（在西境，为麻尔皮盎之会城，处孛来斯德东南），虽临大西洋面，而船只入口甚艰，然水师学堂已肇基于此矣。嘉庆十五年（一千八百十年），法皇拿破仑第一谕令移孛来斯德及都隆二埠，海部尚书夺克雷拟在陆地设立，水师提督某遂以此奏请。拿破仑曰：“是同于马队学堂之设于船上也。”提督曰：“并不相同，帝其鉴之。”拿破仑曰：“实属相同，不必多辨。今只问贵水师提督，在水底教育孩童俾之长大，君知其法否？”对曰：“未也。”拿破仑曰：“若然，且俟君寻得此 船中水师兵官学堂法，再作计较，目下姑在水上教育若辈可也。”有此一席话后，海部不敢违拗，遣学生二百名至孛来斯德，置于“都尔维尔”船；又百名至都隆，置于“提甘斯恩”船。是为水师学堂设于船上之张本。惜不数年而拿破仑兵败身俘，二船遂不能振作。追维陈迹，惟知其于艺学、文学及行船诸法，俱属不甚著重，当日所教，不过如今日之水手学堂。嘉庆十九年至道光十年（一千八百十四年至三十年）间，路易第十八、沙尔第十相继为王，仅将此二学堂裁撤，而另设一塾于盎哥来恩。彼处虽有绿水，然距海甚远；又奇者，塾在陆地，既无大舟，又不置炮，学生御绸褂高冠，日在河中打桨闲游，即为功课。迨路易非利泼登位，颁行新政，所注意之第一件事，即迁回水师兵官学堂于海船上，船即“薄尔达”也。是为孛来斯德水〔“水”字疑衍〕有“薄尔达”船充当水师兵官学堂之始。

水师将领培植基地

孛来斯德临大西洋，水流风信、雾气潮头皆极危险，足增学力而助智囊，诚为水师兵官学堂之绝妙位置。且大西洋中行船最难之处，尤莫如孛来斯德口外，如乌爱桑之暗礁、拉时峡、拂隆浮峡、夫尔峡经行皆非容易，须具绝大本领，方能攸往咸宜。是以考求行船事宜，必以孛来斯德为庄岳，固远在都隆之上也。都隆出机器士、鱼雷士，而孛来斯德则有“薄尔达”船培植水师将领。

船泊奔飞尔特河外之里许，正对船澳口门。从前大西洋之巨浪直扑以进，“薄尔达”船每有左欹右侧、前仰后合之势。近自三四年来，在口门内横筑一堤，刻下工虽未竣，然其址已成，露于水面（法以大方石块用船装运，逐日按照部位用机器悬掷水中，积久而继长增高，露于水面，乃始以水泥砌筑石堤）；故当风涛大作之馀，至此顿杀其势，船身止微动已耳。

此船于四十年前名“恩忒来必特”，原止二层，今则上面添盖一层，藉作散步之地。三桅屹然，网悬其下，两旁窗口俱用白染，外观颇觉雅隽玲珑。至其内布置，亦与从前迥异。从前置炮之处，今为读书之所，窗明几净，秩序井然，书桌上俱镌临敌被击之船名；入夜为学生睡卧处，其铺程俱悬于两旁钉上。中段有旧式之后膛各炮，以备诸生演试。后面为枪架，约百馀枝。其旁为学生用膳处，先进诸生居于船右，新进诸生居于船左，其处镌阵亡将弁名姓。头桅周围为洗浴所，至向之机器锅炉房，现改作斗剑体操厅，装潢齐整，窗穴光明。此外有兵官教习之卧房多间，亦甚幽雅。书库一所，藏书六千五百卷。器具式样房一所，物件甚众，小巧精工，俨如博物院。全船置电灯，照耀通明，无微不烛，故工作便易，而回禄无虞。特此船虽有炮位，虽有桅竿，而以机轮尽去，实已不能行动，只能长泊澳中。于是另有二船为之辅佐：一名“石农”，一名“蒲该维尔”，每七日开行二次，礼拜四、六装载全船学生或在澳中行走，或在外海环游。学生皆须亲自动手，或扒桅以张帆，或换旗以传语，或在炉房运煤烧火，盖直与寻常之水手无异。有时登岸赴机器学堂之场上

船做学堂各种布局

操演枪法，有时在船操演炮法，而文学、艺学、外国语言学皆在课程之内，各有督教之人。

船中规矩专尚严肃

船中规矩专尚肃静严整，先进诸生固不得以学业稍优，傲视后进，而后进诸生在先进面前必恭必顺。船右为先进诸生所居之处，后进诸生即不得在彼乱跑。平时呼先进者，必称莫须候某（犹某翁某兄之意），不得单叫姓名，违者罚在尾桅旁圈禁数时。每月房虚、星昴日为眠日，或街上行走，或回家探亲，步履须极安详。设是日能至戏园观剧，即为彼等之大幸矣。但此等大幸，却非人人能有，盖有大半学生，由师率领登舟出澳，至海滨荒僻所另寻消遣之法也。消遣之法，无非陟岭登山，探幽索隐，间或罄其腰囊，购带食物，携至岸上席地坐食，即以为极乐之事。然所食不过摊蛋、面包、红果，所饮不过苹果酒或牛乳而已；缘经费不足，该生等由国家所给之零用费，每七日只有二方五十生故也。此外不准多带分文，虽有家资，无补于事，珍宝时表，亦在禁例，此盖寓崇俭黜华之意也。第一年工夫毕后，诸生即能屡屡出海，登“浦该维尔”船，先赴附近各地，继至乌爱桑、杜阿纳男及罗利盎等处，迨此等道路明白熟习，至芒斯海中，或泊扇候蒲尔，或进散玛六（系海湾，在法西北隅）、哈佛尔（《薛记》作哈富，在法西北隅，为塞纳江入海之口，系大商埠）、誊甘克（在法正北，亦系商埠）诸口。于斯时也，先进诸生已升二等优生，预备远行登“依飞然尼”船赴葡国之利士蓬或阿谷尔群岛（在大西洋）、法属之玛尔低尼格岛（在中美洲）、南美洲之于吕该（河名亦国名）、阿洲南岸之喀泼（属英），或散得爱来恩岛（属英，在大西洋中，拿破仑第一曾为英人拘禁于此）、或必来（希腊国埠名，在地中海）、或冈堤（土国岛名，在地中海）、或阿力山德（埃及国埠）、或依爱尔岛（在都隆），各家属如欲通信，皆可按程递去，此乃第二年之课程也。诸生经此阅历，果有心得，学业大成，夫而后再由海部分置兵船，俾资历练。

附：寻常水师学堂略记

一人之聪明有限，何能并作兼营，当今之艺术虽繁，要可因材施教，此法国所以有各种学堂之设也。即如孛来斯德一埠之水师项下，计有水利学堂、绘图学堂、医药学堂、步队学堂、船埠学堂、管理杂账之微弁学堂、管理支应之文员学堂、水手头目学堂，兹姑置勿论，第以制器学堂、启蒙学堂、恤孤公塾分记于下： 水师项下各种学堂

制器学堂　咸丰元年（一千八百五十一年）九月二十四日奉旨设立，可容学生八十人。午前听师宣讲理蕴，午后至厂修理兵船所用之各机器。另有粗工七百人归该生等指示调度。学成后拨入兵船。

启蒙学堂　道光十二年（一千八百三十二年）三月初一日奉旨设于陆地，越四年（三十六年五月）迁至船上，今仍之。人数近千，学习船上一切水手职司，统以甲必丹一员，为兵船总统所辖。此船现泊口外。

恤孤公塾
培养孤儿

恤孤公塾　同治元年（一千八百六十二年）十一月十五日奉旨设立。塾在制局旁之西北角，房屋甚大，可容学生八百名。日间攻读各书，火食由塾供给，夜亦住宿其中。凡水手及制局工匠去世，遗孤年在七岁上十三岁下者，皆可入此公塾。其经费由国家所拨、善姓所输，即其房屋亦由天主教士所献。此项学堂原备将来接续先业，故塾中造有船式之阴棚一所，各生在其间习练体操，藉以活动筋骨，而实已隐习行船诸技矣。

游扇侯蒲尔（《薛记》凭英音作“削浦”）埠记

扇侯蒲尔
（瑟堡）

二月二十八日晨八点钟四十分，自巴黎之散拉石尔车站乘车起程，前赴西北战埠扇侯蒲尔，相距三百七十一法里（中国六百八〔四〕十九里又百分之二十五）。所经城镇凡十七，其间最巨者曰爱佛雷，为于尔省之会城，滨临依冬江，江多汊港；豆麦生意最为繁盛，出斜纹布颇有声望，制五彩玻璃为工作之冠。居民万七千人。曰里齐安，隶喀尔罚度省，市镇也。处山谷之底，而都格及屋尔皮格两河适在其间合流。城外多夹树宽衢，至明永乐、景泰、泰昌年间（一千四、五、六百年）之古屋，尚有完好如初者。作厂盛织麻布，生意以牲畜、家禽、鸡蛋、鲜果、平果酒、牛乳油、牛乳饼为大宗。居民万七千人。曰冈，为喀尔罚度省之会城，跨屋尔恩江，距海十六法里（中国二十八里）。有运河一条，内为埠岸，外通大海，凡杉木、棉花、煤铁皆能运入，而田畴所产亦由此运出。作菜

爱佛雷
（埃夫勒）

冈（卡昂）

油、烧陶器、织纱罗、出马匹。居民四万五千。曰排依缘，本古时培珊之都会，今隶喀尔罚度省，如县治然。跨屋尔河，城颇冷静。有博物院一所，内储法后麦底尔特之锦毡。作厂出纱罗、磁器，俱著于时。居民九千。车经各处停五分至二十分不等。午后四点钟四十二分至扇侯蒲尔。 排依缘（巴约）培珊（贝辛）

按：扇侯蒲尔本系县治，隶芒司省，濒海为埠，其间即提浮忒、忒洛忒培克两河入海之处；防卫严密，号称首要，但以水师战埠而论，则次居第三。居民四万，街衢平坦，房屋整齐。

二十九日午后二点钟，雇坐马车往谒水师府尹居浮侯维尔总戎，立即延入，寒暄既毕，问："到此拟居若干日，欲观何项事件，尽可明言。"答以"既蒙雅意，敢请准观制厂、兵船、炮台等处。至居住日期原无一定，总以一切可观之处观毕为度"。府尹曰："诺。请俟翌日派员陪游，目下可与水师营务处订定一切。"遂至制厂，谒水师营务处督办爰司冈特副戎。副戎亦甚和蔼，言："北海之大队战船，惜已赴孛来司德，今澳中所洎〔泊〕者，不过修理之快船数艘，然亦足以寓目也。此外有炮台数处，亦可任观无阻。然敝局距城稍远，明日当遣小汽舟相迓。"一面即令其仆邀中军勒飞帛佛尔至其室，俾与宗濂等行相见礼，乃与订约而别，乘坐原车，遄回寓所。 拜访水师府尹

寓名阿米洛耽，在商埠左岸。埠长四百零八法尺（中国一百十四丈二尺四寸），宽一百二十七法尺（中国

商埠格局 三十五丈五尺六寸），可泊商船数百号。南边为陆，即埠之尽头处，有商船厂焉。北口有活桥，遇大船进，即可开放。桥外为外埠，长三百法尺（中国八十四丈），宽二百三十法尺（中国六十四丈四尺）。再北有狭港一，长六百法尺（中国一百六十八丈），两旁有堤，斗入澳中，而东堤尤长，上建塔灯。堤外即驻泊兵船处，是为船澳。是澳纯以人力造成，工程之巨，甲于天下。东西长七法里（中国十二里又百分里之二十五），东北广四法里（中国七里），面积得一千爱克带尔（每一爱克带尔合一万平方法尺，则一千爱克带尔共合中国二千八百万平方尺）；但其中浅处甚多，一经潮落，大船每有触碍，故实可泊船之地，仅得二百爱儿〔克〕带尔（中国五百六十万平方尺）耳。澳正北有长堤，横亘东西，藉杀浪势。当其创造之时，两次为浪冲刷，前工尽弃，卒以志坚力定，克底于成，当事之功诚伟矣。其造费计用法金六十七兆方（合规银二千零五十二万零六百七十三两八钱一分四厘）。堤基以石填成，底宽二百法尺（中国五十六丈），迤逦而上，及于水面，计宽六十法尺（中国十六丈八尺）。基成，用水泥砌作坚墙，宛如石壁，是即为堤。长三千七百八十法尺（中国一千零五十八丈四尺），宽九法尺（中国二丈五尺二寸）高过之，潮落时全露于外，潮涨则淹没三分之二。堤脚护以石岸一道，高宽二十立方法尺（中国立方尺五丈六尺）。堤面上靠海一边有护墙，高一法尺六十六法寸（中国四尺八〔六〕寸四分八厘），厚二法尺半（中国七尺）。堤之正中有炮台一，名中央炮台；右端有炮台一，名东炮台；左端有炮台一，名西炮台。以上三炮台，各有塔灯以照舟行。西炮台与另一小堤及沙罚虐克炮台相对，其处名西口，为大舟出入之道。东炮台正对卑来岛，有捺西屋那尔炮台以为犄角，其处即东口。又中央炮台及西炮台之中，有堤底暗炮台一。

三月初一日午后，制局之水师营务处以小汽舟来迓，当即登舟而往，至则中军勒飞帛佛尔已在码头相候。先至炮库。库中藏有中快炮数十尊，库外方场堆置巨炮、炮弹等约数千件。继见铁板一块，长七八尺，高二尺，厚三寸，中含炮子二，未曾炸开。盖前者中法有事时，甲船“拉格里所尼尔”为基隆炮台所击中，故彼厂割留是板，镌明某年月日某地受创，以作记念，而亦来兹。今是船已旧，不可再用，故将船中物件尽行拆去，而以船壳拍卖于人；刻下尚泊水中，想不日必有商厂争相献价也。

中法战事基隆炮台击中之船

旋至枪刀院。院在首层楼，器凡五万件。旧式之刀矛戈戟，凑成各种形式，如日月星辰，人禽树木等类，或挂于墙，或置于架，以作陈设。其新器则有勒培尔（人名）枪、格拉（人名）枪及散耽低爱恩（地名）之手枪，类聚群分，排列井井。有小炮一尊，系康熙三十一年（一千六百九十二年）五月二十九日法与英、荷海战时所失，越一百五十年始从海底捞起。

出院，登瞭台，全局在目：大门之右有木料栈、锯木所、船样院、划船厂；大船〔门〕左有炮厂、队房、总物栈、船工所；过桥靠左即水师营务处、稽查所、船务司等；再进有船桅厂、锤铁厂、锅炉厂、炼铁库；此外有火药房四、屯兵房四、医院一。而其地址共有八十五万平方法尺（中国平方尺二十三万八千丈），适在扇侯渭〔蒲〕尔之西北角，形如曲尺。大门向南，西有两门，东边临澳。南、北、西三面俱有土墙，高三丈；墙外有濠，阔约四丈；濠外筑土堆，如卫屏。东北角土墙置炮十二尊，盖礼炮也。前年英女主来，升炮二十一响。局之中间有池，潮退时水深九法尺，可泊船四十只。池凡三，二在右，曰泊池，藉泊船艘以资装器。泊池之右为炮库，适才曾至其地，曰前池，有口通澳，出入船只者也。一在左，曰后池，亦泊船装修之所。此三池分则为三，合即为一，缘有活桥可以启闭故也。桥凡五，运动极灵。池旁有船坞十四，备船只入内闭闸放水藉修船壳者也。又极北及东南另有小池两道，上亦建桥，以便人行。

制局布局

此局于咸丰八年（一千八百五十八年）落成，距英兵登岸占据后适越百年。落成日，拿破仑第三躬亲行礼，并邀英女主维多利亚莅至焉。

初二日午后，仍由勒飞帛佛尔带领，登“拉多司忒来维尔”钢甲快船。船主姓引古甫，人极殷勤，添派武员雷翁培居导观一切。前后有圆罩炮台各一，内藏十九法寸（中国五寸四〔三〕分二）之炮。左右小炮台共六，其炮口径皆十四法寸（中国三寸九分二）；炮架系都隆商厂之工师嘉尼所创，转捩极灵，升降极便，一切纯用电

炮架升转纯用电力

力。导者曰："电力较水力为妥，缘水管破裂，全船之炮俱不能动；若此则设有疏虞，可以分节补救。是虽同一有弊，而电力之弊较轻，是以此船特用电力也。"继入机舱，机共二副，一前一后，其式异于他船。机动轴转，分运螺轮二具，可得马力七千二百匹。船身宽十四法尺（中国三丈九尺二寸），长一百零六法尺（中国二十九丈六尺八寸），深八法尺二十七法寸（中国二丈三尺一寸三〔五〕分六）。通扯其入水之力仅五法尺八十四法寸（中国一丈六尺三寸五分二），压水力四千七百四十五吨。水带线上前后左右甲厚九十二法分（中国二寸五分七厘六），至其炮台及舱面之甲厚亦如之。速率约十九海里。是船于光绪十八年（一千八百九十二年）下水，而船中装修今始告成。

阅毕，船主邀入客厅，谈叙数刻，饮以香槟，然后亲自送至小汽船，诞登彼岸。

至造船厂，见二等快船二：一名"喀萨尔"，仅成船壳之下半截；一名"提扇拉"，船壳已将造成，工人数百正在敲钉钻孔。

旋出厂登车，行十馀里，至西北角之甘割维尔炮台，后进形如半月，矗立海滨，高约四丈，厚同上，长里许，俱用方石砌成，宛如峭壁。墙脚即海滩，墙之上面全系泥土，厚四尺许，遍生青草。上置炮位，分列于东、北、西三处，每处有炮六尊，炮口向澳，口径二十七法寸（中国七寸五分六），盖防敌舟之拦入也。墙下有瓮洞，药 参观炮台详记设置弹、火药在彼存储。台之中枢为场地，左右有二层楼房数座，则备弁兵居住。台之前面亦有城墙一道，形如弓背，恰将后进之墙两端包接，高厚不甚悬殊。外绕濠沟，宽约二丈，正中有悬桥一，为入台之道，过桥后方为台门。现当承平之际，故守台军士只有二百人。

退而出，即着归鞭。道经小堡阿麻夺拉梅侯，当即下车入视。此中仅有炸炮四尊，长四尺，口径三十法寸(中国八寸四分)。靠海护以短墙，中间有屋一所，守者之室也。其人他出，故未晤。屋前为院落，略具花草，木栏围处即属堡门，不知者几以为田家宅舍耳。

初三日，由水师府尹之中军卑利纳耳带领，坐车行数里，至东北隅之拂拉芒炮台。台向正北，形如圆斗，造法及高厚尺寸与他台同。正中有石室，室外护石墙。自墙右入，即夹衖，衖左有小门，入即火药房。黝黑无比，逼视始知有铁箱在焉，分排数行，高及屋顶。导者将螺丝钉旋去，箱即洞开，拔视火药一包，盖在麻袋中也。色甚黑，三角形，大如指。室中药箱殆有数千。旋赴室后，廓〔廊〕下有四十二法寸（中国一尺一寸七分六厘）口径之炮弹及中号炮弹数百个，云由修理之战船上卸下暂时寄存者。又至一室，内储快炮所用之梅里尼德炸弹数百个。炸弹外面，其尖作黄色暗记，亦战船所寄。按：梅里尼德炸药为法人多尔班所创，其色淡黄，其质胶腻，装入弹时，如油之灌，久后始干，凝结不解，其妙处系能不先不后着物始炸耳。多尔班以秘法售于国，颇得善价，而官厂即据

梅里尼德炸药特性

以仿造，益加精练，颁用各军。此项炸弹，上半截储炸药，下半截储火药，式与枪弹相仿，故能迅疾开放。若他项大炮，俱须先装弹子，再装药包，费手即不免稽时矣。阅毕登台墙时，适风狂雨急，几于立足不住。环察一周，知有三十二法寸（中间八寸九分六厘）之大炮十二尊，分次匀列。炮口皆向北、向西，盖北为卑来岛旁之东口，西望隔澳即制厂也。

自炮台出，至水师府尹处辞行。府尹曰："惜近日天气恶劣，未免有扫游兴，不然尚有海中石堤可供察看，今则海浪太高，遂至可望而不可即，实为憾事。惟本年八月，总统福尔将莅此间阅视船操，届时必甚热闹，尚希惠顾为幸。"答以"虽未遍观要隘，然于工程之大，制作之美，防卫之严，业已窥见一斑，为之向往矣。秋间若能再来，定当勉副雅嘱也"。府尹莞尔，遂辞而出。又至营务处辞行，适督办有会议事件，遂不获面，留刺致意。晚请陪游之中军二人来寓同膳，惟勒飞帛佛尔惠然顾临。

初四日晨八点钟四十分，搭火车返巴黎，午后钟鸣六下始达使署。知特聘俄国之王星使事竣言旋，由俄而德，由德而英，今晨自伦敦起程，亦即时可到。

扇侯蒲尔船坞图（图见插页）

扇侯蒲尔沿革考

扇侯蒲尔一隅，史家谓为罗马所辖，故当中古之时，

该萨蒲尔（凯撒镇）

犹称该萨蒲尔——该萨本罗马王名，蒲尔镇也；今称扇侯蒲尔，其为转音也无疑。威灵贡敢朗朝，是地为拿尔芒境四大城之一，其海口亦船只所乐趋。非利泼屋居斯德朝视为入法之孔道。元顺帝十六〔四〕年（一千三百四十六年），英王爱陀阿尔第三率师围攻，伤夷颇重，卒致不克而返。明永乐十五〔六〕年（一千四百十八年），英人赌通是地总督，遂得进占。明景泰元年（一千四百五十年），法人逐去英人，仍为法有。康熙二十五年（一千六百八十六年）艺师复庞饬令拆去土垒砖墙，重建捍卫之具，惜乎因事中辍。乾隆二十三年（一千七百五十八年），英人乘虚袭之，停泊各船尽遭烧毁，岸边新筑之堤、商埠新建之闸一律被拆。英人退后，元气大伤。迨路易第十六为王，始复兴工办理（时乾隆四十九年，即一千七百八十四年），并饬筑堤于海。改民主后及拿破仑第一时，工作益为加紧。拿破仑第一以其地对英国，深觉关心，曾来察看。嘉庆八年（一千八百零三年）添造兵船埠头，计成三池。道光十年（一千八百三十年）法民内乱，王显理第十在此登舟窜逃。路易非利泼时接办前工，不稍懈怠。至拿破仑第三，咸丰三年（时一千八百五十三年）始庆落成，统计所费盖有二百兆方（合规银六千一百二十五万五千七百四十二两七钱五分六厘〔尾数应合七钱三分〕），所成者即长堤、大池（即战船埠头）、炮台、船澳也。自此而扇侯蒲尔即觉固若金汤，安于磐石，英人亦不敢再有窥觎之意。

扇侯蒲尔历史沿革

扇侯蒲尔形势

扇侯蒲尔处北纬四十九度三十八分三十四秒，巴黎西三度五十七分三十七秒。沿海一望平阳，惟东南及西南一带尚有高阜，居中者名罚来利爱，其巅距海面一百十法尺（中国三十丈零八尺），厥名罗尔，势极峻峭，上建炮垒（咸丰三年即一千八百五十三年动工），颇能管领全澳；惟目下因炮器日新，此垒已无济于事。其外有电局一所，若登山远眺，则山脚下有公家花园、商船埠、热闹兵船澳；澳外有长堤，堤之正中有中央炮台，右端有东炮台，左端有西炮台。堤以外澎湃汪洋，即大海。堤右对面有那西屋那尔炮台，盖以防澳之东口；堤左对面有萨罚虐克炮台，盖以防澳之西口。右边稍进有拂拉芒炮台，左边稍进有制造局厂、屋梅炮台、水师校场及甘割维尔炮台。综观以上情形，觉齐整胜于都隆，开展胜于孛来斯德，而其天险则俱在都隆、孛来斯德之下。然人定胜天，工程巩固，已有猛虎在山百兽却步之势矣。甚矣，自守有方，原足以默消外侮也。 地理形势

全国疆域政策述要

法为欧洲西境之大国，自北纬线四十二度二十分起，至五十一度五分止；其经线系以巴黎之天文台为准，西至七度九分，东至五度五十六分。其边界则北至衣袖海茄雷角、比利时、吕克常蒲尔及德意志；东至阿尔柴斯、鹿来 法国疆域

恩（即割与德之两省）、瑞士、意大利；南至地中海、西班牙；西至大西洋。其幅员之大则西北至东南计长一千零六十四法里，西南至东北计长九百二十四法里，而东西最阔处则得一千零七十四法里，故地面平积共有五十一万九千方法里。至其居民之数，约三十八兆五十一万七千七百七十五名口。

历史沿革 法国初名高卢，在中国梁武帝以后（即纪元后五百年间）遭野蛮蹂躏，其地分为三国：曰法郎哥、曰不尔给农、曰维西哥多。迨沙立曼（《志略》作泰甫）为王，以三国之地合并为一，遂将边界大为扩充，乃阅数传而其国又四分五裂。至北宋时（即纪元一千年间）成八国，各不相属：曰法兰西、曰拿尔芒、曰白尔带业、曰阿季耽恩、曰茄斯哥业、曰不尔给农、曰多罗士、曰法郎特尔。至俞额加颁朝始统一其地，并吞附近诸国，国势又蒸蒸日上。

行政区划 古时地分三十二省，乾隆五十三〔四〕年（一千七百八十九年）经公会议定，区作八十三府。法皇拿破仑第一用兵如神，略地甚广，曾至一百三十府。而今日法国全境共分八十七府，洋名覃巴尔忒芒；府之下有州，洋名阿隆提塞芒，为数三百六十二；州之下有县，洋名冈冬，为数二千八百九十九；县之下有乡，洋名谷谬恩，为数三万六千一百七十。此外，属地亦几星罗棋布，遍于全球。

政治制度 同治九年（即一千八百七十年）九月初四日，法改民主国，光绪元年（即一千八百七十五年）二月二十五日订立新例，其后又叠次加增，而制度益灿然大备。有公会二：一即上议院，议绅凡三百人，其人须年已四十岁者，由每府及各属地专员公举，在院以九年为度，并有终身不调者；二即下议院，议绅凡五百八十四人，系七万居民中公举一人当差，以四年为度，由每州居民径行公举。凡居民年至二十一岁，如未犯过私罪，即有权以举议绅；如至二十五岁，身家殷实，品学兼优，兼孚众望，即可被人举充议绅之职；惟练军中人及有专职官员，则大半不在此例。国主（华人按照英音译称百里玺天德，其实此字为各公会领袖之通称，须视上下文字义以别之）须曾执各部政柄，声望素孚，方可为上下议院会同公举。举充后以七年为期，如为众爱戴，亦得举以蝉联。其下执政之部有十三：曰公道（总理讼案）、教务（总理天主、耶稣、犹太各教士之事务）部、曰外务部、曰内务部、曰度支部、曰陆军部、曰海军部、曰理藩部、曰学务杂技部、曰工程部、曰农务部、曰商务工业部、曰邮政电报部、曰宝星部。

光绪十八年（即一千八百九十二年）法国进款共有三千二百五十一兆八十六万一千八百五十二方，而其用款计须三千二百五十一兆五十二万四千零七十四方。内国主薪水公费系〔“系”字疑衍〕仅得一百二十万方，以三方十生作银一两，共合规银三十八万七千零九十六两七钱七分七〔四〕厘。积欠民债共有三万一千六百四十五兆八十二万一千方，虽无清还之日，实有利息可支，散布民 财产收支间，珍同拱璧，不特续借新债依然踊跃输将，即如俄、奥、土、希及中国等屡向称贷，亦无不争先恐后，上兑巨金也。

比国

游历比国

光绪二十二年十月十七日，宗濂偕海军游历章京凤瑞臣主政凌，凭驻英出使大臣龚照会，往谒比国外部大臣福佛罗，声明游观制厂、炮台之意。福外部接待殷勤，即日咨行署理兵部大臣毕尔蒲恩，遂派炮队守备爱克斯丹逐日导游。兹将所游各处依次译纪如下：

盎特来克枪子厂

盎特来克，比都东南隅附郭之乡也，居民近四万。其地有厂一所，专造各项枪子。厂设于道光二十七年（一千八百四十七年），本工师飞司拿之产，至光绪八年（一千八百八十二年）间，厂主易人，改为公司纠股接办。现在工匠一千五百名，女工居大半；机器七百座，手用各器约四万件。以所造枪子数目而论，天下盖鲜有出其右者矣。每年约造战枪子二十五兆颗，手枪子三十兆颗，猎枪子五十兆颗，拂落培子二十兆颗，又各项杂式子一百五十兆颗，此外枪子应用之附件杂具尚不在内。

枪子制造无出其右

厂中所用机器，皆由自造，且能出售于人。如比国安法尔斯埠枪队官学堂及希腊国官枪厂所用之造子机器，皆出自该厂承造。另有各项机器，或系新创，或经改妥以售于各国官商厂者，亦更仆难数。各机灵巧简便，美备周匝，出子多而造价廉，允推杰出。

比国能自造军火，自该厂始，二十年来迭出新法，精益求精，务使百无一憾，其名因之大著。至枪子之壳改用钢铜等质，尤系该厂首创，比国军中因而采用，至今仍之。近年又历在比国及他国领得专利执照数种，尤足彰其造法之精。此外更有各种秘法，只准该厂自用，他厂不得剽窃者。而所出枪子种类甚繁，要之，无论何式皆能承造。

自造军火自该厂始

战枪子为制造之大宗，经办已有数十年之久，而迭加更改，克底纯全。凡欧洲及他处军中所用各式之枪，均可配用其子。计按照各国定造尺寸承造而交出者，其数不下数百万万。如为马六嘉国及中国承造之子，则系配用英式之麦梯尼枪；为日斯巴尼亚国、阿尚丁国承造之子，则系日斯巴尼亚式之林明敦枪；为埃及国等承造之子，则系埃及式之林明敦枪；为罗马教王承造之子，则系罗马教王式之林明敦枪；为拿威国承造之子，则系拿威式之林明敦枪（枪膛对径十密里零至十一密里不等）；为丹马国承造之子，则系丹马式之林明敦枪；为瑞典国承造之子，则系瑞典式之林明敦枪（枪膛对径八、九密里）；为赛飞尔国承造之子，则系赛飞尔式之毛瑟枪（枪膛对径十一密里）；为中国承造之子，则系德意志式之毛瑟枪；为希腊国承造之子，则系格拉斯枪；为波斯国承造之子，则系培尔腾

各式枪子均可承造

各式枪子配用之枪

枪；为俄罗斯国承造之子，则系克朗格枪；为奥斯国承造之子，则系惠德尔枪；为比利时国承造之子，则系阿尔皮尼枪；为荷兰国承造之子，则系扒蒙枪；为巴西、智利、马六嘉、希腊、比利时等国承造之子，则系贡孛兰枪；为义大利国承造之子，则系义大利式之惠得梨枪；为瑞士国承造之子，则系瑞士式之惠得梨枪；为中国承造之子，则系沙尔泼枪；为鲁马尼亚国承造之子，则系毕扒堤枪。至五六枪归并一起成联珠炮式者，如蒙低尼炮、格林炮、拿登飞炮、哈乞开斯炮等，其子亦均由该厂承造。现在欧洲各营每用窄膛之枪，故枪子之式亦须改小，该厂代为承造者为数甚多，择要而计，约有九种：一、比利时式之毛瑟枪，膛径七密里零；二、奥斯式之麦尼里赛枪，膛径八密里；三、荷兰及鲁马尼亚之麦尼里赛枪，膛径六密里零；四、法国勒倍尔枪，膛径八密里；五、堂夺笃枪，膛径六密里半及八密里；六、须尔屋夫枪；七、日斯巴尼亚及巴西毛瑟枪，膛径七密里；八、葡萄牙之克洛巴仄克枪，膛径八密里；九、拿威之克拉格查尔诚生枪，膛径六密里半。以上各项枪子之外壳，有用纯铜者、纯钢者、锊铜镍三质炼成者、钢及上项三质炼成者。其长约共得中国二寸半，上半截尖而略小，长约八分，形如笔套之底，内藏铅子，即以二分纳入下半截内。下半截逐渐放大，对径约二分有零，长约一寸九分，形如洋瓶，内藏火药。底周有凹纹一条，为子座衔扣之用；底之正中有圆孔一，孔深分许，其内用铅封固，周凹中凸，藉受炸力而资开放。再，

承造枪子计有九种

枪子结构

所谓子座者，系铜皮一片，两旁镶边，两端微翘，每座置子五枚，放枪时连座安置，座即自脱，子即深藏，然后随手关捩，则子入枪膛而轰然发作矣。如是者连续开合，则前子出壳而后子即进矣，诚节时省事之善法也。

厂中办理子壳之女工，各做一门，不相错杂，是以艺专而精。诚举一二端言之：则有截铅者、有轧壳者、有权量者，只须置在机器上用心看守，以手拨机已耳。然无论何质，皆以整料由大而小循序而进，悉藉机力制成，故各子壳尺寸分两，累黍无讹，而外观尤极纯美光洁。惟装药用男工，只藉人力将壳倒置，钢模铺满火药，压以机器，遂将其底封固，而枪子成矣；每日每工约可装药二千子。

厂中房屋并不轩昂，而布置却散落有法，防火患也。办公处亦甚朴素狭小，门外更无装饰，远不如寻常居室之壮观。然试问之路人，则又孰不指而目之曰“此盎特来克枪子厂也”。总办姓郎博德，名阿拂来特，是日即率其副办、司帐等人，陪同游厂，口讲指画，不厌不烦。询其能否允照英国阿摹士庄厂在义大利设厂成法，至华设厂，应曰可（阿摹士庄在义设立分厂，详见后文）。 可至华设厂

郭格利尔厂

厂在比都东南利爱时省城之扇兰镇，距城约六法里（每里合一千迈当，每迈当合华二尺八寸），距都约一百十四法里。镇跨茂斯江，而厂处江之右。创始于嘉庆二十二年（一千八百十七年），创主始郭格利尔，名乔恩，英 郭厂简史

人也，道光二十年（一千八百四十年）卒；又越二年改作公司，集股本十二兆五十万方。同治十一年（一千八百七十二年）因制造日拓，增招新股，连旧股合算共得十五兆方。光绪二十年（一千八百九十四年）拔还股本一半，自此实本只有七兆五十万方。计自道光二十二年（一千八百四十二年）起至光绪十九年（一千八百九十三年）止，宏开局面，精益求精，共用六十三兆五十万方，大半取之盈馀项下，用能开挖煤铁，藉应取资而臻式廓。

三项职司

厂中除铁路、运船及文案三项职司外，大段共分十一项，人数共九千五百名，内管理厂务者计占三百七十名。所用机器计有三百五十座，共得马力二万零九百二十五匹（一秒时升高一迈当重七十五启罗为一匹马力，良马有此力，试验得之，故名）。

厂中房屋

厂中房屋计有总办住房一、书库一、档房一、厂董及股东会议厅一、又总办及总参赞办事房各一。入大门即一大院，右为厩房院落，马匹车辆在焉；左为花园，广四顷（每顷合一百平方迈当）。院底正中有大厦一，门楣高峙，上镌荷兰国玺，盖因郭格利尔追念其合股设厂之荷王威灵第一而特造以志敬也。厦中即工师房、会计房、钱款房、买卖房、发货房、稽察房、副工师房；再进则为绘图厅。

矿务

矿务门

煤矿三：曰哥拉、曰玛梨、曰喀洛利恩。

哥拉煤矿

哥拉矿有二井：一名马利、一名赛西尔。其中层级不少，现在挖至最低一层，距井口深五百八十迈当。从二井挖出之煤，日以千吨至千二百吨计。煤系备置玛梨矿间阿卜尔特火炉及喀洛利恩矿间之沙尔佛火炉，藉以烧制焦炭，为钢铁等厂所用者也。全厂烧煤日需千四百吨，不足则向他矿添购。

马利井口之吊煤机器，系用钢链二条绕于极大钢盘上，盘旋链转，一起一落，计有可用之马力数逾千匹。先由煤丁在矿中以煤装入四轮铁箱，移置链端方架内，即随起链而升，每次四箱，每箱一吨。迨至极顶之楼上，一女工挽箱出架，推入楼板间之铁道以达悬架，则箱底自开，煤即倾下，入于运车。女工随以空箱拖置落链之端，则箱亦随下。妙在起落同时并举，司理钢盘之行止，又只须一人，举重若轻，可称便甚。井中抽水机尤极精妙，日可抽出五千立方迈当之水。另抽水机二座，系由该厂自创，每座马力二百五十匹，其总杆计有马力千匹。又井底抽水机一具，马力百五十匹，可于一昼夜间从五百二十三迈当深处抽出千五百立方迈当之水。此二井每层煤质皆极膏腴，合于烧制焦炭锻炼钢铁之用。矿广三百零七顷，其间有大铁道一，广一迈当半，其上可行火车，藉以运煤至烧炼焦炭处。另有窄铁道二条，用钢链牵拉，自行运动以至炼钢、镕铁等厂之锅炉房。 吊煤机器

玛梨矿开挖自咸丰七年（一千八百五十七年）始，系用压气之力开成井口。光绪元年（一千八百七十五年）设机器一座，以蒸汽聚于中权，藉转各项机杆，是为比国各矿之首创新法。井中有压气机器一副，设于同治十年 玛梨煤矿

（一千八百七十一年）以助钻挖煤层之力，其法与喀洛利恩矿及哥拉矿中布置相同。另有通风机一具，则系□拉夫德之式也。

喀洛利恩煤矿

喀洛利恩矿在以上两矿之东隅，专挖上层煤质，以挖尽现挖之层为度，盖备将来哥拉矿透亮之用。近在矿中置抽水机二副，马力各六十四，能于一昼夜间在一百六十迈当深处抽出二千立方迈当之水。

焦炭炉

焦炭炉在喀洛利恩矿间者曰葛卑（人名）法，凡五十座；在哥拉矿间者曰阿卜尔特（人名）法，凡二百七十座；在玛梨矿间者亦系阿卜尔特法，凡百六十二座，盖皆烧制焦炭者也。另有沙尔佛（人名）法之回炉二副，每副二十六炉，系以烬馀力尽之焦炭重新烧制，藉备再用。此二副机俱设于喀洛利恩矿间，光绪十八、九年（一千八百九十二、三年）间先后落成，开炉烧制。

铁矿

铁矿

在比国吕克常蒲尔省，厂中购有矿地若干，岁可挖出良铁十万吨。在维尔盎怀来各铁矿间厂中置产三分之一苗质不旺。

又里爱恩地方有矿地一百六十五顷，所挖之铁其色黑白相间，质硬而脆，洋名曰锃。

在日斯巴尼亚国之皮尔巴附近，有比法合办之沙马罗斯得绿矿，厂中亦在该处开挖，约有矿地七分之二为其产业，岁可挖铁十五万吨，专备炼钢之用。

镕炼门

高炉

高炉有六，自一号至四号每炉高十八迈当四十生的，五号高二十一迈当，六号高二十四迈当。凡日斯巴尼亚国及阿尔及耳之矿质，入炉陶冶可成粗铁；又吕克常蒲尔之矿质，入炉陶冶可成细铁。计其每日成铁之数，吨逾六百。其间吹炉机器计有七座，一系横式，以软硬钢拼合而成，名曰康邦；六系竖式，内三座各有三百匹马力，一座四百八十匹马力，二座五百匹马力。当白里阿尔蒙为该厂总工师时，曾创竖式吹炉机器之新法，该厂按照此法为他厂代造而布置者，为数不下二百座，其式样俱为各国工师抄袭仿造，而终觉稍逊一筹。自一号至四号之高炉间，紧靠炉顶起造一桥，以便各匠运铁入炉。屋梁有盘链悬机，可将各项矿质悬挂而行，运至炉口，藉资倾倒。各炉布置得宜，所有倾镕之物，火候一到即可开放炉门，使之直流模内。自前年起，遗流铁汁半为他厂购去，或造砖、或造水泥，俱可为搀合之用。

镕炼高炉

竖式吹炉机器新法

钢厂

比国之有炼钢厂，自扇兰始。咸丰十年（一千八百六十年）以前，其处有罐钢厂一，磨床、轧床、瓦罐，一应俱全，藉以浇造钢板。自同治二年（一千八百六十三年）起，厂中添炼别色麻（人名）钢，光绪九年（一千八百八十三年）又用麦丹（人名）、希门斯（人名）法，得以数炉之钢融合一气。

炼钢厂

查别色麻钢厂有镕铁变钢之炉三座，辅以搀和之机一具，机有马力百匹，日可出钢六百吨。其竖式吹炉机计有二座，系克拉拂忒（人名）法，用软硬钢配造。麦丹、希门斯钢厂有火炉三，每炉每次出钢十五吨，同时浇注，可得四十五吨重之钢坯，以造炮位或他项大件，绰有馀裕。又压轧钢轨之机数座，大小齐备，每七日可成钢轨二千吨。此项轧机灵捷快便，实为该厂首创，德、俄、法、英等国向该厂照式定造者，为数甚繁。又压轧钢圈之机数座，力甚雄健，无论圈径若何，大小俱能压轧，小者可以配置火轮车厢，大者可以配置极快机车，即如炮位钢圈，则亦曾为荷兰、义大利、比利时等国代造无数矣。又如罗维爱地方自升机之汽鼓，钢圈尺寸甚大，该厂亦能应命造成，极形坚固。现又另建希门斯炉一座，则为镕炼罐钢之用。凡最精最细之钢皆由此出。

灵便轧机该厂首创

铁厂

铁厂

铁厂之设，始于道光七年（一千八百二十七年），随后会同各厂逐渐改变。现有新式麦丹炉二座，每座每次能镕铁二十吨，成色极为纯洁。法以镕炉之馀热蒸热水锅，并藉水锅之汽力运动各机，连环挹注，精妙绝伦。所有机器、轧床、大锤等物，皆极利便。其轧薄铁板者，辅以托机一副，起落如意，马力八百匹。轧厚板者，有竖式机器一副，马力三百匹，另竖式机器一副，马力六百匹，则轧铁条及大铁之用。厂务宏巨，甲于扇兰。每年出铁及铁板约三万至三万五千吨，为本厂自用兼以售诸他人。厂外有工匠住房四十所，各匠借居其室，房价从廉。

浇铸厂

此厂共有三大所，建造甚为合法，各匠在内工作，不致暗促其生。凡一切重件，升降移动，俱有活机助力。另浇钢厂及拣沙、制模各厂俱附焉。此厂所出物件，在伦敦、巴黎、安法尔斯（比国商埠）、伯鲁赛尔（比京）、西特男（奥洲英属地）、美尔邦（奥洲英属地）各会场中陈列比赛，俱列超等。 浇铸厂

锤击厂

厂中有击锤十馀座，最大者击力二十五吨。火炉甚多，起重之机各式齐备，无论何等大件俱能胜任。近又添置压锤一座，压力二千吨，其上有电气运动之起重机一架，马力六十匹，四周旋绕可至二十迈当远，专压大钢坯、大钢炮、兵船汽机总杆等物。兼有油沟一条，系备浸润汽管、火管及炮位钢圈之用，至小件机器、通风筒管、各项挺杆一切辅件亦兼容并包焉。另有饭厅一所，白石桌位，洁净无瑕。凡离家太远之工匠，俱可携带食物在此充饥。馀厂仿此。

建造门 建造门

车轮车厢炮弹厂

此厂基广二顷（每顷合一百迈当见方），上有大厦三，又附室三，其中专造之件计开如下：

一、汽车①、货车及搭客所坐大小车厢之各种铁轮，

---

①汽车：指蒸气机车。

或用横档，或系实心，概行承造。

二、汽车、货车所用对径不大、锤击而成之钢轮及客车之实心轮。

三、寻常马车所用之轮，有以木配铁者，亦有以木配钢者。

四、各项应用之钢质直轴。

五、各种炮弹，如大炮炸弹、联珠炮弹及快炮弹之火药筒等是。

六、轧印阳纹之件。

此中作工之器，计有压锤一座，重力五百吨；击锤九座，内有一座重力四十吨；回火炉十一座。其馀零星小器凡以琢磨车轮、车轴、炮弹者，无不具备。

配造厂

各种配件制造厂

一号厂在第二进院中，房顶悉用玻璃，透亮透风，布置极为得法。此厂之匠专制机器小件，或构放水之法，或制收汽之件，或以已成之小炮膛专事磋磨。

二号厂在一号厂之右，专作各种放水管门及汽锅活门等。旁有附室一间，则以已成之钢铁机件涂抹油漆。另一室则以各种皮件裁剪镶配。厂左又有一室，计分两层：下层为修理杂件之房，上层为构制模样之房，列号第九。

三号厂专用各项旋机等器，以制中等尺寸之零物。若夫中等马力之机件，则于造成后先在此间配斗，然后交出。又锅炉中汽管、火管及炮膛之外圈，亦在此间收拾整理。旁有一室专造拿登飞（人名）之各种快炮，盖曾与创者订立合同，每炮售出必以坐利分之。

四号、五号名曰汽车厂，改造开拓于同治三年（一千八百六十四年），至光绪二十年（一千八百九十四年）而添建起重机一架，形式如桥，运动全恃电力。此外并添最新最灵之各项机器，器具于是大备。此中专造汽车，斗合镶配咸在于此。

桥式起重全恃电力

六号厂专以极大机件加工修整，或刨或切，或车或钻，称物平施，各有专职。又水陆应用之大机器，亦在此间试装。

七号、八号厂烧轧方头、圆头、六角头之各项螺丝粗钉，并为之收拾齐整。

再，五、六号厂前大院中有大起重机一架，其脚有轮，便于移动，机之升降，纯用汽力。而他项升物之机，亦复悉备。

各厂皆有升机，或用压气、电气之力，或用皮带牵拉，因地设施，各有所取。

另有漆作一所、模栈一所、发货栈一所及救火水龙栈一所。

锅炉厂

厂有大厦二所，专为装配汽锅之用。一系斗合钢板火炉，一系压钻板孔，其锤击置钉之法，悉用水力，布置尽善，式样最新。其间更有大作场一所，连同边屋计广一千五百迈当见方，器备法周，兼造铁质间架及桥梁等件。

运务

江行转运规模大备

厂中转运事宜，自经政府准其在江行舟后，规模遂觉大备。有平底舟七只：内二只系汽舟，每只重力二百五十吨；三只系常式汽舟，每只重力三百吨；又一只造法迥异，重力亦三百吨；又拖带船只之小火轮舟一只，汽机马力一百匹。

厂中遍造铁路，两〔一〕端接至扇兰之北车站，共长六十法里。其间运车四百五十辆，汽车二十七辆，又马二十二匹。

水陆二道所运各项材料以供制造之用者，岁得三百五十万吨。

电灯

发电房

厂中统用电灯以供工作之用，小者二千五百盏，大者一百八十盏。发电房在厂中央，其处有四百匹马力之汽机一副，以运电机二座，每座所发之电贯注铁丝处，计有进力一千盎卑尔（量电表名），又自铁丝入灯处，计有出力一百三十复尔德（亦量电表名）。又佛里格所创二百五十匹马力汽机一副，专运一千盎卑尔之电机一具，为晚间八点钟后大放光明之用。又汽机二副，一马力五十匹，一马力二十五匹，则为日间运机运物之用。

厂中总办学问优良

厂中总办姓格勒纳，名阿度尔夫，本为此厂制造工师领袖，学问优良并能肆应，以是为众所重，由各股东举充总办。数年来悉心经理，厂业日形隆盛，声望益觉翕然，且为各工匠代谋教养之法，尤属至周且密。各工每日作工十点钟，自晨六点至晚六点止，中午停工二点钟，以便憩息饮食。凡女子一经嫁人，即不复用；然所用未嫁之女，止在日间充当拣选杂件或推拉煤车之用。童子须能念书写字，则十四岁起即准入厂学习。有学堂一所，专收工匠之子，由厂中出资延请名儒认真督课。即十四岁以上之童子已经入厂学技者，每日亦须到塾攻书历时一点钟之久。岁时会考，备有积款，择优奖赏。另有医院以收养病工，孤院以收养孤子，其承充照料之役者，则系天主教中守贞守寡之善女。药房中所备药料，不特施给工人，即其家属亦一体均沾。此外美举尚多，不及备载。

湖北铁政局一切材料机器，皆由郭厂承办，即布置规画，亦由其所派工师督率。现铁政局事虽已改归商办，由盛杏荪京堂主持，而工师等却并未易人。近有消息递至，知铁政局所炼之钢，尽善尽美，大有开拓之望云。又镇江至南京之铁路，郭厂奉署两江总督张香帅命，特派工师二人前往其地，周历测勘。工竣图成，而香帅节旋荆楚，岘帅仍回两江，岘帅以款无从筹，饬作罢论。香帅以权既不属，无可如何。郭厂则适当其冲，不无赔累——据总办格勒纳出示详图，并为言之如此。 湖北铁政局由郭厂承办布局

梵尔三朗培玻璃器皿厂

梵尔三朗培，比国利爱时省之镇市也，在茂斯江之右岸，距省城约十二法里，地广四十法顷，半归于厂。厂设于道光五年（一千八百二十五年），纠股兴办，总办为法人杠兰，其中股东之最大者，系荷兰故王咸灵第一及另有 玻璃器皿

三人。初办时颇费周章，殊难获利。道光十年（一千八百三十年），炉中生火得以煤代木之法，厂业始固。道光十六年（一千八百三十六年）特增资本，所制物件遂益开拓而进款亦丰。惟道光二十八年（一千八百四十八年）因欧洲有乱，转运不通，销场滞塞，曾有歇工停造之举，颇见折耗。然过此以后，厂务即蒸蒸日上。道光三十年（一千八百五十年），所制器皿值价一百五十万方（三二六五，合规银四十五万九千四百十八两七分），逾十年而所值至二百万方（三二六五，合规银六十一万二千五百七〔五〕十三〔七〕两四钱三分），再逾十年而所值至二百五十万方（三二六五，合规银七十六万五千六百九十七〔六〕两五〔七〕钱七〔八〕分）。自此迄今，销路日开，几遍天下。虽器皿市价比昔为廉，而前三年所出之物，每年获资尚至七百五十万方。

每日造器十六万件

厂地计广八千迈当平方，厂房八所，内有火炉二十座，作工男女四千五百名，火罐四百二十个。每日造成之器，约十六万件，所造不外饮具、花瓶、灯管等物。物料精纯，工作细致，宝光焜耀，装饰畜皇。所用之料系细沙及硃砑矸碍一物为本。沙必洗濯，极其细纯，硃砑矸碍则以红铅炼成，由厂自制。火炉、火罐皆系泥造，而各极其坚。炉火在地窖，置煤于中，烧成煤气，以达于炉，再行发火，故火焰极觉纯青。先将各料装罐置炉，迨到火候，罐中之料悉化成水，然后取出浇入模中。浇成后或用气吹，或用火剪，或用沙磨，或用旋机细磋，或用药水琢印，或由画工设色，各事不相混淆。盖各工自初学时即已分定位置，至老不改所司，惟专斯熟，惟熟斯精，故无偾事决裂之虞，而有着手成春之妙。造成各器除趸批发往各国外，每种各在厅事陈衔以供过客顾览。据闻李傅相来此见而好之，曾定制瓶、盂、杯、碟等件，为数至三千件云。其分厂有三，其分肆遍地球各国，即远至上海、香港、横滨等处，亦俱有经手商家在彼驻扎。而该厂所得自然之利，尤在逼近煤矿、铁道，故能取精用宏，器皿亦四通八达，以成巨业而享盛名耳。自前四年起总办易人，姓达八雷，名若尔时。 李鸿章曾定制多件

茂斯钢件厂

茂斯本利爱时之江名，兹即以之名厂。厂设于道光十五年（一千八百三十五年），纠股兴办，固公司也。今总办为丹末盟。厂基甚广，厂房甚宏。所造均大件，材料取诸他厂，而配合成器则由其厂任之。大致共分九门： 钢件厂所造均大件

一、武备物件

如旋转升降之护甲钢架，可置快炮，可以电灯瞭敌，并可察向守望。又如竖式之护甲钢罩，每罩可置炮二尊，每炮口径十五生的。

二、汽车

凡货车、快车、轻车及山路轮车所用之各项汽车，又窄路之四轮、六轮汽车，又通至乡村小火轮车之汽车，又矿中厂中所用六轮汽车，又移动车路之汽车，一概承造。

三、汽锅

如汽车上所用汽锅，又长筒汽锅，又双炉群管汽锅，又车站中运动电机汽锅，又竖式汽锅等是。

四、码头机件

如水力运动之起重机等是，至矿中厂中所用起重机亦附焉。

五、船厂物件

如载客汽船行走江河者是。

六、矿务机件

如抽水机、储水机、分水机、竖式吸水机、大铁架吊煤机、压气机、通风管、通风机等是。

七、钢铁厂机件

如炼钢压机，又炼钢双管吹气机，又轧钢机，又升钢机，又水力升钢机，又竖式回汽鼓之升钢机，又阔座升机，又布置钢厂之一应机件，又炼钢移动之起重机，又聚铁成钢之大铁桶，又化铁盆等是。

八、运杆各机

如竖式、横式之运机，又发电之大快力机，又大快力双横机，又竖式汽锅之半活机，又竖式双杆总机，又马雷所创之盘机等是。

九、烧用煤油之运杆各机

如一匹半马力至四十匹马力者是；又三匹半马力至二十匹马力之煤油运机，系专备装入车中生火运机以行走寻常道路，而无须再用马拉者是。

爱斯搭尔造枪厂

厂在利爱时相近之爱斯搭尔镇，基广九顷（每顷平方一万迈当），而七顷为造枪处所，厂房约四万迈当平方。集资兴办始于光绪十五年（一千八百八十九年），动工造枪始于光绪十七年（一千八百九十一年）之十月。一切机器本极时新，而精益求精，复加参改，藉使出数加增。厂之前后左右建有铁道一条，直通爱斯搭尔车站，俾便转运。厂有冷水机器一，使汽锅流出之热水顷刻即冷。有总机房一，内有机器三副：一系葛和斯法，马力五百匹；二系伏郎斯法，一马力四百五十匹，一马力三百五十匹。有锅炉房一，内有毕白夫法之锅炉四，各约立方一百五十迈当，又麦多法之锅炉三，各约立方一百八十迈当。

造枪厂机器时新

造枪门

造枪门各所配置

机房一所，可容战枪木柄二十五万枝。烘房一所，系置枪柄之木俾之烘干。枪柄作一所，系在其内用机锯、机刨、机钻等件，将木料制造成柄。制枪房一所，广约一顷，系将钢板、钢条、钢块等分类办理，俾之成枪。制器作三所，系制裁剪卷轧等器，以供造枪之用。磨光作一所，系将枪管等件磨擦使光。着色加铜作一所，系将枪管等件使之略变蓝色，并为镶配铜机。浸油作一所，系将枪管等件浸油使润。烧煤气房一所，系烧煤成气，使入大炉。锤击房一所，有锤击机二十六副，重力不等，专备凿琢花纹记号等用；又白拉持雷所创之锤击机数副，专为锤击枪件之用。试验枪管房一所，专验枪管之坚脆，以热度四千天气师船表载，凡热度涨力于每立生的中得一启罗又千分之三十三为一天气）为率。试验放枪房一所，专验枪子之速率、准度，以相距二百迈当为率。装配成枪房一所，则附复验核对房焉。另捆装发递房、公司收验房、存储钢料栈无不具备。

造子门

造子门各项作所

大厦一所，广二千五百迈当平方。内有子壳作，专制枪子外壳；铅弹作，专制铅弹；子托作，专制子托，使五子叠列其中，俾便装枪；权量作，专将以上各件权量至当，不爽毫厘；复验厅，专将以上各件悉心复验。另稽核装捆厅，试验枪弹厂、镀钯作、煤气炉、回火炉、擦亮作、洗濯作、储料栈、火药栈、装药厅、验收房、管事房皆在焉。

厂中墙壁梁柱间，悉有热水管，藉备冬间御寒之用。入晚悉用电灯照耀。

女工男工各专其职

女工千名专以枪管、枪弹未经配成之件割截磨擦、复验核对，并装火药于子中，日得工资二方四十生（三二六五，合规银七钱三分五厘零七）至三方（三二六五，合规银九钱一分八八三六）不等。男工一千五百名，内以枪管枪弹校正配合者千名；司卷机、司机器者共四百名；作粗工者百名。日得工资三方（三二六五，合规银九钱一分八八三六）至六方（三二六五，合规银一两八钱三分七六七）不等。以上各工，无论男女，自学技时所学何技，即使之终身不改其技，此所以专而熟，熟而精也。每日作工自晨七点钟起至十二点钟止，午后一点钟起至六点钟止，共作工十点钟；再晨间、午后各歇工十分时候，俾食携带之饼饵等。男女各工如或患病，由厂延医给药；如或受伤，除医药由厂承认外，仍复照给工资，藉资贴补。

总监工二：一司枪件，一司弹件，所辖工头共有五十名。

厂本五百五十万方（三二六五，合规银一百六十八万四千五百三十二两九钱三分），分作股票一万一千张，每股五百方（三二六五，合规银一百五十三两一钱三分九）。另借款三百万方（三二六五，合规银九十一万八千八百三十六两一钱四分），分作借票六千张，每张周年给利四厘。总办二，由股东公举者曰毕褒，比人也；司理销售者曰培格，美籍也。

厂中专造战枪及枪弹，日可成枪四百五十杆，枪子二十五万个。专为各国代造枪件，而各国中定数最多者，如比国政府定造毛瑟枪二十万杆，口径七密里又百分之六十五；巴西国政府定造毛瑟枪五万杆。此外如中国、于吕该国、哥隆比国，合共定造毛瑟枪十万杆。枪子由各国定造者为数至一百五十兆。 毛瑟枪定造最多

现又添制巴泼所创之人力自行车，已得准照，只由其厂一家承造。至正在考校而拟将兴造者，则有自行入子之单响手枪，战阵所用之六响手枪，自行入子之联珠快炮及

毕褒所创之六响快枪。

电灯器具厂

电灯器具

此厂亦系纠股设立，即在利爱时城外。其总办名爱茂，姓毕褒，即爱斯搭尔枪厂总办之子。专造电力机器、电灯器具，为制厂、矿井运机点灯之用。厂有工匠千馀，所造机器自二匹马力至四五百匹马力止。厂房分三进：头进造大件机器，二进造大电灯之铅条，三进系绘图房及造小电灯之机器房。假如居家者欲小为布置，向之定购燃点十盏小电灯之器，每灯有十六支烛力，而生火蒸汽只生煤油，则通盘筹算，其机件计有十九种，其价须在四千四百七十方（三二六五，合规银一千三百六十九两六分八〔六〕）之谱；若燃点大电灯者，其机器虽与上项之数不相上下，然价较贵，计须四千九百三十五方（三二六五，合规银一千五百十一两四钱八分六厘）云。倘欲大兴电灯，燃于通衢大道，则计非十万方（三二六五，合规银三万六百二十七两八钱七分）不办矣。

蒙德非乌电学学堂

电学学堂

此学堂在利爱时城内，由比国上议院富绅蒙德非乌捐资设立，故名蒙德非乌，盖不忘本也。教习名爱里克格，姓然拉，本电学中之巨擘。凡学生已由他处大学堂取中电学艺生者，则到堂学习期以一年。每日听讲秘奥约一点钟，而亲手造器却须六点钟之久，盖有成法以植其基，尤须藉工作以开其慧也。学生百四十人，籍贯不一，功名不一，有来自美洲者，亦有在水陆军营已作兵官者，教法之善，足以感孚遐迩，可见一斑。其尚未取中艺生之学生，到堂学习期须三年，此盖只图得一执照，藉作次等工师，固不能与艺生出身相提并论。诸生于晚间归寓，日间到堂。

教法之善感孚遐迩

堂中房屋宏巨轩昂，入门即大作场一所，内作架五十座，机器十二副，其馀零件不可枚举，皆用电力运动，以供诸生操作之用。楼上各有专房，则置诸生造成之器。又讲堂一所，则教习然拉君每日在彼会聚诸生，讲解电理者也。又量电表、测电尺、发电机无不类聚群分，以备诸生探讨。又各种水底电线粗细不一，亦皆陈列柜中。质系红铜而外涂油漆，有割断者，使诸生得知其中配法；有盘曲者，使诸生得知其间用法。一言以蔽之，凡大海大洋之电线悉备。

自设此堂以来，诸生之学成而去者已有五百四十二名。入堂之费计分两项：一、未经取中艺生者，第一年纳资二百二十方（三二六五，合规银六十七两三钱八分一），第二年二百四十方（三二六五，合规银七十三两五钱七厘），另每年加缴二百七十方（三二六五，合规银八十二两六钱九分五厘）；一、已经取中艺生来堂历练以一年为期者，纳资一百六十方（三二六五，合规银四十九两五厘），又投考、岁考、大考时，均略有小费，自二十五方（三二六五，合规银七两六钱五分七）起至五十方

（三二六五，合规银十五两三钱一分四）止。

比国官炮厂

官炮厂历史沿革

厂在利爱时城外，设于嘉庆八年（一千八百另三年），时比国全境尚隶法国，而厂亦系法人卑利安之私产。拿破仑第一时为民主，曾给资二百万方（三二六五，合规银六十一万二千五百五十七两四钱三分）定造大炮三千尊，以充水师船只之用。嗣由法国国家购去厂业，后计代兵船及海口一带造成各炮不下七千尊。嘉庆二十年（一千八百十五年），比利时归荷兰管辖，厂中又造炮四千尊，兼为他国承造各炮。道光十年（一千八百三十年）民变，工作间断，逾年比利时自成一国，厂归国家主持，即复开工，蒸蒸日上。自道光二十年（一千八百四十年）起至咸丰十年（一千八百六十年）间，益形开拓，其名望在欧洲各炮厂之上。历代拜焉国、丹马国、埃及国、美洲各国、那沙国（德国列邦之一，合并入黑辛）、日斯巴尼亚国、荷兰国、普鲁士国承造之炮，难更仆数。未几德国克鹿卜后膛新炮出，膛中有纹，其出子之力更大，以是他国之定造炮者，皆争趋之，而此厂遂益改制，造炮之法悉照时尚办理。同治七年（一千八百六十八年）造口径十二生的之钢炮一百八十二尊，又口径十二、十五生的之铁炮五百十四尊。初，比国政府以为本国自炼之钢不合造炮，每造炮件俱向克鹿卜厂购钢。然郭格利尔厂深为不服，自同治九年（一千八百七十年）起，即请政府用伊

造炮用钢之争

之钢，并愿备具钢板，与克鹿卜厂之钢比较试验，而政府置诸不理。随后叠由议院会议，并与政府理论，政府始命官炮厂将二厂之钢从严试验，验得郭厂之钢力量身分果在克厂之上。因此光绪十六年（一千八百九十年）比国兵部大臣在议院昌言曰："而今而后，我国造炮之钢可无求于外人矣。"现在总办厂务者，系炮队翼长马罗。是日导游者，系会办麦利沙尔，亦炮队翼长也。又见炮样院一所，凡自昔至今种种炮样，无不陈列，备载来由。又至磋炮厂、箍炮厂、验钢厂等处，俱用机器施工，工匠约千人。除为本国造炮外，并与郭厂相约，凡郭厂铸成之炮身，即由此厂斗合磋磨，以竟其事。现正为瑞典国、贡果国及美洲各国造办兵船大炮，口径约十四生的云。

朗珊炮台记（有图附卷末）

朗珊炮台在比国里爱时省之左近，盖守护茂斯江以拒德者也。沿江炮台本有十馀，此其一，建于光绪八年（一千八百八十二年）。外围作三角形，前宽后尖。正中有门，门内有悬桥一，周围有石墙，外有旱濠，濠外更有护阜，远望之直如土堆，几不知此中有巨炮在焉。围墙之内正中有长方室一座，墙亦石砌。其间有炮架五，居中者最大，置炮二尊，口径十五生的；后面两架，各置二炮，口径十二生的；前面两架，各置炸弹炮一，口径二十一生的。每架俱有活机，架顶护以钢罩，形如倒置饭锅，机升则罩与炮俱升，炮口伸出尺馀；机降则炮与罩俱降，炮口

朗珊炮台守护拒德

泯然无迹。其升降之法有二，或用电力，或用手摇，俱属两便，故装置弹药，便捷异常，左右转旋，轻灵如志。各炮之架亦以钢制，俱高四丈馀，然外观颇不甚显，缘其脚皆深入地隐故也。长方室顶系用水泥、小石、细沙三物粘和而成，甚为坚结，能受敌人炮子。其上再铺松泥一层，俾生青草。所有炮架各罩，即隐藏于内。室顶正中之前面，又有望台一，上备察敌电灯一盏。室后左右翼有炮二尊，口径五生的七密里。此炮台布置之大略情形也。目下承平无事，守兵约有百名，统以参将一员，哨弁数员。有事时兵可屯至二千，步队、炮队俱备。所有各兵卧具、食具、栈房、厕所，虽极朴素，然甚洁净有致。而室中环洞及各处房廊纯用电灯照耀，则又独见奢华，一朴一华，当非无故。

朗珊炮台图（图见前插页）

惠得仑王家火药厂

王家火药厂历史沿革

惠得仑本比国拂朗特省之市镇，厂在镇之附近，遂以镇名。乾隆四十三年（一千七百七十八年）有安法尔斯人古柏尔者，在彼兴建厂房。乾隆四十四年（一千七百七十九年）动工造药，初仅小试其术。乾隆五十年（一千七百八十五年）始代奥国国家承造火药，盖其时此地尚隶奥国版图也。及至乾隆五十二年，经古柏尔与安法尔斯之浮侯马仑合股，厂本增而厂业亦拓。嘉庆元年（一千七百九十六年）地为法据，厂被封闭。嘉庆二十一年（一千八百十六年）自比立国，复睹升平，始由古柏尔之子会同浮侯马仑重振厂业，加以扩充。道光十七年（一千八百三十七年）浮侯马仑拆股，遂归古柏乐一人主持，造药改用新法，整顿经营不遗馀力。道光二十二年（一千八百四十二年）八月八日诸务甫竣，而古柏尔遽卒，时年八十有一，无后，厂遂改为公司，由同姓不宗之古柏尔德门接办。道光二十七年（一千八百四十七年）比王因此厂料美工精，特赏其号曰王家火药厂。厂地约广十一顷（每顷合一万平方迈当），周围有沟，其内遍种树木，而厂房疏疏落落，即在树木之中，盖所以防意外之变，俾之无碍大局也。造药之料曰磺、曰硝、曰炭，其配合约硝居百分之七十五，磺及炭各居百分之十二有半。磺出于义大利之拿波里埠、昔昔尔岛或法之马赛、比之安法尔斯，硝则全由印度运来厂中。购到后，磺加磋磨，硝加洗炼，煞费工夫，炭系一种新金山之白木烧成，厂中购其木而自行烧制，故炭质分外佳美。三物先则分磨，继则合配，而参互错综，务极均匀，皆用机器助力，机器系由电力运动。火药有黑色、棕色者，有作芝麻式、梅花形者：芝麻式者为枪弹所用，梅花式者为炮弹所用。工匠约二百有零。中国亦曾购其火药，前出使大臣刘芝田中丞、驻法参赞陈敬如军门季同，又驻英随员胡荫菊明府树荣、闽厂学生游步云参军学楷，皆曾到厂游览。今总办姓里培克德，副办即为其子。并闻另有支厂二所：一造棉花火药、无烟

火药配制机器助力

中国多人到厂游览

火药，一造轰山开矿之炸药。厂基逼近爱斯哥江及各运河，陆路更有铁道、马车为之转运，尤为天然利益。

安法尔斯埠

安法尔斯埠亦即安法尔斯省之会城，在比京伯鲁赛尔之北，相距四十四法里，在爱斯哥江之右，江流入芒斯海峡，为欧洲大商埠之一。四周有暗炮台夹护，居民繁众，约十二万四千户口。船坞十，其中可泊吃水甚深之汽船。码头长三千五百迈当，宽一百迈当，旁有货栈数百间，以资屯积，铁道二条，以资转运，起重机四十馀副，以资装卸。各起重机纯用水力运动。水力机房共有五所，每机马力约在千匹上下，力大机灵，藉以上下货物，船皆便之。查光绪二十一年（一千八百九十五年）进口汽船计有四千七百十只，载重五百三十二万二千二百六十二吨；进口货值二千七百零三兆零八万零七百八十三方（三二六五，合规银八万二千七百八十九万六千一百零五两八〔一〕钱七分五），出口货值二千四百二十四兆五十六万零四百二十九方（三二六五，合规银七万四千二百五十九万一千二百四十九两三钱一分）。在此分运他处者一千一百二十兆八十七万三千九百六十一方（三二六五，合规银三万四千三百二十九万九千八百三十四两九钱四分）。缘其地处欧洲之中，水陆俱便，易于分销，故各国船只货物趋之若鹜，俄之煤油、瑞典之木料，存储尤众。煤油俱置钢囤中，数以数千计，如大城然。木料用机器锯开，厂亦有

欧洲大商埠之一

水陆俱便易于分销

十数家；而制造他物之厂亦复甚众。其出产运往他国者，数足抵制。商务日盛固有不期然而然者矣。设巡抚一，现系男爵乌西然洼德，其下尚有府尹等官，皆为比王所派。现彼国外部及驻华比使，亟请中国派设领事驻扎其地，维持商务，保护华工。巡抚于席间亦谆谆以此事为言。

屋薄根郭格利尔造船厂

屋薄根在爱斯哥江滨，距安法尔斯埠仅数里之遥，其地有郭格利尔分设之造船厂。总办为英人黎嘉，副办即扇兰郭厂总办格兰纳之子，名屋居斯德。厂基宽广六顷（每顷合一万迈当），中有造兵船坞一，造邮船坞三，又干船坞一，长四百英尺，宽四十五英尺，口备活闸，通爱斯哥江。又江叉一旁建阶级，以便船只下水后在彼装潢器具，安置炮械。又大机器房一，系将钢铁板等为钻眼、轧曲、刨光等事，其馀转机、轧机等亦附焉。又锤钢厂、锯木厂、梁架厂各一。又专制船上小件之机器，则附在厂廊之下。入晚俱用电灯照亮。查光绪二十一年（一千八百九十五年）为比王采地贡果国造成邮船一，为俄国赛马兰公司造成汽船三，为俄国黑龙江造成汽力拖船四，为俄国尼瓦江造成客船一，为贡果国造成汽机渡船一、明轮汽船二、可以拆卸之汽船一，为安法尔斯造成开冰汽船一；另有各项大船托彼拆换修理者，为数亦众。工匠约六百名，每人每日工资自七十五生（三二六五，合规银二钱二分九厘七）起至六方五十生（三二六五，合规银一两 造船厂九钱九分八毫）止。充郭厂之量，每年可炼钢四五千吨，造大海船四，行江轮船十馀只。目下承造各船系为比国、俄国、瑞典国、丹马国及美洲之阿尚丁国承办，为数亦有十馀只云。

沙尔勒洛沃玻璃厂

玻璃厂

沙尔勒洛沃隶比之爱拿省，跨桑白尔江，在比京西北隅，如以铁道计程，相距恰七十二比里（与法里同）。其处有镇名罗罗，镇有玻璃厂一。厂本系纠股集成，每股五百方，共五千股。房屋巍大，约五顷地，工匠千馀，专制大块玻璃以供门窗、屋顶、大镜之用。其料本系白沙、石灰及净硝、净磺等物，先用大磨磨细成粉，继入一箱搅匀搀合，历时十八点钟之久，乃始置于极坚泥缸。缸高三英尺，对径二英尺，以缸封置炉内，用煤气火烧煮六点钟。炉凡有四，每炉置十六缸，每缸储玻璃粉七八百启罗。迨料已成汁，乃用长铁夹将缸夹出，置入车上，由匠推挽而行，直至模架间，用起重机钩起，另以一器使缸侧转，将其流汁倾注于模。模长二十迈当，宽十六迈当，两边有槛，高低随时酌定。一面倾注，一面即有重铁辘轳依两槛滚压而过，一霎时模间所受流汁即已坚硬。旁有烘炉数座，其中热度与模上成块玻璃之热度同，遂将成块玻璃连模推入，在内烘逼三昼夜，直至热尽凉生为止，始取而置于磨擦之机车上。机车凡十馀副，形如中国之戽水车盘，惟其大倍之。下有座盘，中置应行磨擦之玻璃，盘动而座

专制大玻璃

玻璃制造流程

不动，适在玻璃上微擦而过。每机有一女工监视，时时以紫色沙水泼于玻璃上。如是者历五点钟，乃将玻璃取下，由男工考察裁割，剔其疵而用其纯，夫而后移置银水房，将银水注于玻璃之背，银水干而大镜成矣。若不加银水，亦可配置门窗。另有屋顶玻璃厂，其镕化与前法同，惟质料稍粗，形式较小，倾注时于模机中置铁网一块，如上海新闻馆印新闻纸之法，玻璃成时铁网适在夹层内。此厂玻璃广销欧美两洲，且及中国。特中国所定者，只有屋顶玻璃，且尺寸亦甚窄小，长六寸，宽四寸，不知究作何用，厂中人亦莫名其故。总监工姓勒克雷格，各股东公举之总办姓爱乃。 中国所定尺寸窄小

冷箍车轮机器厂

凡马车轮成后，须加铁箍。旧法系将铁箍烧红，然后拍上加钉，然木轮不免受伤，难于经久。比国前兵部尚书孛拉西恩之弟创一箍轮机器，周围有活笋，可以临用开闭。其法系不用火烧，只将铁箍冷套木轮之上，乃连轮带箍置于机器，随将机器摇动，则周围活笋自然缩紧，而其内铁箍亦即被轧而小，衔住木轮不能落下，确较旧法便而且佳。厂在比京城外之乡间，比京设分厂一所，藉以示人，并为各车轮施此工作。

毕褒六响快枪记

此枪为比国爱斯搭尔枪厂总办毕褒所创，乍观之似与

毛瑟相同，细察之实与毛瑟有别。枪子虽亦由后膛进，然

六响快枪 每装一次，连放六子，可及四千迈当远，而机簧灵稳完密，犹其馀事。膛口藏子之匣较毛瑟稍小，然子偏能多置一枚。缘枪之木托截作两段，适在子匣下留出空位，故子匣反觉其小。枪膛之左有测远表一，表有拨针，针动表转，转至若干度数，再察枪颠准头，即知子可放到若干远近。枪颠之耳向可插小刀一柄，原备近斗所用，不用则取下挂于腰带。但临敌忙乱时往往有失落之弊，此故力矫其弊，将三角刀一柄藏于枪管背内，需用则一推即出，不用则一按即藏，永无脱落遗失之患。全枪斤两较毛瑟轻一启罗，尤与兵丁有益，洵佳制也。惟现在只有枪样一杆，如需定造，非二十万杆不可。缘其厂现有之机器系专造毛瑟枪，若制毕褒新枪，须将各机器全行酌改，增出一番耗费，但此费仍须摊在枪价内，故须定数稍多，方能合算。现闻其厂所造之毛瑟枪，每支实价七十五方（三二六五，合规银二十二两九钱七分一）；枪子每千枚一百三十方（三二六五，合规银三十九两八钱一分六）。据其商务总办培格曰：欧洲造枪大厂有三，伊厂居其一。从前各厂争揽生意，竞相贬价，致不划一。今则三厂议和，订立合同，不准私自贬价，如或违章，查出议罚。故现在枪价除废枪外，不能再得便宜云。

马尔茄五响新枪记

五响新枪 马尔茄本系比国枪队兵官，官职居甲必丹，如中国参

将然。当差已满，退老食俸，生平喜创新法研究枪制、弹制，试造试验，家资殆已耗尽。此枪成后，为识者所许可，适其进呈时，比国兵部尚书于前一日已经发令各营全用毛瑟快枪，而马尔茄枪遂致不克采用。查马尔茄枪重四启罗，口径七密里，子五枚，每秒时放子速率约七百五十迈当。除枪颠之刀不计外，长一迈当二十九生的（合裁尺①三尺六寸一分二），若连刀计算共长一迈当八十生的（合裁尺五尺四分）。其装子开放之法，实与毕褒之枪大同小异，而察验比较之下，似此枪之外观内蕴俱逊一筹云。

比游琐志

比利时者，欧洲君民共主之国也。自北纬四十九度三十分起，至五十一度三十分止；经线在巴黎迤东自十二分起，至三度四十八分止。西界北海，北界和兰，东界和兰之仑蒲尔省、普之兰茵江、滨各地，德属吕克常蒲尔，南界法，面积二万九千四百五十七平方法里，户口六百零九万三千八百名口。西北皆平原，宜于种植，东南多山岭，煤铁甚饶。地分九省：曰安法尔斯，省城同名；曰孛拉旁，省城名伯鲁赛尔，即王都；曰东拂郎特尔，省城名孛吕时；曰西拂郎特尔，省城名杠特；曰暗拿，省城名蒙 比国地理

①裁尺：即卷一《纪程例言》所指当时上海市尺，一迈当（米）合上海市尺二尺八寸。

斯；曰里爱时，省城同名；曰那谬尔，省城同名；曰比之仑蒲尔，省城名阿扇尔；曰比之吕克常蒲尔，省城名阿隆。国中大学校四，生徒共以数百计，皆精艺事，学成问世，率为各厂聘用，办理矿务及制造事宜，用能特树一帜，以浚利源，鼎峙于法、英、德、义四国之间。国内街衢宽洁，房屋奂轮，其京都伯鲁赛尔为尤著，时人有小巴黎之目。

比国历史

当汉高帝时其地为日尔曼种人所居，厥后有罗马王及各野番等先后占据，立国多次，易姓不一。明正德间法王非利泼等抚而有之，旋又属之奥及西班牙。本朝乾隆六十年又尽为法国所得。嘉庆十九年拿破仑第一兵败身俘，地归和兰。道光十年比民起叛，和师不能平，逾年各国会议于伦敦，仍由法国干预，遂认比为自主之国，由其上下议院公议聘萨克逊哥蒲尔（德国列邦之一）王子雷屋巴尔第一为王，王勤政恤民，舆情爱戴。道光十九年与和兰分划疆界毕，各国始皆以王国相待，且相约无论何国不准以兵干犯。同治五年春王薨，传位其子，名雷屋巴尔第二，即今王也。王英明有大志，在非洲收贡果为属土，勤于为治，尤于学政、工政、商政三致意焉。

考察罪犯原由会

犹忆光绪十九年，比国设立考察罪犯原由会，柬请各国遴派律师、医生等公同辨议，各抒所见，当众宣陈。往者数十国，集议历七日。前出使大臣薛因准总署来咨，而并以宗濂通法语，派赴是会。一日王驾亲临议所，会长令宗濂以中国治罪情形宣述一遍，王鼓掌称善者再，传至座前大加褒奖，握手称谢。是晚盛设大会于王宫以宗濂宴，嘉客络绎，王容色益愉，相与絮谈一切，几忘其为南面之尊。按：王生于道光十五年（西历一千八百三十五年）四月十九日，至光绪二十二年盖已六十有一岁矣。外部大臣福佛罗因宗濂往比，虽系陪同凤主政凌游观各厂，而实则尚有我皇上谢寿国书一件，由仰使委为代赍者，曾问："欲见吾王亲递否？"宗濂以未奉仰使之命，不敢擅允，遂婉辞之。按：福佛罗君由律师出身，在议院为议绅有年，比王以其精明强干，熟于交涉事宜，故委以外部重任，貌极英挺，望之如四十许人。

盛设大会以宗濂宴

到比都之第二日，外部大臣福佛罗饬其总办望覃司德来订翌日夜宴。届期鸣钟七下，即偕炮队守备爱克斯丹及凤瑞臣主政驱车至外部。至则电灯照耀，金碧辉煌，外部大臣笑容迎入，寒暄备至。其夫人年可三十许，亦在座，体态袅娜，姿容明丽，先已起立，外部乃告宗濂等曰："此我妇也。"复告其夫人曰："此驻英使署参赞官吴君，此中国海军衙门游历官凤君，此炮队守备爱克斯丹。"宗濂等各鞠躬致敬，夫人一一握手答礼，言："君等远道惠临，游观敝厂，余亦叨有荣施，今得识荆，尤深快慰。"复指爱克斯丹曰："素闻此君为兵部能员，今由兵部大臣派充向导，可谓委任得人。凡君等欲考察者，尽可举以相问，必能得当以报。"宗濂唯唯称谢。既而问凤君向在中国何种兵船为管驾，宗濂据以译告，凤君答曰："从未厕足兵船，惟在海军衙门为主稿，盖中国海军衙门所司之

参加比国外部夜宴

事，无非稽核、报销、准驳、升转而已，故皆以文员充之。”正欲代为译述，适报刑部大臣培然雷、内部大臣古来德、外部侍郎男爵郎培蒙至，夫人起立向彼等问好，外部大臣复引宗濂等与之行相见礼。未几侍者声请夫人入席，内部大臣挟夫人之臂先行，刑部大臣继之。宗濂坐外部大臣之左，外部侍郎坐其右，凤君与爱克斯丹对坐，肴馔丰腆，烹炮甚精。席间各就所知，论昔谈今，有文有则，而郎培蒙君在外部行走垂数十年，永不更调，知中国事尤详，问及陈敬如副戎近状、罗稷臣星使行□；并深望中国在伯鲁赛尔派驻代办，安法尔斯添设领事；又探问龚星使患病情形，情意谆挚，溢于言表。年近六旬，须发尽白，而精神矍铄，总理交涉事宜，无不井井有条，历任外部大臣皆倚如左右手。既而述及俄皇尼谷拉第二举行加冕大典，宗濂偕李傅相、随员龚怀西太史心钊自佛尔沙维（德俄交界处）赴旧都莫斯科时，适与比太子阿尔培王同车，曾在车中晋谒，颇蒙优接。今兹重至比京，理合往拜，一罄积忱，惟青宫贵胄，未敢造次入见。郎培蒙曰："当为询之。"但屈指所定游厂排单，除星期外已无馀暇。然西人于星期多不见客，则宗濂所请，恐难必如愿以偿也。

郎培蒙知中国事尤详

席散复至客厅，仍由内部大臣携外部夫人在前引路，夫人就坐，内部始一鞠躬而退，夫人声谢。外部以雪茄烟敬客，夫人以加非杯持献，问需糖几块，客告以数，夫人乃用银夹夹糖如数置杯中，嗣又进甜烧酒各一杯，皆亲料理，殷勤周至，而又举止大方。谈次问及中国风俗，宗濂因告以中国男子求婚，只重妇德、妇言、妇工、妇容，而不重妇财，故从未有女子终身不获嫁者。夫人曰：“甚善，此则胜我欧洲矣。然闻中国女子足如钩样，幼时缠裹，痛苦可知，行步艰难，几同残废，何为亲者竟若斯之忍耶？”宗濂曰：“此系中国陋俗，盖不如此即不易结婚也。然此与欧洲妇人之细腰殆亦相类。”夫人笑曰：“否，欧洲妇人之细腰自幼并无痛苦，只须常穿紧袄，腰支自不放大，及笄而束以扣围，即有袅袅婷婷之致，非如中国之矫揉造作令小妮子折骨损筋也。”宗濂曰：“夫人之言诚是，将来回国当令革此浇风。然我中国八旗妇女及汉军入旗籍者，固与欧洲无异，所异者只装束耳。”夫人曰：“君若能使数百万闺媛脱此灾厄，诚莫大功德。”旋与郎培蒙谈他事，外部遂来接谈，深赞中国磁器，而亦盛称其国沙尔勒洛沃玻璃厂之可观，殷殷劝驾。宗濂商之凤君，遂拟展期一日离比，外部甚喜。亥初，辞归旅寓。

缠足束腰中西不同

翌晚，有王宫侍卫某副将来寓，订星期午后之三点钟太子在宫相候。届时由爱克斯丹陪往，及门，侍卫令爱克斯丹入室，而引宗濂等入厅事，太子已立候，一见如故，握手不释。宗濂指凤主政而言曰：“此我国家派至贵国之游员也，凤其姓，凌其名，敢请准余带引。”太子谓凤君曰：“幸得识荆。”遂与握手。凤主政曰：“辱承赐见，幸何如之。此来蒙贵国十分优待，铭感实深。”宗濂急为照译。太子曰：“凤君不能操法语乎？”宗濂曰：“不能。”

拜见比国太子情形

曰："英语如何?"答亦不能。太子乃各延之坐。顾宗濂曰："不见颜色数月于兹矣。"遂略述其离俄后所经之处。宗濂亦告以回时曾绕森彼德堡游俄皇行宫，又至德国伏尔铿、克鹿卜两厂，并述龚星使病，不能来委赍国书之故，请其在国王前代奏歉忱。太子曰："已在国王处恭读大皇帝来书之所附译文，国王十分欣悦，深感大皇帝礼意之周。龚星使患病如此，闻之怅然，所望天相吉人，勿药有喜。"宗濂即代道谢。太子曰："中比素为辑睦，敝国幅员虽狭，制造颇精，商务亦巨，君等遍观各厂，并赴安法尔斯埠一行，即知余言为不谬矣。"宗濂曰："我国政府素耳盛名，是以特派凤君亲至贵国而并以余为辅。"太子曰："贵国现正在创兴新法之际，倘有所需，敝国政府当令各厂竭诚相助。君等回国，请与当道言之。"宗濂曰："诺。"遂为告辞。太子起送，又曰："贵国为声明文物之邦，拟随后亲往一游，藉开眼界。"宗濂曰："倘玉趾果肯惠临，定当走迓。"太子笑应曰："后会有期。"及门，各握手如前礼。按：太子生于光绪元年（一千八百七十五年）四月初八日，本王弟拂郎特尔伯爵之子，以今王只有公主三，而比制又不能传女，故以胞侄阿尔培王为嗣，屈计其岁，盖只二十有一云。

与比太子交谈情形

安法尔斯埠距比京四十馀法里，乘坐火车一点钟可达，惟须于一日内往返，故破晓即起，啖牛乳面包充腹，便往车站与爱克斯丹会，搭车进发。至则巡抚所派之工师勒罗沃以也已先在，爱克斯丹为宗濂等介绍以通姓氏，与之行相见礼。据称巡抚因接外部大臣电咨，令来照料。乃登双马四轮车，先过其家。其夫人出见，备茶点相款，是日朔风凛冽，藉以消寒。既而登车偕行，至海滨商埠，停车步行，周历迨遍，勒君随处解说，原原本本如数家珍。

午正，抵巡抚署。先至更衣所除外罩，然后入见巡抚。巡抚系男爵，名乌西，姓然洼德，年可五十许，系宝星佩带，率其夫人及府尹、商务会长等雁行肃立。即由勒君代通姓氏，巡抚曰："闻君等辱临敝埠，本部院庆幸之至。敝部船只甚多，厂作亦盛，若欲详览，非六七日不可。近准外部来电，知君等归期甚迫，不能从容，心殊怅然。姑尽此一日之长，择其要者导君等纵观。"宗濂曰："余偕凤君奉驻英龚使之命，亲至贵治，得识荆州，荣幸何如。仰蒙推情逾格，派员陪游，俾知大概，足见贵部院善体国主柔远之意，曷胜铭感。宗濂等在伦敦使署襄理事繁，此次拨冗而来，实以贵国工商两政，冠冕列邦，向慕已久，诚欲一睹为快。虽不能详细考校，然得贵委员导引指示，即今晨所至各处，亦既闻所未闻、见所未见，足慰生平积想矣。"巡抚听毕，乃为其夫人及府尹等官一一通名，遂与宗濂等握手。未几，侍者报筵席已齐，夫人为主席，宗濂行西礼，挈之入座，坐其右，左为府尹；巡抚坐位与夫人相对，右为凤君，左为爱克斯丹，馀依次递坐，同席约十馀人，席间谈论风生。巡抚以李傅相曾至其地，赠以小影，旁书华文，其时参赞林和叔观察怡游为之传译，以通款曲，故此时复谓宗濂曰："君等异日膺国重

入见巡抚交谈情形

寄，当与李傅相比美。”盖誉辞也。席散，宗濂又行西礼，挈其夫人至客厅就坐，始一鞠躬而退，与巡抚立谈。巡抚出雪茄烟、咖啡相款。据云安法尔斯为欧洲水陆总汇，商务甚大，中国应有商轮往来其地。商务会长亦以为言，且愿相助。宗濂曰：“中国招商局前曾驶船至伦敦，无货可装，不得已仅购铁料压载以归，嗣后遂无商轮踵而行者。”商务会长曰：“此中国办理未周故也，不然日本商轮尚能取信于欧洲，岂有中国商轮反为欧人歧视耶？今如有中国商轮以本埠为停顿之所，则断无前项情事，况余等乐为之赞成乎！敝国与中国货物往来，每年进出口所值颇巨，其款假手英银行汇付，暗耗不少，中国苟能在安法尔斯分设银行，则比商固属有益，而中国亦得于欧洲特树一帜，操纵利权，所裨未可限量。”宗濂曰：“中国向无银行，业已筹议兴办，粗具规模。公等金玉之言，谨佩不忘，当归而请诸当道。”巡抚出示李傅相所赠影相，并问其上所书华字何义。宗濂译以告之，巡抚大喜曰：“久索解人而不得，今始晓然矣。”盖傅相至巴黎后始赠是照，故巡抚无从就问也。所书华字系“大清头等钦差大臣文华殿大学士一等肃毅伯李鸿章持赠比国安法尔斯巡抚某时光绪二十二年月日”云云。巡抚援例亦向宗濂等索照，当许其回英后补寄（宗濂回英后，即如言寄照，巡抚以书道谢，并以其照寄赠）。其时已交二点钟，即握手告辞，游郭格利尔船厂。

安法尔斯水陆总汇

畅谈中比商务之利分设银行之便利

李鸿章题照之词

郭格利尔船厂总办英人黎嘉，于宗濂等游厂毕后延至其家，见其二女，年俱在二十左右，貌娟好，出茶点以相款。略与谈论，知客比已十馀年，所操法语已极纯熟。副办格兰纳曾在伦敦友人铁路工师山德伯处见过，即扇兰郭厂总办之长子，年可二十许，于前年成婚，亦欲邀见其眷属，以时晚不果，遂乘火车回比都。格兰纳送至车站，握手而别，不胜怅惘，以日后互换影照为嘱。

扇兰郭厂总办格兰纳眷属，即在厂中另屋居住，堂宇峻丽。宗濂等游厂之日午正，备筵相款，其夫人年可五十许，为主席。夫人挟凤君之臂引至右边椅中，宗濂坐其左，格兰纳对坐，爱克斯丹在其右，馀为各厂工师及其次子共十馀人。席散，请凤君及宗濂签名于薄，以为荣幸。凤君书华文名姓及其官职，宗濂乃为之代书洋文，并自行签名。 总办夫人备筵相款

午后，复往各厂游观，行至钢轨厂前，有拍照人将宗濂及凤君瑞臣、爱克斯丹、格兰纳并另有数工师合拍一照。晚间回利爱时客寓，格兰纳复见饷肴酒，命某工师来陪食；食毕，邀至戏院观剧；后二日游他厂，格兰纳又以马车一辆供宗濂等乘用。 合影

爱斯搭尔造枪厂、沙尔勒洛沃玻璃厂，于宗濂等游厂之日午正，俱设盛筵款待，无女主，以眷属均在他处居住也。席间纵谈时务，倍觉投契。

惠得仑火药厂总办里培克德，因宗濂等往观其厂，午正亦款盛筵。眷属即在厂中另屋居住，室极华丽，几埒王宫。其夫人及一子四女又一英国女师皆在座。坐位次序及

应行礼节，与安法尔斯巡抚处同，兹不赘。

各厂款待优渥，如接上宾，盖皆由外部大臣福佛罗电饬如此也，故于离比之前一日亲往辞行，兼道谢悃。福大臣延坐，倾谈片刻，临别又致祝平安，殷殷握手，送至门外。旋谒外部侍郎男爵郎培蒙，以总署嘱仰使转达之事代为告之，郎侍郎大喜，称善者再，云当书之记事簿中，宗濂回英后即禀由仰使函复总署。

离比之前一夕，晚膳后爱克斯丹邀顾其家，乃与凤瑞臣主政同往。入至厅事，灯烛辉煌，陈设妍丽，椅位皆包以锦绣，名人画镜，灿烂四壁。见其夫人年可三十许，沉静庄雅，询系俄籍。一女年十六，艳丽无比；二子一三令、一五令，英峙可爱；见客极彬彬有礼，母教之善于此可知。女善弹琴，精歌曲，鼓琴而歌约五六套，琴韵悠扬，曲声嘹亮几如成□之能移情。爱克斯丹问曰："前在

华兵撑伞御敌传闻

新闻纸中见华军在平壤御敌，时适大雨骤至，华兵各撑伞障雨，致为敌所乘，确否?"宗濂曰："确否未能悬断，惟华兵所穿之衣皆系布质，布难御雨，寻常出队时确有背负雨具者。"爱克斯丹曰："我等营制，自统领以迄小卒，即平日在街行走，遇雨皆不准遮伞，况临敌乎？但我等之

撑伞殊恩误事不浅

衣，皆厚呢所制，雨不能透。中国用布，固宜有撑伞之殊恩矣，然误事实属不浅，曷弗请于贵国执政，以后使各兵悉用呢衣乎?"宗濂曰："诺。"既而爱克斯丹将宗濂等引入书房，案上皆韬钤秘籍及一切公私函札，排列齐整，四壁悬古时刀枪矛盾，俨然一武备集珍院也。濒行取古刀各

一柄以赠。

翌日清晨，爱克斯丹来旅邸与宗濂等搭火车赴沙尔勒洛沃玻璃厂。车中无事，宗濂请其转商兵部尚书，能否俯赐《朗珊炮台图》一纸，并准于回华后刊入游记之中，应曰可。既问其何岁成婚？答至今只六年。宗濂闻之有诧异状，爱克斯丹曰：“余妇本俄之孀妇也，君所见女子乃前夫所生。前夫丧后三载，偕其中表妹某氏来比，其中表妹归余友某君，结缡日两新亲家之男女戚友，悉至天主堂观新人行合卺礼，余于众女客中见此妇容颜绝世，心窃爱好，即挽友之父母介而引见，接谈之下，知故夫家乃俄国望族。余一再往见，曲致殷勤，微露求凤之意，妇似许可，乃禀明堂上及兵部尚书而订婚焉（西制男子择配虽由本人自主，然必禀请父母出面求婚；若为兵官，更须该管上司核夺。其法系将欲娶之女之奁资据实呈明，苟存放银行每年能生三厘息至四千四百方者，即可批允。盖兵官以身许国，设不幸阵亡，妻既富有资财，再加国家津贴，无虞冻馁，此彼族鼓励人材，重视武职之一端也。比制从同，故爱克斯丹有禀明兵部尚书之语）。”曰：“然则，尊夫人固大有资财者。”曰：“然，余今日一切家用，皆余妇任之。余妇在俄有良田数千亩，其二兄设呢厂、船厂各一。”云云。午后三点钟自玻璃厂回。爱克斯丹往兵部，回称《朗珊炮台图》尚书允随后寄英，并准宣刻于游记之中；且言尚书更备军衣之呢样数十块一并奉赠，附有价单，倘中国后有所需，尽可示知，俾后寄奉，等语。傍

爱克斯丹求爱记

外部奉赠炮台图样军衣呢样

晚，呢样交到，乃离比京赴义大利。爱克斯丹送到火车站，谆嘱不日交换影象以资纪念，遂握手而别。

义国

抵达罗马

十一月初一日抵罗马，初二日谒外部尚书子爵佛纳斯德，据言业已咨照海部，一切可径向彼处商榷等语。当见海部尚书白霖，白霖先派制造工师德拉佛沙陪游，继因海军副将宽礼巴第曾奉命往华，以派员观厂考验煤油渣事请于总署，故遂专委该副将为引导。除以奉查之事摘要禀由出使大臣龚咨呈译署查照外，兹将所游各处分次排记如下：

德尔尼炼钢厂

炼钢厂 三种钢材

德尔尼城在一岛中，岛名拉，隶义国翁孛黎省，处罗马之北，相距百馀法里。其地有炼钢厂一，系商家纠股设立，总办为梅里须尔甘及西徐斯蒙提，专代各国政府及各处公司承办钢件。所炼有铝钢、别色麻钢、麦丹钢。麦丹钢搀镍百分之五可作钢甲，搀镍百分之三可作炮罩；别色麻钢可作铁轨。铝钢者，钢中搀铝最为坚钝，可作枪炮或钢片等件。厂房、厂基俱极浩大。其运动机器全用水力，此水由厂东六法里外之瀑布运来，此瀑布名马尔马拉，自一百六十五迈当（合市尺四百六十二尺）高之浮里拿山倒泻而下，力甚猛厉。此厂遂因势利导，设法取用以运各

利用瀑布 运动机器

机。其北三十馀法里有煤矿一，煤色淡黄而气息甚臭，用铁道运煤到厂炼烧成气，其气贯注炉中，即成纯青之火，炼钢良佳。此厂中所得自然之地利也。加以工资微薄，开销较省，则又得人和。故钢价虽贱于他邦，而钢质实匹乎他厂，英人分设拿波里之阿摩士庄厂购用其炮料，即属明证。

拿波里官船坞

拿波里跨海湾之底，为义大利南境商埠，亦即拿波里省之会城。处北纬线四十度五十一分四十七秒，巴黎东经线十一度五十四分五十七秒，在罗马东南相距二百零五法里。户口四十三万。形势壮丽，巴西里泼山扼其背，浮徐佛火山处其东南，喀波喀扇得阿佛沙三阜在其西，而地中海汪洋浩淼，则在面前，纵览即是。埠之周围宽广得十六法里。西北有散得模炮台居高临下，管领全境；西南有欧夫及萨笃纳夫两炮台。惟其国不以炮台示人，故可望而不可即。 官办船坞

当至附近之官船坞游览。坞基不大，是以前数年已另设新坞于斯卑西亚埠，兹坞盖仅如告朔之饩羊耳。然其内尚有粮食栈、机器房数所，以备接济兵轮、修理船件之用。坞内泊有大小快船、雷船十馀号。当登马尔哥巴洛钢质快船。查是船于光绪十五年（一千八百八十九年）下水，长百迈当，宽十四迈当，入水五迈当八十生的（每迈当分百生的，故云），压水力四千四百六十吨。暗轮 另设新坞此坞渐衰

二，马力一万匹，速率十九海里，装煤六百吨。所置炮位计有十五、十二生的口径者各八尊。又登爱尔排钢质快船，是船于光绪十九年（一千八百九十三年）下水，长八十三迈当，宽十三迈当，入水五迈当三十生的，压水力二千七百三十二吨。暗轮二，马力六千五百匹，速率十九海里。弁兵二百四十七名。所置炮位计有二十五生的口径者二尊，十五生的口径者六尊，快炮六尊，拿登飞小快炮二尊。两船俱极布置整齐，纪律严密。统带某，为水师总统男爵哥尔栖招，陪濂等筵宴，早已登岸，遂由副统带导观各处。

好笃恩哥卑兵船锅炉机器厂

兵船锅炉

厂为好笃恩及哥卑二人合设，座落在拿波里，厂房颇大，工匠约四百馀人，专代各兵船承造锅炉等件。计自设厂以来，历为义国政府所造之锅炉、机器共有十四副，计开如下：一置贡非盎柴探敌报信船，马力二千二百匹；一置沙尔覃业钢甲战船，马力二万二千八百匹；一置隆排尔提两腰护甲快船，马力六千五百匹；一置依利特两腰薄质护甲快船，马力四千匹；一置喀带排非迷船，船质马力俱如上；一置爱尔排两腰护甲快船，马力六千五百匹；一置喀拉白利亚两腰护甲快船，马力四千匹；一置头等两腰护甲快船浮斯笃毕沙尼，马力一万三千匹；一置头等护甲快船佛来斯，马力一万三千匹；一置爱芒尼爱尔非利孛笃钢甲战船，马力一万三千五百匹。另按照笃尼克洛夫德

(人名)式造成鱼雷船二只及其机器锅炉，又按照德国西沙厂式造成鱼雷船两只及其机器锅炉，皆为义国所定。至为南美洲阿尚丁国头等护甲快船然纳拉尔桑麦丹造成之机器锅炉，其马力亦有一万三千匹。此则厂主所举以告人，如数家珍者也。若现在造而未成或定而未造者则亦有数种，兹不赘。

好厂承造锅炉机器之二等钢甲战船图（见插页）

巴低胜商轮厂

厂在拿波里，现为厂主巴低胜两昆仲主持，年各在二十以外，虽承父业而自亦精于制造，故克胜任。是日所见者，计有商轮二只、运水船一只，各船身俱已垂成，不久即可下水，长各在百迈当内外。商轮系专走美国一路，为义国商船公司定造；运水船造法与众不同，惜其内布置未齐，难察梗概，盖专运淡水接济兵船，为义国海部定造者也。厂旁有机器房多所，则造船上各项应需物件。

商轮船

运水船专运淡水

波锄里阿摩士庄炮厂

波锄里系义国地中海之小埠，在拿波里海湾之北口，处拿波里城西北，相距十法里，户口九千，其处有英国阿摩士庄之分厂焉。初，义国所需炮位，皆须仰给他邦，因请英厂阿摩士庄至其地分立一厂，约定工匠夫役皆用义人，义国所需水陆大炮，悉令承造，照给价值，而厂中经

英炮分厂成就义国造炮技术

费则由英厂自备。如是者盖已有十馀年。义国人材辈出，不数年尽得其技，故现在厂中不但工匠夫役为义人，即总办以至制造工师等，亦皆籍隶义国，有时英国本厂且令其代造炮位。厂临海枕山，极得形势。有大机器房一所，长一百三十迈当（合市尺三百六十四尺），宽一百迈当（合市尺二百八十尺）。内有起重机十六架，自五吨至七十吨之炮件俱足以悬升移动；又钻凿切刨之小件机器，计有三百十副，至其大件机器则有炮膛镌纹之螺丝杆十二副，内长十二至十五迈当者四，自七迈当半至九迈当者八；又刨床五副，各长十五迈当；又盘车二副，一对径七迈当半，一四迈当半；又水力压机一座，重五百吨。厂房计有七重，自收拾齐整以迄考验发递俱在其中办理。盖炮体、炮箍俱由德尔尼厂运来，故无烦自行鼓铸。炮成则须移入考验房由政府所派炮队兵官逐一考验，不合则剔，合则接收，方可发至用炮处，向例如此，亦各国如此，从未有令其包送到后方行考验者，此所以不致受朦也。厂中兼造炮架炮台，炮架运动轻灵，炮台屹然镇峙。至其所造大炮，有重至一百零五吨者，快炮自二吨至七吨不等。前一年内，计造大小炮位共成一百十三尊。厂虽远不如英国本厂之大，然其造炮之多已属一斑可见。厂中遍建铁道，以资运重，四通八达，直抵码头，码头有汽力起重机一架，上落炮件俱于此是资也。

官方验炮合则接收

里芜恩乌朗度船厂

乌朗度船厂

里芜恩系义大利西北海口，隶笃斯喀省，距罗马二百馀法里，户口九万，其处有乌朗度船厂焉。乌朗度兄弟四人，通力合作主持厂务，是以日见隆盛。先是，其伯仲二人，在然恩附近之毕喇地方为制造工师，咸丰五年（一千八百五十五年），遵义国工部尚书伯爵喀务尔之命，造成铁质明轮汽船一，是为义国自造铁船之始。厥名昔昔里，长一百零八英尺，宽十五英尺，高十英尺，压水力二百吨，马力二百匹，速率十海里。乌朗度遂得见重于政府，续向定造之船络绎而至。同治四年（一千八百六十五年），将厂迁至里芜恩埠，逐渐开拓，至于今日：计炼铁厂基得九万三千平方英码，制器厂二万六千二百二十二平方英码，船坞五万平方英码——内有干船坞一所，计广四百四十三英尺，堪以并列五船。其与造船相辅而行者，则有炼钢厂一，内置高炉五座，起重机数架，以备铸造机器锅炉之用；另装配机件厂一，长四百四十五英尺，宽七十三英尺，其内机器皆系新式，灵便异常。而电灯、铁轨更复全厂皆是。计其自始至今，为义国及他国政府造成大小战船已有四十馀只，其最巨者为义国海军之钢甲船，名来邦笃，长四百英尺，宽七十三英尺零六，高五十三英尺，甲厚十九英寸，压水力一万三千八百吨，马力一万八千匹，速率十八海里。今其厂下水已成之船有三，造而未成者有四，皆由他国定造。另有承修之船二，则系美国游弋地中海之兵船也。其间工匠约一千四百馀名。

义国自造铁船之始

新厂设施

水师兵官学堂

此学堂亦在里芜恩，逼临大海，房屋极形巍焕，照耀

参观水师兵官学堂

悉用电灯，距乌朗度厂不远，设立于光绪十三年（一千八百八十七年）。章程三百三十五条，课程分五班，归海部尚书节制，每年轮派在任之副水师提督一员为督办，即教习、监院亦俱在水师人员内挑选委任。现充督办者姓马尔基。是日，督办亲自导游，遍观一切。入门即督办办公处及学生会亲厅事——凡逢歇课时，准其父母、兄弟、姊妹前来看视，然有限定时刻也。再进则为学堂、书库、船样院、器械院。学堂分两所：一系学生听教处，一系学生退诵处，各有定位，分桌列坐。书库储有德、英、法、义文字书籍，大率皆关涉水师学问之书，为数不下万种，听学生随时借阅。船样院凡义国自有兵船以来，由旧而新各项式样，无不齐备。至其机器锅炉等件，则有置在船样院者，亦有置在外面者，无非欲令学生按图索骥，易知要领。器械院自大小炮位、钻弹、炸弹以迄鱼雷、伏雷、快枪、手枪悉行陈衔，有整颗者，有破开者，无非欲令学生习见周知，毫无疑窦。海滨方场有高桅软梯，则令学生缘梯升桅。室中地隐有体操厅一，则令学生斗剑习拳及为纵跃揉升等事。有医院、药房，学生患病则令居此，由专管病事者服伺。有改过静室数间，学生如倔强懒惰，或出言挺撞，或失礼长官，则禀明督办，监禁示罚；其中墙壁虽甚洁白如雪，然只有一板一桌，板备铺置睡具，桌备用膳温书，期限自五日至半月不等，视其所犯过失轻重而定。楼上系学生公共卧房，房中有床百数十只，洗沐桌如之。夜有巡察兵官查看学生。除学堂课程外，以馀力至操场练

各种教学设施

习枪法、炮法，或上文所言各项杂技，或登划舟、汽舟，冲驶波涛之内。此堂中大致情形也，其馀已见禀内者不赘（禀附后）。

斯卑西亚官船坞

斯卑西亚滨临地中海，在然恩省城之东南，相距八十法里，户口一万四千，有官船坞一。督办为水师副提督马念徐。坞系新设，刚及十年，中有炮位炮架炮弹厂、锅炉机器厂、钢甲钢板厂、修理船件厂、制作木器厂、粮食栈、货料栈、考究船样房、绘制船图房、修理兵船之干坞。其间房屋巍焕，器具精良，望而知为新构，至其洁净整齐，尤在各商厂之上。工匠在一千名左右。泊船坞分三截，地位宽阔，可容大小战船数百，现泊大钢甲船六号、头二等护甲快船十馀号、大小雷船四十馀号。 参观新设官办船坞

当登来邦笃钢甲大船，管驾为甲必丹善齐，导游一过，但觉纪律森严，规模宏丽。除船身尺寸已详前章外，查其工成下水，系在光绪八年（一千八百八十二年）。前后活炮台内，各列大炮二尊，口径四十三生的，重一百零三吨；马克心快炮四尊。又中舱内有十五生的口径者八尊，十二生的口径者四尊，梅花快炮十四尊，放鱼雷筒五个。弁兵共六百六十四人。

继至沙尔覃业钢甲大船，船为水师总统驻节，总统他出未遇。船之尺寸、速率与前船相似，惟于六年前告成，式样较新，钢甲稍薄，压力稍轻，马力较多，而其炮位则

亦有异：计前后活炮台内各列大炮二，口径三十四生的，重只六十八吨；中舱内十五生的口径之炮八尊，十二生的口径之炮六尊，梅花快炮十尊，放鱼雷筒五个；上舱面管驾房左右各置马克心快炮二尊。

海底雷船

复阅海底雷船一只，取名度翻（度翻本海中大鱼之名），为义国水师副将某所造，长四十二迈当。鱼雷二具暗置船头左右，约露四分之一而却在水内。船头正中凸出两迈当光景，及巅而忽下，垂如象鼻式，又长二迈当有奇。宽副将曰，此盖防触暗礁，设此自卫，藉可遇触知避也。全船除中枢龟背微露水面外，馀皆浸在水中，约深尺许，遇敌可伏二十迈当以下。龟背内竖钢管一根，径五寸，高丈许，管巅四面旋转，内有回光镜，敌船如被照入，则船底之人视之历历，即知鱼雷应向何处开放矣。船尾有暗轮二，每点钟速率能行二十一海里，行驶全用电力。船中可容八人。据闻历经考试，成效昭彰云。

继登九十九号鱼雷船，试验烧煤油渣法。除其法已详于禀（附后）不复赘叙外，查是船长六十馀迈当，宽近七迈当，深四迈当零，入水二迈当零。舱面有鱼雷二具，

九十九号鱼雷船

又四生的七密里口径之炮四尊，又小快炮三尊。压水力三百馀吨，马力三百二十匹。弁兵二十馀人。适是日风狂浪猛，驶出坞外甚形颠荡。见两旁有山，山顶、山腰俱有炮台：山顶之炮较巨，盖击口外敌船者也；山腰之炮略小，盖击抢口敌船者也。口本甚阔，故筑石堤一道横截其间，敌船如竟闯进，即不能不在炮台前经过，猛炮击阻，甚易

易耳。此坞三面倚山，结束天成，形势雄整，法国舆地家蒲依贤许为地球第一善坞，洵不诬也。

然恩盎萨尔度厂

然恩系义大利北境省城，义人称曰热纳瓦。背枕高山，面临地中海，户口二十万，商务既盛，制厂亦繁。其最巨者曰盎萨尔度，厂主姓蓬勃里尼，兄弟二人，长者为上议院绅，次亦水师兵官，克绍箕裘，主持厂务。厂分五处，现在正为义国海部赶造护腰快船一艘，又为日斯巴尼亚国已下水之快船安置机器；此外搭架承造之商船、运船及代为修理之兵船，又不下二十馀艘。制造锅炉等厂，器具精备，工作繁多，布置与他厂大同小异。是日因濂等到厂游历，厂主特令熔就热铁三大桶，当面浇铸铁板一块，长约二丈，宽半之，中作阳纹龙形一条，夭矫玲珑，酷肖中国旗记，两边作义大利旗式者二，盖所以示敬中国也。 浇铸铁板中作龙纹

于道光二十六年（一千八百四十六年）为工程司盎萨尔度所设，而建议创办并助以资者，则系义国官银行总办、上议院绅蓬孛里尼是也。厂业逐渐开拓，颇能争胜于时。咸丰八年（一千八百五十八年），盎萨尔度卒，继之者为乌朗度弟兄（即里芜恩乌朗度厂主之父），直至同治五年（一千八百六十六年）为止。自此时后，经理厂务者未详何人，惟查得光绪九年（一千八百八十三年）蓬孛里尼作古时，外有战衅而内又经理失人，遂致每年亏耗几有六十万方（三二六五，合规银十八万三千七百八

〔六〕十五〔七〕两）之谱。其子名沙尔玛扇尔及遂盎，即余等今日所遇者，乃起而力任其艰，重集资本，悉力经营，事无巨细，必躬必亲，专造火车、铁路、制厂机器暨夫兵商各船，既握富国强兵之要，遂有日新月盛之功。目下根柢既深，尤觉恢乎有馀裕。共计五厂，列表于下：

五厂规模

	甲 锅炉厂，在桑比哀达尔那	乙 炼钢厂，在哥尔尼格里阿拿里居尔	丙 造船厂，在扇斯得利巴囊多	丁 船甲厂，地址同前	戊 修船厂，地址同前	大总数
厂房下地面平积法方尺数	三六〇〇〇	三九〇〇	二〇〇〇〇	一三一五	四五〇	六一六六五
厂房外地面平积法方尺数	四四〇〇〇	五六一〇〇	六〇〇〇〇	三八五	三〇	一六〇五一五
地面平积法方尺总数	八〇〇〇〇	六〇〇〇〇	八〇〇〇〇	二七〇〇	四八〇	二二二一八〇
机器马力匹数	八五〇	二五〇	四〇〇	六〇	二三〇	一七九〇
机器件数	八一二	七四	一五四	二八	二二	一〇九〇
工匠名数（此举至多之数而言）	四〇〇〇	三〇〇	六〇〇〇	九〇〇	三〇〇	一一五〇〇

※大总数多处有误，疑各数有误。

优待工匠深得人心

厂中规模宏大，观于上表可见一斑。资本殷实，经理得宜，自是人人共晓。而其优待工匠深得人心之处，尤助取资，合亟表出，为吾华有厂务者皆其立法：凡工匠犯有过失，罚扣工资悉汇积以充济工善举，厂中并按其数亦捐半资，此其用意之厚，已为可感；乃自光绪十四年（一千八百八十八年）有工作人寿保险公司后，厂中并代各工匠每年保险，其费约每名八方五十生（三二六五，合规银二两四钱六分五厘〔应为二两六钱零三厘〕），即合八万方（三二六五，合规银二万四千五百零零七钱半〔应为二万四千五百零二两三钱〕）左右，此款统由厂主提付，而各工匠病故后家属即可承领巨资，厂中并不扣还所费，其惠工也又如此。

盎厂承造头等甲船双轮汽机图（图见插页）

屋德洛厂

此厂亦在然恩，共有两处，厂主为屋德洛父子两人，专造兵轮、商舶及关涉船坞所用、船上所需之机件。现在船厂内承修鱼雷船十馀只，承造商船五只、鱼雷船一只。查鱼雷船系义国海部定制，长六十七迈当，宽六迈当八十五生的，深三迈当八十生的，压水力三百二十五吨，每点钟速率三十二海里，装煤四十吨，连同淡水、粮食、兵丁及一应器件载重可共至三百二十五吨，其机器马力实有八千匹。船身用钢搀镍，内分十格，以防遇险杜塞补救。汽机二副，各转螺轮一具，每分时能转四百次，每机有汽鼓四个，水锅八个。锅中系众管结撰而成，热水全在众管，

父子办厂

约每一寸立方地位得英权二百三十五磅之压力。烟囱三个。船面有小炮台二：一在船头，可置七十五密里口径之炮一尊；一在船尾，可置五十七密里口径之炮一尊。另有四尊，分置舱面之左右，而中央平面高出处，则有放鱼雷筒二，旋转如意，八面可达。至转舵起锚之器，有用汽力者，亦有用手力者。又摆渡划船二，发电生光机一，以及抽水机、通风器等无不齐备。其大致情形盖如此。除炮位、鱼雷另算外，此船实价计需法金一百六十万方（三二六五，合规银四十九万四十五两九钱四分）。

宽副将申解快船两舷宜用护甲说

自拿波里回，经罗马，重谒海部尚书白霖，为道辞行之意，兼谢接待之情。谈次，白尚书问曰："闻贵国在英、德各厂定造快船数只，确否？"答曰："有之，在阿摩士庄厂定造快船二，伏尔铿厂定造快船三，俱照英德海军最新最善之式建造。"白曰："若然，贵国不将费无数巨款乎？"曰："是也。"言至此彼复寒暄数语，始与告别。

中在英德定造快船

翌日，登火车向里芜恩海口进发，仍由宽副将相陪。车中无事，述及白尚书所谈建造快船事，宽曰："君悟白尚书之语意乎？"答曰："否。"宽曰："白尚书之意，盖谓快船两舷宜用护甲，俾资省费而又可两用也。君不曾谓贵国现定之船，俱照英、德海军最新最善之式建造乎？夫英国兵船最众，德亦渐与颉颃，其所有快船，两舷皆无护

快船两舷宜用护甲之缘由

甲，专为拦截商船之用，缘临阵攻击，另有钢甲战船及雷船、猎艇等在也。倘海军船队本属无多，如我义国大小兵船不过二百馀号者，则不得不为省费而作两用之计。是以各项快船除下舱面有穹甲保护外，两舷亦多有用薄甲者，如此则速率既不缩短，以之追捉商船固属有馀，而遇事紧急亦足以临阵接仗，其造费则可省至数倍。今中国战事甫平，元气未充，度支未裕，而水师又不能不勉力重兴，倘但震英、德水师雄名，而欲按其成规事事效法，窃恐所费不可以亿万计也，是以白尚书有贵国将费无数巨款之语。君其记之，归时可言诸贵国政府。”濂按：快船专尚迅速，原为两国交兵时拦截敌国商船、毁坏敌人商务起见，是以两舷无须用甲。今若欲兼备临阵对敌之用，则洵乎宜稍改制，添用薄甲矣。宽副将申解之言，似有至理，用特详记如右。

遵查义大利国武备制造情形上龚星使禀

（光绪丙申十一月）

敬禀者，窃司员凌、职道宗濂于十月十四日奉到宪台钧札，内开：案准总理衙门函开：义国副将宽礼巴第创有船中烧煤油渣一法，价值较廉三分之一，行船可快十成之一，且不致有火患之虞；又德尔尼、热纳瓦等处官私铁局及船坞内所造军器，亦俱有精细妙法。据义使照请转行驻英大臣派员往阅，应请照办等因。除由本大臣先行函复总理衙门外，兹值该员等前赴义国游历，仰按照总理衙门函 船中烧煤油渣之法送节略，一并详细查考具覆，以凭核办等因，奉此，凌等遵于比国差竣后，驰往义国都城，谒其外部尚书子爵佛纳司德，面递公文。当由外部指谒海部尚书白霖，遂派水师副将宽礼巴第导游各厂及各项战船。考察之下，始知武备之密、制造之精，不在英、法等国以下，且间有过之者，此固不能因其未著雄名而没其实在也。现该国大小兵船，多改用煤油渣生火蒸汽，独出冠时，尤为各国望尘不及。查煤油渣即煤油之底滓，色黑而浓，从前未知用法，煤油厂人每委弃之。宽副将格物功深，独有心得，因在俄国产煤油处罗致此渣，迭加试验，竟著奇效，遂由其国海军采用，据为独得之秘，不轻示人。故法国海军虽拟仿办而未明用法，至今有愿莫偿。义国政府欲与中国格外联交，故肯开诚相示，然尚嘱凌等切勿以此泄于其邻也。据称中国如欲采用，彼国可派员到华教导，即中国派员赴义学习亦无不可。事极简易，数月可成，只望中国嗣后有定造之件，略为照顾义国厂商，即足以为报施之道，等语。

煤油渣法愿示中国

凌等到斯卑西亚海口时，其第九十九号烧用煤油渣之大鱼雷船，已奉海部特谕，整备驶行。凌等登船熟视，备悉其机器并无变更，惟锅炉略有添改（原禀此下叙述锅炉改造法、煤油渣试验安放烧用比较各情形甚为详晰。惟义国宽副将既谆谆以归弗漏泄为嘱，恐辗转流入他邦，致碍其国利益，若遂宣刊，殊负开诚相示者一片热衷，故特删去；又有烧用煤油渣锅炉图，亦从缺如）。当时在船约历半钟时候，遨游船澳，驰骋大洋，进退疾徐，无不如

登船考察烧渣效果

志。而揆其蒸汽运机之力，则全仗煤油渣一物已耳。中国如亦欲采用，据宽副将言，当在新嘉坡、苏门答腊或美国产煤油处收购，较为便宜合算云。

又查德尔尼地方有炼钢商厂一所，凡钢甲、钢板、钢炮、钢罩，皆极锻炼精纯，受弹后不穿不裂，历经试验有效，故各船厂皆取用其钢甲、钢板、钢罩，即英国阿模士庄在义国拿波利分设之炮厂，亦乐取用其所铸之炮身也。阿模士庄分厂名为英产，其实自总办以迄制造之人，皆籍隶义国，英人数名仅司会计。且该分厂之义人造诣已到，除为其国制炮外，并代他国政府及英人阿模士庄本厂历造炮位。前二年曾代本厂造成二十四生的口径之大炮二十四尊，今又代造十八尊，工成运送英国本厂，而本厂初不以拿波利分厂工值较廉而取价肯减也。是英国阿模士庄生财之计固工，而在义分厂所用义人工力之善，亦于此可征。该地更有巴低胜船厂、哥卑船厂、锅炉厂，皆甚著名。 钢材之优

热纳瓦有盎萨尔度商厂五所，专代义国及他国承造兵商各船锅炉、机器、火轮车轨及汽车等件，而其所制轮叶，经久不锈，独有秘法，推为专家。所造两腰护甲之穹面快船，尤为各国所争购。先是义国政府在该厂定造快船一只，工未竣而为美洲之阿尚丁国相恳情让，义乃饬其再造一船，乃未几而日斯巴尼亚国又作不情之请矣。义廷允之，惟再饬其速造一船，特限一年告竣，船工之美即此可见一斑。又有屋德洛商厂二所，亦系专造兵商各船及机器锅炉等件，目下正拟为义国承造鱼雷猎船一只，每点钟能 船工之美

行三十二海里。

又里芜恩海口有乌朗度商厂一所，亦造兵商各船及机器锅炉等件。前代北阿洲之马六嘉国承造炮船一只，刻已安置炮位，装饰齐全，专候该国提取。乃法国恐马国得此船后不利其所属阿尔及耳地方，故特霸阻不许提取，马国慑其威未敢擅动。该厂现拟请于马主，将该船出卖云。该口有水师学堂一所，以水师提督一员统之。规模宏整，教法周详，却胜于法。学生百二十人，昼夜住堂，分五班学习，除授以一切艺学外，每日须坐小船出海历练。每年须环游大洋一次，归则各呈所记经纬沙线。三年学成，派往兵船作小兵官；不成，则派司船中会计。学生入堂时，纳资八百方为衣履费，另每年纳津贴八百方，统计须三千二百方（合银八百两〔应为九百八十两〕有奇）。

水师学堂规模宏整教法周详

至斯卑西亚口本系义国屯泊兵船之处，极大钢甲船及鱼雷各船多集于此。其间有船澳三，能容大船百数号。船厂、炮厂、枪厂、锅炉厂悉备，皆官厂也，统以水师一员。机器崭新，房屋轩敞，洵为新构，形势既胜都隆（法国兵船埠），制作每多秘法。如船之夹墙内填衬火浣绒软木胶，则皆在英、法等厂内所未见也。按：火浣绒软木胶受弹不著，沾水即涨，足为临敌遇险之一助。此外更有密室一所，则系以蜡造成船样，在水试验抵力、拒力，试验尽善然后发厂饬造，故每船式样虽微有不同，而无不配合得宜，各臻绝妙，即现方称雄与义密联之德国，每造兵船亦多就正于此厂也。

船澳有三诸厂悉备

至其所有兵船见于万国船谱者，计头等钢甲巨船二十一号，其中以五号为最长，一百二十二迈当（每迈当分一百生的，合中国二尺八寸）至一百二十五迈当有零为止，马力一万八千匹至二万二千八百匹；二、三等两腰护甲之穹面快船六十四号；鱼雷船、鱼雷猎船一百八十号；海底雷船一号。大炮有重至六十八吨，口径至三十四生的者；枪用六响本毛瑟而稍改其制，名曰义国毛瑟枪；其馀大小快炮则亦参用阿模士庄马克心（人名）、罗登飞（人名）之式。总之，一切军器皆能自造，无须仰给于人，且可以馀力代造器械，转供他邦之用。合观以上各节，是宽副将所告总署，皆属确而有征。凌等既经身亲目击，岂敢壅不上闻。为此谨就所见所知，胪陈具报，是否有当，伏希察核施行。再，此禀系职道宗濂主稿，合并陈明。肃此禀复。 见于万国船谱之船

敬请

钧安！

司官　凌
职道　宗濂　同禀

义游琐志

义大利处欧洲东南境，自赤道北纬线三十六度三十四分起至四十七度止，介乎巴黎东经线四度至十六度间，其形颇长，盖三面临海之连地岛也。北界日耳曼及瑞士，东北界奥，西北界法，馀界地中海：西边者曰帝类你海，东 义国地理

边者名阿特利阿低格海。长一千三百法里（自白山至斯摆低望笃角止），宽尺寸不一：北境有直至五百五十法里者，中央及南不过二百二十法里，且有数处止六十法里而已。居民约二十六兆，俱奉天主教。以地势而论，共分北、中、南三段，此外另有二大岛——曰昔昔尔、曰沙尔覃业——及一切小岛，统名曰岛属意大利。义国之北与西系阿尔泼大山，中有稍次者名阿本难，迤逦而下又生低小丛山无数，即浮徐佛火山亦在其内。北境有大江一道，其名曰巴支河，约十馀大湖计六。

义国水土和美，夏间惟地中海滨之地及隆排尔提及浮尼低爱平原炎威特甚，若东海边一带，皆不甚热。在阿本难山及阿尔泼山，有多处甚为凉爽，且有极寒者。惜在拿波里一带，时起暴风，名西哑瓜；并有一种浅荡每致湿热薰蒸，空气恶劣，远闻之已觉难受，再加以浮徐佛、谙忒

义国物产

那（在昔昔尔岛中）两处火山之气息，往往令人不堪居住。土质优劣不一，然肥饶居多，隆排尔提尤著，米麦等物收成极旺。其在拿波里境，出油与葡萄酒及橙子，而蚕桑特盛。海滨多鱼鳞介蛤属，味极甘美。金、银矿虽少，然多铜、铅、铁、锝及文石等矿。有温泉及泉源，亦居民获利之一宗也。居民手艺颇巧，如纯磁及粗细石拼成之文具玩具、乐器丝弦，细草帏边等，皆能著名欧洲，而复尼斯（即浮尼低爱之会城）、里芜恩、然恩、梅徐恩等四处，商务尤盛。

义大利自古迄今，王既易姓不一，地亦变迁无常。咸

丰九年（一千八百五十九年），境内平安而奥王率兵突至。当由法王助沙尔覃业王将奥师逐出，除浮尼低爱归奥，又罗马国各地由法国保护，作为教王管辖外，所有义境各小国俱合于沙尔覃业王维克多尔爱芒狃爱尔，此王遂于咸丰十一年（一千八百六十一年）三月立为义大利全境之王。同治五年（一千八百六十六年），因助普国伐奥，得复浮泥低爱地。同治十一年（一千八百七十年〔应合同治九年〕），因法败于德，又夺教王所辖各地。光绪三年（一千八百七十七年），王薨，子欧恩培安第一。

义国外部尚书子爵佛纳斯德，为人沉默寡言，乍见之几如落落难合，但办理外交，极尽能事，议院中颇觉翕然。海部尚书白霖，系海军工程司出身，老成练达而吐属亦蔼然可亲，所有水师事宜，调度悉得窍要；此次宗濂偕凤瑞臣主政凌，游观各厂、各船，到处俱承优待者，皆白尚书按照宽副将所请，预行饬知之力也。 游历义国接洽各员

德尔尼炼钢厂总办梅、西二君，于宗濂等到厂游观之日，款以盛宴，同席相陪者十馀人皆能操法国语言，畅谈厂务，备极详明，直至日尽崦嵫，始引宗濂等搭坐轮车，欢然告辞。

统领地中海水师之提督男爵哥尔栖，驻扎拿波里埠，有别墅名罗机耶者，云系法前皇拿破仑后之产业，哥尔栖以重价得之；因宗濂等到埠游历，遂设席款于别墅中。墅高踞山巅，俯瞰拿波里海景，船坞、制厂历历在目。是日午初，宗濂等乘马车盘旋而上，历级凡数十层，而不致马 拿破仑曾住之别墅

烦车殆，亦可见其修筑山道之工矣。至则哥提督率兵官船主等十馀人戎服以待，下阶迎接，握手行相见礼。入席后畅谈军政，颇觉开诚布公。席散，哥提督令一子一女及其侄女出见，子年仅十三龄，女年十七，侄女则年齿稍长。其女能操美、法、德语言，先以英语问余能操英语否，余亦答以英语，谓余虽能作英人之言，但法语较熟，女公子遂用法语致词，以谢余等日昨投刺致贺之意。缘余等行抵是埠，适逢女公子诞日，曾托某兵官代进贺词也。寒暄数语后，哥提督嘱其女陪观山景，余照西礼与女公子并肩挟臂而行（按：西人以是为致敬女主人之礼，须告之曰："得蒙小姐相识，荣幸实深，今者游览山林，有劳玉趾，果准我以臂上献否?"如邀首肯，方可挟之而行。盖此亦《礼经》入境问禁、入国问俗之义也，阅者幸勿诮为不避男女之嫌），凤主政则挈其女戚，哥提督及各官俱随于后。曲折行来，但见琪花瑶草，高树长林，无不布置秩然，虽在季冬，犹有欣欣向荣之象。未几行至山门，则马车已由御者伺候，遂作别登车而下，复游他厂。

西人敬礼与女公子并肩挟臂

逾年三月，差竣言旋，坐德公司邮船过此停泊，复接女公子手书，蒙惠照片两张：一为哥提督、一为姊弟二人合拍。兹将其函照译如下：

"先生阁下：今君道出本埠，我等既不获有相见之欢，则我安得不伸纸作书，以祝君一路平安，并谢君遥颁华翰哉。前者不克早行寄奉之照片，兹特顺以附陈。余与弟系拍于带朗德舞会之后（带朗德本义国城名，其舞与众不同，故名），余穿乡间女子之衣，弟作渔人装束，曾在会中跳舞者也。后会有期，故不惜别，盖余知君不久将复返欧洲，倘他时重经敝地，尚希不忘余等。目下惟祝君回国后诸务称心，并请君信余为甚尚义者。书奉

吴君宗濂　　哥尔栖玛利押”

按：此函语意甚属平常，本不足译，惟西国男女素可互相通候，录之以见彼中风俗之一斑。

乌朗度厂主四昆季，其二已经结缡，馀尚未婚。于宗濂等游厂毕后，晚间设盛宴以款，当由妯娌二人为主席，另英文女师又厂中各工师及水师兵官、学堂督办马尔基等俱在座。席间厂主历言其厂中制造之精、工料之美、价值之廉，而其夫人虽所谈不及厂务，然殷勤酬酢，颇能将厂主深情曲曲传出。呜呼，其斯为闺中良佐欤！ 闺中良佐

盎萨尔度厂主蓬勃里尼昆季二人知宗濂及宽副将等将至然恩游厂也，先在某大客栈代留房舍，而饭食供应亦俱由伊认费。迨抵车站，且来亲迓，备致慰劳，引入客栈，始握手而退。余等游观其厂，竭两日之力，仅得大概情形，亦可见局面之大矣。晚间招至其家，盛筵相款，其夫人及二子三女俱出陪坐，能操法国语言。临别并赠照片，殷殷然订后会之期。逾年余等坐德邮船回华，重过是埠，厂主又率全眷及其弟妇，到船送行。余等在然恩游厂既毕，蓬孛里尼率其全眷及宽副将俱至车站送行，握手话别，情意殷殷。

登车后，出义境入瑞士境，穿越圣哥丹山隘，隧道计 穿越隧道

长一万四千九百二十法尺（合华四千一百七十七丈六尺），约行十分钟时候，可谓迅矣。按：是道工程历时七年有半（一千八百七十三年起，一千八百八十年止，即同治十一〔二〕年起，光绪六年止），费赀甚巨，大工卒以告成，行旅便之。隘口高二千零七十五法尺（合华五百零一丈〔应为五百八十一丈〕），山中最高峰三千二百二十六法尺（合华九百零三丈二尺八寸），其上积雪终岁不消。

冉乃佛城钟表首饰为天下冠

冉乃佛系瑞士国廿二府之一，会城亦曰冉乃佛，在来盟湖之西南滨（一名冉乃佛湖，长七十法里，宽十四法里，最深处得三百零八法尺，湖滨山景，饶有画意），而处法国巴黎之东南，以铁路计之，相距约六百二十法里。居民六万七千，聪颖而长制造钟表、首饰，为天下冠，并出仪器及外科器具，绒布、绸缎亦能自织。地居冲要，商货多在此转运焉。民自二十一岁起，即有选举之权，议绅二年一换，其办事而执政者有七人，期限与议绅同。至大学堂、博物院、藏书库、天文台、大教堂，更无不备具。惜余等迫于归期，暂驻一日，竟不克索隐探幽，穷其胜境耳。

俄国

在俄旧京莫斯科中国专使行辕上龚星宪禀

（光绪二十二年四月）

在莫斯科上禀述事

敬禀者：窃卑府于初六日叩违后，随同怀西世兄登舟渡海，风微浪静，舟稳异常，堪纾慈注。既而过比、德两京，入俄国边界，抵莫斯科城，俱有安电寄呈，想俱送到。初八日亥正，在俄境换车后，即有俄国兵官沿途照料。翌晨至佛尔赊维，适有专接比太子及德国亨利亲王之火车，兵官等遂嘱卑府等一同搭坐，自此而饮食即由彼等供给矣。

卑府于七年前曾在巴黎见过比太子，且思宪台又兼驻其国，与彼自有渊源，因请怀兄检出名刺，托车中照料兵官代呈致意。乃比太子即约次晨十点钟接见，至时卑府即随怀兄同往，握手寒暄，颇形款洽。

初十日下午三点钟，安抵莫斯科车站，已承使辕派人候接，当即到辕。怀兄见中堂时，卑府亦即禀见，即以宪台恭请爵绥之意禀明，并呈卑府履历。中堂阅后刚欲逐一垂问，有他客至，卑府等乃退。今日下午三点钟，蒙中堂传见怀兄及卑府。卑府以界图进，中堂细加察阅，即曰：“界地虽经减窄，然而绵延太长，彼即渐为蚕食之地。科于逼近云南，尤系要地，争之甚是。”又曰：“南冈即南高，从前马加里被害于此，亦系紧要，今英欲永租，后来易生枝节，龚大人于意云何？”卑府答以“且候总署明示”。嗣卑府呈上问答节略，中堂逐条阅看，至西江通商处曰：“要口岸如此之多，真是胡闹，多开一口即多失厘金矣，总署必不能允。”阅毕，中堂曰：“巴黎巴侍郎口锋甚利，恐龚大人非其所敌。”卑府答以“彼二人措词甚佞，惟龚大人与之力争科干后，彼等口气似觉稍松”。中堂曰：“现下如何？”卑府答以“外部沙侯下乡度节，龚大人适又患病，故尚搁而未了，惟闻驻华公使已向总署催办，总署复以须俟接到龚大人详信，界图方能定议”。中堂曰：“尔所呈我之界图可能留下？”卑府答以“此图系卑府绘备自用，故地名皆用草书，如中堂欲留一份，容卑府返英托人另绘精图”。中堂曰：“不必，此图亦足留存查考。”旋问使署中谁办笔墨，卑府曰：“寻常公牍有王参赞锡庚经理，四六有朱随员寿慈任劳。”中堂曰：“此区区者何足挂齿，余所问者，系指发寄总署之函耳。”卑府曰：“即系卑府拟稿。”中堂曰：“尔之笔墨佳乎？”卑府曰：“不敢自信，惟既承仰宪见委，姑勉为之耳。即如顷呈之问答节略，即卑府所译也。”中堂曰：“尔之笔墨尚好，颇能曲折达意。”既又问及使费，卑府答以“英法两馆向共十万，大致英馆用款较巨，每年须六万光景。自去岁设立驻法专使后，总署以经费平分，故英馆经费顿形支绌”。中堂曰：“此举颇欠公平，必须申辩。”卑府答以“英法两馆电费计需三万馀两，皆须龚大人筹还。龚大人

多开一口多失厘金

以电费函请去后，总署电复不必另报，嘱于请经费时一并补领，因即遵办，当蒙总署饬发八万两在案”。中堂曰：“除去电费三万两，经费仍止五万耳。”卑府曰：“然。”时中堂将见客，乃起立曰：“有话可以再谈。”卑府等遂退。

俄君索印影像小引

今上御报之二十有二年，即俄君尼谷拉第二嗣统之次年，行加冕礼于莫斯科城，各邦聘问之使，踵错于途。华俄睦谊夙敦，皇上特简大学士、一等肃毅伯、前直隶总督李公鸿章持节往贺，龚怀西太史亦与行人之选，中途闻仰蘧星使政体违和，绕赴伦敦省视后，仍赴差所。濒行，星使命宗濂陪赴俄京。观其礼节之扬厉铺张，洵极一时之隆遇。俄君眷中原之人物，睹上国之威仪，爰令宫侍以映相新法，拍印总图，留作鸿雪。宗濂始愿本不及此，承使相挈而与偕，躬逢盛会，幸何如之。图中坐者，即使相与俄水师提督善勒诺也，左右立者为伯行公子经方、仲彭公子经述也，其馀挨次序立者则罗稷臣观察丰禄、林和叔太守怡游、洪希甫二尹冀昌、木庵观察搭克什讷、薛凤喈司马邦和、龚怀西太史心钊、俄文参赞柯乐德、驻华俄署武随员参将伏嘉克、乌苏里马队统领参将培尔诺甫、联春卿太守芳、张九斋二尹柳、俄外部参赞罗达臣、俄国马队都司马尔臣喀、柏宪章二尹斌、麦佐之二尹信坚，森彼德堡府署随员男爵诺尔根、黄再香司马家惠，而为之殿者则宗濂

李鸿章等多人合影

也。用特笔记之如此。

俄皇宫侍摄映李傅相等影像

俄皇加冕记略

俄皇加冕
李氏专贺

李傅相之衔命赴俄，专贺新君尼谷拉加冕也。龚仰蘧星宪之次公子怀西太史，亦在行人之列。太史至苏彝士河，舟次接仰蘧星使病剧警电，遂换船驰赴伦敦。既至，病势颇有转机，星宪遂命余陪送怀西至傅相行辕，时距俄皇加冕之日（西一千八百九十六年五月二十六日，即光绪二十二年丙申四月十四日）已近，故傅相早于数日前已率参随各员呈递国书，而怀西则适已不及，是以俄皇致赠宝星，自中堂以迄参随，尽人皆有，而独于怀西缺如，则余更何论哉。傅相在俄，俄君待以上宾礼，日派武员数人轮流侍候，而供应西餐尤极丰腆，余等皆得厕于席间，郇厨饱饫；惟傅相以胃纳不惯，故仍用所带厨子，自备华餐。

李鸿章在
俄待遇
自备华餐

俄皇加冕之日傅相以适抱微疴，辞不克往，惟驻俄大臣许竹筼侍郎独入教堂观礼，余等自清晨入宫，俱在堂外层累而上之椅位列坐而观。是日，除奉邀之各出使人员及王亲国戚、命妇闺媛外，平民俱准入内瞻仰盛仪，数以万计，惟只能在宫院中挤立耳。

参加仪式
各色人等

巳初，俄皇及后步行出宫。皇作兵官结束，后亦御常服，惟前导有一官在前引路，继之者为宫侍所托之金钢钻

俄皇加冕
仪式

御冕二个及银鼠皮之长裙二件，又银仗一、银地球一。次则为太后，头戴御冕，背曳银鼠皮之委地长裙，裙底用四童携之。又次为俄皇及后。太后与俄皇、俄后步行时，其上各有长方式之绣金黄缎罩，撑以六人，迤逦而来，民皆脱帽欢呼，高祝万寿。将抵教堂，主教衣法服跪迎门左。皇等入堂，跪于耶苏龛像之前，主教乃诵经祝福并行加冕礼，礼成仍由太后率之而出，则皇及后亦戴冕而曳长裙矣。皇右手执仗，左手托地球，殆有鞭棰天下之意欤。于是，太后率皇及后遍历宫中各路，以示万民，民又欢呼如前，乃始徐徐进宫。午后一点钟，在宫中设盛宴以款诸客，余等皆在座。

俄皇接见各国使臣

俄皇加冕之第二日，召见各国使臣及参赞随员于宫中。余随傅相及伯行星使、仲彭公子，罗稷臣、林和叔两参赞，怀西太史等后，亦得仰瞻盛仪。至则宫中已嘉宾满座，日本专使山县有朋、朝鲜使臣某某、喇嘛使臣某某，俱来与傅相行相见礼。既而宫中传见各国贺使；先之以亲王、太子，继即传中国专使，余等随入，则见皇及后分立左右，虽有御椅，弃而不坐。傅相至皇及后前行三鞠躬礼，余等如之。皇与后笑容可掬，颔之以首，间有与之握手者。

王宫舞会

是晚，王宫设舞会，余等随伯行星使、稷臣参赞等衣冠而往，至则但见电灯璀灿，花草缤纷，大厅凡十馀间，到会者约二千馀人，男则衣缀宝星，女各袒胸露臂，陆续以进。无何，俄皇及后与夫各国亲王、太子联袂而入，各大厅周游数次，男客侍立两傍，行鞠躬礼，女客并有双膝请安者，皇与后俱一一答之。既而乐作，皇与女客、后与男客亦挽腰携手，联舞数出而散。

俄皇加冕之前后三夜，各公所及民间铺户之门口，与夫搂面栏干，俱用煤气或电气作成各式灯彩，以伸庆贺之忱，斗胜争奇，各臻其妙，观灯者络绎于途，欢声不绝。第三日，俄皇在莫斯科城外空地搭戏台二座，演戏以供万民观看。是晨，皇以面包食物及杯具等在彩棚内赏给民人，不料拥挤欢呼之顷彩棚忽塌，其惧而逃者互相践踏，其后又系一河，遂致死伤枕藉，统计盖有数百人（林乐和译《历聘欧美记》一则曰死者约二千人，再则曰尸骸有一千三百具，盖皆过甚之词）。迨余等随傅相至场，戏台上依然演剧，曲声嘹亮，乐器和鸣，人亦拥挤，盖竟如并无晨间之惨祸也者。

彩棚忽塌死者数百

俄皇加冕之前九日（西历一千八百九十六年，即光绪丙申四月初六日），请诸贵客观剧于皇家大戏园，余与仲彭公子、怀西太史等乘车而往，则见戏园内列坐而观者，已十分拥挤。台前为乐工二十馀人，其后为椅位，四围看楼，层累而上凡三层，而皆系包厢，余等乃就稍偏之包厢而居也（正中为御位）。无何乐作，戏台上画幔卷起，现出树木葱翠之石洞一，洞系蛤蜊、珊瑚等物结成，五光十色，异样鲜明，中藏大洋之绝美珠精无数，正在聚会，而白珠精在壳睡意正酣。忽一天，神如美少年者自云端出，光芒四射，直向洞间冉冉而下。各珠精纷纷躲避，

皇家大戏园观剧

表述剧情

天神大失所望，忽见白珠精依然熟睡，媚态横生，不胜歆慕，遂信步向前，而白珠精忽醒，其壳即闭。天神再四央求，自伸歆慕之意，白珠精感其诚，允即出壳。不意浪神报知珊瑚大王，王固为海中宝物防护最严者，率兵大至，各珠精无不股栗乞恩，哀恳再三，情词迫切，而珊瑚大王悍然不顾。天神大恚，以杖击石，石忽洞开，钻出地神所统之金银铜铁兵，于是珊瑚及金类两阵对园，交绥一次，而珊瑚败绩，适看守珍珠之卫队亦来救援，仍被击退。天神乃将白珠精执住，珊瑚大王及其全军俱不敢抗。天神告珊瑚大王曰："此来系欲寻天下最美之珠，以作冕旒。"珊瑚大王遂向天神及白珠精率众投诚，而戏亦毕。戏台上山水树木，皆油画结构而成，电光一射，遂觉八面玲珑，惟妙惟肖。戏子亦少女居多，装饰艳丽，令人目迷，尤足为剧场增色。

一夕，莫斯科旧都之贵族（即公、侯、伯、子、男等）在某巨室设舞会，遍请男女上宾，到者以千计，俄皇及后亦临幸焉，且与相熟之客合舞数出而去。余等因在邀请之列，故亦往观。其铺张扬厉，亦与皇宫舞会不甚悬殊。

李鸿章在俄之待遇

傅相行辕之屋主系茶商巴劳辅，家称巨富，有茶栈八十馀所，遍布地球。以俄素嗜华茶，故与我国之人尤相浹洽，闻傅相将至，遂向有司陈明，谓愿以馆舍供傅相驻节，有司奏闻俄皇，降旨允准，傅相遂馆于其家。屋凡有楼房四十馀间，后面有花园，俄皇宫侍将余等拍照之处，即花园地也。一日，在乡间别墅请傅相筵宴，兼及参随各员。午前，余等随傅相至火车站，早有乐工在彼奏乐迎送，观者尤极拥挤，无不高呼傅相长寿。火车亦系特备，华丽异常，盖即中国所称之花车也。行一刻钟即至该商别墅之车站，亦奏乐如前，该商全眷及地方有司俱来迎接。抵别墅后，寒暄既毕，即就位，其夫人为主席，傅相在其右，俄水师提督善勒诺在其左，伯行星使则与傅相并坐，以便传达语言，照料食品，余等则分坐于席之两端，共计中西贵客有四十馀人。席间酒肴丰腆，谈论甚欢，直至日尽崦嵫，始辞别而归。

森比德堡（圣彼得堡）

余等见俄皇加冕之礼已成，傅相亦将起节赴德，因遂先行绕道至新都森比德堡。我国使署参赞金太守采、法文译官刘紫升贰尹式训、俄文译官李仲轩刺史俱至车站迎接，班荆道故，相见甚欢。翌日，约游俄皇离宫，宫在乡间，距都约十馀里。至则即有宫门侍卫派员导游，入门即大院，既而升堂入室，拾级登楼，但觉几案精良，陈设富丽。楼二层，室逾百数，壁间油画、水画皆前人名笔，有一室遍陈中国古董、绣件、画屏，见之益为神往。

俄皇及后加冕御容（图见插页）

德国

游伏耳铿厂

余与怀西太史自俄国莫斯科回，复经柏林，住桑忒拉尔（即中央之意）大客栈。因许竹筼星使已托回德之上海信义洋行主人迈德向伏耳铿厂知照余等游厂之意，故行装甫卸，即缮洋文电一封交客栈幼使发电局转递。翌晨侵晓搭轮车起程，迨交午初，即抵斯答丁车站，又易马车迤逦而往。至则厂中人俱作错愕状，告以故，始觉恍然，但余等电报，力言并未接到，余等亦姑颔之。即由彼等导游各厂，厂中布置与他厂大致相同，现正为中国承造钢甲快船三艘，图已绘就，不日兴工云（闻即海容、海筹等船）。

厂在斯答丁之孛勒陀口，一千八百五十一年（即咸丰元年）有名弗罗德尼克及孛罗克二人者，因造铁船及汽机等，遂在其地开此小厂，地面平积仅得五爱克带尔（每一爱克带尔合法国一万方尺）；一千八百五十七年（即咸丰七年）始纠众集股立成公司，地基之广，增至二十五爱克带尔。公司一经开办，即将汽车、轮船工作兼营并进，年馀而第一辆汽车即出厂矣。一千八百六十六年（即同治四〔五〕年）始造浅水兵轮，六十九年为德国恩萨铁甲船造成全副极大汽机，是年德国之最大铁甲船名普

伏耳铿厂承造中国钢甲快船

鲁士者，亦令此厂承造。迄于今日，计为各国造成铁路汽

中国兵船多出该厂

车一千五百馀辆，船艘二百三十五只，内法国兵船数凡十七，即中国之定远、镇远、济远、来远、经远五铁甲船及飞鹰猎船又鱼雷船十七只亦皆出自该厂。除钢铁皮，钢铁条及大龙骨外，船身及船中机件悉由厂中自造，每日所用工匠，酌中计之约四千五百名。现合全厂而估其值约得二百兆方，而其所招股票之本，仅得八兆方耳。

午后一点钟，厂中总办设盛筵以款，宴毕复在各厂略游即行言返。迨抵柏林客栈，即行查究昨日电报，遂由栈中执事查得电报未发，电费吞没，不觉大怒，乃将该幼使即日开除，复至怀西太史及余处道歉连声云。

游克鹿卜厂

克鹿卜厂（克虏伯厂）

德国爱森省之克鹿卜厂，声名卓著，甲于地球。我政府以德之创法，曾用其炮，故军械等物多向是厂购之，而出洋著述家又屡艳称其事，余与怀西太史故亦往观。夜半即搭坐火车启行，既抵爱森车站，天刚破晓，早有四轮马车在彼伺候。至厂后，由总办某及司事某设筵相款，并为之导观一切。但见规模博大，布置整齐，迥非他厂所能望其项背。兹第就他人所略者，开陈如左，已足见克厂之异乎寻常矣。

炼钢厂　各种炼钢炉及打铁炉共一千五百座，机件三千座，内制〔车〕床八百馀具，钻机三百五十具，轧轨机二十二座。大铁锤一百十一座，重力自一百至五万启罗

为止。汽锅二百六十三个，汽机四百二十一座，马力自二匹至三千五百匹为止，共计马力三万三千一百四十九匹。起重机四百三十副，能起重四百至十五万启罗，共计可至四百六十六万二千二百启罗。机力贯通长八法里八，机上皮带接连长四十八法里。一年内出钢约得三百二十兆启罗，计有罐钢、麦丁钢、别色麻钢及生熟各铁、备制火车轮轴、汽船、汽机、钢板、钢轮、汽车、客车、货车、矿车、运车、抽水车、钢轨、钢甲、鱼尾板、铸钱机、船中龙骨及舵锚等件，又各项大炮（已造二万五千尊）及炮架、炮车、炮弹等物。 炼钢厂之设施产品

煤炭用数　每年在炼钢厂用生煤、焦炭计须七十二万二千八百八十五吨，他船及轮船、轮车等处，计须五十三万零二百七十六吨，共计一百二十五万三千一百六十一吨。

化铁出煤　各化铁炉每日可化铁一千八百吨，其铁皆出自本厂之矿。本厂煤矿每日每工可挖三千三百吨。

自来水　厂中每年所用之水计需九百二十万立方法尺。水管埋于地下者长一百零八法里，在屋内者长七十四法里半，并附水屉八百十四具，救火水门三百八十个，救火龙头五百三十八个。

煤气灯　每年须用煤气计须十二兆立方法尺，以供路灯二千零八十六盏，厂灯二万五千六百廿盏，屋灯五百盏之用。煤气管埋于地下者长六十三法里，藏于墙内者长一百六十八法里零。总火门八百四十四处。 各种设施

电气灯　发电总厂有三，电气灯管埋于地内者长八法里，挂于墙上者长七十二法里，计可点白金丝透电之小灯三百六十一盏，炭精透电之大灯一千四百六十盏。

运道　运物之法有三：一系寻常铁路，与三□公家铁路相通，设车站三，约而计之每日可运连接车箱三十二次，计有车路四十八法里，汽车十六辆，车箱五百七十七辆。二系小铁路，计有车道三十四法里半，汽车十七辆，车箱六百四十辆。三系马车，有马七十四，运车二百辆。

电报　厂中电报房有二十处，打报机器三十五副，系马而司所造。电线长八十法里。其总局与爱森官电局相通，转递来往电报一年内共有一万一千一百六十五封。

得律风（电话）

得律风　得律风有通语房一百九十六处，其器有一百九十八副，其线长一百七十二法里，一年内互相对语共有二十三万零五百四十八次，除节日不计外，恰得每日七百次。

试验物料所　试验钢板、钢管，一年内计有七万二千三百三十二次，内试拉力二万二千九百八十八次，折力四万六千九百八十一次，碰力一千九百七十六次。又化学房一所，除各项试验不计外，计化分各质一年内共有一万二千七百六次。

救火夫役永远不撤

救火水龙　永远不撤之救火夫役共有六十四名，其队长及副经理人皆不在内。计有器具车八辆，装人装器车二辆，水龙八副。在炼钢厂内有救火梯栈房四十二所，在工匠住屋界内有救火梯栈房十三所。如欲号召救火之人，则有电钟六十七个，而上文所言一百九十六处之得律风房亦可关照。

便工店铺　货物以廉价售与工人者，计有店铺六十八所（内四十五所设于爱森及工匠住屋界内，又二十三所设于矿中及化铁炉厂）。所售系食物、衣服、布匹、铁器、鞋靴、厨具、鲜肉、面包、番茄、煤炭、麦、柴等物，而此外又有宰牛坊一所，磨面坊一所，面包作二所，制冰厂、制刷厂、造纸坊各一所，裁缝作二所，皮靴作一所，客栈一所，总会一所，饭馆八所，咖啡馆二所，烫衣作一所，幼童工艺学堂一所，蒙童工艺学堂三所，谋生学堂一所。 便工店铺价廉品多

工匠数目　厂中所用工匠计有二万五千三百零一人，内一万六千九百五十六人用于炼钢厂，八千三百四十五人用于矿中及化铁炉厂。至工匠家内之人共有六万零二百九十人（内一万六千五百八十八名系已至学堂之男女幼童），总共八万五千五百九十一人，其中一万五千七百九十九人住于克厂之房屋，一万五千三百零二人住于本厂自置之房屋，四万四千四百九十人住于他人出租之房屋。 工匠数目

跋

余年弱冠，始稍嵇历世事，每自踔历，辄愿效班生史迁之为人，盖将以求山海之形险，风土之美劣，物产之良窳，且以知异域翘才，外邦宪法，使增长智能，恢张学识也。乃逡巡十馀稔，无论欧、美、非、澳，结念寝兴，即近至南洋群岛与夫殷箕子之遗古扶桑之国，摇摇心旌，足迹未有至也。夫年未四十，筋力尚壮，岂其远志遽销，破浪无日，抑家贫亲老，人事牵率有以致斯，可喟叹已。嘉定吴挹清观察，以名诸生，随节重洋，历十数寒燠，慈母健在，又家室不以累，故得饱揽欧西诸胜，洞玩全球，其所遭值，可谓丈夫得志于时之所为；以余相形，况其忻喜，愿慰何如也。挹清驻法久，尤习法之国势人情与交涉之键钥，闻见所及，辄笔之书，比归书盈笥矣。抗尘走俗，散聚无常，不获窥全豹。今读其所著《记程》、《记事》、《记闻》、《记游》四种，虽曰一斑，亦殊足增长我智能，恢张我学识，先路之导，意在斯乎？顾挹清不自忻喜，不自愿慰，方虚怀锐学，未有津涯，而余虑夫志弗能果践，则羡之、艳之，忻喜、愿慰而不能已也。时在光绪二十八年壬寅春仲，元和胡祥鑅拜跋。

吴宗濂随轺笔记

人名索引（数字为页码）

五画

六画

七画

八画

九画

十画

十一画

十二画

十三画

十四画

十五画

十六画

吴宗濂随轺笔记

译名简释

三画

大尼谷排群岛

Nicobar Is.，印度尼科巴群岛

门笃克

Mentok，印尼门托克

马尔来

莫尔莱

马尔提佛群岛

Maldives，马尔代夫群岛

马达喀斯嘎

Madagascar，马达加斯加

马扇度爱恩

Macedonia，马其顿

飞尼茜

Phoenicia，腓尼基

飞拉覃尔非

Philadelphia，费拉德尔菲亚，费城

四画

太模斯江

Thames，泰晤士河

日斯巴尼亚

Espana，西班牙

冈

Caen，卡昂，又译冈城

丹马

Denmark，丹麦

巴尔克

Palk，保克海峡

巴尔赛德

Port Said，塞德港

巴江

Po River，波河

巴拉该

Paraguay，巴拉圭

五画

本西罚尼阿

Pennsylvania，宾夕法尼亚

扒尼反西屋

Bonifacio，博尼法乔

占克

Czech，捷克

冉乃佛

Geneva，日内瓦

生的迈当

centimeter，厘米，公分

生特/生的

cent，分

印涂西恩

印度支那

汉博克

Hamburg，汉堡

必士

Pisa，比萨

尼尔江

Nile，尼罗河

加非

coffee，咖啡

六画

机爱尔河

Kiel canal，基尔运河

亚历山德

] Alexandria，亚历山大

西特男

Sydney，悉尼

西加哥

Chicago，芝加哥

迈当

metre，米

毕士马

Bismark，俾斯麦

刚提岛

Crete，克里特岛

吕克尚蒲尔　吕克常蒲尔

Luxembourg，卢森堡

同江

顿河

伊拉瓦谛

irrawaddy，伊洛瓦底

多尼思

Tunisia，突尼斯

多脑河

Danube，多瑙河

启罗格拉漠

kilogram，千克，公斤

七画

玛尔

Male´，马累

玛纳阿湾

Manna，马纳尔湾

麦马韩

麦克马洪，1873—1879 法国总统

克仑伯

Colombo，科伦坡

孛来斯德

Brest，布勒斯特

苏克答拉岛

Socotra，索科达拉岛

巫来由

Malaya，马来亚

里齐安

Lisieux，利雪

里培黎

Liberia，利比里亚

利文坡

Liverpool，利物浦

伯鲁色尔　伯鲁赛尔

Brussels，布鲁塞尔

佛郎克佛尔须尔勒迈

Frankfurt am Main，法兰克福

狃皮

Nubia，努比亚

沙尔覃业岛

Sardinia，撒丁岛

君士坦丁

Constantinople，伊斯坦布尔旧称

阿尔兰

Ireland，爱尔兰

阿尔泼大山

Alps，阿尔卑士山

阿尔柴斯

Alsace，阿尔萨斯

阿皮西尼

Abyssinia，埃塞俄比亚旧称

阿尚丁

Argentina，阿根廷

阿查海

Azoz Sea 亚速海

阿格排湾

Aqaba，亚喀巴湾

阿特利阿低格

亚得利亚

阿维浓

Avignon，阿维尼翁

阿喇伯

阿拉伯

阿模斯耽尔唐

Amsterdam，阿姆斯特丹

八画

茄尔达夫依角

瓜尔富伊角（索马里）

茄尔阿利

Cagliari，卡利阿里

昔昔尔岛

Sicily，西西里岛

拖士卡纳省

托斯卡纳区

拉葛提佛群岛

拉克沙群岛

拉穆哈梅角

穆罕默德角

非利宾

菲律宾

帔萨

Pisa，比萨

罗恩江

罗纳河

宛顶

畹町

该尔

Cairo，开罗

该笃梅忒利格

kintal metric，公担，公吨

该萨

凯撒

孟绥斯德

Manchester，曼彻斯特

九画

柏金韩模宫

Buckingham Palace，白金汉宫

茜纳

西奈

罚朗司

Valence，瓦朗斯

复尔德

volt，伏特

复尼斯

Venice，威尼斯

美尔邦

Melbourne，墨尔本

洛里盎

洛里昂

突尼思

Tunisia，突尼斯

屋芒海

Oman，阿曼海

十画

格林尼址

Greenwich，格林威治

真腊

chenla，柬埔寨旧称

哥马兰角

Comorin，Cape，科摩林角

哥尔司

Corsica，科西嘉

哥拉莽

Karachi，卡拉奇（今属巴基斯坦）

盎低亦群岛

Antilles，安的利斯群岛

盎卑尔

ampere，安培

特尼哀忒江

德涅斯特河

特尼哀波江

第聂伯河

徐孛拉尔带峡

直布罗陀海峡

拿尔芒

诺曼

拿波利

Naples，那不勒斯

拿喊/诺威

Norway，挪威

爱古阿兜

Ecuador，厄瓜多尔

爱克带尔

hectare，公顷

爱利善宫

爱丽舍宫

爱帛尔江

埃布罗河

爱佛雷

埃夫勒

旁格

邦加

扇侯蒲儿/扇侯蒲尔（削浦）

Cherbourg，瑟堡

扇排司笃博尔

Sevastopol，塞瓦斯托波尔

桑仾阿谷

Santiago，圣地亚哥

十一画

梅徐恩

Messina，墨西拿

萨堤·喀尔诺

萨迪·卡诺，1887—1894 法国总统

萨鲁温

萨尔温

捺波尔

Neaples，那不勒斯

排尔冈

Balkan，巴尔干

排来阿尔群岛

巴利阿里群岛

排依缘

Bayeux，巴约

排培芒覃孛峡

Bab el Mandeb，曼德海峡

梨花埔

Liverpool，利物浦

得律风

telephone，电话

鹿来恩

洛林

密里迈当

millimeter，毫米

十二画

博明冈

Birmingham，伯明翰

散帛里安

圣布里厄

森比德堡

St. Petersburg，圣彼得堡，彼得格勒，列宁格勒

惠尔斯

威尔士

提崇

第戎

喀尔居达

Calcutta，加尔各答

喀尔罚度

卡尔瓦多

喀拉孛尔省

卡拉勃里亚区

喀塞米尔

Kashmir，克什米尔

然恩

Genoa，热那亚

禄司福儿

勒阿弗尔

十三画

蒲尔茄里

Bulgaria，保加利亚

锡兰

Ceylon，斯里兰卡旧称

十五画

暹罗

Siam，泰国旧称

摩哈默

穆罕默德（约570—632）

十七画

誊甘克

Dunkerque，敦刻尔克

走向世界丛书一百种

初编三十五种以＊标出

谢清高 **海录**
＊ 容　闳 **西学东渐记**
＊ 林　鍼 **西海纪游草**
＊ 罗　森 **日本日记**
＊ 斌　椿 **乘槎笔记**
＊ 张德彝 **航海述奇**
＊ 王　韬 **漫游随录**
＊ 志　刚 **初使泰西记**
＊ 张德彝 **再述奇**（欧美环游记）
＊ 张德彝 **三述奇**（随使法国记）
王　芝 **海客日谈**
＊ 祁兆熙 **游美洲日记**
＊ 李　圭 **环游地球新录**
＊ 郭嵩焘 **伦敦与巴黎日记**
＊ 张德彝 **四述奇**（随使英俄记）
＊ 黎庶昌 **西洋杂志**
＊ 刘锡鸿 **英轺私记**
李凤苞 **使德日记**
钱德培 **欧游随笔**
＊ 何如璋 **使东述略及杂咏**
＊ 张斯桂 **使东诗录**
黄遵宪 **日本国志**
＊ 黄遵宪 **日本杂事诗**〔广注〕
陈兰彬 **使美纪略**
＊ 曾纪泽 **出使英法俄国日记**
＊ 王　韬 **扶桑游记**
＊ 徐建寅 **欧游杂录**
谭乾初 **古巴杂记**
王之春 **谈瀛录**
＊ 李筱圃 **日本纪游**
池仲佑 **西行日记**
蔡　钧 **出洋琐记**
袁祖志 **瀛海采问纪实**
张祖翼 **伦敦竹枝词**
王以宣 **法京纪事诗**
潘飞声 **西海纪行卷**
潘飞声 **柏林竹枝词**
潘飞声 **天外归槎录**
张荫桓 **三洲日记**
邹代钧 **西征纪程**
王咏霓 **道西斋日记**
张元济 **环游谈荟**
余思诒 **楼船日记**
缪祐孙 **俄游汇编**
张德彝 **五述奇**
＊ 傅云龙 **游历日本图经馀记**
傅云龙 **游历美加等国图经馀记**
洪　勋 **游历闻见录**
崔国因 **出使美日秘国日记**
＊ 薛福成 **出使英法义比四国日记**
＊ 薛福成 **出使日记续刻**
陈道华 **日京竹枝词**

严　修 **东游日记**
姚鹏图 **扶桑百八吟**
凤　凌 **游馀仅志**
* 黄庆澄 **东游日记**
吴宗濂 **随轺笔记**
宋育仁 **泰西各国采风记**
王之春 **使俄草**
伍廷芳 **美国视察记**
* 蔡尔康等 **李鸿章历聘欧美记**
张德彝 **六述奇**
刘学询 **考察商务日记**
黄　璟 **考察农务日记**
罗振玉 **扶桑两月记**
罗振玉 **扶桑再游记**
丁鸿臣 **东瀛阅操日记**
沈翊清 **东游日记**
* 梁启超 **新大陆游记**
张德彝 **八述奇**
载　振 **英轺日记**
吴汝纶 **东游丛录**
双　寿 **东瀛小识**
缪荃孙 **日游汇编**
周学熙 **东游日记**
* 单士厘 **癸卯旅行记**
凌文渊 **籥盦东游日记**
张　謇 **癸卯东游日记**
蒋　煦 **西游日记**
王景禧 **日游笔记**
陈　琪 **环游日记**
* 康有为 **意大利游记**
康有为 **德意志等国游记**
康有为 **英国游记**
* 康有为 **法兰西游记**
韩国钧 **实业界之九十日**
李濬之 **东隅琐记**
盛宣怀 **愚斋东游日记**
* 戴鸿慈 **出使九国日记**
金　鼎 **随同考察政治笔记**
* 载　泽 **考察政治日记**
程　淯 **丙午日本游记**
康有为 **西班牙等国游记**
杨泰阶 **东游日记**
文　恺 **东游日记**
左湘钟 **东游日记**
吕珮芬 **东瀛参观学校记**
* 林汝耀 **苏格兰游学指南**
* 单士厘 **归潜记**
金绍城 **十八国游记**
附 艾儒略 **职方外纪**
附 南怀仁 **坤舆图说**
附 丁韪良 **西学考略**
附 艾约瑟 **西学启蒙**

图书在版编目(CIP)数据

随貂笔记/吴宗濂著;许尚校点 .—长沙:岳麓书社,2016.9
(走向世界丛书/钟叔河主编)
ISBN 978-7-5538-0645-7

Ⅰ.①随 ...　Ⅱ.①吴 ...②许 ...　Ⅲ.①中国历史—史料—近代
Ⅳ.①K250.6

中国版本图书馆 CIP 数据核字(2016)第 178661 号

SUIYAO BIJI
随貂笔记

作　　者:吴宗濂
校 点 者:许　尚　穆　易
责任编辑:杨云辉
责任校对:舒　舍
封面设计:吴颖辉　贺红梅
岳麓书社出版发行
地址:湖南省长沙市爱民路 47 号
直销电话:0731—88804152　88885616
邮编:410006
岳麓书社网址:www.yueluhistory.com
2016 年 9 月第 1 版第 1 次印刷
开本:890×1240　1/32
印张:20.75
字数:462 千字
印数:1—3 000
ISBN 978-7-5538-0645-7
定价:78.00 元
承印:长沙超峰印刷有限公司

如有印装质量问题,请与本社印务部联系
电话:0731—88884129